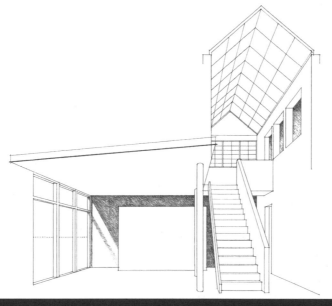

실내 디자인
일러스트레이티드

INTERIOR DESIGN ILLUSTRATED

Francis D.K. Ching, Corky Binggeli 저
김민정, 류재호 역

씨아이알

CONTENTS

서문

우리는 삶의 대부분을 건물의 구조와 막으로 만들어진 실내 공간, 즉 내부에서 보낸다. 공간은 우리의 행동에 물리적 관계를 제공하고, 집과 같은 건축물에 실체와 생명을 주게 된다. 이 입문서는 실내 구성의 특성과 디자인에 관한 시각적 연구이다.

이 입문서의 목적은 우리의 실내 환경을 완성하는 실내 디자인의 근본적인 요소들을 학생들에게 소개하는 것이다. 각 요소들의 특성을 서술하고, 디자인 패턴으로 엄선되고 정리된 것들을 선택하여 제시한다. 이러한 선택을 함에 있어서 주안점은 기본적 디자인 원리에 놓여 있고, 디자인 방식은 실내 공간의 기능적, 구조적, 미학적 가치를 규명한다.

세 번째 개정판은 두 번째 개정판의 조직체계를 유지하며, 본문과 삽화가 보강되고, 지속가능한 재료, 물, 에너지 사용, 실내 대기질 고려사항, 최신 개발된 컴퓨터 기술 등을 추가하였다. 조명 부분은 현재의 디자인 사례, 전구와 조명 기구, 에너지 보존을 반영하였다. 가구의 범위는 작업 환경과 의료디자인의 변화에 대응하였다. 새로운 주거 주제로 재택노인요양과 장애인의 건물이용용이도를 포함하였다. 기준과 법규는 現 국제코드협의회ICC, International Code Council 그리고 미국장애인법ADA, Americans with Disabilities Act의 요구사항을 반영한다. 마지막으로, 참고문헌은 지속적으로 업데이트되고 있고, 용어사전이 추가되었다.

실내 공간을 개선하는 수단과 방법의 탐구는 공간 그 자체에서 시작한다. 왜냐하면 공간은 실내 디자이너가 작업해야 하는 주재료이기 때문이다.

1장 – 실내 공간은 3차원 실내 공간의 특별한 성격에 대한 건축 공간의 일반적 논의로부터 진행하고, 건물의 구성요소를 소개한다.

2장 – 실내 디자인은 3차원 디자인 결정에 있어 프로그래밍의 필요성 및 요구사항을 변환하는 방법을 설명한다.

3장 – 디자인의 어휘는 근본적인 요소와 시각적 디자인의 원리를 탐구하고 실내 디자인의 고유 분야에 각각 적용한다.

4장 – 실내 디자인 요소는 실내 요소의 주된 범주를 설명하고, 실내 공간의 미학적 발전과 기능이 어떻게 상호 영향을 미치는지 논의한다.

5장 – 실내 환경 시스템은 건물의 구조와 실내 공간의 배치에 통합된 환경 조절 시스템의 개요를 설명한다.

6장 – 조명과 음향은 실내 환경과 함께 빛과 소리의 상호연관성을 기술한다.

7장 – 마감재료는 실내 디자인의 건축적 요소들을 바꾸기 위해 실내 디자이너들이 채용하는 재료 사용 기법을 소개한다.

8장 – 가구는 만들어진 환경 안에서 이동 가능한 요소와 붙박이 요소의 기본 유형을 설명한다.

실내 디자인은 확장된 시각예술이기 때문에, 이 책에서의 도면은 정보를 조사하고, 아이디어를 표현하고, 가능성들의 개요를 서술하기 위해 광범위하게 사용된다.
삽화들의 일부는 매우 추상적이다. 다른 것들은 좀 더 독특하고 특별하다. 하지만, 그것들 모두는 디자인의 원리를 증명하기 위해 제공되거나 혹은 디자인의 요소들 사이에 있는 관계성을 명확하게 하기 위해 사용되는 다이어그램처럼 본질적이어야 한다.

실내 디자인 교육의 목적은 지구와 자원을 존중하며, 아름답고 안전하고 안락한 공간을 만들기 위한 책임감과 지식 그리고 전문적 기술을 학생들에게 준비시키는 것이다. 실내 디자인 분야는 건물의 재료, 구조, 기술의 지식뿐만 아니라 시각적 디자인과 기능적인 디자인을 포함한다. 그러므로 실내 디자인의 소개는 광범위하다. 그럼에도 불구하고 이 책의 목적은 주제를 명확하게 다루고 가능한 그것에 접근한다. 그리고 공부와 연구를 하도록 더 깊게 자극시키는 것이다.

역자 서문

실내 디자인은 인간의 기능적 생활을 유지시키기 위한 물리적 구조물만으로 설명될 수 없고, 인간의 감성적 오감을 자극하기 위한 예술만으로도 평가될 수 없다. 거기에 공간감과 공간철학까지 고려해야 한다면 이보다 심오한 분야가 있을까 싶다. 하지만 이 책은 이렇게 복잡한 실내 디자인의 원리와 그 구성요소의 특성을 시각적으로 알기 쉽게 소개하고 있다. 이를 위하여 사용하고 있는 많은 도면과 삽화는 실내 디자인의 원리를 이해하는 데 도움을 주는 것은 물론이며, 실내 공간이 갖는 3차원 공간미와 그 시각적 매력을 훌륭하게 표현한 하나의 작품으로 감상할 수도 있다.

저자인 Francis D.K. Ching은 건축 디자이너와 그래픽 디자인 작가로 활동 중이며 워싱턴 대학의 명예교수이다. 20대 후반부터 건축 강의를 위해, 손으로 직접 드로잉하고 메모한 강의 노트가 인정을 받아 책으로 출간되기 시작했으며, 지속적인 독자들의 사랑으로 70대 중반인 현재까지 다양한 저서가 꾸준히 소개되고 있다.

이 책도 세 번째 개정판으로 건축 공간에 대한 논의, 건물의 구성요소의 소개, 실내 디자인 구성요소 및 디자인 원리의 탐색, 실내 환경 시스템, 조명, 음향, 마감재, 가구 등, 그 내용은 두 번째 개정판의 기본 조직 체계를 유지하고 있다. 거기에 본문 내용과 삽화가 보강되고, 지속가능한 자원의 사용, 실내 대기질 고려사항, 최신 컴퓨터 기술 등이 추가되어 변화하는 사회와 시대를 반영하고 있다. 조명 부분에서도 에너지 보존을 위한 기술이 소개되었고, 가구는 작업 환경과 의료디자인의 변화에 대응하고 있다. 새로운 주거 주제로 재택노인요양과 장애인의 건물이용용이도가 포함되었으며, 마지막으로 용어사전이 새로 추가되었다.

이 책은 건축·실내 디자인을 전공하는 학생들은 물론 실무직의 전문가를 위한 기본 입문서로 이미 많은 나라에서 꾸준히 읽히고 있는 스테디셀러이다. 때문에 우리나라의 건축·실내 디자인 전공자와 실무자들이 읽고 소장할 만한 가치가 있는 전문도서임을 자부한다. 더불어 실내 공간에서 생활하며 삶을 영위하고 있는 일반인들에게는 이 책이 실내 공간에 대한 흥미와 그 가치를 찾을 수 있는 계기가 되길 희망한다.

2018년 4월
김민정 · 류재호

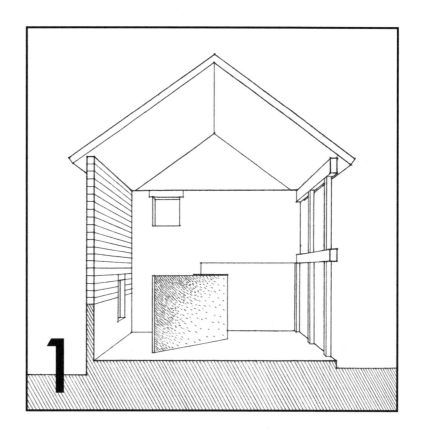

실내 공간 Interior Space

공간은 실내 디자이너가 선택하는 모든 재료의 주요 성분이고 실내 디자인의 전형적인 요소이다. 공간의 볼륨을 통해서 우리는 움직일 뿐만 아니라, 형태를 보고, 소리를 듣고, 부드러운 바람과 태양의 따스함을 느끼고, 꽃의 향기를 맡는다. 공간은 그 안의 요소들의 감각적이고 미학적 특성을 물려받는다.

공간은 돌과 나무와 같은 재료적 물질이 아니다. 본질적으로 형태가 없고 확산된다. 보편적 공간은 경계를 정의할 수 없다. 하지만 한 요소가 그것의 영역 안에 위치하면, 시각적 관계가 설정된다. 다른 요소들이 영역 안에 들어옴으로써 각 요소들 간의 관계뿐만 아니라 공간과 요소들 사이에 여러 관계가 성립된다. 공간은 이들 관계성에 대한 우리의 인식으로 형성된다.

공간 SPACE

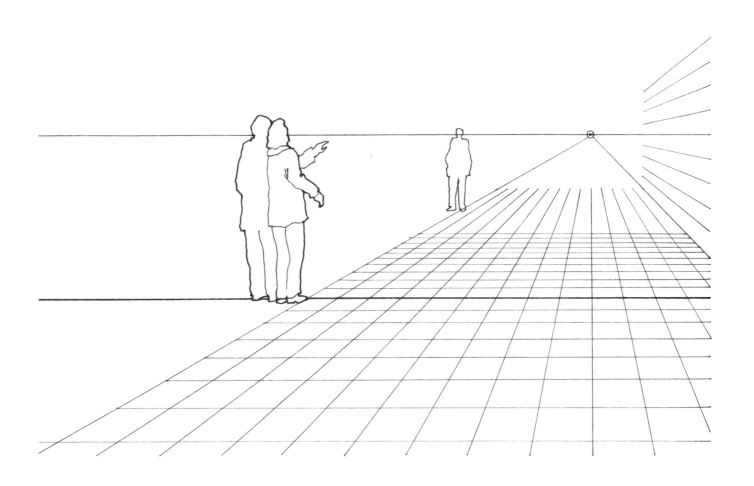

기하학적 요소들은(점, 선, 면, 체적) 공간을 표현하고 정의하는 데 사용된다. 건축에서 이와 같은 기본적인 요소들은 선적인 기둥과 보, 면적인 벽, 바닥, 지붕이 된다.

- 기둥은 공간에서 점으로 표시되고, 3차원으로 보인다.
- 두 기둥은 우리가 통과할 수 있는 공간을 만든다.
- 보를 지탱할 때 기둥들은 투명한 면의 가장자리 경계를 그린다.
- 불투명한 면의 벽은 무정형 공간의 일부를 구획하고 이곳과 저곳을 분리한다.
- 바닥은 영역의 경계와 더불어 공간의 장을 정의한다.
- 지붕은 그 아래 공간의 크기만큼 은신처를 제공한다.

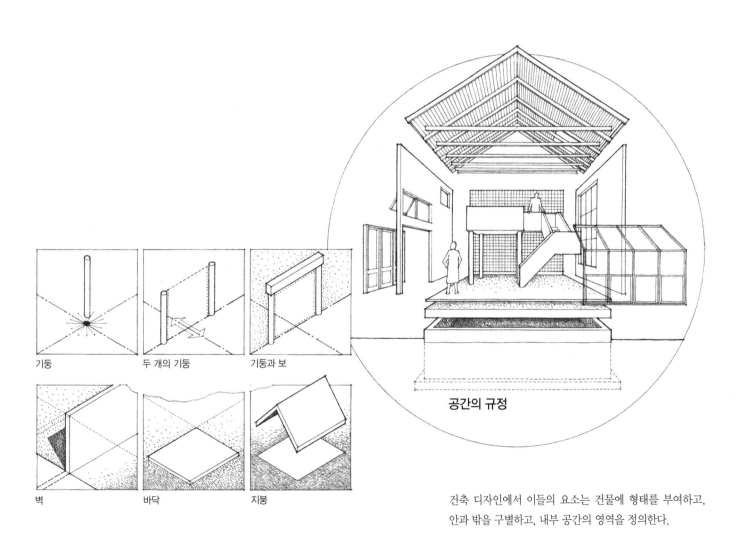

기둥

두 개의 기둥

기둥과 보

벽

바닥

지붕

공간의 규정

건축 디자인에서 이들의 요소는 건물에 형태를 부여하고, 안과 밖을 구별하고, 내부 공간의 영역을 정의한다.

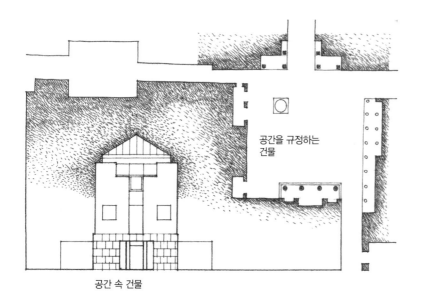

공간을 규정하는 건물

공간 속 건물

건물의 형태, 크기, 공간 조직은 많은 조건들에 대한 디자이너의 반응이다(기능적 계획의 요구사항, 구조와 시공의 기술적 측면, 경제적 현실, 이미지와 스타일의 표현 특성 등). 게다가 건축물은 그 대지의 물리적 문맥과 외부 공간을 논해야 한다.

건물은 여러 가지 방법으로 그 대지와 관계를 갖는다. 대지 조건과 어우러지거나 반대로 지배할 수 있다. 건물은 외부 공간의 일부를 둘러싸거나 포함할 수 있다. 건물의 정면은 그 대지의 특징을 표출하도록 만들거나 혹은 외부 공간의 가장자리를 규정할 수 있다. 각 사례에서 내부와 외부 공간 사이의 잠재적 관계성에 적절한 관심을 두어야 하는데, 이들은 건물 외벽들의 특성에 의해 정의되기 때문이다.

건물은 대지의 조건과 광대한 환경에 의해 영향을 주고받는다. 대지의 방해, 폭우의 범람, 열섬효과, 빛 공해를 줄이기 위해서 대지를 선택하고 개발하는 것은 **지속 가능한 디자인**에 기여하게 된다.

건축물

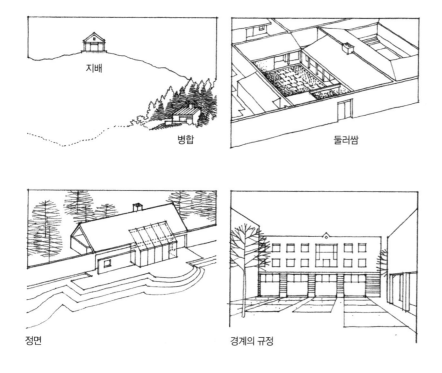

지배

병합

둘러쌈

정면

경계의 규정

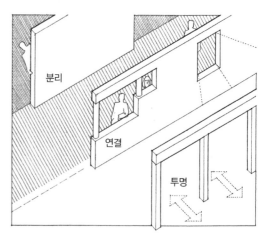

분리

연결

투명

외부 벽

건물의 외벽은 우리의 실내와 실외 환경 사이의 접점을 형성한다. 실내 공간과 실외 공간을 명확히 규정하는 것에서, 각자의 성격이 결정된다. 외벽은 두껍거나 육중할 수 있고, 이것은 제어된 실내 환경과 그것에서 분리되어 있는 실외 공간 사이의 명확한 구별을 표현한다. 반대로 외벽은 얇거나 심지어 투명할 수도 있고, 이것은 안과 밖을 병합하려 시도한다.

건물의 외벽을 관통하는 개구부인 창문과 출입구는 실내와 실외 공간 사이의 공간적 전이이다. 그것들의 스케일, 특징 그리고 구성은 우리에게 이들 사이에 있는 실내 공간의 성격에 대하여 이야기한다.

외부 세계와 내부 모두에 속하는 특별한 전환적 공간들은 두 환경들 사이를 매개하는 데 사용될 수 있다. 익숙한 예로 포치porch, 베란다veranda, 아케이드 갤러리arcaded gallery가 있다.

많은 단독 주택들은 입구에 신체장애가 있는 사람들의 접근을 방해하는 계단이 있다. **장애인의 건물이용용이도**visitability는 그들이 쉽게 살 수 있고, 이동에 장애를 가진 사람들이 방문할 수 있게 하는 새로운 주택 건설 운동이다.

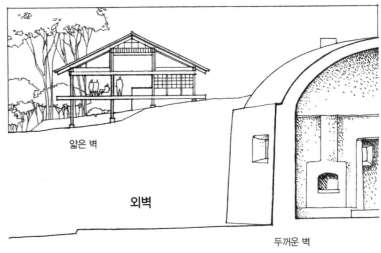

얇은 벽

외벽

두꺼운 벽

공간적 전이

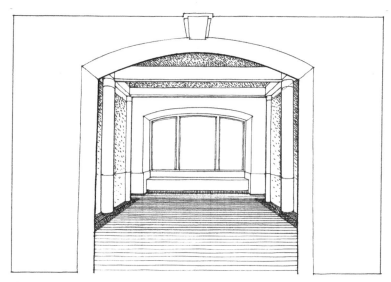

입구는 이곳에서 저곳으로의 전이를 표시한다.

건물에 들어갈 때, 우리는 은신처와 둘러쌈을 느낀다. 이러한 느낌은 건물 실내 공간을 둘러싸고 있는 바닥, 벽, 천장 면 때문이다. 이들은 방의 물리적 한계를 정의하는 건축적 요소이다. 그것들은 공간을 둘러싸고, 경계를 명확하게 하며, 인접한 내부 공간으로부터 외부를 구분한다.

바닥, 벽, 천장은 단순한 공간의 크기를 표시하는 것보다 더 많은 역할을 한다. 그들의 형태, 배치, 창문과 문의 개구부의 패턴, 또한 특정한 공간과 건축적 특징을 가지고 정의되는 공간들을 채운다. 예를 들어 그랜드 홀grand hall, 로프트 스페이스loft space, 선 룸sun room, 알코브alcove와 같은 용어를 사용하고, 그것이 얼마나 큰 공간인가 작은 공간인가를 단순하게 서술하는 것뿐 아니라, 그것의 스케일과 비례, 조명의 성질, 둘러싼 표면의 성격 그리고 인접한 공간의 관계 맺는 방법 또한 부여한 것이다.

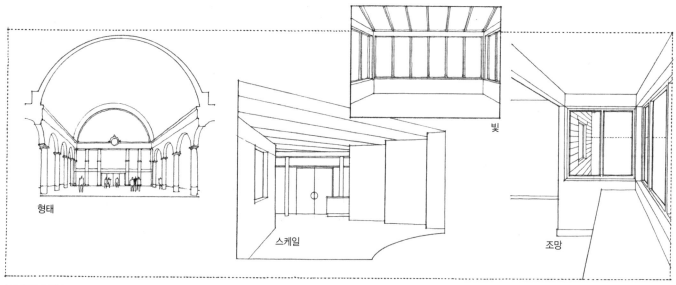

형태

스케일

빛

조망

공간적 특성

실내 디자인은 반드시 공간의 건축적 정의를 넘어선다. 배치, 가구 그리고 공간을 풍부하게 하는 계획에 있어, 실내 디자이너들은 수정과 개선을 위한 잠재성뿐 아니라 건축적 특성을 정확히 인식해야 한다. 그러므로 실내 공간 디자인은 어떻게 그것들이 건물 **구조** 시스템에 의해 형성되고, 둘러싸이는가에 대한 이해가 필요하다. 이러한 이해와 더불어 실내 디자이너는 함께 일하거나 진행하거나 혹은 건축적 공간의 필수적 성격에 대조되는 것조차 제공할 수 있다.

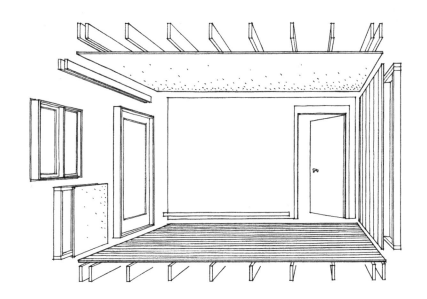

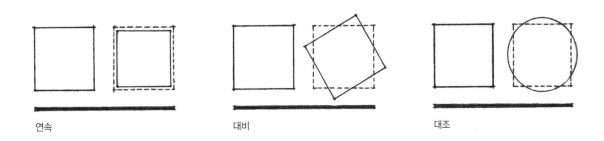

연속   대비   대조

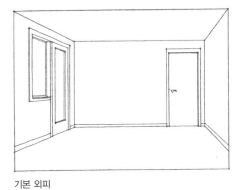

기본 외피

건축적으로 변경됨

혹은 실내 디자인을 통해

실내 공간

건물은 일반적으로 구조의 물리적 시스템, 둘러쌈, 빌딩 서비스 설비로 구성된다.

구조 시스템

- 상부 **구조**는 기초 시스템의 수직적 확장이고, 바닥과 지붕 구조를 지지하는 기둥, 보, 내력벽으로 구성된다.
- **기초** 시스템은 건물의 기초를 형성, 땅에 단단히 고정시켜 위의 건물 요소와 공간을 지지하는 하부 구조이다.

이들 시스템은 다음과 같은 유형의 하중을 지지하기 위해 함께 작업해야만 한다.

- 사하중 : 건물이 어떻게 지어지는가는 건물의 사하중에 따라 결정된다. 사하중은 건물의 구조적 무게, 비구조적 무게 그리고 구조물에 영구적으로 연결된 모든 장비를 포함한 정적 수직하중이다.
- 활하중 : 건물이 어떻게 사용될 것인가는 건물의 활하중에 따라 결정된다. 활하중은 거주자의 중량, 모든 이동 가능한 기구와 가구를 포함하여 움직이는 하중을 말한다. 추운 기후에서는 쌓인 눈과 물도 건물의 활하중에 포함된다.
- 동적하중 : 건물을 어디에 위치시킬 것인가는 바람과 지진의 동적 역할로부터의 잠재하중을 결정하게 된다.

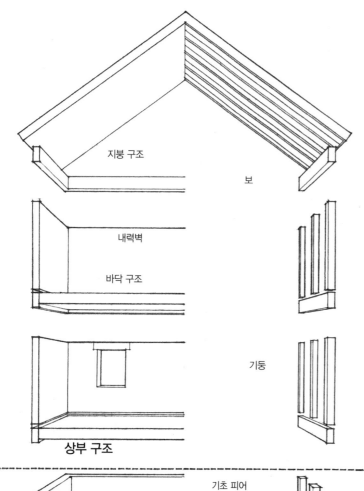

지붕 구조

보

내력벽

바닥 구조

기둥

상부 구조

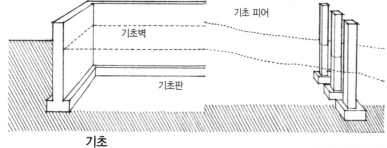

기초 피어

기초벽

기초판

기초

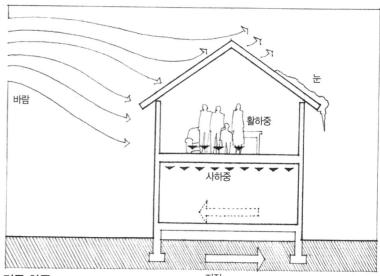

바람

눈

활하중

사하중

건물 하중

지진

둘러싸는 시스템

- **건물**은 외부환경으로부터 내부를 보호해주는 외벽, 창문, 문, 지붕의 구성으로 둘러싸여 있다.
- 내벽, 칸막이, 천장은 내부 공간을 세분화하고 규정한다. 이런 많은 요소들은 당연히 비구조물이고 자신의 무게 외에 다른 하중을 갖지 않는다.

빌딩 서비스

- 기계적 시스템은 건물의 내부 공간에 난방, 통풍, 냉방과 같은 필수적 서비스를 제공한다.
- 배관 시스템은 소비, 소방에 적합한 물을 공급하고 오수를 처리한다.
- 전기 시스템은 조명, 설비, 보안, 통신, 수직이동을 위한 전력을 조절하고 안전하게 분배한다.

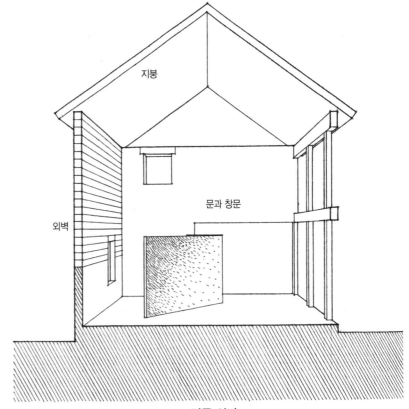

건물 외피

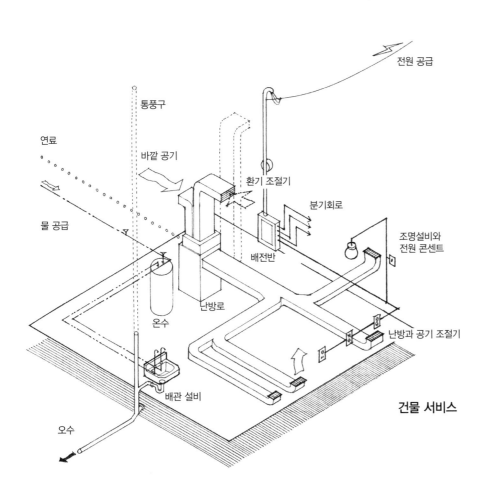

건물 서비스

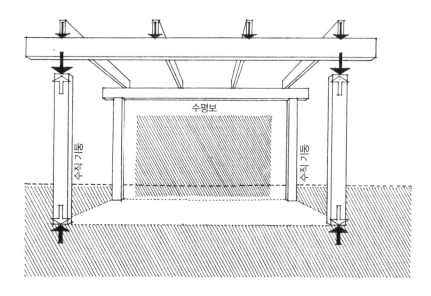

건물의 구조 시스템은 재료의 형상에 따라 형성되고 그들에 적용되는 힘에 반응한다. 구조적 형태와 형상은 결과적으로 건물 체적 내 실내 공간의 크기, 비례, 배치에 영향을 준다.

두 개의 기본적인 선형구조의 요소는 기둥과 보이다. **기둥**은 그 샤프트를 따라 아래로 압축력을 보내는 수직 지지물이다. 두꺼운 기둥은 그 높이, 더 큰 기둥의 지지용량 그리고 편심하중이나 **횡력**에 의한 좌굴에 지탱하는 능력과 관계가 있다.

보는 길이를 따라 그곳으로 수직 전달되는 힘을 지지하는 수평 부재물이다.
보는 압축 및 인장응력의 내부 요소에 따라 휘거나 굴절할 수 있다. 이러한 응력은 보 단부의 상부 및 하부 영역에 따라 비례하여 커진다. 응력이 큰 곳에 두께를 증가시키고 재료를 설치하는 것은 보의 성능을 최적화하는 것이다.

A. 기둥은 압축의 영향을 받는다.
B. 세장 기둥은 좌굴의 영향을 받는다.
C. 두꺼운 기둥은 압축되거나
D. 목재나 콘크리트의 경우 쪼개지거나 균열될 수 있다.

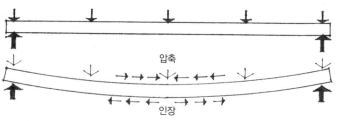

보는 휨의 영향을 받는다.

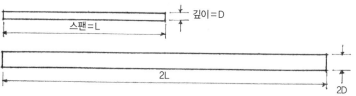

보의 깊이를 증가시키면 스팬의 길이도 늘릴 수 있다.

기둥은 공간에 점을 표시하고 수평분할을 위한 단위를 제공한다. 보는 지지물들 사이의 공간을 가로질러 시각적, 구조적 연결들을 만들어낸다. 기둥과 보는 서로 연결된 공간의 볼륨 주위에서 골조의 틀을 형성한다.

선형구조 시스템은 반복적인 공간의 그리드 배치를 제안하는 반면, 바닥, 벽, 천장면은 실내 공간을 지지하거나 둘러싸는 데 필수적인 요소이다. 공간의 수직적 제한을 규정하는 바닥과 천장면은 바다 슬래브 혹은 **대들보**(큰 주요 빔), 보, **장선**(작고 병렬된 빔의 연속)의 위계적 배열로 이루어진다. 벽과 칸막이는 **전단벽**의 역할을 하는 곳과 횡력 안정성을 제공해야 하는 곳을 제외하고 내력벽이 되거나, 구조적 프레임의 기둥에 맞출 필요가 없다. 그들은 요구와 상황에 따라 공간의 가로 크기를 자유롭게 규정할 수 있다.

선형구조 시스템은 원래 누적적이고 대단히 유연하다. 그것들은 특정 용도의 개별공간에 성장, 변화, 적응을 허용한다.

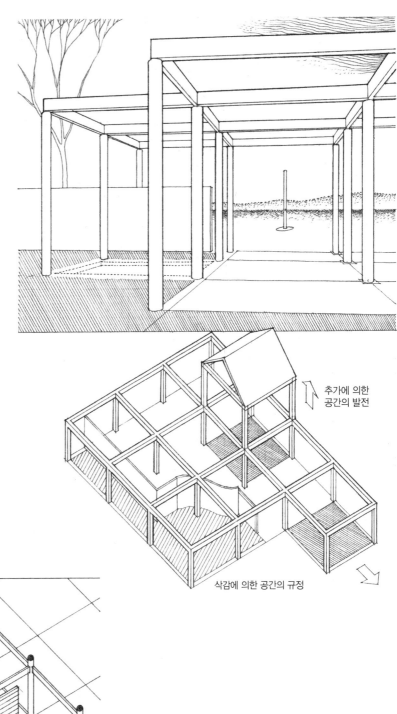

추가에 의한 공간의 발전

삭감에 의한 공간의 규정

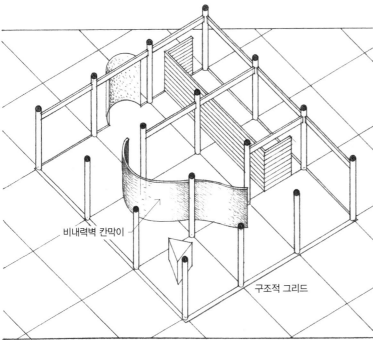

비내력벽 칸막이

구조적 그리드

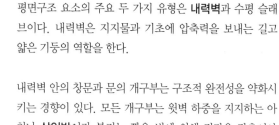

평면구조 요소의 주요 두 가지 유형은 **내력벽**과 수평 슬래브이다. 내력벽은 지지물과 기초에 압축력을 보내는 길고 얇은 기둥의 역할을 한다.

내력벽 안의 창문과 문의 개구부는 구조적 완전성을 약화시키는 경향이 있다. 모든 개구부는 윗벽 하중을 지지하는 아치나 **상인방**이라 불리는 짧은 빔에 의해 경간을 갖추어야 하고 벽의 인접부분의 개구부 주위에 압축응력을 허용한다.

내력벽의 일반적인 패턴은 바닥 장선과 지붕 서까래 혹은 수평 슬래브에 의해 경간을 갖는 병렬배치이다. 횡력 안전성을 위해 **벽기둥**(필라스터)과 교차벽은 버팀 내력벽을 돕기 위해 사용된다.

선형구조 요소는 공간적 볼륨의 경계선의 윤곽선을 만드는 반면, 내력벽 같은 평면 요소들은 공간의 물리적 범위를 정의한다. 이것들은 둘러쌈과 실제적 느낌을 제공함과 동시에 요소들에 대항하는 장벽 역할을 한다.

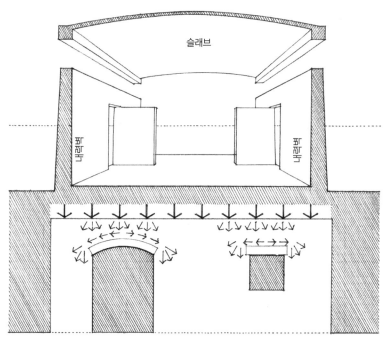

작은 보나 상인방은 내력벽에 개구부를 만들기 위해 필요하다.

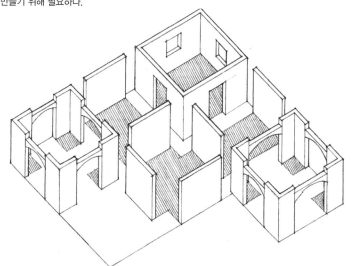

공간의 둘러싸임 정도는 벽면에서 개구부의 크기와 위치에 따라 다양하게 나타난다.

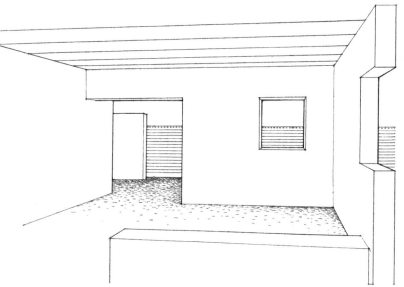

슬래브는 평편하고, 딱딱하며 대개는 하나의 돌덩이 같
은 판이다. 가장 흔한 예는 철근콘크리트 슬래브이다.
슬래브는 집중하중과 분산하중 모두를 지지할 수 있다.
왜냐하면 그 결과 응력은 슬래브 판을 가로질러 펼쳐질
수 있고 슬래브 지지물에 다양한 경로를 취할 수 있기
때문이다.

두 가장자리를 따라 지지될 때 슬래브는 한 방향으로
연장되는 넓고 얇은 빔으로 간주된다. 네 면을 따라 지
지될 때 슬래브는 양방향 구조적 요소가 된다. 효율성
을 높이고 중량을 감소시키기 위해 슬래브는 단면에서
늑근을 통합하고 수정할 수 있다.

철근콘크리트 기둥과 완전하게 연결될 때 평판슬래브
는 보 없이 지탱할 수 있다. 이들은 단지 지지 기둥에
의해 나누어지는 공간의 수평층을 형성한다.

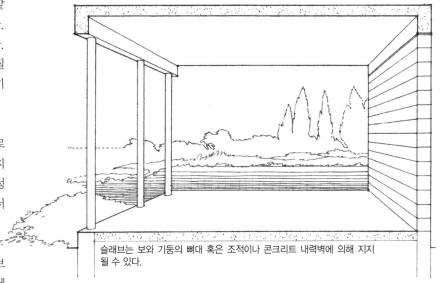

슬래브는 보와 기둥의 뼈대 혹은 조적이나 콘크리트 내력벽에 의해 지지
될 수 있다.

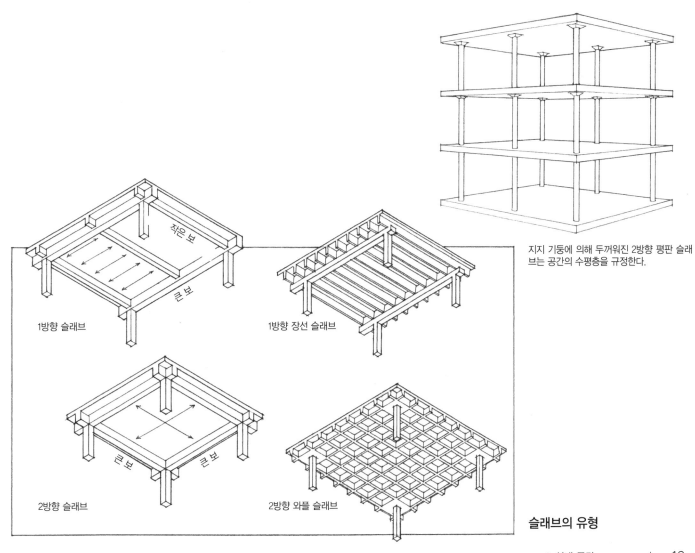

지지 기둥에 의해 두꺼워진 2방향 평판 슬래
브는 공간의 수평층을 규정한다.

1방향 슬래브

작은 보

큰 보

1방향 장선 슬래브

2방향 슬래브

큰 보

큰 보

2방향 와플 슬래브

슬래브의 유형

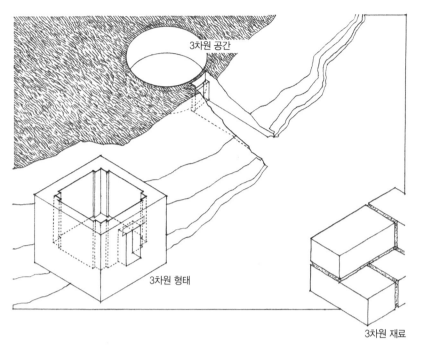

3차원 공간

3차원 형태

3차원 재료

볼륨구조 시스템은 3차원 매스로 구성된다. 물질의 매스는 공간의 빈 곳을 차지한다. 매스의 바깥 부분은 실내 공간의 볼륨으로 만들어진다. 3차원 컴퓨터 디자인이 발달됨에도 불구하고 엔지니어링 기법의 효율성과 현대 건축 재료의 강도는 순수한 볼륨구조 시스템의 이용을 제한한다. 작은 규모에서 석재, 점토 조적 단위는 볼륨 구성요소로 보일 수 있다. 큰 규모에서 내부 공간을 둘러싸는 임의의 건물은 너비, 길이, 깊이에서 강도를 갖고 있어야만 3차원 구조로 볼 수 있다.

월트 디즈니 콘서트 홀, 캘리포니아 로스앤젤레스, 프랭크 게리(2003).

복합 시스템은 선적, 면적, 입체적 요소들을 형태와 공간의 3차원 구성으로 결합한다.

대부분 구조 시스템은 사실 선형, 평면 그리고 볼륨의 요소
로 구성되어 있다. 모든 상황에서 절대적으로 우수한 시스
템은 없다. 구조 디자이너에게 있어 각각의 기술들은 크기
와 위치, 건물 사용의 목적에 따라 장점과 단점을 가지고 있
다. 실내 디자이너는 각 구조 시스템이 정의하는 실내 공간
의 특성을 인지해야만 한다.

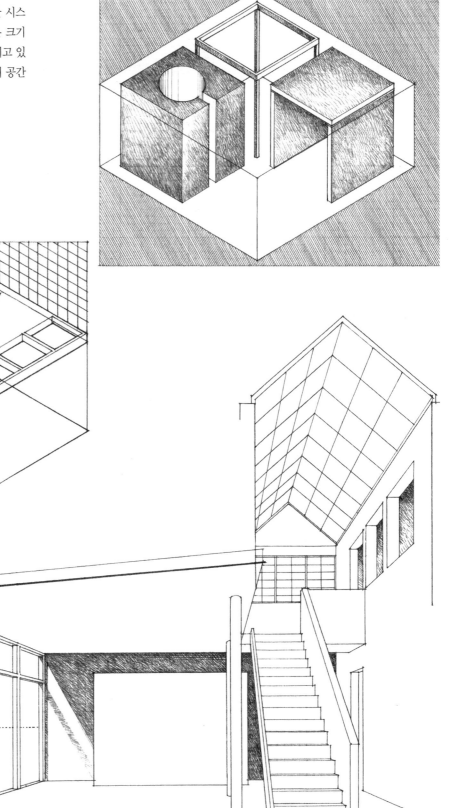

높은 천장은 고귀함과 위엄의 느낌과 관련이 있다. 낮은 천장은 동굴같이 아늑함과 친밀함을 내포하고 있다. 여하튼 공간 크기의 인식은 천장 높이 하나만이 아니라 공간의 길이와 너비의 관계에 영향을 받는다.

천장은 일반적으로 위에 있는 방의 바닥면에 의해 정의되고 대부분 평평하다. 지붕 구조에 의해 만들어진 천장은 공간을 넓혀주는 천장구조의 형태와 방식을 반영한다. **외쪽 천장, 박공 천장, 볼트 천장** 형태는 공간에 방향성을 주는 반면 돔형 천장과 피라미드형 천장은 공간의 중심성을 강조한다.

천장의 일부를 낮추는 것은 친밀감을 조성하고 음향을 수정하며, 시각적 질감을 추가할 수 있다. 내부의 처마 안쪽, 캐노피, 구름 천장 부분은 경계 혹은 흥미로운 부분의 천장을 부분적으로 낮추는 데 사용될 수 있다.

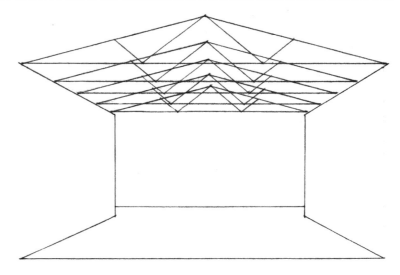

지붕 구조물은 때때로 천장면의 주어진 질감, 패턴, 깊이를 노출할 수 있다.

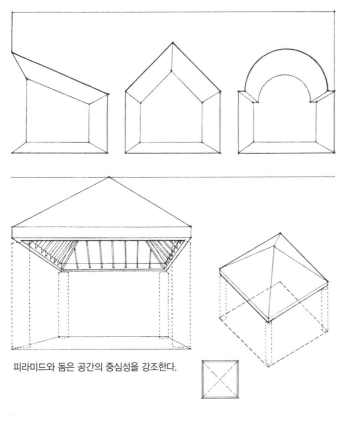

피라미드와 돔은 공간의 중심성을 강조한다.

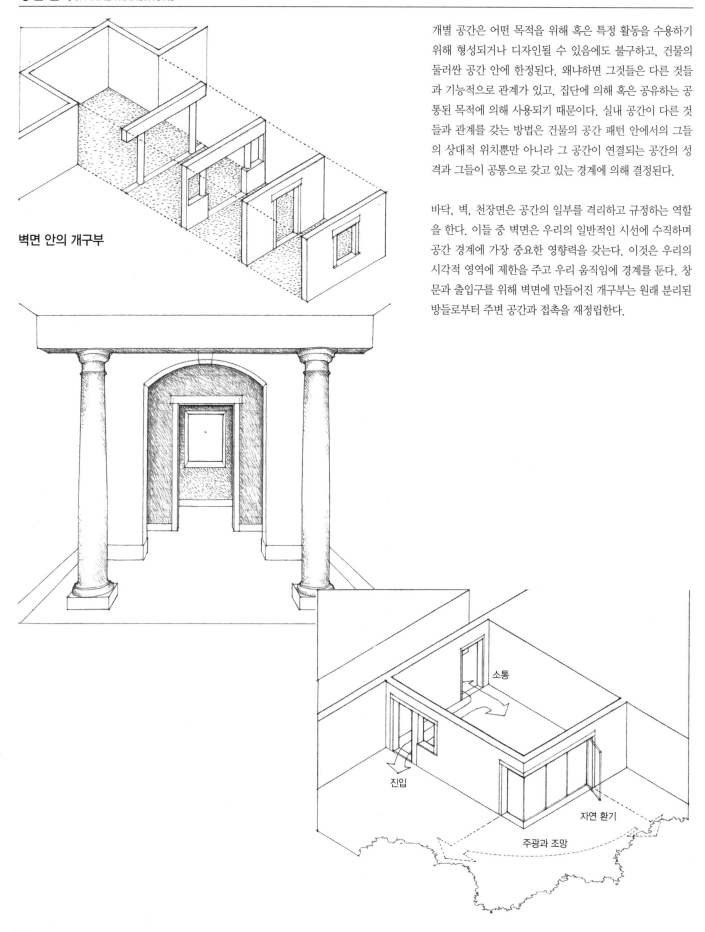

벽면 안의 개구부

소통

진입

자연 환기

주광과 조망

개별 공간은 어떤 목적을 위해 혹은 특정 활동을 수용하기 위해 형성되거나 디자인될 수 있음에도 불구하고, 건물의 둘러싼 공간 안에 한정된다. 왜냐하면 그것들은 다른 것들과 기능적으로 관계가 있고, 집단에 의해 혹은 공유하는 공통된 목적에 의해 사용되기 때문이다. 실내 공간이 다른 것들과 관계를 갖는 방법은 건물의 공간 패턴 안에서의 그들의 상대적 위치뿐만 아니라 그 공간이 연결되는 공간의 성격과 그들이 공통으로 갖고 있는 경계에 의해 결정된다.

바닥, 벽, 천장면은 공간의 일부를 격리하고 규정하는 역할을 한다. 이들 중 벽면은 우리의 일반적인 시선에 수직하며 공간 경계에 가장 중요한 영향력을 갖는다. 이것은 우리의 시각적 영역에 제한을 주고 우리 움직임에 경계를 둔다. 창문과 출입구를 위해 벽면에 만들어진 개구부는 원래 분리된 방들로부터 주변 공간과 접촉을 재정립한다.

출입구는 한 공간에서 다른 공간으로의 물리적 접근을 제공한다. 출입구가 닫혀 있을 때 인접 공간으로부터 방을 차단한다. 열려 있을 때 시각적, 공간적, 음향적 연결을 공간 사이에 만들게 된다. 크게 열려 있는 출입구는 방의 둘러쌈의 온전함을 약화시키고 인접 공간 혹은 바깥과의 연결을 강화시킨다.

두 공간을 분리하는 벽의 두께는 출입구에 노출된다. 이 깊이는 한 공간에서 다른 공간을 문을 통해 지나갈 때 우리가 느끼는 분리의 정도를 결정한다. 출입구 자체의 규모 및 처리는 그 자체로 들어가고자 하는 공간의 성격에 대한 시각적 단서를 제공할 수 있다.

방의 주변에 있는 개구부의 수와 위치는 공간에 있어서 우리의 움직임의 패턴, 가구 배치에 영향을 미치고 우리의 활동을 만들어낸다.

문의 너비는 사람과 가구들의 움직임의 용이성에 영향을 준다. 36인치(914mm) 너비의 출입구는 열린 문의 두께와 그것의 철물을 고려하면 약 32인치(813mm)가 되게 한다. 32인치 미만 안목치수의 개구부는 표준크기의 휠체어 사용에 장애가 되고, 접근성, 장애인의 건물이용용이도, 재택노인 요양에 영향을 주게 된다.

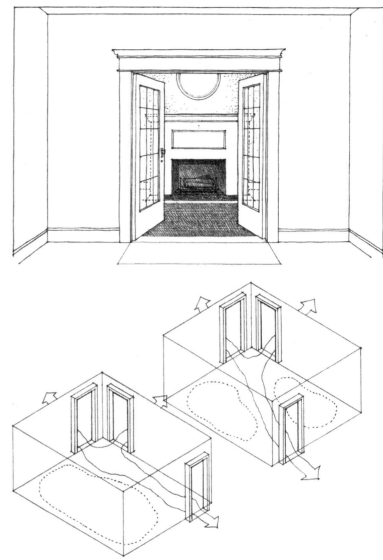

출입구 위치는 방 안에서의 이동패턴과 행동에 영향을 준다.

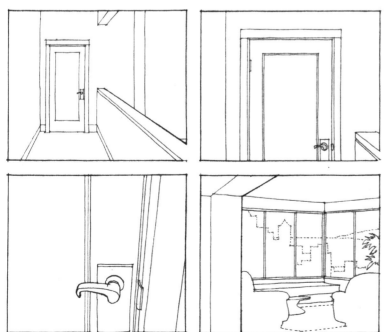

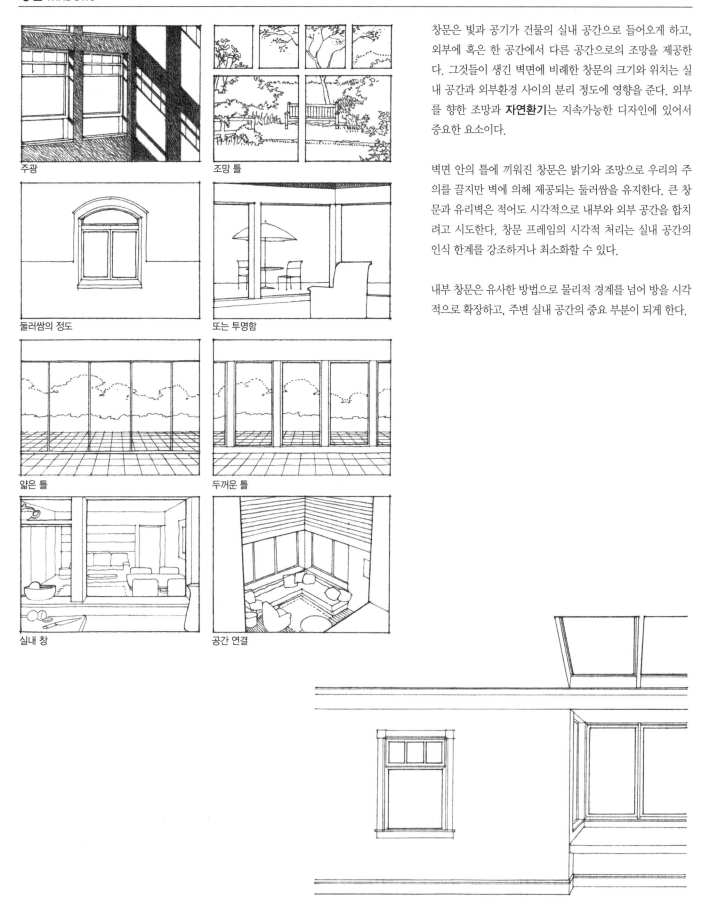

주광

조망 틀

둘러쌈의 정도

또는 투명함

얇은 틀

두꺼운 틀

실내 창

공간 연결

창문은 빛과 공기가 건물의 실내 공간으로 들어오게 하고, 외부에 혹은 한 공간에서 다른 공간으로의 조망을 제공한다. 그것들이 생긴 벽면에 비례한 창문의 크기와 위치는 실내 공간과 외부환경 사이의 분리 정도에 영향을 준다. 외부를 향한 조망과 **자연환기**는 지속가능한 디자인에 있어서 중요한 요소이다.

벽면 안의 틀에 끼워진 창문은 밝기와 조망으로 우리의 주의를 끌지만 벽에 의해 제공되는 둘러쌈을 유지한다. 큰 창문과 유리벽은 적어도 시각적으로 내부와 외부 공간을 합치려고 시도한다. 창문 프레임의 시각적 처리는 실내 공간의 인식 한계를 강조하거나 최소화할 수 있다.

내부 창문은 유사한 방법으로 물리적 경계를 넘어 방을 시각적으로 확장하고, 주변 실내 공간의 중요 부분이 되게 한다.

계단 또한 방 사이의 공간 전이의 중요한 형태이다. 건물의 입구를 위해 계단으로 이루어진 외부는 공공통로로부터 사적 영역을 구분하며 그리고 테라스나 포치 같은 전이공간으로 들어가는 행동을 유도한다. 계단이 없는 입구는 장애인의 건물이용용이성과 재택노인요양성을 좋게 한다.

실내 계단은 건물의 다양한 레벨을 연결한다. 계단이 이 기능을 수행하는 방식은 공간 안에서의 우리의 움직임을 형성한다(계단에 접근하는 방법, 계단을 오르고 내리는 속도와 방식, 이 길을 따라가면서 우리가 무엇인가 할 수 있는 기회). 넓고 얕은 계단은 우리를 끌어 들이는 역할을 할 수 있다. 반면 좁고 가파른 계단은 좀 더 사적인 공간으로 이끈다. 연속계단을 끊어주는 계단참은 계단의 방향을 바꿔주고, 우리에게 멈출 수 있는 여유와 휴식, 조망을 제공한다.

계단은 상당히 많은 공간을 차지할 수 있지만 여러 가지 방법으로 실내에 적합한 형태로 사용할 수 있다. 이것은 공간을 채우고 한 공간에 주안점을 제공할 수 있으며 방의 모서리를 따라가거나 돌아갈 수 있다. 계단은 공간의 경계로 조직될 수 있거나 테라스의 연속으로 연장될 수 있다.

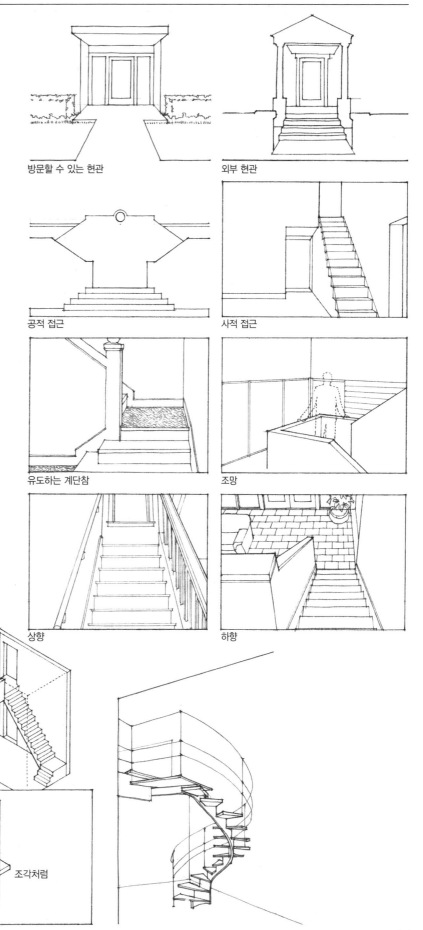

방문할 수 있는 현관

외부 현관

공적 접근

사적 접근

유도하는 계단참

조망

상향

하향

계단

공간을 채움

가장자리 규정

조각처럼

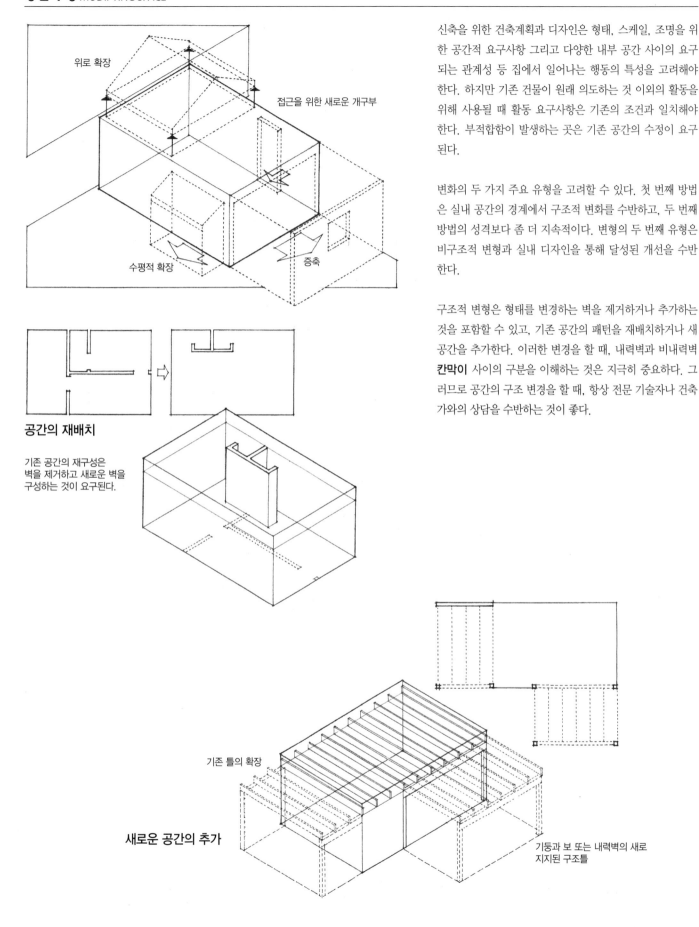

위로 확장

접근을 위한 새로운 개구부

수평적 확장

증축

공간의 재배치

기존 공간의 재구성은
벽을 제거하고 새로운 벽을
구성하는 것이 요구된다.

기존 틀의 확장

새로운 공간의 추가

기둥과 보 또는 내력벽의 새로
지지된 구조틀

신축을 위한 건축계획과 디자인은 형태, 스케일, 조명을 위한 공간적 요구사항 그리고 다양한 내부 공간 사이의 요구되는 관계성 등 집에서 일어나는 행동의 특성을 고려해야 한다. 하지만 기존 건물이 원래 의도하는 것 이외의 활동을 위해 사용될 때 활동 요구사항은 기존의 조건과 일치해야 한다. 부적합함이 발생하는 곳은 기존 공간의 수정이 요구된다.

변화의 두 가지 주요 유형을 고려할 수 있다. 첫 번째 방법은 실내 공간의 경계에서 구조적 변화를 수반하고, 두 번째 방법의 성격보다 좀 더 지속적이다. 변형의 두 번째 유형은 비구조적 변형과 실내 디자인을 통해 달성된 개선을 수반한다.

구조적 변형은 형태를 변경하는 벽을 제거하거나 추가하는 것을 포함할 수 있고, 기존 공간의 패턴을 재배치하거나 새 공간을 추가한다. 이러한 변경을 할 때, 내력벽과 비내력벽 **칸막이** 사이의 구분을 이해하는 것은 지극히 중요하다. 그러므로 공간의 구조 변경을 할 때, 항상 전문 기술자나 건축가와의 상담을 수반하는 것이 좋다.

공간의 경계 안에서 개구부의 기존 패턴은 또한 변경될 수 있다. 창문은 더 좋은 주광과 혹은 조망을 이용하기 위해 확장되거나 추가될 수 있다. 출입구는 방으로의 접근을 좀 더 좋게 하거나 공간 안에서 이동통로를 개선하기 위해 이동하거나 추가될 수 있다. 인접한 두 개의 공간을 합치기 위해 커다란 개구부가 만들어질 수 있다. 내력벽에서 새롭게 만들어지거나 확장된 개구부는 개구부 위의 하중을 전달할 수 있는 크기의 상인방이나 **장선받이**가 요구된다.

계단과 천창으로 공간의 주광을 추가하거나 혹은 공간의 두 레벨 사이의 수직적 관계성을 만들기 위해 바닥과 천장면에서 구조적인 변경이 아마도 요구될 것이다. 건물의 수평적 구조 안에서의 변경은 새로운 개구부의 경계가 보, 기둥, 지주 시스템과 내력벽에 의해 강화되고 지지될 수 있다.

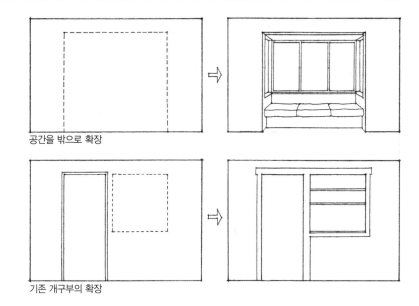

공간을 밖으로 확장

기존 개구부의 확장

새로운 벽 개구부

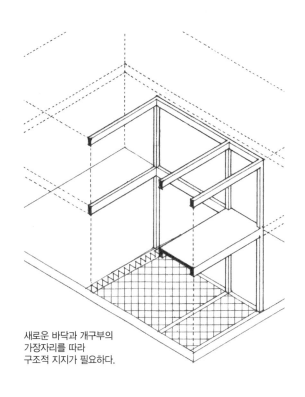

새로운 바닥과 개구부의
가장자리를 따라
구조적 지지가 필요하다.

수직적 확장

천창

계단

수직적 관계

우리는 특별한 설계 문제를 다룰 때 그리고 건물 내부 공간의 다른 면을 다룰 때도 건축의 패턴과 구조 전체를 염두에 두어야 한다. 특히, 공간의 물리적 경계의 어떤 변화도 조심스럽게 계획해서 건물의 구조적 온전함이 방해를 받지 않게 해야 한다. 그러므로 공간에서 주요 구조물의 변경은 전문 엔지니어와 건축가의 도움이 필요하다.

하지만, 실내 공간은 비구조적 변경으로 수정되거나 개선될 수 있다. 구조적 변화가 공간의 물리적 경계를 바꾸는 반면, 비구조적 변경은 우리가 어떻게 공간을 감지하고 사용하고 거주하는지에 기초를 둔다. 이런 변화의 유형은 일반적으로 실내 디자이너들에 의해 계획되고 실행된다.

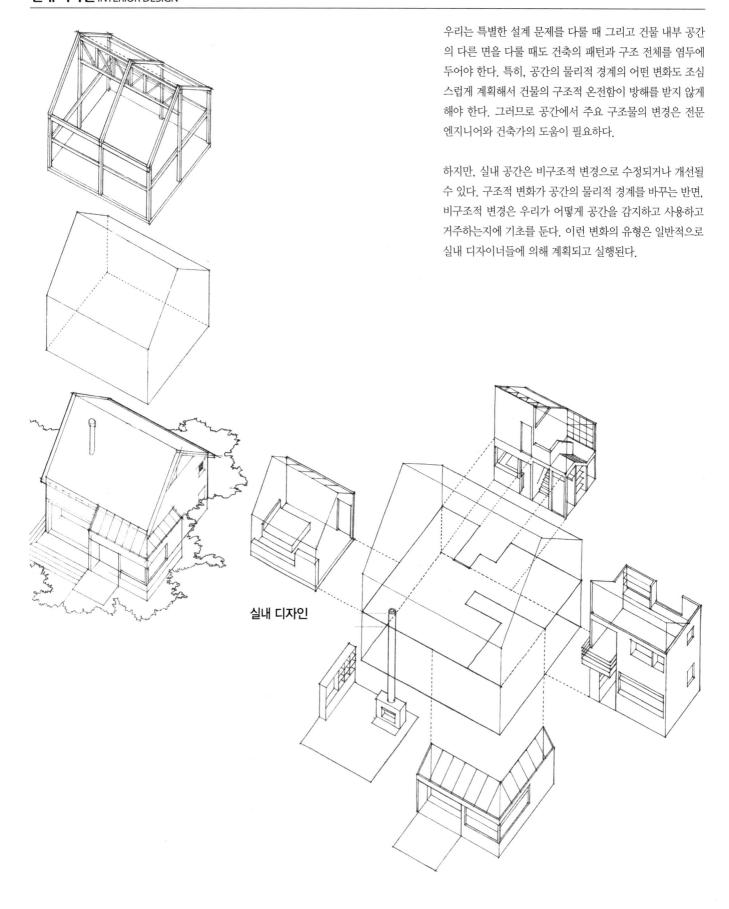

실내 디자인

2

실내 디자인 Interior Design

전체에 대한
부분의 계획,
배치
그리고

디자인

실내 디자인은 건물 안에서의 내부 공간의 계획, 배치 그리고 디자인에 해당된다. 이러한 물리적인 장치들은 피난처와 보호에 대한 우리의 기본적인 요구를 만족시키고, 우리의 활동에 대한 무대를 만들며 그 모양에 영향을 미치고, 우리의 열망을 양육하며, 우리의 행동에 따르는 생각을 표현하고, 우리의 세계관, 분위기, 성격에 영향을 미친다. 그래서 실내 디자인의 목적은 기능적인 향상, 미적인 풍요함 그리고 실내 공간에서의 삶의 질의 심리적인 향상을 꾀한다.

건축적 맥락

인테리어 요소

모든 디자인에서의 목적은 특정 목적을 달성하기 위해
전체에 밀접하게 그 부분들을 조직하는 것이다. 실내 디
자인에 있어서 선택된 요소들은 기능적, 미학적 그리고
행동 가이드라인에 따라서 3차원적 패턴으로 정리된다.
이러한 패턴에 의해서 만들어진 요소들 사이의 관계성이
궁극적으로 실내 공간의 시각적 품질과 기능적인 적절성
을 결정하고 그리고 우리가 어떻게 인식하고 그것을 사
용하는가에 영향을 주게 된다.

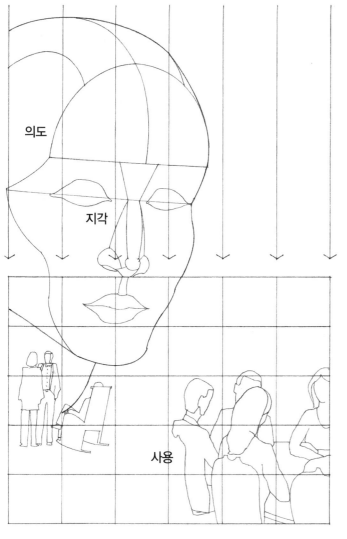

전체적으로

실내 환경

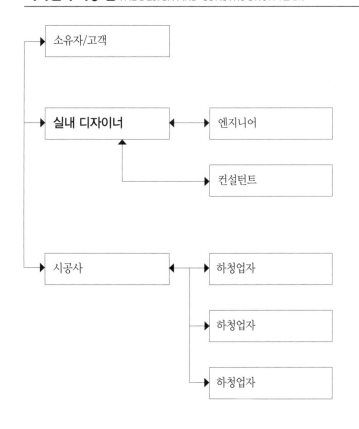

마치 실내 디자이너가 수집한 고객, 공간 그리고 의도된 행위에 대한 정보가 디자인 팀의 다른 멤버의 작업에 대한 함축을 가지고 있듯이, 어떤 건물에서의 건축적인 형태와 환경 시스템의 개발은 실내 디자이너에 대한 함축을 가지고 있다.

실내 디자이너는 아마도 단독으로 작업을 하거나, 혹은 대형 디자인 회사의 다른 디자이너, 건축가 그리고 디자인 전문가와 협업, 혹은 건축회사의 자문역할로 일하게 될 것이다. 어떤 경우이든 간에, 실내 디자이너는 다른 회사에 있는 건축가, 기술자, 다른 자문가와 함께 작업해야 한다. 더군다나, 실내 디자이너는 시설관리자, 행정가, 최종 사용자를 포함한 고객의 대변자와 같이 일을 해야 한다. 실내 디자이너는 종종 고객과 마감이나 가구설치를 위한 제공자 사이에서 매개 역할을 하게 된다. 건설이 진행되는 동안 실내 디자이너는 건축 도급업자와 공급회사와 연락을 취해야 한다. 디자인과 건설 팀의 모든 구성원은 소통과 협조, 상호 존중의 분위기를 유지하기 위해서 노력해야 한다.

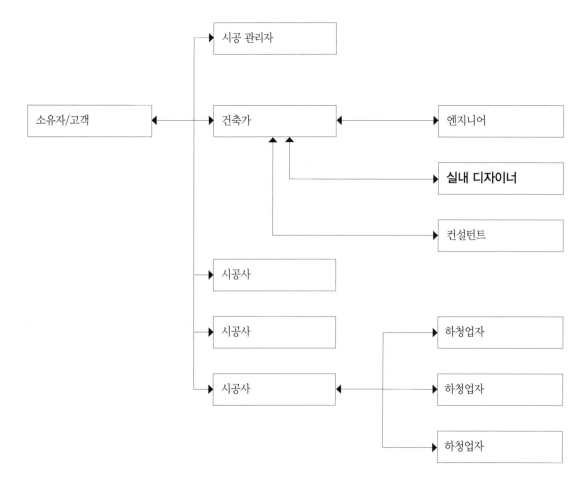

우리는 어떤 요소들을 사용하고, 그 요소들을 어떻게 디자인의 과정에서 패턴으로 정리할 것인가를 정한다. 비록 그 단계들이 직선적인 것으로 보이더라도, 디자인의 과정은 종종 주기적이고 반복적인데, 그것은 이용이 가능한 정보, 통찰 그리고 가능한 결과물에 대한 조심스러운 분석, 종합, 평가의 연속이며, 이 과정들이 현재상황과 달성하고자 하는 것 사이를 성공적으로 이어줄 때까지 반복되는 것이다.

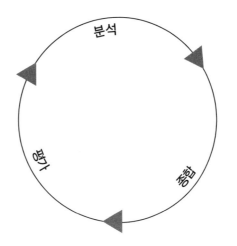

분석

종합

평가

디자인 과정의 단계들

- 문제를 정의한다.

- 프로그램을 공식화한다.

- 개념을 발전시킨다.

- 대안들에 대해서 평가한다.

- 디자인을 결정한다.

- 디자인을 발전시키고 개선시킨다.

- 디자인을 적용한다.

- 완성된 디자인을 재평가한다.

디자인 문제가 먼저 정의되어야 한다. 디자인 문제의 성격을 정의하고 이해하는 능력이 결과물의 가장 핵심적인 부분이다. 이러한 정의는 디자인 결과물이 어떻게 작동하고, 어떤 목표와 대상이 달성되어야 하는가를 명확하게 해주어야 한다.

문제의 정의

[ ] 고객의 필요를 확인한다.
- 누가, 무엇을, 언제, 어디서, 어떻게, 왜?

[ ] 초보적인 목표를 설정한다.
- 기능적인 요구사항들
- 심미적인 이미지와 스타일들
- 심리적인 자극과 의미

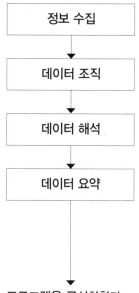

프로그램을 공식화한다.

[ ] 무엇이 현재인가?
- 관련 정보를 수집하고 분석한다.
- 물리적, 문화적 문맥을 문서화한다.
- 현재의 요소를 묘사한다.

[ ] 무엇이 바람직한 것인가?
- 사용자의 필요성과 선호를 확인한다.
- 목표를 명확하게 한다.
- 매트릭스, 차트, 인접 다이어그램을 발전시킨다.

[ ] 무엇이 가능한가?
- 무엇이 대체 가능하고 … 무엇이 그렇지 않은가?
- 무엇이 조정 가능하고 … 무엇이 그렇지 않은가?
- 무엇이 허용되고 … 무엇이 금지되어 있는가?
- 시간, 경제성, 법규, 기술 등 한계를 정의하라.

문제의 해석은 세부적으로 나누어져야 하고 이슈에 따라 분류되고, 문제의 다양한 관점에 따라서 가치들이 부여되어야 한다. 또한 분석은 문제의 성격을 이해하고 그리고 적절한 대응을 하게 도와주는 관련 정보를 수집하는 것을 수반한다. 시작단계에서부터 디자인 결과물을 형성할 수 있도록 도와주는 제한점을 알고 있다는 것은 의미가 있다. 주어진 환경에서 무엇을 바꿀 수 있고, 무엇이 대체될 수 없는 것인지가 반드시 결정되어야 한다. 디자인 결과물에 영향을 줄 재정적, 법규적, 기술적인 제한조건들이 언급되어야 한다.

디자인 과정을 통해서 보다 명확한 문제에 대한 이해가 나타나야 한다. 새로운 정보는 문제와 결과물에 대한 우리의 인식을 바꾸는 발전을 가져올 것이다. 그렇기 때문에 문제에 대한 분석은 종종 디자인 과정 전체를 통해서 지속된다.

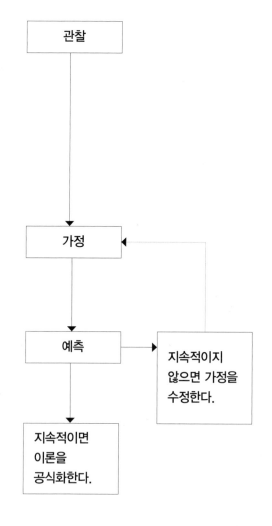

문제와 그 부분들의 분석에서 우리는 가능한 해결책의 공식화를 시작할 수 있다. 이것은 일관된 해결책에 대한 문제의 다양한 이슈와 관점에 대해서 대응하는 종합을 요구한다. 디자인은 지식을 기반으로 하는 이성적인 생각을 요구하고, 경험과 연구를 통해서 성숙해진다. **증거 기반 디자인** Evidence-based design은 믿을 만한 연구를 기반으로 하는 더 나은 디자인 결과물을 만드는 것을 추구한다. 또한 디자인 과정에서 중요한 역할을 하는 것은 이성적인 디자인 과정만 있는 곳에 창의적인 차원을 더해주는 영감과 상상이다.

아이디어를 생성하고, 가능한 디자인 결과물을 종합할 수 있는 여러 가지 방법론이 있으며 다음과 같다.

• 가치 혹은 중요한 것을 한 개 혹은 다수의 이슈로 분리하고, 그들을 중심으로 해결책을 발전시켜라.
• 발전 가능한 결과물을 위한 모델역할을 할 수 있는 유사한 상황에 대해서 연구하라.
• 전체 해결책에 통합될 수 있고, 현존의 사실성에 의해서 조절될 수 있는 문제의 부분들의 이상적인 해결책을 발전시켜라.

개념을 발전시킨다

[ ] 브레인스토밍 아이디어
• 주요 기능과 공간적인 관계성을 다이어그램으로 만든다.
• 주요 이슈와 요소에 가치를 부여한다.
• 몇 가지 좋은 아이디어를 결합하여, 하나의 좋은 안을 만들 수 있는 방안을 찾아본다.
• 부분을 변경하면 전체에 어떻게 영향을 미치는가를 살펴본다.
• 다른 관점에서 상황을 바라본다.

[ ] 개념에 대한 글을 작성해본다
• 간결한 방식으로 주요 디자인 개념을 언어로 서술해본다.

[ ] 기본설계를 발전시킨다
• 주요 기능과 공간 관계성을 정립한다.
• 중요한 특징들의 상대적인 크기와 형태를 보여준다.
• 비교 연구의 몇 가지 대안을 발전시킨다.

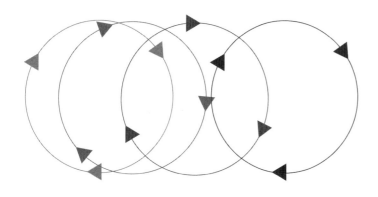

디자인은 대안들에 대해서 비판적인 견해를 가질 필요가 있으며, 각각의 제안에 대해서 문제점과 해결방안이 잘 들어 맞을 때까지 강점과 약점에 대해서 따져볼 필요가 있다. 가능한 해결책의 범위 안에서, 각각의 제안들은 문제의 자세한 기준에 의해서 설명되어야 하고, 더 나아가 문제분석으로 구분되어야 한다. 지속적인 문제에 대한 탐구와 대안 결과물에 대한 평가는 디자인 발전을 위한 선택의 폭을 좁혀줄 것이다. 디자인의 초기단계에서는 문제에 대해서 확산하는 사고를 하는 반면, 디자인 발전의 단계에서는 특별한 디자인 해결책에 대해서 수렴하는 것이 요구된다.

대안들에 대해서 평가한다

[ ] 디자인 목표와 각각의 대안에 대해서 비교한다.
[ ] 각각의 대안의 비용과 책임에 대한 이익과 강점을 측정한다.
[ ] 적합성과 유효성의 관점에서 대안들을 평가한다.

디자인을 결정한다

[ ] 가장 좋은 디자인 요소들을 결합하여 최종 디자인을 만든다.
- 기초적인 계획을 그린다.
- 스케일 그림을 구성한다.
- 중요한 실내 건축 디테일을 보여준다(예를 들면, 벽, 창문, 붙박이장 등).
- 적절하다면 가구를 보여준다.
- 컴퓨터 디자인 소프트웨어는 이러한 것들을 결합할 것이다.

[ ] 기초적인 재료 선택을 한다.
- 대안의 색상과 마감 계획을 발전시킨다.
- 재료의 샘플을 수집한다.

[ ] 기초 가구와 조명을 선택한다.
[ ] 기초적인 승인과 고객의 반응을 보기 위한 프레젠테이션을 준비한다.

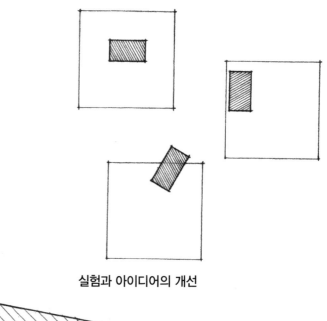

실험과 아이디어의 개선

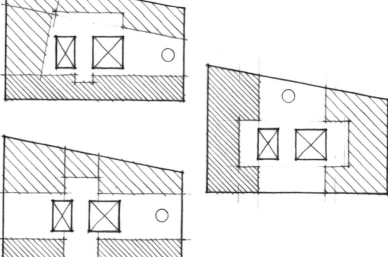

일단 마지막 결정이 만들어지면, 실행을 위해서 디자인 제안은 발전되고, 정제되고, 준비되어야 한다. 이러한 것은 시공도면과 시방서의 생산과 구매, 건설, 감리와 관련된 서비스를 포함하고 있다.

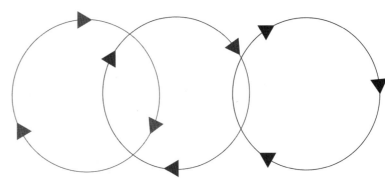

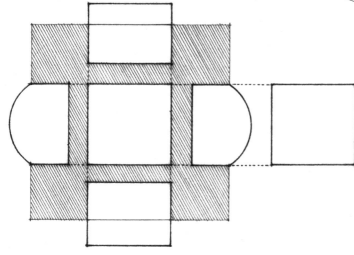

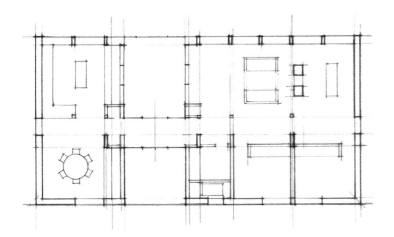

디자인을 발전시키고 개선하기

[ ] 평면도, 입면도, 단면도, 상세도면을 발전시킨다.
[ ] 실내 디자인을 위한 마감재료, 가구, 조명에 대한 상세를 발전시킨다.

디자인 적용하기

[ ] 시공도면을 준비한다.
[ ] 실내 디자인의 마감재료, 가구, 조명의 상세를 확정짓는다.

완성된 디자인을 재평가하기

[ ] 디자인 검토를 실시한다.
[ ] 건축가, 엔지니어, 자문위원과 협동한다.
[ ] 고객의 의견을 구한다.
[ ] 거주후평가(POE)를 실시한다.

어떠한 디자인 과정도 디자인 해결책이 주어진 문제에 대해서 효과적으로 적용되고 있다고 평가되기 전에는 완성된 것이 아니다. 이러한 완성된 디자인에 대한 비판적인 검토는 우리의 지식 기반을 구축하고, 직관력을 향상시키며, 미래의 작업에 대한 가치 있는 교훈을 제공할 것이다.

디자인 과정의 한 가지 특이한 점은 그것이 항상 단순하고 필연적인 단 하나의 확실하고 맞는 대답을 유도하지 않는다는 것이다. 사실상 거기에는 종종 한 가지 이상의 해결책이 존재하게 된다. 그러면 어떻게 우리는 디자인이 좋고 나쁜지 판단할 수 있는 것인가?

디자인은 디자이너, 고객, 혹은 여러 가지 이유로 디자인을 체험하고 이용하는 사람들에 의해서 좋은 디자인으로 판단될 수 있을 것이다.

• 왜냐하면 그것은 기능이 잘 된다. – 그것이 작동된다.
• 왜냐하면 그것은 비용이 적절하다. – 그것은 경제적이고, 효율적이고, 내구성이 있다.
• 왜냐하면 그것은 보기에 좋다. – 그것은 미적으로 즐겁다.
• 왜냐하면 그것은 다른 시간과 공간으로부터 회상하게 한다. – 그것은 의미를 전달한다.

때때로 우리는 그것이 현재의 디자인 트렌드를 따르고 있고, 혹은 그것이 다른 것에 미칠 인상 때문에 좋은 디자인이라고 판단한다. 그것은 패션이고, 우리의 위상을 향상시켜준다.

이러한 이유들이 제안하는 것은 디자인에 의해서 여러 가지 의미들이 전달될 수 있다는 것이다. 어떤 것은 일반 대중이 이해하고 받아들이는 단계에서 작동한다. 다른 것은 특별한 그룹의 사람들에 의해서 이해된다. 성공적인 디자인은 보통 한 가지 단계에서만 작동되는 것이 아닌, 폭넓은 사람들에게 호소해야 한다.

그러므로 좋은 디자인은 그 감상자에게 이해가 가능해야 한다. 왜 그렇게 디자인이 되었는지를 아는 것은 디자인을 이해할 수 있게 해준다. 만약에 디자인이 아이디어를 표현하지 못하고, 의미를 전달하지 못하며, 아무런 반응을 끌어낼 수 없다면, 그것은 무시되고 나쁜 디자인이 될 것이다.

디자인의 문제를 정의하고 분석함에 있어서, 목표와 결과물의 유효성을 측정할 수 있는 기준을 개발해야 한다. 언급되는 실내 디자인 문제의 성격에 상관없이, 우리가 유념해야 할 몇 가지 기준들이 있다.

기능과 목적

먼저, 디자인은 그것이 의도하는 기능과 목적을 완전히 충족해야 한다.

유용성, 경제성, 지속가능성

두 번째로, 디자인은 재료의 선택과 사용에 있어서 유용성, 정직성, 경제성, 지속가능성을 보여주어야 한다.

형태와 스타일

세 번째로, 디자인은 우리의 눈과 다른 감각에 미학적으로 즐거워야 한다.

이미지와 의미

네 번째로, 디자인은 그것을 사용하고 경험하는 사람을 위해서 이미지를 보여주고, 의미를 전달하는 연상작용을 촉진해야 한다.

건물은 건설과 운영에 있어서 많은 양의 재료와 에너지를 사용한다. 지속가능한 디자인은 건물이 그들의 생애를 통해서 에너지와 천연자원을 효율적으로 사용할 수 있는 건물을 생산하고자 한다. 지속가능한 건물을 디자인하는 건축가는 자연환경과 지구상의 무수한 생명체를 보호하는 건축적인 결과물을 찾고자 분투하고 있다. 간단히 말해서 건물의 실내 디자인을 위한 지속가능한 디자인은 다음을 포함하고 있다.

- 재료의 사용을 줄이고, 재사용하고, 재활용하는 것
- 원자재의 취득에서부터 최종사용의 재활용을 통해서 환경과 건강의 영향을 평가
- 에너지 효율성을 위한 디자인

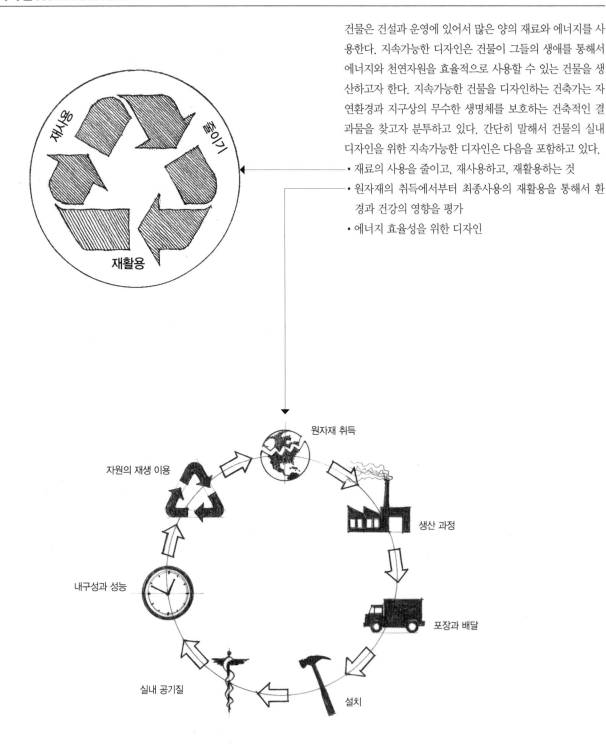

실내 디자이너는 다음의 방법으로 지속가능한 디자인을 지지할 수 있다.

- 효율적인 조명과 장치를 지정함으로써 에너지 사용을 줄인다.
- 주광과 조망 그리고 외부의 신선한 공기를 이용할 수 있게 디자인한다.
- 분해될 수 있도록 디자인하여, 재료들이 분리되고 재활용될 수 있도록 한다.
- 화장실과 식기세척기에서 사용할 수 있는 식수를 제한한다.
- 지역에서 빠르게 재생 가능하고, 구할 수 있고, 새로 만들어지고, 재활용된 재료로부터 만들어진 실내마감재와 재료를 선택한다.
- 낮은 휘발성유기화합물voc을 배출하는 생산물과 설치 재료를 선택한다.
- 에너지, 물, 원자재의 사용이 적은 생산자로부터 만들어진 재료를 선택한다.
- 생산, 포장, 설치에 있어서 버려지는 것이 없도록 한다.

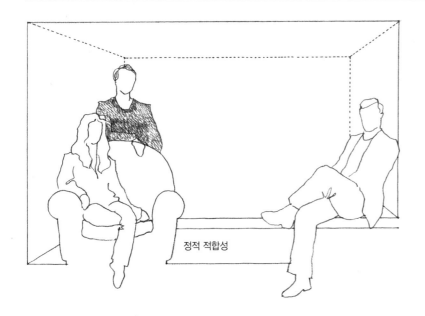

정적 적합성

건물의 실내 공간은 사람이 움직이고, 활동하고, 쉬는 장소로 디자인되어 있다. 그래서 그것들은 우리 자신의 몸의 치수와 실내 공간의 형태와 치수가 들어맞아야 된다. 이러한 적합성에는 우리가 의자에 앉거나, 난간에 기대거나, 알코브에 아늑하게 앉는 등의 정적인 것이 있다.

건물의 실내 공간에는 또한 우리가 건물의 현관에 들어가고 계단을 오르고, 혹은 방과 복도를 이동할 때의 동적인 적합성이 있다.

세 번째의 적합성은 공간이 적절한 사회적인 거리를 유지하고 우리의 개인적인 공간을 조절하기 위한 요구를 만족시켜 주는 것이다.

이러한 물리적, 심리적인 치수와 더불어, 공간은 촉각, 청각, 후각과 열감각적 특성을 가지고 있으며, 이러한 것은 우리가 그 안에서 어떻게 느끼고 행동하는가에 영향을 미친다.

동적 적합성

접촉　　　　듣기　　　　냄새　　　　열

우리 몸의 치수와 그리고 우리가 공간을 이동하고 인식하는 방법은 건축과 실내 디자인에 있어서 중요한 결정인자이다. 다음 절에서 서고, 앉고, 손이 미치는 등의 기본적인 사람의 치수가 표시되어 있다. 식사를 하고, 대화를 나누는 등의 다양한 행위에 대한 치수 가이드라인이 제공되고 있다.

신체의 구조적인 치수와 선반의 물건을 잡기, 테이블에 앉기, 계단 내려가기, 혹은 다른 사람과 상호작용하기 위한 치수 사이에는 차이가 있다. 이러한 기능적인 치수들은 관련된 활동의 성격과 사회적인 위치에 따라서 다양하다.

다음의 페이지에 등장하는 테이블과 삽화 등의 치수를 사용할 때 주의가 필요하다. 이러한 치수들은 전형적이고 평균적인 측정값으로서 특정한 사용자의 요구를 만족시키기 위해서는 수정이 필요하다. 남자와 여자 사이, 다양한 연령과 젊은 그룹 사이, 각각의 개인 사이에는 기준으로부터 벗어나는 다양함이 존재한다.

대부분의 사람은 그들이 자라고, 나이가 듦에 따라 그리고 체중, 신체, 육체의 적합성에 따라서 다른 신체적인 범위와 능력을 경험한다. 이러한 시간에 따른 변화들은 실내 환경이 어떻게 사용자에 맞추어지고 수용하는지에 영향을 미치게 된다. **의료** 디자인과 노년층을 위한 공간 디자인의 경우가 실내 디자인이 이러한 조건을 수용하는 두 가지 방법이 된다.

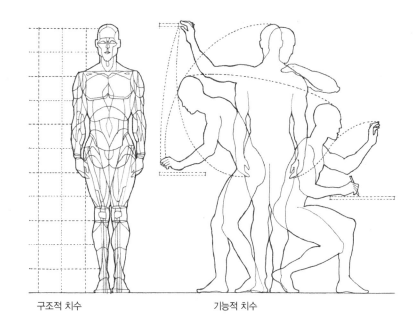

구조적 치수   기능적 치수

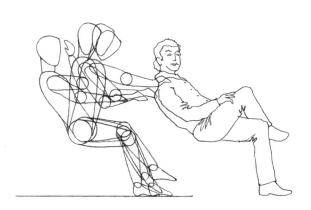

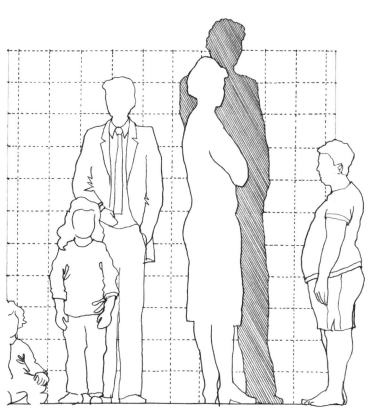

개인적인 다양성 및 능력

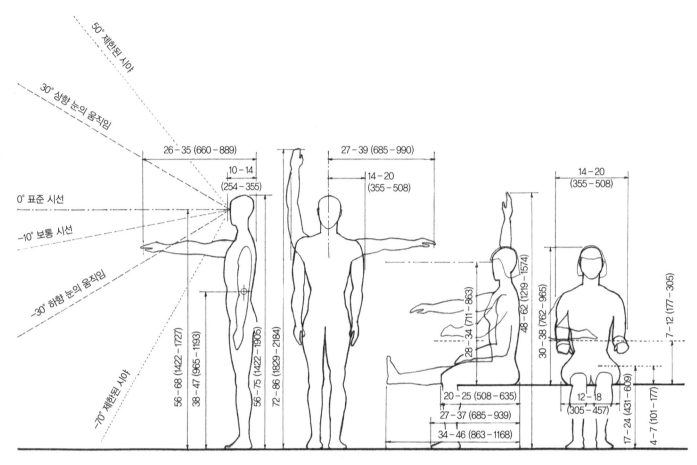

50˚ 제한된 시야

30˚ 상향 눈의 움직임

0˚ 표준 시선

−10˚ 보통 시선

−30˚ 하향 눈의 움직임

−70˚ 제한된 시야

26 – 35 (660 – 889)

10 – 14 (254 – 355)

27 – 39 (685 – 990)

14 – 20 (355 – 508)

14 – 20 (355 – 508)

56 – 68 (1422 – 1727)

38 – 47 (965 – 1193)

56 – 75 (1422 – 1905)

72 – 86 (1829 – 2184)

48 – 62 (1219 – 1574)

28 – 34 (711 – 863)

30 – 38 (762 – 965)

7 – 12 (177 – 305)

20 – 25 (508 – 635)

27 – 37 (685 – 939)

34 – 46 (863 – 1168)

12 – 18 (305 – 457)

17 – 24 (431 – 609)

4 – 7 (101 – 177)

특별한 표시가 없는 한 치수들은 인치로 표현하였으며, 괄호 안에 밀리미터로 같은 값을 표시하였다.

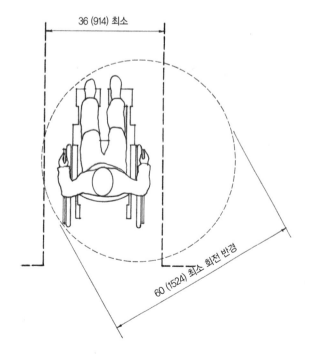

36 (914) 최소

60 (1524) 최소 회전 반경

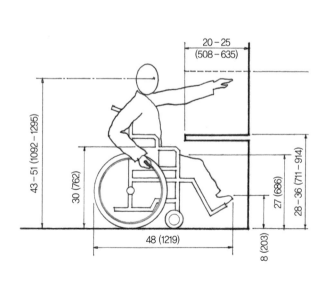

20 – 25 (508 – 635)

43 – 51 (1092 – 1295)

30 (762)

27 (686)

28 – 36 (711 – 914)

48 (1219)

8 (203)

사람은 동물과 같이 그 자신의 신체 주변 공간의 적절한 사용에 대한 지각을 공유하는데, 이것은 다양한 그룹과 문화 사이에서 그리고 그룹 안 각각의 개인 사이에서 다양하게 존재한다. 이것은 개인의 영역 공간이다. 다른 사람들은 아주 잠시 동안만 이러한 공간에 들어오는 것이 허용된다. 다른 사람과 물체의 존재, 변화된 환경이 개인적인 공간에 대한 우리의 감각을 확장하거나 수축시킬 수 있다. 개인적인 공간의 침해는 그를 둘러싼 모든 것에 대한 개인의 감정과 반응에 영향을 미칠 수 있다.

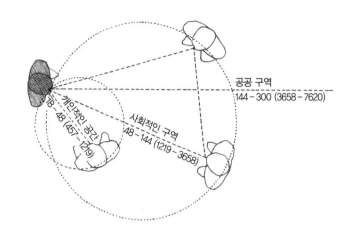

친밀한 구역
• 신체적인 접촉을 허용함 : 낯선 사람에 의한 침해는 불편할 수 있다.

개인적인 공간
• 친구들이 보다 가깝게 오도록 허용하며, 잠시 동안 가깝게 들어오는 것을 허용 가능 : 작은 소리로 대화를 나누는 것이 가능하다.

사회적인 구역
• 편안하고, 사회적이며 사업적인 거래에 적절 : 대화는 보통에서 조금 큰 소리로 가능하다.

공공 구역
• 형식적인 행위나, 위계적인 관계에서 허용 : 대화를 위해서는 명료한 발음의 커다란 목소리가 요구된다.

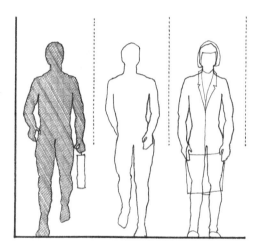

한 사람이 움직이기 위해서는 30-36 (762-914)의 공간이 필요하고, 3명이 나란히 걷기 위해서는 72-96 (1829-2438)이 필요하다.

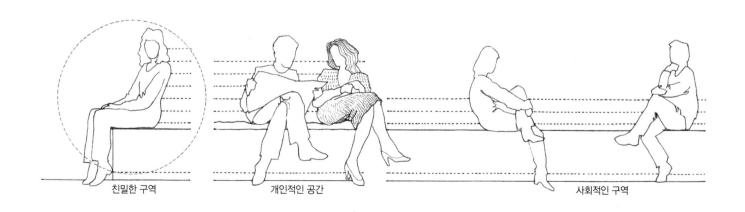

친밀한 구역   개인적인 공간   사회적인 구역

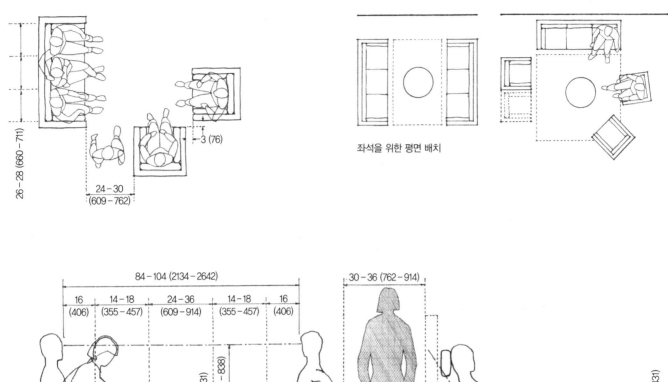

26 – 28 (660 – 711)

24 – 30 (609 – 762)

3 (76)

좌석을 위한 평면 배치

84 – 104 (2134 – 2642)

16 (406) 14 – 18 (355 – 457) 24 – 36 (609 – 914) 14 – 18 (355 – 457) 16 (406)

14 – 17 (355 – 431)

28 – 33 (711 – 838)

15 – 17 (381 – 431)

16 – 24 (406 – 609)

30 – 36 (762 – 914)

18 – 24 (457 – 609)

17 – 18 (431 – 457)

14 – 17 (355 – 431)

가구 배치에 영향을 미치는 거리 구역   통로   라운지 의자

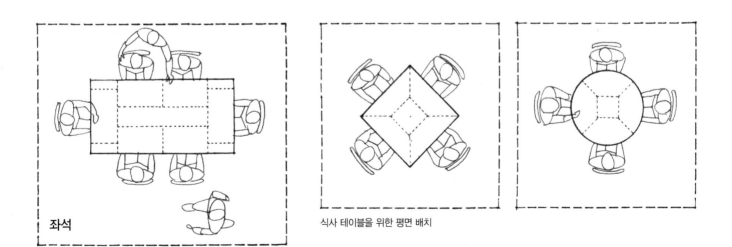

좌석

식사 테이블을 위한 평면 배치

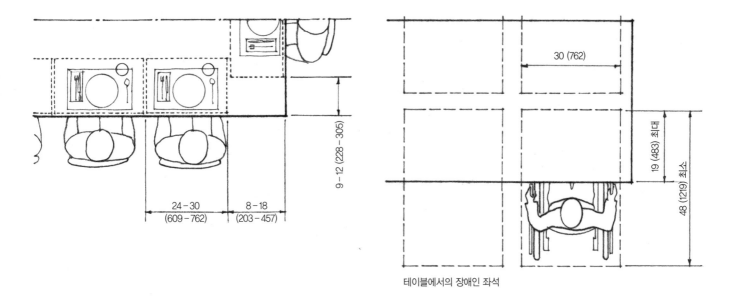

테이블에서의 장애인 좌석

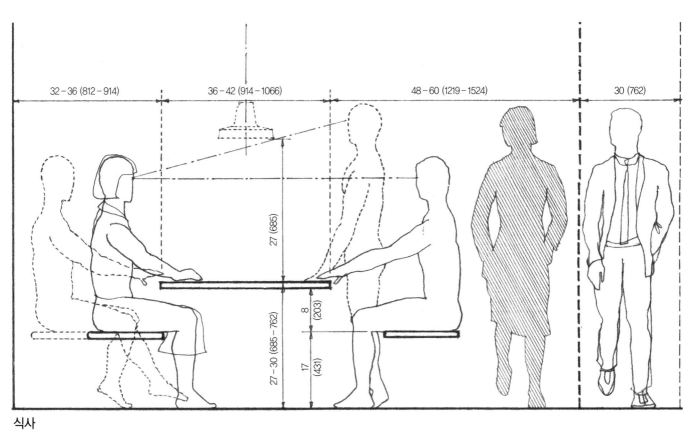

식사

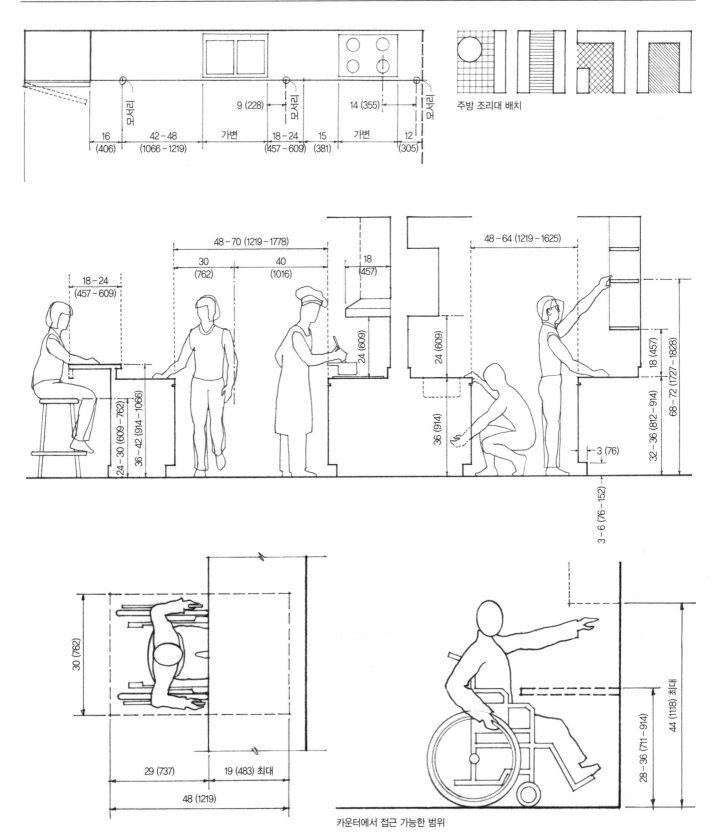

주방 조리대 배치

부엌의 배치

카운터에서 접근 가능한 범위

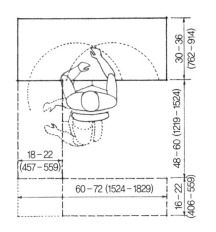

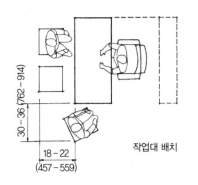

작업대 배치

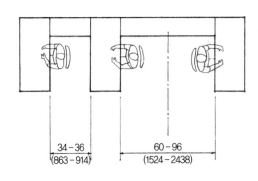

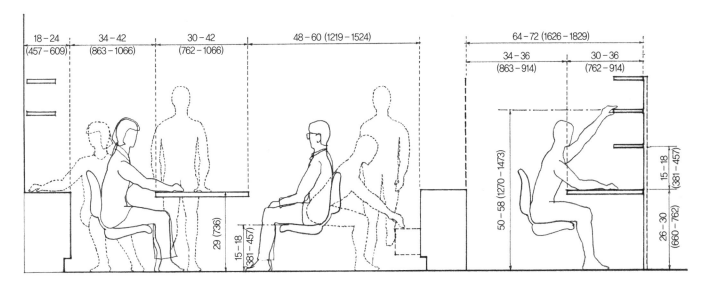

작업대

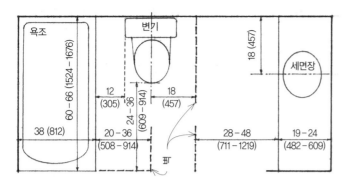

샤워기 스프레이 유닛은 최소 1,524mm 길이의 호스에
연결되어 있어서 샤워기 헤드에 고정하여 사용하거나
손으로 들고 쓸 수 있어야 한다.

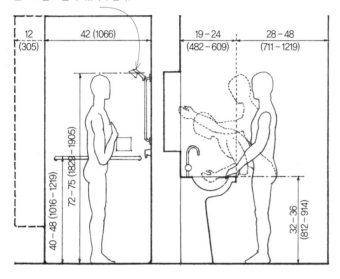

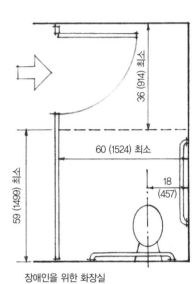

장애인을 위한 화장실

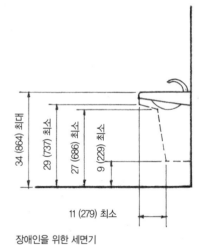

장애인을 위한 세면기

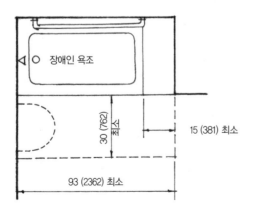

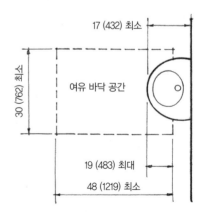

목욕

장애인을 위한 세면기

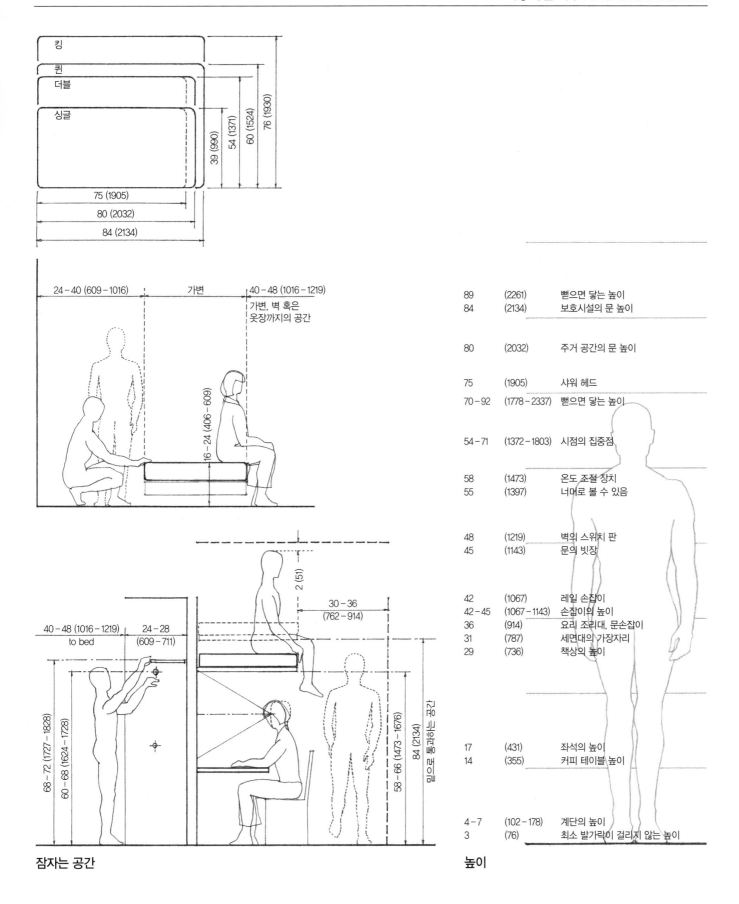

킹
퀸
더블
싱글

39 (990)
54 (1371)
60 (1524)
76 (1930)

75 (1905)
80 (2032)
84 (2134)

24 – 40 (609 – 1016)   가변   40 – 48 (1016 – 1219)

가변, 벽 혹은
옷장까지의 공간

16 – 24 (406 – 609)

40 – 48 (1016 – 1219)   24 – 28
to bed   (609 – 711)

2 (51)

30 – 36
(762 – 914)

68 – 72 (1727 – 1828)
60 – 68 (1624 – 1728)

58 – 66 (1473 – 1676)

84 (2134)
밑으로 통과하는 공간

잠자는 공간

89	(2261)	뻗으면 닿는 높이
84	(2134)	보호시설의 문 높이
80	(2032)	주거 공간의 문 높이
75	(1905)	샤워 헤드
70 – 92	(1778 – 2337)	뻗으면 닿는 높이
54 – 71	(1372 – 1803)	시점의 집중점
58	(1473)	온도 조절 장치
55	(1397)	너머로 볼 수 있음
48	(1219)	벽의 스위치 판
45	(1143)	문의 빗장
42	(1067)	레일 손잡이
42 – 45	(1067 – 1143)	손잡이의 높이
36	(914)	요리 조리대, 문손잡이
31	(787)	세면대의 가장자리
29	(736)	책상의 높이
17	(431)	좌석의 높이
14	(355)	커피 테이블 높이
4 – 7	(102 – 178)	계단의 높이
3	(76)	최소 발가락이 걸리지 않는 높이

높이

실내 공간 디자인이 성공했는지 안했는지를 판단하는 주요 기준은 기능이다. 기능은 디자인의 가장 기본적인 수준이다. 우리는 실내 공간에서의 기능이 향상되도록 디자인하고, 그 작업들이 편리하고, 편안하고, 즐겁게 수행되도록 만든다. 디자인의 적절한 기능은 사람의 신체적인 치수와 능력은 물론 그 안에서 누가 살고 있고, 무엇을 사용하느냐의 목적과 직접적으로 관련이 있다.

실내 공간의 기능과 목적을 이해하고, 완벽하게 만족시키기 위해서는 사용자와 그 공간에서 요구되는 활동을 주의 깊게 분석하는 것이 디자이너에게는 필수적이다. 다음의 사항들은 디자이너가 이러한 요구사항을 프로그래밍하고, 이러한 요구들을 형태와 패턴으로 번역하고, 공간적 문맥으로 통합하는 데 도움이 될 것이다.

사용자 요구사항들

[ ] **사용자 확인**

- 개인
- 사용자 그룹
- 사용자 특성
- 연령 그룹

[ ] **필요성 확인**

- 특별한 개개인의 필요성과 능력
- 그룹의 필요성과 능력

[ ] **영역적인 요구사항 확립**

- 개인적인 공간
- 프라이버시
- 상호작용
- 접근도
- 보안

[ ] **선호도 결정**

- 선호하는 대상
- 선호하는 색상
- 특별한 장소
- 특별한 관심사

[ ] **환경적인 관심사항 조사**

- 에너지 효율성
- 주광, 조망, 신선한 공기
- 줄이고, 재사용하고, 재활용하기
- 물 절약하기
- 지속가능한 재료와 생산 과정
- 유기화합물을 적게 배출하는 생산품
- 폐기물 줄이기

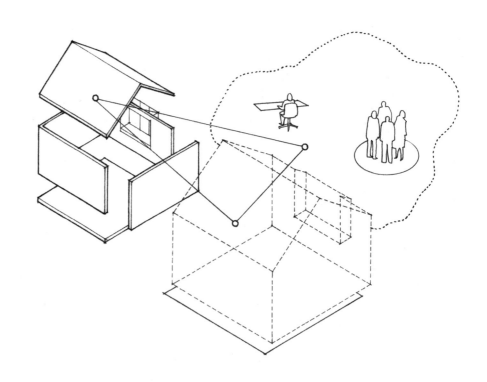

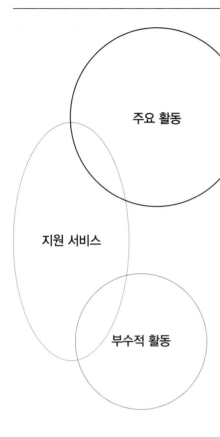

주요 활동

지원 서비스

부수적 활동

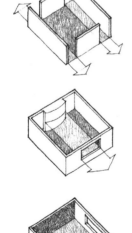

활동 요구사항들

[ ] **주요 및 부수적인 활동 확인**
- 주요 활동의 이름과 기능
- 부수적이고 관련된 활동의 이름과 기능들

[ ] **활동 성격 분석**
- 능동적 혹은 수동적
- 소란스러운가, 조용한가
- 대중, 작은 그룹, 혹은 개인적
- 공간이 두 개 이상의 활동으로 사용될 경우의 양립 가능성
- 사용의 빈도
- 주간 혹은 야간 사용의 횟수

[ ] **결정 요구사항**
- 사생활과 폐쇄성
- 접근
- 접근성
- 가변성
- 조명
- 음향적 특징
- 보안
- 유지 및 내구성

가구 요구사항들

[ ] **각각의 활동에 대한 마감과 장치 결정(개수, 종류, 스타일)**
- 의자
- 테이블
- 작업면
- 보관 그리고 전시 유닛
- 액세서리

[ ] **요구되는 다른 특별한 장치 확인**
- 조명
- 전기
- 기계
- 배관
- 데이터와 통신
- 보안
- 화재안전성

[ ] **마감재의 요구 품질 설정**
- 편안함
- 안전성
- 다양성
- 유연성
- 스타일
- 내구성과 유지관리
- 지속가능성

[ ] **가능한 배열 개발**
- 기능적인 그룹핑
- 맞춤형 배열
- 유연한 배열

공간 분석

[ ] 현존 혹은 제안 공간을 서류화하기

- 기본 평면, 단면, 실내 입면을 실측하고 그리기
- 현존 공간을 사진으로 남기기

[ ] 공간을 분석하기

- 공간의 방향과 대지의 조건
- 공간의 형태, 스케일, 비례
- 출입구 위치, 접근 포인트, 그들이 제안하는 순환 경로
- 그들이 가질 수 있는 창문, 빛, 조망, 환기
- 벽, 바닥, 천장의 재료들
- 의미가 있는 건축적 상세들
- 배관, 전기, 기계 고정물과 배출구의 위치
- 가능한 건축적인 수정들
- 마감과 가구를 포함한 재사용 가능한 요소들

치수 요구사항

[ ] 공간과 가구군을 위한 요구되는 치수 결정

- 가구의 각각의 기능적 그룹핑
- 활동 영역에 접근하고, 그 안과 사이에서 움직이기
- 서비스를 받는 사람의 수
- 적절한 사회적인 거리와 상호작용

공간계획

건물의 구조와 외피의 형태는 그 안에 있는 공간에 영향을 미친다. 공간계획은 삶의 패턴을 건축적인 공간의 패턴에 맞춤으로써, 이러한 공간의 효율적이고 생산적인 사용에 관련된다.

'공간계획'이라는 전문용어는 종종 상업적이거나 소매업을 위한 대규모 공간을 계획하고 디자인하는 특별한 작업을 가리킨다. 이러한 좁은 의미에서의 공간계획가는 고객이 요구하는 내용을 프로그램하고, 사용자의 활동을 연구하며, 공간적인 필요성을 분석한다. 그와 같은 계획의 결과물은 새로운 구조물의 건축적인 디자인에 사용되거나, 혹은 현존하는 상업공간을 임대하려고 협상하는 데 사용된다.

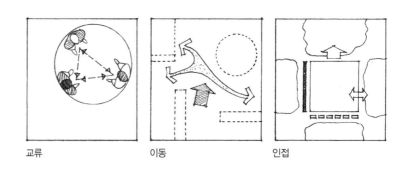

교류   이동   인접

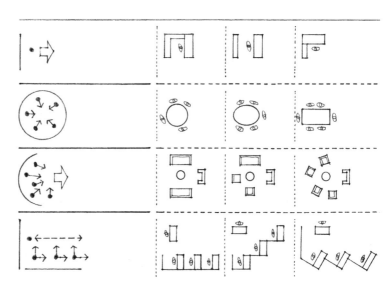

가구의 요구사항과 배열

넓은 의미에서 모든 실내 디자이너는 그것이 크든 작든, 주거용이든 상업용이든 실내 공간의 계획과 배치에 관련되어 있다. 고객과 사용자의 필요에 대한 분석으로부터 디자인 프로그램의 윤곽이 잡히고 발전되면, 디자인 작업은 다양하게 요구되는 활동에 대해서 사용 가능하고 요구되는 실내 공간을 할당하는 것이다.

요구 면적은 서비스를 받는 사람의 수와 그들이 요구하는 가구 및 장치, 각각의 공간 안에서 행해질 활동의 성격에 따라 예측될 수 있다. 이러한 요구 면적은 대략적인 공간의 블록으로 변환할 수 있고, 각각 연결성을 만들며, 기능적이고 심미적인 측면에서 건축적인 문맥과 연관될 수 있다.

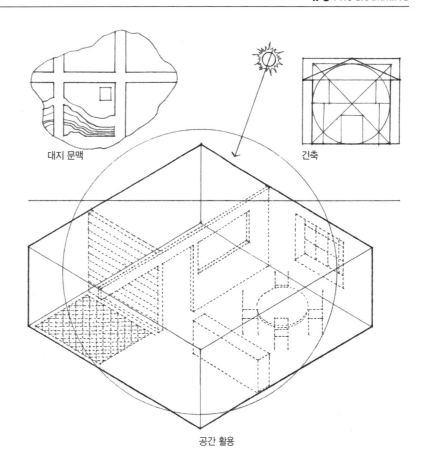

대지 문맥

건축

공간 활용

사용자 요구사항의 분석 + 현존 혹은 제안 공간 … 통합

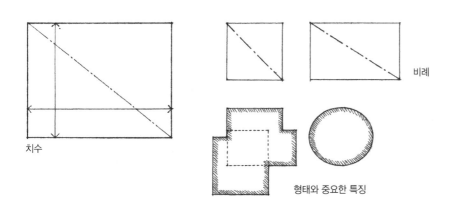

치수

비례

형태와 중요한 특징

요구되는 품질

[ ] **고객 혹은 사용자의 요구와 희망사항에 부흥하는 적절한 공**
간 품질을 결정한다.
- 감정, 기분, 혹은 분위기
- 이미지와 스타일
- 공간의 닫힌 정도
- 편안함과 보안
- 빛의 품질
- 공간의 초점과 방향
- 색상과 톤
- 질감
- 음향적인 환경
- 온열 환경
- 유연성과 예상 사용 기간

요구되는 관계성 ....▶

[ ] **둘 사이의 요구되는 관계성을 결정하라.**
- 관련되는 활동 면적
- 움직임을 위한 활동 면적과 공간
- 방과 인접 공간
- 방과 바깥쪽

[ ] **요구되는 활동 구역을 결정한다.**
- 호환성과 사용에 따라서 활동을 그룹과 세트로 조직한다.

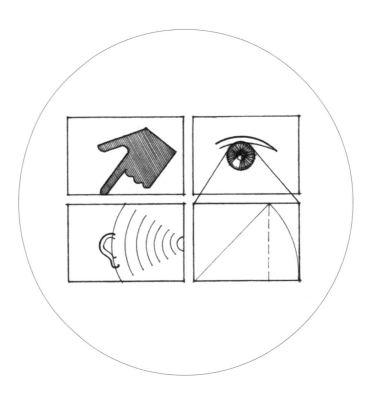

새로운 건물의 디자인이거나 혹은 기존 구조물의 리모델링 계획에 참여가 되는 것이든 간에, 실내 디자이너는 집에 거주하는 사람의 활동 요구사항과 공간의 건축적인 특성 사이를 적절하게 일치시키도록 노력해야 한다.

어떤 활동은 밀접하게 관련되거나 주변에 각각 위치해야 하는 반면, 다른 활동은 프라이버시를 위해서 떨어지거나 독립되어야 한다. 어떤 활동은 접근이 쉬워야 하는 반면, 어떤 것은 통제된 출입구를 가져야 한다. 어떤 영역에는 자연채광과 자연 환기가 적절한 반면, 어떤 것은 외부 창문이 없어도 되는 것도 있다. 어떤 활동은 특별한 공간적인 요구사항이 있는 반면, 어떤 것은 좀 더 유연하고 일반적인 공간을 공유할 수도 있다.

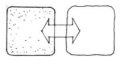

어떤 활동이 밀접하게 관련되어 있는가?

어떤 활동이 닫힘과 떨어짐에 의해서 독립되어야 하는가?

어떤 정도의 접근성이 요구되는가?

거기에는 특별한 요구사항이 있는가?

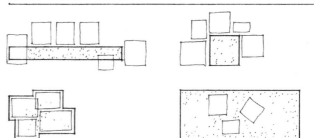

활동의 관계성이 공간의 패턴을 요구하는가?

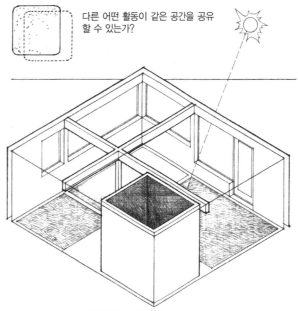

다른 어떤 활동이 같은 공간을 공유할 수 있는가?

어떤 활동이 자연채광과 환기를 요구하는가?

프로그래밍을 하는 동안에 개발된 고려사항이나 건물의 사이트와 주변의 구조물에 의해서 발생되는 고려사항에 따라서 실내 공간이 구조화되면 건축가는 새로운 건물의 형상과 형태를 발전시킬 것이다.

공간이 기존 구조물에 적합한 것이든, 새로이 디자인된 건물에 고려된 것이든 간에, 공간은 실내 디자이너에게 어떻게 활용될 수 있는가에 대한 실마리를 제공한다. 공간에 들어가는 입구는 그 영역을 몇 개의 구역으로 나눌 수 있는 움직임의 패턴을 만들어낼 것이다. 어떤 구역은 다른 곳보다 쉽게 접근할 수 있다. 어떤 곳은 단체 활동을 할 수 있을 정도로 충분히 크지만, 다른 곳은 그렇지 못하다. 어떤 곳은 낮 동안의 햇빛과 환기를 위해서 창문이나 천창이 있지만, 다른 곳은 내부적으로 더 집중되어 있을 것이다. 경치가 좋은 창문이나 실내 난로가 있는 곳은 자연스럽게 관심의 중심이 된다.

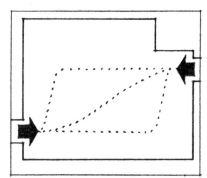

가능한 움직임의 경로

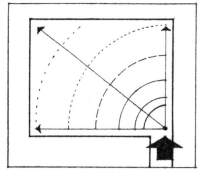

구역의 접근가능성

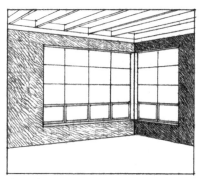

외부 조망

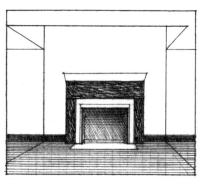

내부 초점

공간의 구역은 그것을 둘러싼 것이나 건축에 의해서 형상이 만들어진다. 출입구는 특정 구역에 움직임의 길이나 접근성을 만들어낸다. 창문 혹은 천장에 의한 주광은 내부에서의 활동 장소에 영향을 미친다. 외부 조망이나 내부에서의 초점은 공간이 어떻게 구성되어야 하는가를 제안한다.

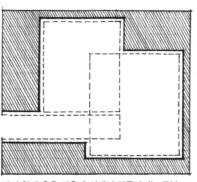
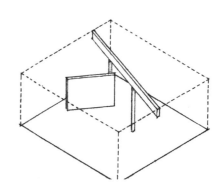

방의 형태 혹은 건축에 의해서 만들어지는 구분

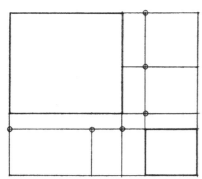

구역의 크기와 비례

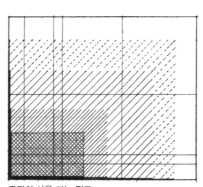

주광의 사용 가능 정도

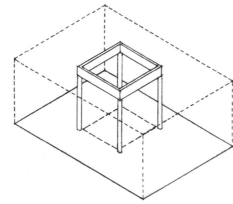

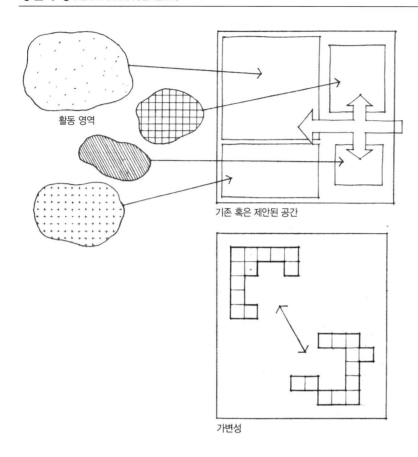

활동 영역

기존 혹은 제안된 공간

가변성

이전의 활동과 공간의 분석으로부터 우리는 각각의 활동들의 공간적 요구사항을 사용 가능한 공간의 특징에 결합할 수 있다. 그리고 나서 디자인 작업은 가구, 마감 그리고 조명들을 선택할 수 있게 되며, 그들을 주어진 공간의 경계 안에서 3차원 패턴으로 구성하게 된다. 공간 안에서의 형태와 형상의 이러한 구성은 기능과 미의 기준 두 가지를 모두 만족시켜야 한다.

기능성

- 활동성이 특정된 가구의 그룹
- 작업이 가능한 치수 및 여유 공간
- 적절한 사회적 거리
- 적절한 시각적 음향적 프라이버시
- 적절한 유연성 혹은 적합성
- 적절한 조명과 다른 빌딩 서비스

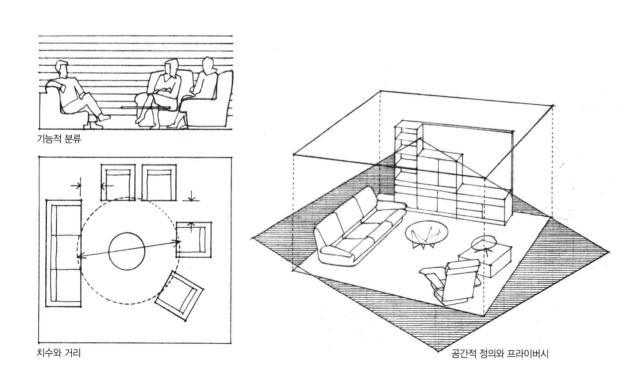

기능적 분류

치수와 거리

공간적 정의와 프라이버시

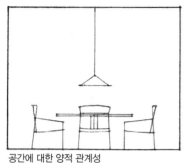

공간에 대한 양적 관계성

심미성

- 공간기능에 적절한 스케일
- 시각적 그룹화 : 다양성을 가진 통합성
- 전경−배경이 읽혀야 함
- 3차원적인 구성 : 리듬, 조화, 균형
- 조명, 조망, 혹은 내부 초점을 향한 적절한 방향성
- 형상, 색상, 질감 패턴

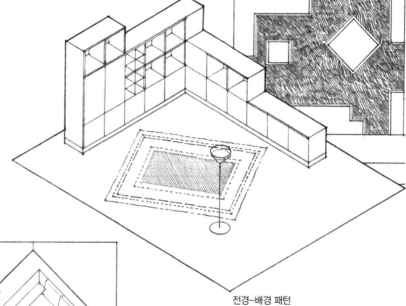

전경−배경 패턴

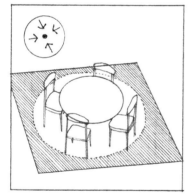

그룹핑과 방향성

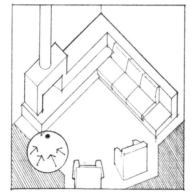

공간 안에 놓이거나 혹은 공간에 결합되는 객체

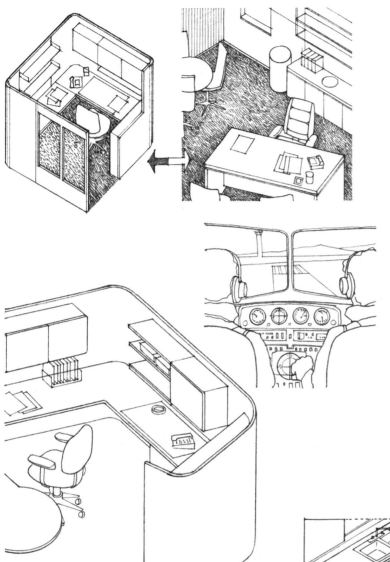

꼭 맞추기

평면 배치는 사용 가능한 공간을 어떻게 사용하는가에 따라서 일반적으로 꼭 맞추기와 여유 있게 맞추기 두 개의 커다란 카테고리로 나누어질 수 있다. 첫 번째는 가구와 장치들 사이의 밀접한 일치를 보여준다. 이러한 배치는 공간이 매우 중요하거나 혹은 기능적인 효율성이 중요할 때 특히 적절하다. 꼭 맞추기 배치는 의도하는 사용에 대한 조심스러운 관심에 의해서 놓이는 것이 중요하다. 하지만 이러한 배치는 다른 용도로 쉽게 적용되지는 않는다.

꼭 맞춤 배치는 종종 여러 가지 방법으로 결합되어 통합적이고, 혹은 다기능적인 조립물은 만들어낼 수 있는 모듈 혹은 유닛 가구 요소를 채용한다. 이러한 조립물은 공간을 효율적으로 사용하며 그들 주변에 충분한 여유 바닥 공간을 남겨준다. 커다란 공간 안에서의 모듈 가구의 맞춤형 배치는 프라이버시를 높이거나 혹은 친밀도를 높이는 데 사용될 수 있다.

극단으로 치달으면 꼭 맞추기는 장소에 붙박이로 설치되고 방 건축의 영구적인 확장이 될 수 있다. 모듈과 유닛 배치처럼 붙박이 가구는 공간을 유용하게 만들어주며, 질서정연하고 통일된 외관과 공간 안에서의 시각적인 어수선함을 없애준다. 꼭 맞춤 혹은 맞춤형 배치는 기능적인 관계성에 있어서 조심스러운 연구와 분석이 요구된다.

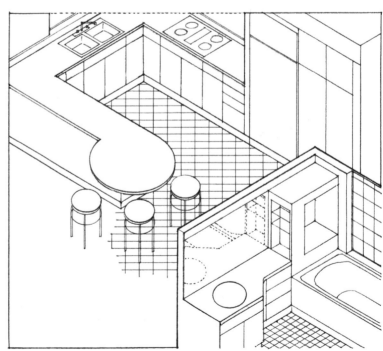

꼭 맞춤 혹은 맞춤형 배치는 기능적인 관계성에 있어서 조심스러운 연구와 분석이 요구된다.

여유 있게 맞추기

두 번째는 기능과 공간에 있어서 여유가 있는 맞춤으로 보다 일반적인 평면 배치이다. 여유가 있는 맞춤 배치는 유연성과 다양성을 제공할 수 있어서 이러한 배치에 안성맞춤이다.

여유가 있는 맞춤의 방은 특히나 가구가 쉽게 이동되고 재정렬될 수 있으며 다양한 사용이 가능하다. 이러한 용도와 환경의 변화에 적응하는 내재된 유연성은 공간에 가구를 배치하기 위한 보다 일반적인 방법으로 여유가 있는 맞춤이 사용되도록 한다. 그것은 오랜 시간에 걸쳐서 가구의 종류, 크기, 스타일을 선택할 수 있는 기회를 제공함으로써 거의 모든 디자인 상황에 적합하게 된다. 모듈 가구는 공간을 유연성 있고 효율적으로 만들어준다. 여유가 있는 맞춤 배치는 용도 및 환경의 변화를 반영할 수 있게 해준다.

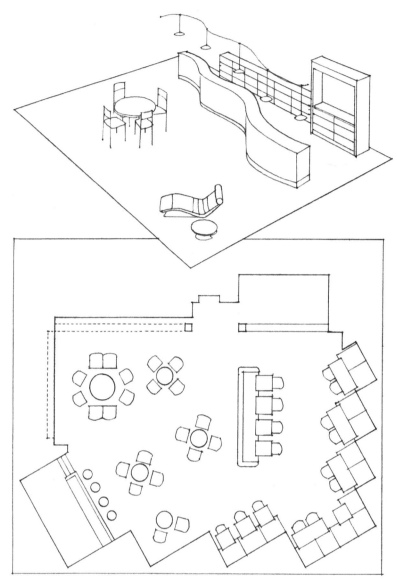

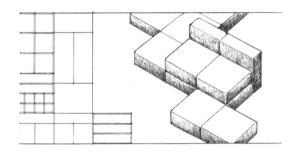

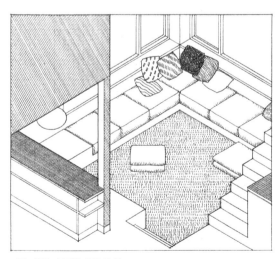

모듈 가구는 공간을 유연성 있고
효율적으로 만들어준다.

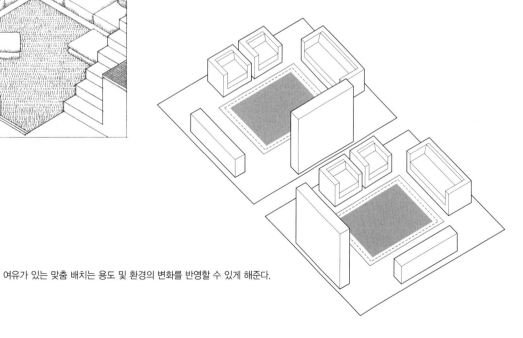

여유가 있는 맞춤 배치는 용도 및 환경의 변화를 반영할 수 있게 해준다.

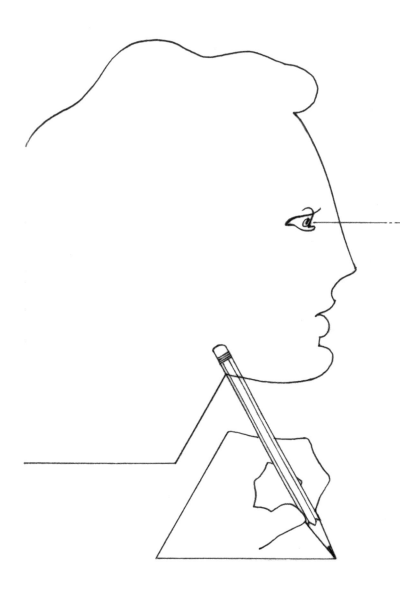

디자이너는 드로잉을 다양한 방법으로 사용한다. 디자인 프로젝트의 마지막에 사용되는 프레젠테이션 드로잉은 고객과 동료 혹은 일반 대중에게 디자인 제안의 우수성을 설득하는 것으로 사용된다. 시공 혹은 작업 드로잉은 프로젝트의 생산이나 건설에 있어서 시각적인 지시사항을 제공하는 것이 요구된다. 또한 디자이너는 드로잉의 과정 혹은 결과물 양쪽을 모두 다른 방식으로도 사용한다. 디자인에 있어서 드로잉의 역할은 현재 있는 것을 기록하고, 아이디어를 만들어내며, 미래에 대한 계획을 고민하는 데 사용된다. 디자인 과정을 통해서, 우리는 드로잉을 개념에서부터 아이디어로 발전하는 가이드로 사용하며 구축된 현실에 대한 제안을 한다.

종이에 펜, 연필 혹은 컴퓨터와 그래픽 혹은 CADComputer Aided Design 소프트웨어를 사용하던 간에 상관없이, 디자인 아이디어의 그래픽적인 재현은 디자인의 초기과정에서 매우 중요하다. 종이에 디자인 아이디어를 그리는 것은 우리가 말로 이러한 생각을 형상화하는 것보다 훨씬 더 탐구적이고 명확히 생각하게 해준다. 디자인 아이디어를 구체적이고 시각적으로 하는 것은 우리가 그것에 대해서 행동할 수 있게 해준다. 즉 우리는 그것을 분석하고, 새로운 시각에서 바라보며, 새로운 방법으로 결합하고, 새로운 아이디어로 발전하게 해준다.

디자인 과정에 있어서 잘 발전된 이미지를 보여준 3차원 CAD 프로그램의 발전은 디자인의 시각화에 도움을 주었다. 하지만, 인상적인 이미지들로 조심스러운 분석이나 다양한 안에 대한 조사를 방해해서는 안 된다. 많은 실내 디자이너들은 컴퓨터 소프트웨어 사용에 의한 산만함과 제한성이 없이, 종이, 펜 혹은 연필을 가지고 디자인의 통합에 좀 더 쉽게 집중할 수 있다는 것을 알게 된다.

대략적인 스케치가 대안적인 디자인 계획을 검토하는 데 적합하다는 것을 기억하라. 당신의 아이디어를 분석하고, 좋은 것을 합성하고, 결과를 평가하라. 그리고 그것을 다음의 평가와 발전을 위해서 기본적인 디자인으로 정제하라.

건축적인 드로잉의 중심적인 작업은 2차원의 표면에 3차
원적인 형태, 구축, 공간적 환경을 표현하는 것이다. 3가지
의 개별적인 종류의 드로잉 시스템이 이러한 작업을 구현하
기 위해서 개발되었다. **다시점**multiview, **평행**paraline, **원근**
perspective 투시도이다. 이들 시각적 재현의 시스템은 형식
적 그래픽 언어를 구성하고, 그것은 일관적인 원칙적 세트
에 의해서 지배된다.

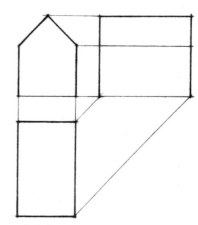

다시점도
- 평면, 단면, 입면
- **직각투영법**orthographic projections과 관련된 시리즈

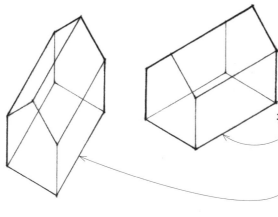

평행 투상도
- 등축투상isometric, 이각투상dimetric, 삼각투상trimetric
  을 포함한 **축측투영법**axonometric projections
- 평면의 사투영 및 입면의 사투영을 포함한 **사투영법**
  Oblique projections

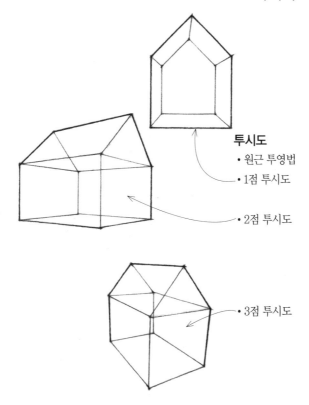

투시도
- 원근 투영법
- 1점 투시도
- 2점 투시도
- 3점 투시도

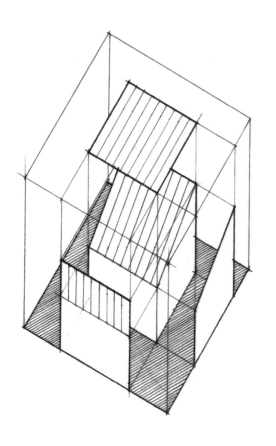

다시점도는 우리가 평면, 입면, 단면으로 알고 있는 도면 종류로 구성되어 있다. 각각은 물건 혹은 건물의 특별한 측면만을 직각투영한 결과이다. 직각투영에서 평행한 투시는 화면picture plane과 직각으로 만난다. 따라서 화면에 평행한 직각투영의 특징이나 요소는 크기, 형태, 구성에 있어서 원래의 모습을 보여준다. 지점들을 정확하게 위치시켜주며, 선의 길이와 경사를 측정하게 해주며, 평면의 형태와 크기를 묘사해줄 수 있는 기능들은 다시점도의 주요한 이점들을 돋보이게 해준다.

한 개의 다시점도는 단지 물건이나 건물의 부분적인 정보만을 나타낼 뿐이다. 세 번째의 차원이 화면에 납작하게 압축되기 때문에 깊이감에 대해서는 선천적인 불확실성이 있다. 한 개의 평면, 단면 혹은 입면에서의 우리가 인식하는 깊이감은 위계적인 선분의 중요도라든지 대조의 색조값과 같은 그래픽적으로 깊이감을 주는 실마리를 통해서 추측해야 한다. 비록 깊이감을 추측할 수 있다고 하더라도, 정확하게는 추가적으로 다른 측면에서 바라볼 때만이 확신을 가질 수 있다. 따라서 형상과 구성의 성격을 3차원적으로 완벽하게 묘사하기 위해서는 개별적이면서도 관련된 여러 개의 관점이 요구되며, 그래서 그 용어가 '다시점도'인 것이다.

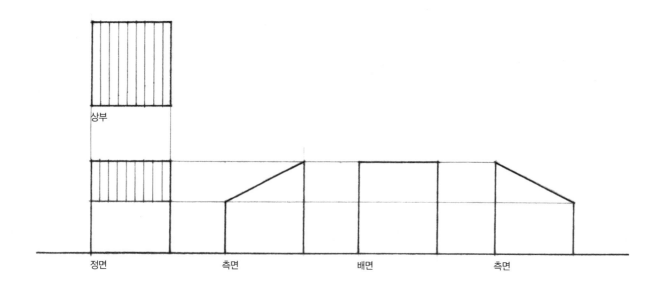

상부

정면   측면   배면   측면

평면이란 물체, 구조 혹은 구성물의 수평면에
대한 직각투영이다.

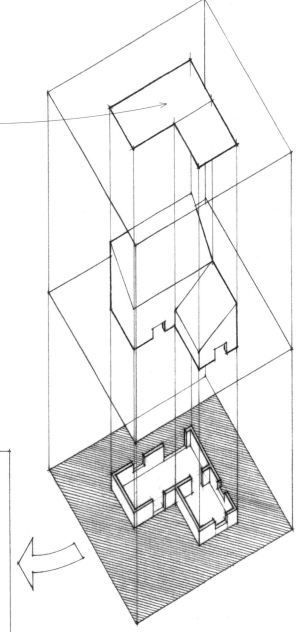

평면도는 보통 바닥면에서 1.2m 정도 떨어진 수평면으로
잘라낸 다음에 보이는 건물 혹은 건물 부분의 단면을 나타
내고 있으며, 그 윗부분을 없앤 것이다.

• 잘려진 벽과 기둥두께의 윤곽선을 보여준다.
• 문과 창문의 위치와 크기를 표시한다.

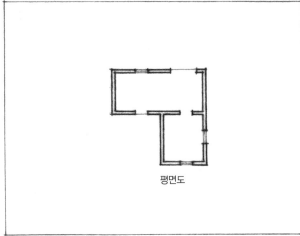

평면도

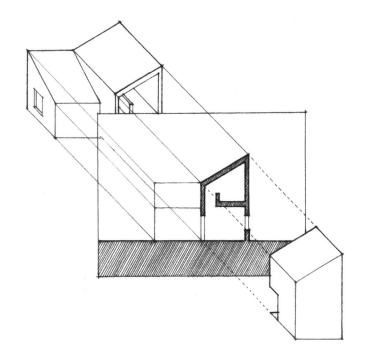

단면이란 내부의 구성을 보여주기 위해서 수직면으로 절단이 되었을 경우에 보이는 물건 혹은 구조물의 직각투영이다.

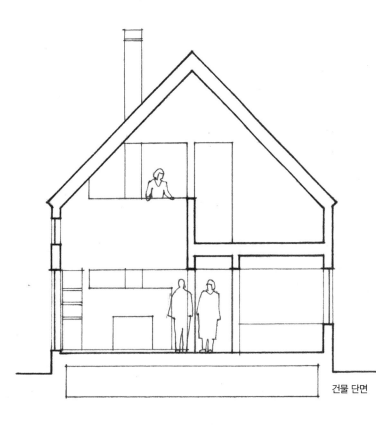

건물 단면

건물의 단면은 건물의 바닥, 벽, 지붕 구조들의 관계를 보여주며, 이러한 요소들에 의해서 정의되는 공간의 수직 치수, 형태, 스케일을 보여준다.

• 단면도에 있어서 잘려져 나간 바닥, 벽, 천장요소의 윤곽선을 나타낸다.
• 단면의 평면에 의해서 잘려나간 후에 보이는 요소의 입면을 그려준다.
• 공간의 스케일을 알기 위해서 사람을 그린다.

실내 입면은 건물의 중요한 실내벽의 직각투영이다. 보통은 건물의 단면을 포함하지만, 부엌, 욕실, 계단과 같이 매우 정밀한 공간을 연구하고 나타내기 위해서 단독으로 나타낼 수 있다. 이러한 경우에는 단면의 윤곽선 대신에 실내벽 표면의 경계선을 강조하여 타나낸다.

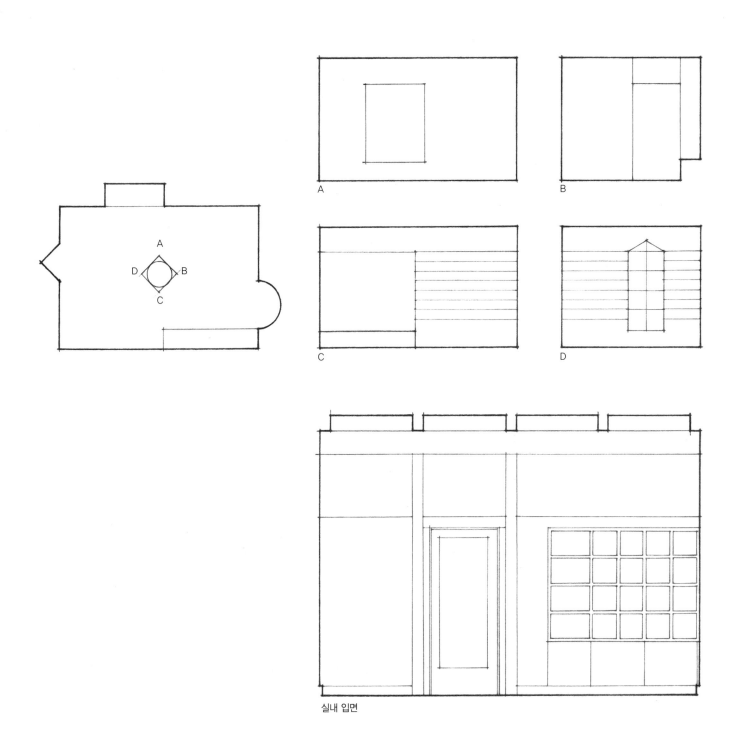

실내 입면

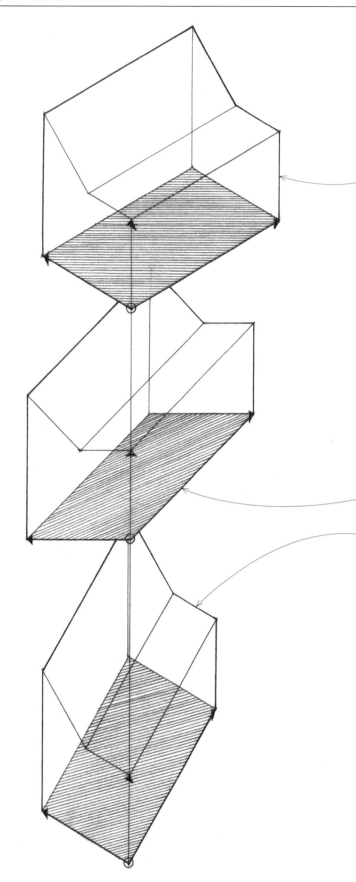

평행 투상도는 한 개의 그림 뷰에서 형태와 구조물의 3차원적인 요소를 전달할 수 있다. 그중에는 크게는 사투영법oblique projection에 속하는 직각투영법의 부분적인 경우로서 축측투영법axonometric projection를 포함하며, 가장 일반적으로는 등축투영법isometric projection으로 나타난다.

축측투영법 Axonometric Projections
• 등축투영isometrics : 세 개의 주요 축이 화면에서 같은 각도를 만들어낸다.
• 이각투영dimetrics : 세 개의 주요 축 중에서 두 개의 축이 화면과 만나는 각이 같다.
• 삼각투영trimetrics : 세 개의 주요 축이 화면과 만나는 각도가 모두 다르다.

사투영법Oblique Projections
• 입면사화도elevation obliques : 주요 수직면이 화면에 대해서 수평한 것을 지향한다.
• 평면사화도plan obliques : 주요 수평면이 화면에 대해서 수평한 것을 지향한다.

축측투영법과 사투영법을 포함한 모든 평형투영법
• 물체에 있어서 평행선은 그려지는 조망에 있어서 평행으로 남는다.
• 세 개의 주요 축에 대한 모든 치수는 크기를 재고 그릴 수 있다.

등축투영은 화면을 향하여 세 개의 주요 축이 동일하게 축소된 물체와 구조물의 축측투영법의 하나이다.

• 세 개의 주요 축은 화면에서 각각 120°씩 떨어져 있다.
• 진정한 등축투영에서는 세 개의 축들이 각각 원래 길이의 0.816 크기로 축소된다.
• 어쨌든 일반적인 경우에는 등축투영을 만들기 위해서 세 개의 주요 축에 평행한 모든 축선을 원래 길이에 따라 배열하고 같은 크기로 그린다.

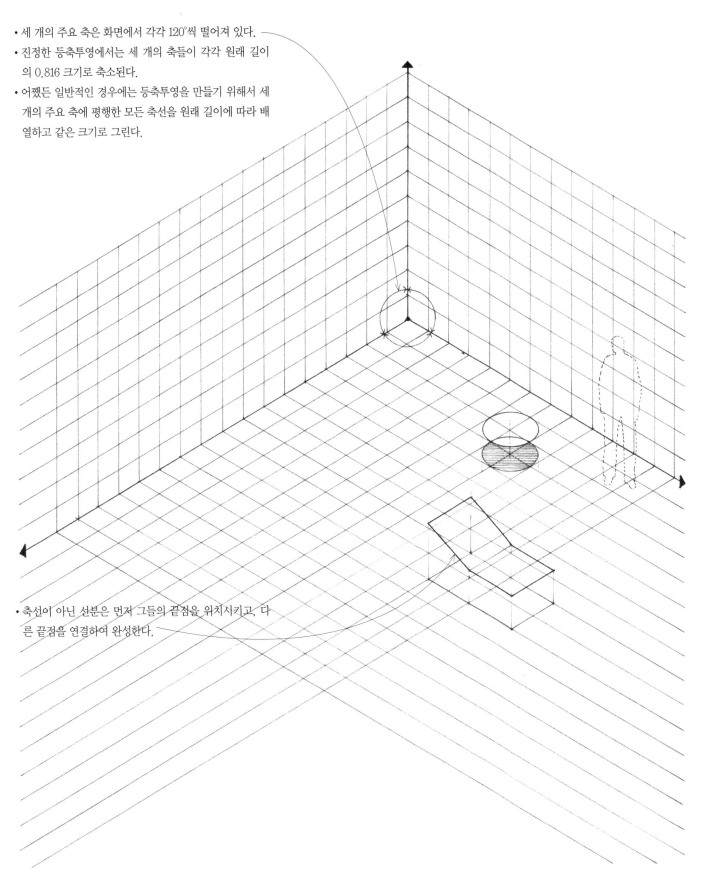

• 축선이 아닌 선분은 먼저 그들의 끝점을 위치시키고, 다른 끝점을 연결하여 완성한다.

평면사화도는 물체의 수평면을 화면에 평행하게 위치시킨다. 따라서 두 개의 주요 수직면이 축소되는 것에 반해, 이 수평면은 그 원래 사이즈와 모양을 나타낸다.

- 평면사화도를 만드는 장점은 평면도를 그대로 밑그림으로 사용할 수 있다는 것이다.
- 평면그림을 회전시키면 두 개의 주요 수직면이 다른 각도에서 강조되는 다양한 시점을 만들 수 있다.
- 평면사화도는 실내 공간에서 등축투영보다 높은 시점을 제공한다.

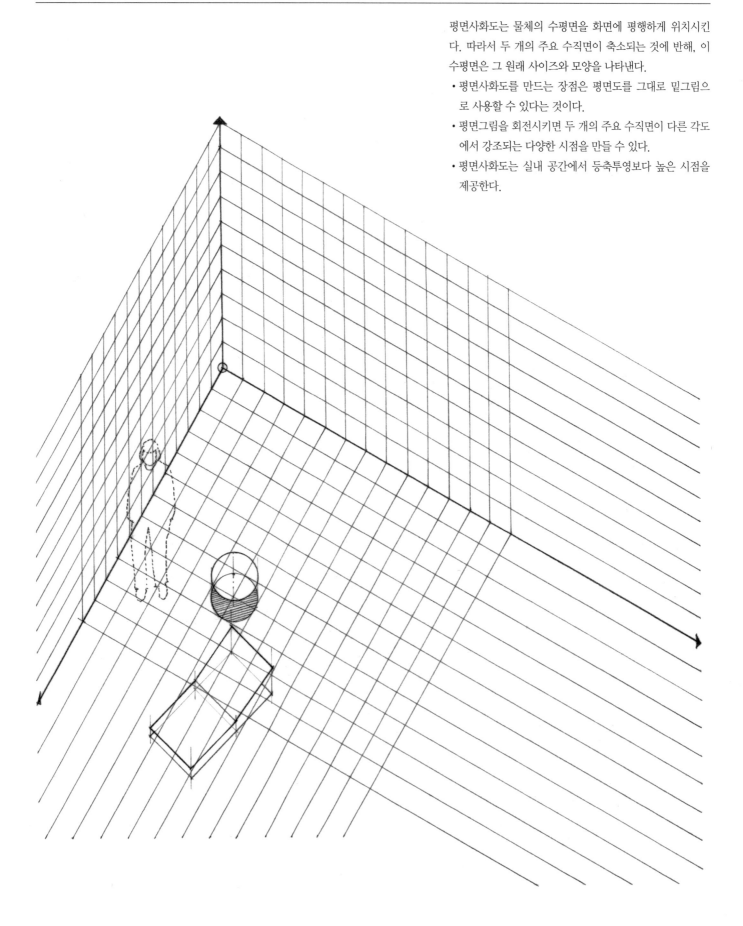

투시도는 삼차원의 형태나 구조를 관찰자 하나의 눈으로 대변되는 고정된 점에 모이는 직선을 이용하여 화면PP, Picture Plane에 그들의 모든 점을 투영하여 그리는 방식이다. 보통 우리는 양안시라는 두 개의 눈을 이용해서 물체를 바라보지만, 투시도는 우리가 정점SP, Station Point이라고 부르는 하나의 눈을 통해서 삼차원의 물체나 장면을 바라본다고 가정한다.

평행투영을 이용하는 다시점도와 평행투시도는 객체의 투영된 크기가 화각에서의 거리에 상관없이 같은 크기로 표시된다. 투시도의 수렴투영 혹은 시선은 화면과 관찰자의 거리에 따라서 뚜렷하게 선분 혹은 평면의 크기가 달라진다. 다른 말로 표현하면, 수렴하는 시선은 먼 거리의 물체의 크기를 작게 만든다.

디자인에 있어서 투시도의 중요한 사용은 공간과 공간감의 경험적 시각을 전달하는 데 있다.

원근법의 수학적인 원리를 구현하는 3D 컴퓨터 모델링 프로그램은 쉽게 뒤틀린 원근시점을 만들 수 있다. 합리적인 60° 시야 안에서 물체나 장면의 주요 부분을 유지하는 것은 이와 같은 왜곡을 피할 수 있다.

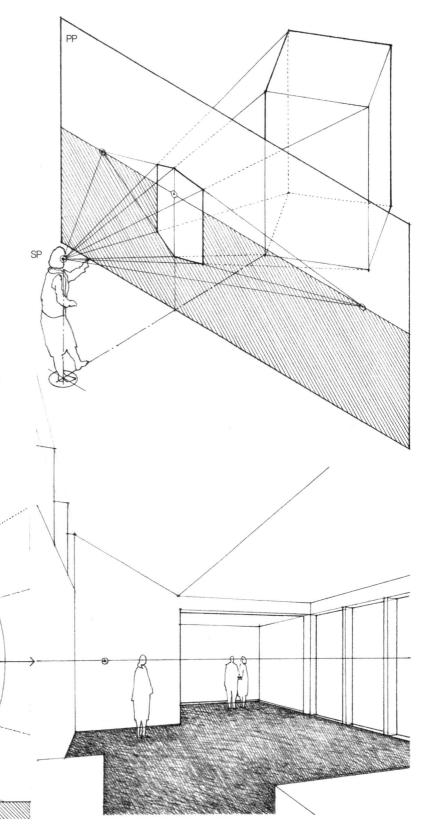

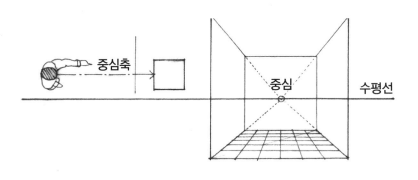

만약에 우리가 정육면체의 하나의 면을 수직하게 시선의 중심축CAV, Central Axis of Vision으로 바라본다면, 정육면체의 모든 수직한 선분은 화면에 평행하게 되며, 수직으로 표현된다. 수평선은 화면에 수평하고 시야의 중심축에 수직하며 수평으로 표현된다. 시야의 중심축에 평행한 선들은 시선의 중심C, Center of vision인 수평선HL, Horizon Line의 하나의 점으로 모이게 된다.

1점 투시도는 실내 공간을 나타낼 때 매우 유용한데, 왜냐하면 세 개의 결합된 면은 닫힌 감각을 정확하게 제공하기 때문이다.

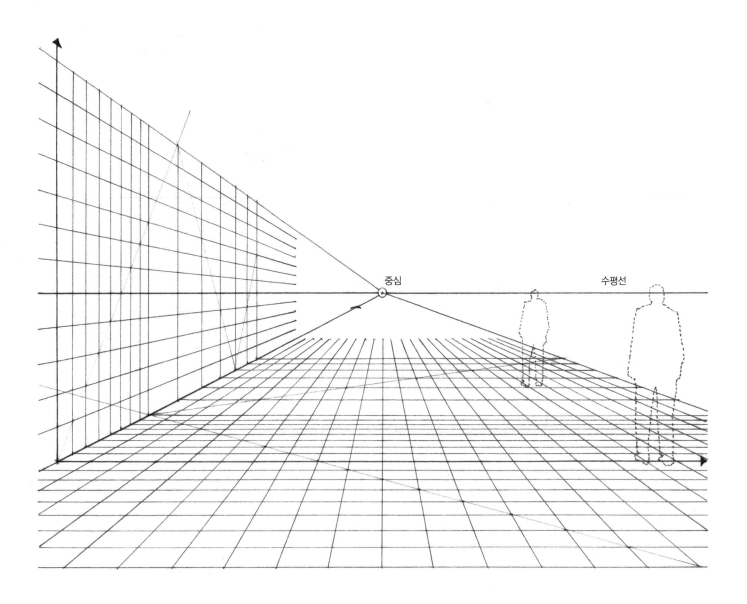

만약에 우리가 시선의 중심축을 유지하면서 정육면체를 옆으로 이동하여 사선으로 바라보면, 정육면체의 수직한 선분은 수직하게 남아 있다. 두 세트의 수평한 선분은 화면에 경사지며 수렴하게 되는데, 하나의 세트는 왼쪽 소실점VPL, Left Vanishing Point이며, 다른 하나는 오른쪽 소실점VPR, Right Vanishing Point이 된다. 이 두 점이 2점 투시도에서 언급하는 점이 된다.

2점 투시도의 그림적인 효과는 사용자의 시야의 각도에 따라서 달라진다. 실내 공간을 나타내고자 할 때, 관찰자의 시점이 1점 투시도에 접근할수록 2점 투시도의 효과는 커진다. 공간 볼륨의 세 경계면을 나타내는 모든 투시도는 실내 공간의 성격인 명확한 닫힌 감각을 만들어낸다.

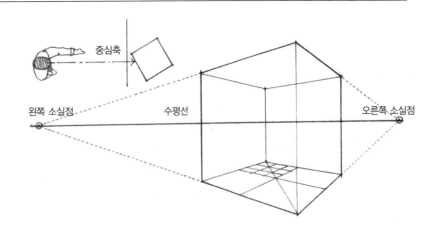

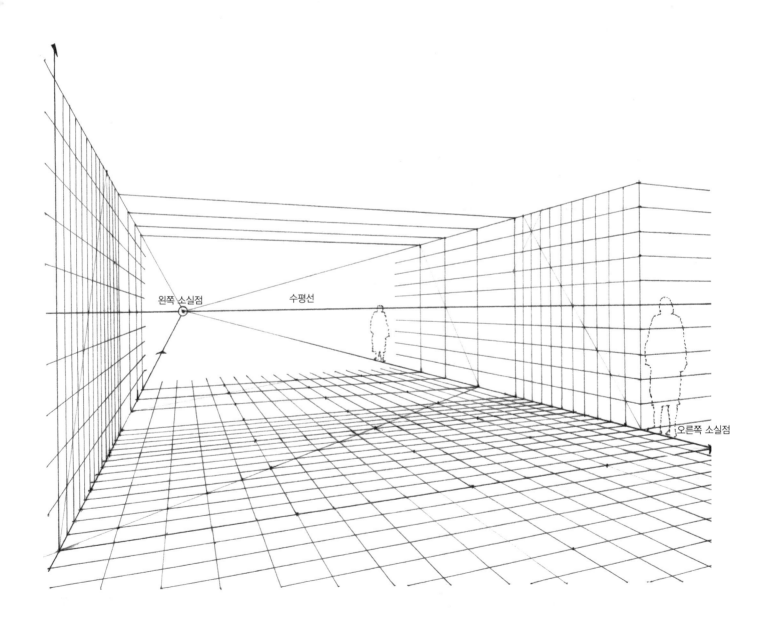

컴퓨터로 스케치 디자인이 가능한 디지털 이미지 기술의 발전에도 불구하고, 많은 사람에게 있어서 펜 혹은 연필을 가지고 프리핸드로 그림을 그리는 것은 그래픽으로 관찰, 생각 그리고 경험을 기록하는 가장 직관적인 방법으로 남아 있다. 그림을 그리는 데 필요한 감각현상에 대한 운동반사적인 촉각은 지금의 우리의 의식을 날카롭게 해주며, 과거의 기억을 수집할 수 있게 해준다. 이러한 방식으로 스케치를 함으로써 우리는 마음의 눈으로 실현 가능한 미래의 아이디어를 통해 시작하고 자유롭게 작업할 수 있다.

- 관찰을 통해서 그리는 과정이란 바라보고, 반응하고, 기록하기이다.
- 프리핸드 스케치는 단순한 선들 혹은 선들과 색조의 조합으로 이루어진다.
- 디자인 과정에 있어서 다이어그램의 프리핸드 그림은 이러한 아이디어를 보다 깊게 관찰하고 발전시켜서 작업이 가능한 개념으로 만든다.
- 디지털 다이어그램 기술은 정밀하고 정확한 방식으로 정보를 받아들이고 처리한다. 우리는 이러한 정밀함의 기능이 디자인 과정의 초기 단계에서 우리의 탐구를 제한하게 해서는 안 된다.

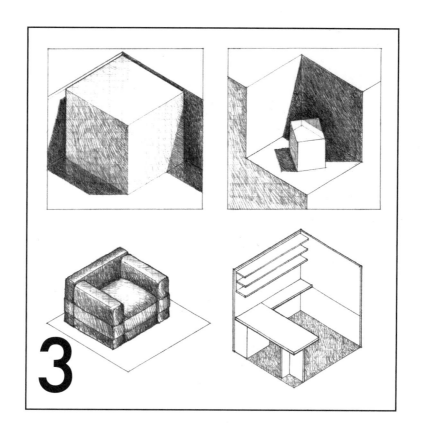

3

디자인 어휘 A Design Vocabulary

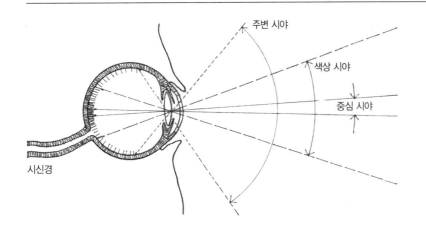

주변 시야

색상 시야

중심 시야

시신경

초점을 맞추고 상세함을 지각할 수 있는 우리의 능력은 시야의 상당히 좁은 원뿔 형태의 영역에 제한되어 있다. 우리의 눈은 시각적 정보를 발견하기 위해서 지속적으로 움직이고 스캔하며, 초점을 맞추고, 재초점을 맞춘다. 본 것을 이해하기 위해 두뇌는 눈으로 수집된 시각적 데이터를 해석하고 그 정보를 우리가 인식하고 이해하기 위해 시각적 패턴으로 조합한다.

지각의 일반적인 과정은 인지를 위한 실용적이고 준비된 것이다. 우리가 한 의자를 볼 때, 그 형태가 의자임을 인지하고 과거에 보아왔고 사용했던 의자의 구성패턴으로 정보를 구성한다. 하지만, 좀 더 유심히 본다면 우리는 그 의자의 고유한 형태, 크기, 비율, 색, 질감, 재질을 인지할 수 있을 것이다. 인지를 넘어선 이러한 보는 능력과 유용성은 디자이너에게 지극히 중요한 것이다. 우리는 사물들의 특별한 시각적 특성을 의식하고, 그것들이 어떻게 시각적 환경의 미학적 우수한 형태와 연관되고 상호작용하는지를 보려고 노력해야 한다.

디자인 어휘

형태

형상

색상

질감

빛

비례

축척

균형

조화

통일성과 다양성

리듬

강조

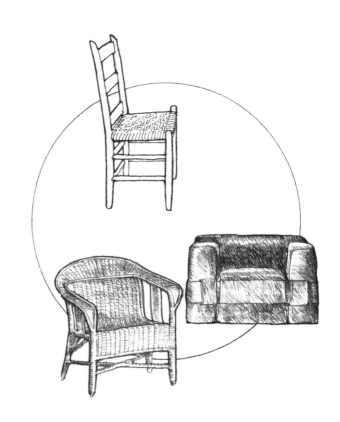

사물의 시각적 형태, 크기, 색, 질감에 대한 우리의 지각은 우리가 그것을 보고 그것의 시각적 요소에서 발견되는 관계성의 광학적 환경에 영향을 받는다. 만약 우리의 시야가 구분되지 않는다면, 우리는 아무것도 식별할 수 없을 것이다. 하지만 색조 값, 색상, 질감에 있어 우리가 인지할 수 있는 변화가 발생하기 때문에 우리는 사물과 형상을 그 배경으로부터 구별하기 시작한다. 그래서 우리의 시야에 있는 사물에 선과 형상과 형태를 읽기 위해서 우리는 제일 먼저 그들과 배경에 대비하여 지각해야 한다.

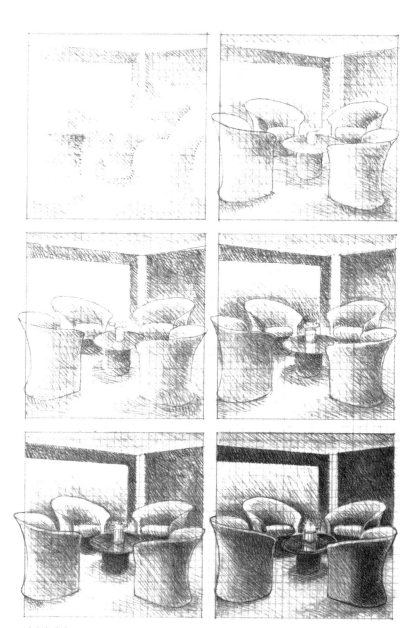

전경과 배경의 관계

시각적 대비

배경 앞에 있거나 배경으로부터 눈에 띄게 두드러진 요소들을 형상이라 부른다. 색조대비뿐만 아니라, 그 배경과 그와 관계된 형태와 크기에서 형상이 구별된다. 형상이 그 배경과 함께 일반적 경계를 공유하고 있음에도 불구하고, 이 형상은 좀 더 뚜렷함을 갖고, 인식되는 모양은 하나의 오브제로서 구별된다. 때때로 배경은 식별할 수 없는 모양이거나 명확성이 부족해 부정적이거나 중립적으로 묘사되는 반면, 형상들은 긍정적인 모양을 갖는 긍정적인 요소들로 언급된다.

형상들은 충분한 공간과 배경에 둘러싸였을 때 가장 잘 식별된다. 형상의 크기가 배경을 덮을 정도가 될 때, 그 배경은 그 자체가 독특한 형태로 발전할 수 있고, 형상의 형태와 상호작용한다. 때때로 애매한 전경과 배경의 관계는 구성요소에 있어서 배경과 형상이 동시에는 아니지만 번갈아가며 보이게 된다.

현실에서의 시각적 세상은 전경과 배경 관계의 이어지는 배열로 구성된 합성이미지이다. 실내 디자인에서 이들의 관계는 보는 시각에 따라서 여러 가지 스케일이 존재하는 것을 볼 수 있다.

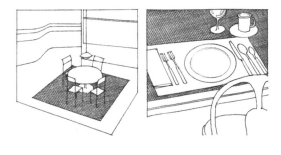

형태form는 그것의 물질 혹은 재료로부터 구별됨으로써 구조와 형상을 나타낸다. **점**point은 모든 형태의 생성자이다. 점이 움직임이며 일차원의 **선**line의 자취가 생긴다. 선이 방향을 전환함으로써 이차원적인 **면**plane으로 정의된다. 사선이나 직각의 방향으로 확장된 면은 삼차원 **볼륨**volume을 형성한다.

점, 선, 면, 볼륨은 형태의 기본적 요소이다. 실제 모든 시각적 형태들은 삼차원이다. 형태의 묘사에 있어서, 이 근본적인 요소들의 **비율**proportion과 **스케일**scale의 문제인 길이, 너비, 깊이의 상대적 차원에 따라 달라진다.

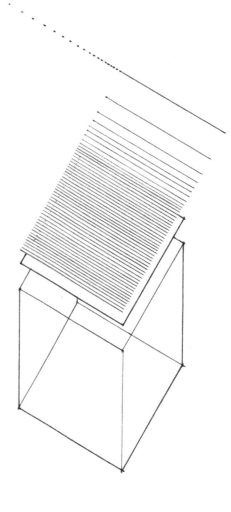

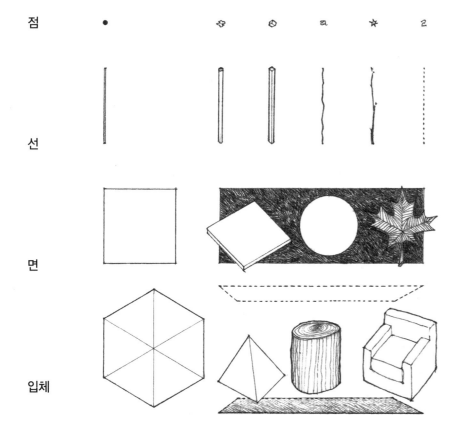

점

선

면

입체

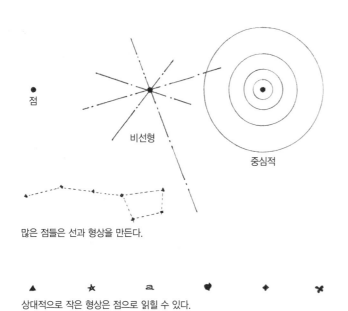

점

비선형

중심적

많은 점들은 선과 형상을 만든다.

상대적으로 작은 형상은 점으로 읽힐 수 있다.

점은 공간에서 위치를 표시하며, 개념적으로 길이, 너비, 깊이가 없다. 따라서 고정적이며 방향성이 없다. 형태의 근본적인 생성자로서 점은 선의 끝, 두 선의 교차점으로 혹은 면과 볼륨이 만나는 선들의 모서리를 표시할 수 있다.

시각적 형태로서 점은 일반적으로 주변과 관계성이 적은 동그란 형태의 도트로 나타낸다. 만일 다른 형태들이 충분히 작고, 압축되어 있고, 방향성이 없다면 점의 형태로 보일 수 있다.

점은 영역과 공간의 중심에 있을 때, 안정적이고 편안하며, 다른 요소와 조직화될 수 있다. 중심에서 벗어날 때 스스로 중심으로 남아 있으려는 성질을 유지하며 좀 더 동적이 된다. 시각적 긴장감은 점과 그 영역 사이에서 발생된다. 원이나 구와 같이 점에 의해서 만들어진 형태는 중심으로 돌아가려는 점의 성질을 공유한다.

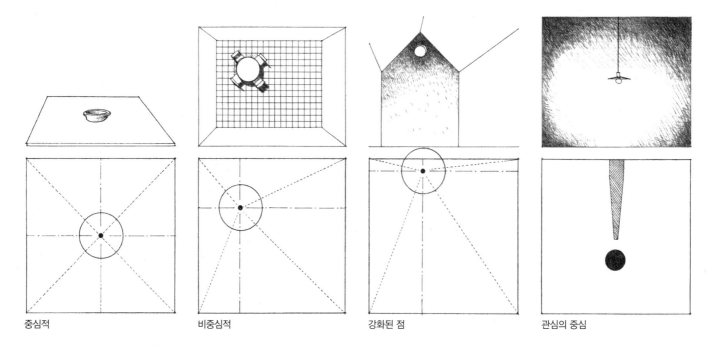

중심적

비중심적

강화된 점

관심의 중심

원과 구같이 점에서 형성된 형태는 자기중심적이다.

점이 확장되면 선이 된다. 개념적으로 선은 길이라는 일차원만을 갖는다. 사실상 어느 정도의 두께이어야 가시적인가에 상관없이, 선의 길이가 시각적으로 지배적이다. 정적이고 방향성이 없는 점과 다르게 선은 움직임, 방향, 성장을 표현할 수 있다.

가시적인 형태로서 선은 무게와 특성에서 다를 수 있다. 대담하거나 섬세하거나, 팽팽하거나 늘어지거나, 우아하거나 뾰족한 선의 가시적인 특성은 그것의 길이와 너비의 비율인식, 윤곽, 연속성의 정도에 의해 달라진다.

선은 두 점에 의해 암시될 수 있다. 더 나아가 비슷한 요소들의 단순한 반복이 충분히 이어진다면 독특한 질감 특성을 가진 선으로 정의될 수 있다.

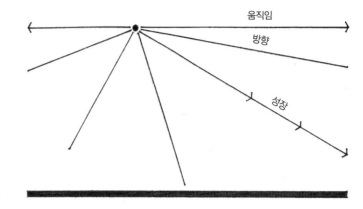

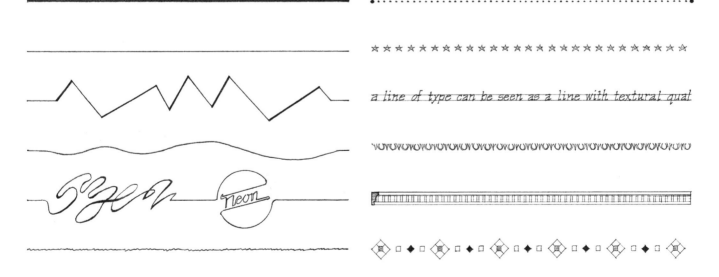

선은 무게, 윤곽, 질감 면에서 다양할 수 있다.

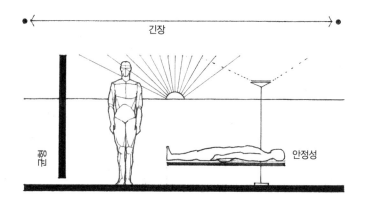

직선은 두 점 사이에 존재하는 긴장감을 표현한다. 직선의 중요한 특성은 그것의 방향이다. 수평선은 안정성, 평온함을 혹은 우리가 서거나 움직이는 평편한 면을 표현할 수 있다. 이와 반대로 수직선은 중력의 힘과 함께 평형상태를 표현할 수 있다.

수직선과 수평선으로부터 벗어난 대각선은 상승과 하강으로 보일 수 있다. 이들은 모두 움직임을 내포하고 있으며, 시각적으로 적극성과 역동성을 갖는다.

곡선은 횡력에 의해 굽은 움직임을 표현한다. 곡선은 부드러운 움직임을 표현하려는 경향이 있다. 그들의 지향성에 따라 위로 향하거나, 혹은 견고함과 땅에의 밀착을 나타낸다. 작은 곡선은 명랑함과 에너지 혹은 생물성장의 패턴을 표현할 수 있다.

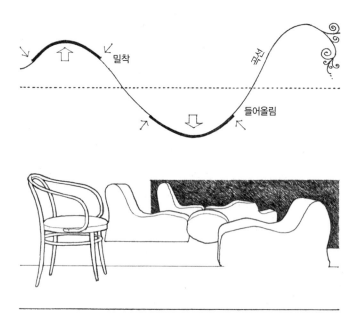

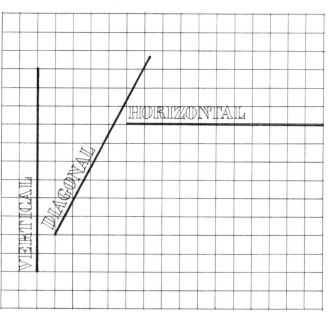

선은 모든 시각적 구성의 형성에 있어 필수적 요소이다. 선 없이 우리가 일반적으로 사물을 인식하는 특성인 **형상**을 정의할 수 없다. 선은 형상의 가장자리는 표현하고 그 주변의 공간으로부터 그것을 구별한다. 게다가 이 선들의 윤곽은 형상에 표현적인 특징을 불어넣는다.

선들은 형상을 묘사하는 것뿐만 아니라, 면의 가장자리와 볼륨의 모서리를 명확하게 해준다. 이 선들은 **문설주** reveals와 연결부위recessed joints와 같은 재료의 부재 혹은 가장자리 장식trim의 적용에 의해 표현될 수 있다.

선은 형태의 표면에 질감과 **패턴**을 만드는 데 사용될 수 있다.

선은 형상을 만든다.

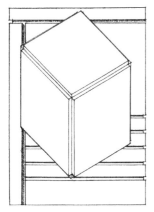

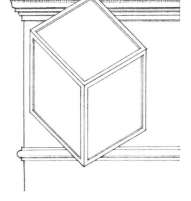

가장자리를 명확히 하는 선

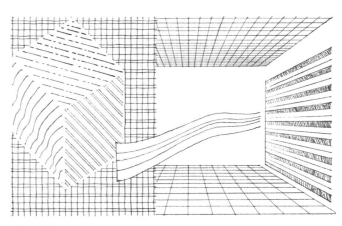

질감과 패턴을 만드는 선

선적 형태들은 전통적으로 공간을 가로지르고 움직임을 표현하는 수직적 지지를 제공하고 공간적 볼륨의 가장자리를 규정해왔다. 선적 요소들의 구조적 역할은 건축과 실내 공간 그리고 가구 배치의 규모에서 보인다.

디자인 과정에서 선들은 디자인 요소들 사이의 관계를 표시하고 패턴을 설정하는 조정 도구로 사용될 수 있다.

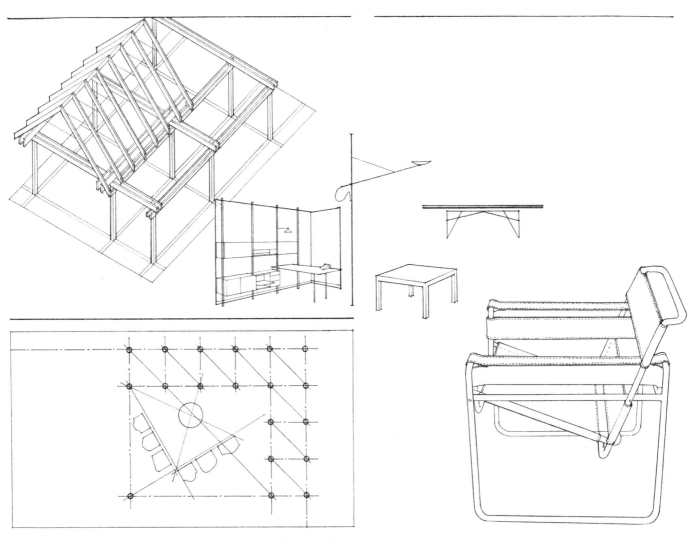

우리는 도면과 디자인에서 관계조절에 선을 자주 사용한다.

선분이 선의 방향이 아닌 다른 방향으로 이동한 것은 면으로 정의된다. 개념적으로 면은 깊이는 없지만 2차원의 너비와 길이를 갖는다. 실제 두께에 상관없이 면의 너비와 길이가 지배적인 특징이 된다.

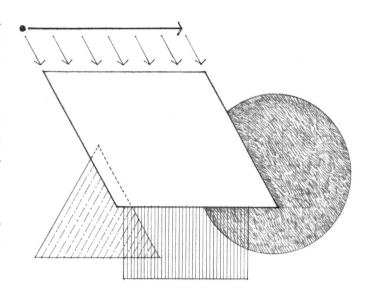

형상은 면의 주요한 특징이다. 면의 가장자리에 의해 정의된 윤곽으로 묘사된다. 면의 형상 인식은 투시도에 의해 왜곡될 수 있기 때문에, 정면에서 볼 때만 온전한 면의 형상을 볼 수 있다.

형상만이 아니라 면의 형태는 재료, 색, 질감, 패턴의 중요한 표면적 특징을 갖는다. 이들의 시각적 특성들은 면의 성질에 영향을 준다.

• 시각적 무게와 안정성
• 지각된 크기, 비율, 공간에서의 위치
• 빛의 반사율
• 촉각적 특징
• 청각적 성질

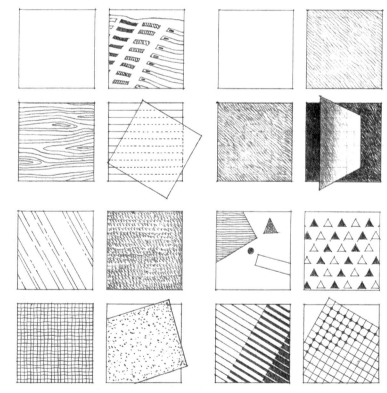

재료와 색

질감과 패턴

면의 요소들은 재료, 색, 질감, 패턴의 표면 특성을 갖는다.

면의 형태들은 건축과 실내 디자인의 기본적인 요소들이다. 바닥, 벽, 천장 또는 지붕면은 공간의 3차원 볼륨을 둘러싸고 규정한다. 공간에 있어서 특별한 시각적 특징과 관계성은 그들이 정의하는 공간의 형태와 특징을 결정한다. 이런 공간 안에서, 가구 배치와 다른 실내 디자인 요소들은 평면 형태를 구성하는 것으로 볼 수 있다.

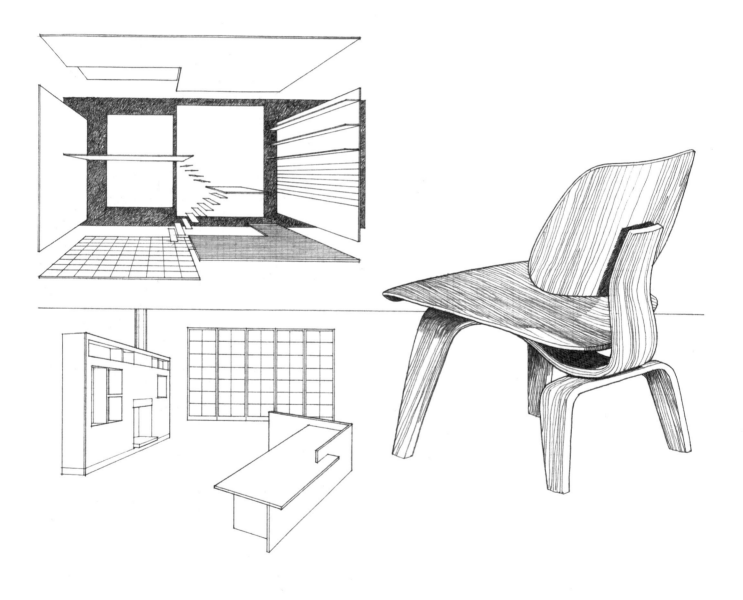

형상은 한 형태를 다른 것들로부터 구별하기 위한 기본적인 수단이다. 형상은 선의 윤곽, 면의 테두리 혹은 3차원 매스의 경계를 나타낸다. 각각의 경우 형상은 주변 공간과 배경으로부터 분리된 형태의 선과 면의 특정구성에 의해 정의된다.

형상은 여러 가지 광범위한 카테고리를 갖는다. 자연적 형상은 자연세계의 형태와 이미지를 표현한다. 이들 형상은 보통 단순화 과정을 통해 추상화될 수 있고, 그것들의 자연 근원의 근본적 특성을 유지할 수 있다.

비구상적 형상은 특정 대상물의 문제와 특정 사물에 대하여 명확한 참조를 하지 않는다. 어떤 비구상적 형상은 서체와 같은 과정에서 결과를 만들기도 하고 상징적 의미를 수반하기도 한다. 어떠한 것은 기하학적이며, 순수한 시각적 특성에 기초한 반응을 끌어내기도 한다.

기하학적 형상은 건축설계와 실내 디자인 모두의 건조 환경의 가장 중요한 요소가 되기도 한다. 기하학적 형상은 직선과 곡선으로 명확하게 구분되는 형태로 나누어진다. 대부분 규칙적 형태에서 곡선의 형상은 원형인 반면 직선적 형상은 원 안에 내접하는 여러 다각형들을 포함한다. 이들 중 가장 중요한 기하학적 형상은 원, 사각형, 삼각형이다. 이러한 기본적인 형상이 3차원적으로 확장되어 구, 원기둥, 원뿔, 삼각뿔, 정육면체를 만들어낸다.

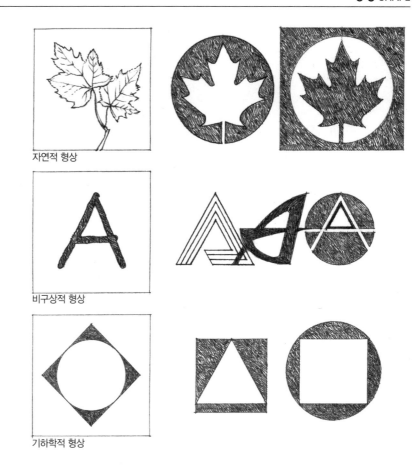

자연적 형상

비구상적 형상

기하학적 형상

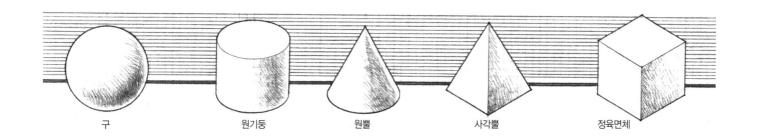

구   원기둥   원뿔   사각뿔   정육면체

원은 자연적 초점에 그 중심점을 갖는 간결하고 내향적 형상이다. 원형 형상은 환경에 있어서 대부분 안정적이고 자기중심적이다. 하지만 다른 선이나 형상과 관계성을 가질 때 원은 움직임을 나타낸다. 다른 곡선의 선분과 형상은 원의 형상의 조각 혹은 조합으로 보일 수 있다. 규칙적이든 비규칙적이든 상관없이 곡선을 갖는 형상들은 형태의 부드러움, 움직임의 유동성, 혹은 생물 성장의 특성을 표현할 수 있다.

삼각형은 안정성을 나타낸다. 삼각형의 형상과 패턴은 구조 시스템에서 자주 사용되는 패턴이다. 왜냐하면 삼각형의 구성은 한 변을 구부리거나 절단하지 않고는 바뀔 수 없기 때문이다.

순수하게 시각적 관점에서 보면, 삼각형 형상은 변 중의 하나에 기초하여 놓여 있을 때 안정적으로 인지된다. 하지만 그 점들 중의 하나로 서 있게 만들면 삼각형 형상은 역동적으로 된다. 변 중의 한쪽으로 넘어지게 한다면 균형의 불안정 상태에 놓이거나 움직임을 암시할 수 있다.

삼각형 형상의 역동적 성질은 3면의 각의 관계에 기인한다. 이 각도들은 다양할 수 있기 때문에 삼각형은 직사각형이나 정사각형보다 좀 더 가변적이다. 더구나 삼각형은 정사각형, 직사각형 그리고 다른 다각형의 형상으로 쉽게 조합될 수 있다.

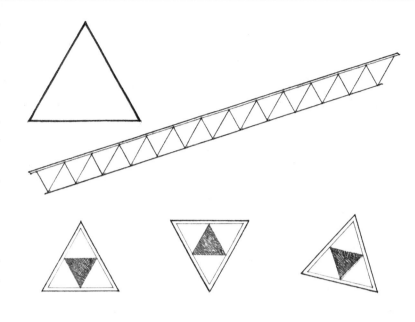

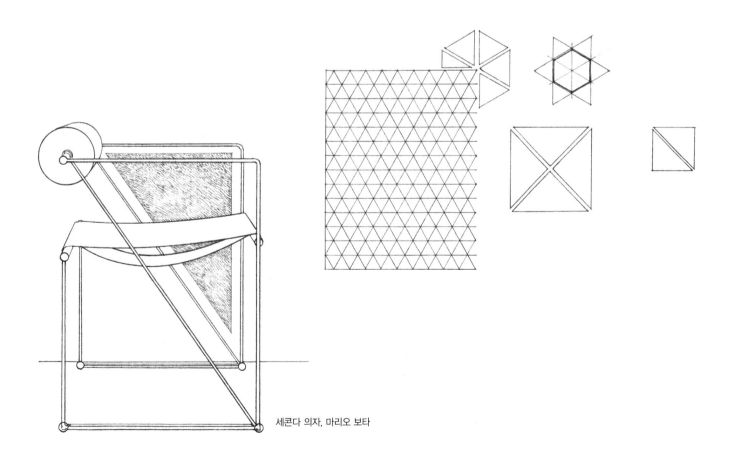

세콘다 의자, 마리오 보타

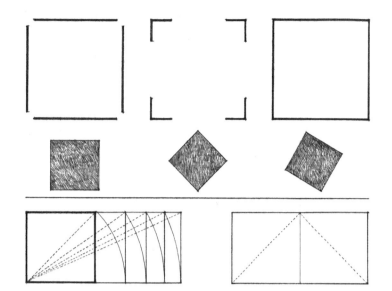

정사각형은 순수함과 합리성을 나타낸다. 사각형의 동등한 4면과 4개의 직각은 규칙성과 명료성을 갖게 한다.

정사각형 형상은 지배적이거나 선호하는 방향이 없다. 삼각형과 같이 정사각형은 변 중의 하나에 기초하여 놓여 있을 때 안정적이고, 차분한 모습이지만 모서리로 서 있을 때는 역동성을 갖는다.

모든 직사각형은 정사각형에 너비와 길이가 더해 변형된 것으로 간주할 수 있다. 직사각형 형상의 명료성과 안정성은 시각적 단조로움을 가져올 수 있는 반면 다양성은 크기, 비례, 색상, 질감, 배치, 방향을 달리함으로써 도입될 수 있다.

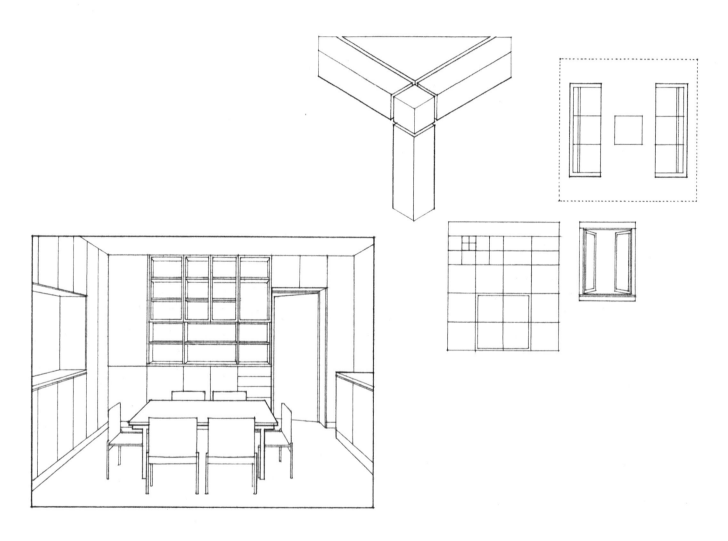

질감은 3차원 구조에서 발생하는 표면의 독특한 성질이다. 질감은 대부분 표면의 거칠음과 부드러움의 관계를 표현하는 데 자주 사용되곤 한다. 또한 돌의 거칠음, 나뭇결, 천의 짜임과 같이 친숙한 재료의 독특한 표면 특성을 표현하는 데 사용되기도 한다.

질감에는 두 가지 기본 종류가 있다. 촉각적 질감은 실제이며 만져서 느낄 수 있다. 시각적 질감은 눈에 보이는 것이다. 모든 촉각적 질감은 시각적 질감 또한 제공한다. 반면 시각적 질감은 환영일 수도 있고 실제일 수도 있다.

시각과 촉각은 밀접하게 관련되어 있다. 우리의 눈은 표면의 시각적 질감을 볼 때 실제 만지지 않고 뚜렷한 촉각적 특성에 반응한다. 표면의 질감적 특성에 대한 우리의 신체적 반응은 유사한 재료에 대한 선행된 경험에 기초한다.

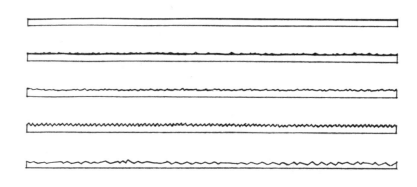

질감은 표면의 3차원 구성을 나타낸다.

물질적 질감

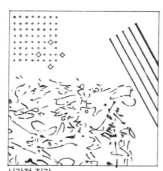

시각적 질감

질감은 시각과 촉각에 기인한다.

재료적 질감

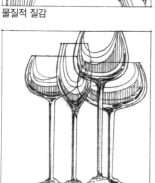

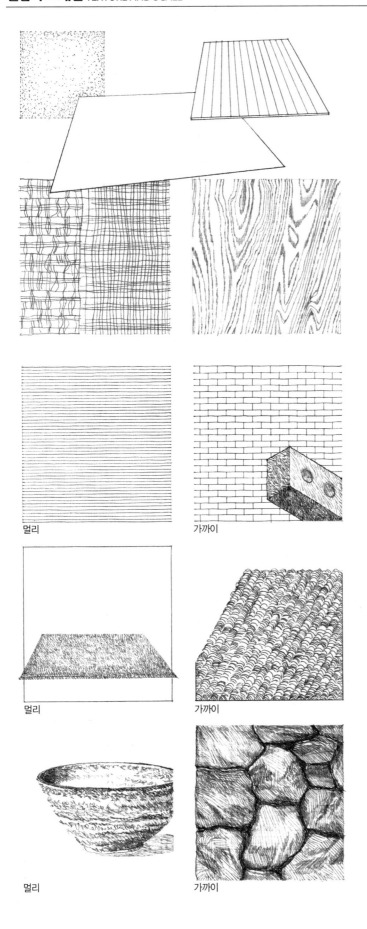

멀리

가까이

멀리

가까이

멀리

가까이

조망 거리인 스케일 그리고 빛은 질감과 그들이 만들어내는 표면에 대한 우리의 인식을 변경하는 중요한 요소이다.

모든 재료는 질감의 정도를 가지고 있는데 그 질감 패턴의 스케일이 조밀하면 조밀할수록 좀 더 부드럽게 보일 것이다. 거친 질감조차 멀리 보였을 때 비교적 부드럽게 보인다. 질감의 거침은 가까이 보았을 때만이 분명해 보인다.

질감의 상대적인 스케일은 공간에 있어서 평면의 명백한 형상과 위치에 영향을 줄 수 있다. 방향성을 갖는 재질은 면의 너비와 길이를 강조할 수 있다. 거친 질감은 평면이 가까워 보이게 할 수 있으며 스케일을 줄여주고 그 시각적 무게를 증가시킬 수 있다. 일반적으로 질감은 그들이 시각적으로 존재하는 공간을 채워준다.

빛은 우리가 질감을 인식하는 데 영향을 미치며, 그것이 비추는 질감의 영향을 받는다. 물리적 질감을 가지는 표면에 떨어지는 직사광선은 표면의 시각적 질감의 효과를 높여준다. 확산광은 물리적 질감을 덜 강조하게 하며, 심지어는 3차원적인 구조의 형태를 불명확하게 해준다.

환하게 빛을 반사시키는 반짝이는 표면의 부드러움은 중심에서는 잘 보이며, 우리의 관심을 끌게 된다. 무광이거나 중간 정도의 거친 질감은 빛을 흡수하고 불규칙하게 반사하게 되어서, 같은 색상이지만 부드러운 표면에 비해서 덜 밝게 보인다. 직사광선으로 비추게 되면 매우 거친 표면은 확연하게 밝고 어두운 그림자의 패턴을 만들게 된다.

빛의 방향은 재질을 읽는 것에 영향을 미친다.

빛나는 면을 반사한다.

무광의 표면은 확산한다.

대비는 질감이 얼마나 강하게 혹은 예민하게 보일 것인가에 영향을 미친다. 질감은 그와 유사한 질감 옆에 놓인 것보다는 균일하고 부드러운 배경에서 보일 때 좀 더 명확하게 나타난다. 질감은 거친 배경에서 보일 때 더 섬세하고 크기가 작아 보인다.

마지막으로 질감은 공간에 있어서 재료와 표면의 유지관리의 요소이다. 부드러운 표면은 더러움과 마모됨을 보여주지만 비교적 청소하기 쉬운 반면, 거친 표면은 더러움을 감춰주지만 청소하기는 어렵다.

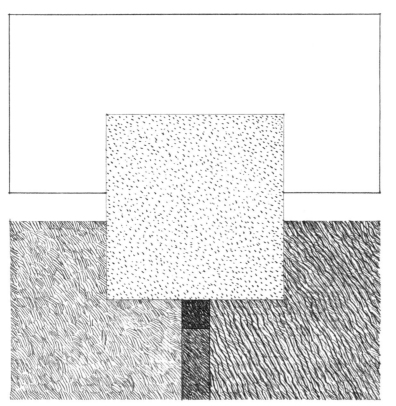

대비는 인접한 질감의 섬세함이나 명백함에 영향을 준다.

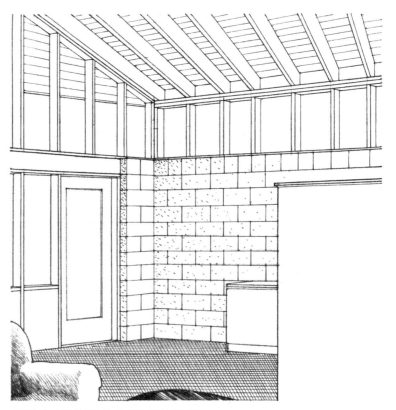

질감은 재료들의 구성을 모으는 방식으로 만들어진다.

질감과 패턴은 디자인 요소와 밀접한 관계가 있다. 패턴은 표면의 장식적 디자인 혹은 장식인데, 그것은 디자인에 있어서 특징적이고 무엇인가를 연상시키는 형상, 형태 혹은 색이라는 **동기**motif의 반복에 기반하고 있다. 반복되는 패턴의 성격은 종종 질감의 특성에 장식적인 표면을 부여한다. 패턴을 만드는 요소가 매우 작을 때 그들은 그들 스스로의 성격을 잃어버리고 혼재되어 버려서, 패턴이라기보다는 질감에 더 가까워진다.

패턴은 완성형integral 혹은 응용applied으로 생각해볼 수 있다. 완성형 패턴integral pattern은 재료의 고유한 특성과 재료가 처리되고, 제작되고, 조립되는 결과물로 만들어진다. 응용 패턴applied pattern은 표면이 제작되고 세워진 후에 더해지는 것이다.

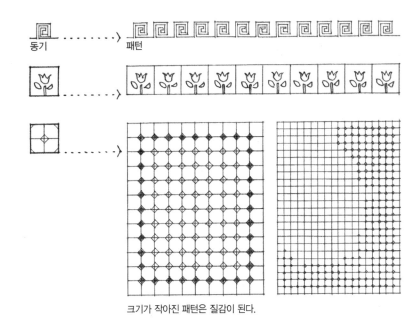

동기 ·······> 패턴

크기가 작아진 패턴은 질감이 된다.

필수적 패턴

적용된 패턴

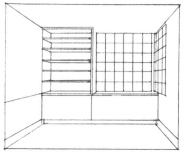

최소한의 질감

질감이 입혀짐

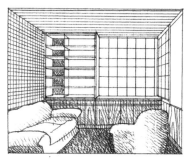

질감으로 채워진 공간

상충되는 질감

질감은 우리가 실내 공간을 정의하고, 가구를 배치하고 그리고 꾸미는 데 사용하는 재료의 고유한 특징이다. 우리가 어떻게 다른 질감들을 결합하고 구성하는가 하는 것은 조명과 색상을 어떻게 조합할 것인가 만큼이나 중요하고, 공간의 특성과 사용목적에 맞아야 한다.

질감 패턴의 크기는 공간 안의 부수적인 요소들의 크기에 연관되듯이 공간과 주요 표면의 크기와 연관되어야 한다. 질감은 시각적으로 공간을 채우는 경향을 갖기 때문에 작은 공간에서의 질감의 사용은 조심스럽거나 적게 사용되어야 한다. 큰 방에서 질감은 공간의 크기를 감소시키거나 공간 안을 좀 더 친밀하게 만들어준다.

질감의 변화가 적은 방은 단조로울 수 있다.
딱딱하거나 부드러운, 고르거나 울퉁불퉁하거나, 빛나거나 윤기 없는 질감의 조합은 다양성과 흥미로움을 만들어내는 데 사용될 수 있다. 질감의 선택과 분배에 있어서, 적정함은 연습되어야 하고 순서와 차례에 주목해야 한다. 만약 질감들의 반사된 빛의 정도와 시각적 비중 같은 공통된 특성을 공유한다면 대비되는 질감 사이에서 조화는 지속될 수 있다.

왼쪽에서 오른쪽으로 질감이 증가

면에 평행한 방향 이외의 방향으로 확장된 평면은 볼륨을
형성한다. 개념적으로 그리고 실제적으로 볼륨은 3차원 안
에 존재한다.

형태form는 볼륨의 전체적 윤곽과 구조를 묘사하는 데 사용
되는 용어이다. 볼륨의 특정한 형태는 형상들과 그것의 경
계를 묘사하는 선들과 면들의 상호관계에 의해 결정된다.

건축과 실내 디자인의 3차원적 요소로서, 볼륨은 채움solid
(건물의 매스 혹은 건물 요소에 의해 대체되는 공간) 혹은
비움void(천장 혹은 지붕면, 바닥, 벽에 의해 구성되고 포함
되는 공간) 둘 다일 수 있다. 특히 정사영의 평면, 입면, 단
면을 읽을 때 포함containment 대비 빼냄displacement의 이중
성을 인지하는 것은 중요하다.

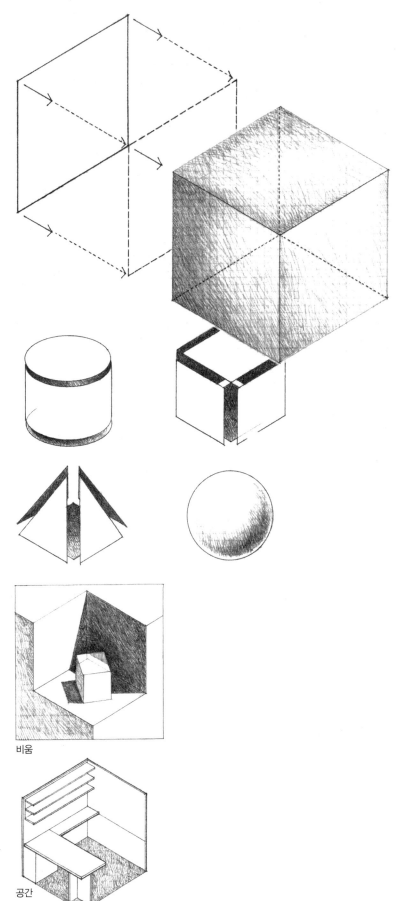

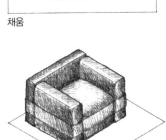

채움

비움

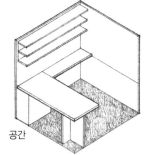

덩어리

공간

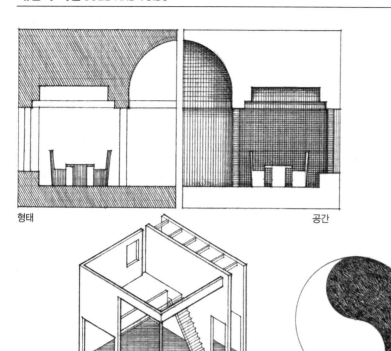

형태

공간

형태와 공간

채움 형태와 공간 비움의 이중성은 건축과 실내 디자인의 실제성을 형성하는 반대되는 요소의 불가결한 통일성을 표현한다. 시각적 형태는 공간 차원, 크기, 색, 질감을 부여하는 반면, 공간은 형태를 드러내 보인다. 이런 형태와 공간의 공생관계는 실내 디자인에서 여러 가지 크기로 나타날 수 있다.

공간 안에서 형태

형상과 질감처럼 색은 모든 형태에 내재하는 시각적 속성이다. 우리는 주변의 환경 설정 안에서 색에 둘러싸여 있다. 형태와 공간을 비추어 드러내는 빛 안에서 우리가 물체를 찾을 수 있는 것은 색상 덕분이다. 빛이 없으면 색은 존재하지 않는다.

물리적 과학은 빛의 속성으로 색을 다룬다. 빛의 가시적 스펙트럼 안에서, 색은 파장에 의해 결정된다. 빨간색은 가장 긴 파장에서 시작하고, 우리는 가장 짧은 가시적 파장으로 갈수록 주황, 노랑, 녹색, 파랑, 보라의 스펙트럼으로 진행한다. 색상이 있는 빛들이 대략 같은 수량으로 광원에 존재하며, 이것들은 흰색 빛을 만들어낸다. 빛은 확실히 색상이 없다.

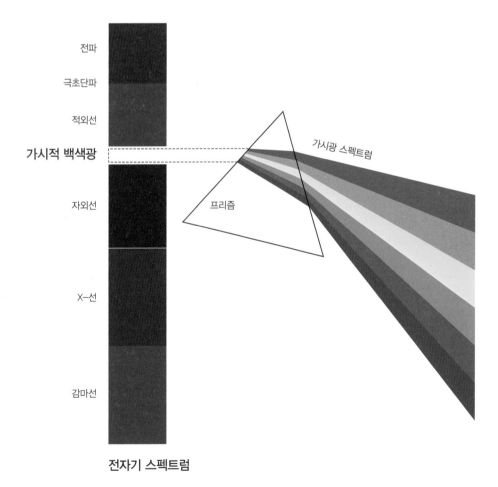

전자기 스펙트럼

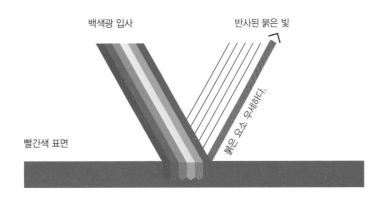

백색광 입사 | 반사된 붉은 빛

빨간색 표면

붉은 요소 우세하다.

흰색 빛이 불투명한 개체에 떨어질 때 선택적 흡수가 발생한다. 개체의 표면은 빛의 어떤 파장은 흡수하고 다른 것들은 반사한다. 우리의 눈은 반사된 빛의 색을 개체의 색으로 인식한다.

흰색 빛은 색이 있는 빛의 전체 스펙트럼으로 구성된다. 전기 램프 혹은 색이 있는 벽에 반사되는 빛과 같은 몇몇 광원은 균형이 부족하고 따라서 스펙트럼의 일부가 부족하다. 이와 같은 어떤 색의 부족은 부족한 색들을 나타내는 빛에 의해 비추어지는 한 표면을 만든다.

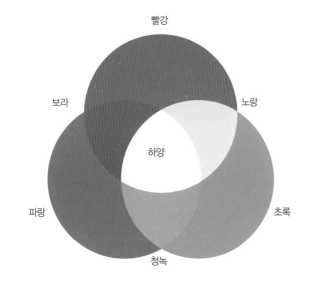

색광은 가법혼합에 의해 조합된다.

물체의 색상으로 빛의 어떤 파장과 띠가 흡수되고 반사될 것인가는 표면의 색소침착에 의해 결정된다. 빨간색 표면은 빨갛게 나타나는데 왜냐하면 빨간색 표면에 떨어지는 파랑과 초록빛의 대부분을 흡수하고, 스펙트럼의 빨간 부분을 반사하기 때문이다. 따라서 파란 표면은 빨간색을 흡수한다. 유사하게 검정 표면은 스펙트럼 전체를 흡수한다. 따라서 흰색 표면은 그 모든 것을 반사한다.

표면은 그 재질의 고유한 색상을 갖는다. 이러한 천연색은 **색소**를 포함하는 색칠, 착색제, 염색의 적용에 의해 바뀔 수 있다. 본질적으로 색에 있는 빛은 더해지는 반면, 색소들은 공제된다. 각 색소는 흰색 빛의 일정 부분을 흡수한다. 색소가 혼합될 때, 그들의 흡수는 스펙트럼의 다양한 색을 공제하며 결합한다. 남겨진 색은 혼합 색소의 색상, 채도, 명도를 결정한다.

실내 디자이너가 기억해야 할 중요한 점은 컴퓨터 화면을 통해 보는 색상들은 색상이 있는 빛인 반면 인쇄물의 색상과 샘플은 색소라는 것이다. 정확성을 위해 디자이너들은 실제 그것이 사용될 빛에서 보았을 때의 물리적 색상 견본에 의존해야 한다.

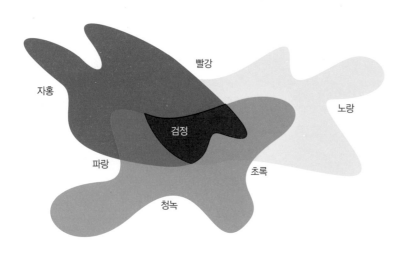

안료색소는 감법혼합에 의해 조합된다.

색은 세 가지 차원이 있다.

색상 Hue
빨강, 노랑과 같이 우리가 색상을 인지하고 묘사하는 속성

명도 Value
백색과 흑색과 관련된 색의 밝기 또는 어둠 정도

채도 Saturation
색의 맑고 탁함 정도로 색상의 색조 양에 따름

모든 색의 이러한 속성은 상호연관성을 갖는다. 각각의 주요 색상은 기준 명도를 갖는다. 예를 들어, 순수노랑은 순수 파랑보다 기준 명도에서 더 밝다. 만약 백색, 흑색 혹은 보색에 색상이 더해져 색상의 명도를 밝거나 어두워지게 한다면 그 **채도**도 또한 줄어들 것이다. 다른 두 속성의 변화가 없이 색의 하나의 속성만을 조절하기는 어렵다.

많은 색상 시스템은 색과 그들의 속성들을 가시적 질서로 조직하려 한다. 부루스터Brewster / 프랑Prang 색상환Color Wheel 같이 가장 심플한 형태는 색상 안료를 제1, 제2, 제3의 색상으로 구성한다.

주된 색상은 빨강, 노랑, 파랑이다. 두 번째 색상은 주황, 초록, 보라이다. 세 번째 색상은 빨강-주황, 노랑-주황, 노랑-초록, 파랑-초록, 파랑-보라, 빨강-보라이다.

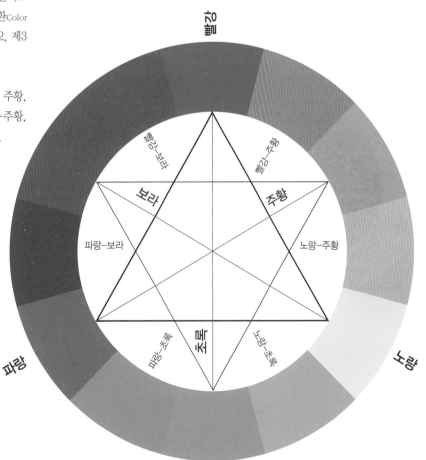

색의 정확한 설명과 묘사를 위한 좀 더 포괄적인 체계가 먼셀Albert H. Munsell에 의해 개발된 먼셀 색상표이다. 이 표는 색을 색상hue, 명도value, **채도**chroma intensity의 속성에 따라 균일한 시각적 단계의 순차적 비율로 정리한다.

먼셀 색상표는 5가지 주요한 색상과 5가지 중간 색상을 기본으로 한다. 이들 10가지 주된 색상은 원 안에서 수평으로 배열된다.

색상환의 중심을 통한 수직적 확장은 흑색에서부터 백색까지 회색 명도의 비율을 동등하게 10가지의 시각적 단계로 등급 짓는다.

수직적인 명도의 단계에서 방사형으로 나오는 것들의 채도 혹은 강도가 비슷하다. 단계의 개수는 각각의 색의 색상과 명도가 이를 수 있는 채도에 따라 다르다.

이 체계에서의 특정의 색은 다음 표기법으로 확인될 수 있다. 색상 명도/채도, 혹은 H V/C. 예를 들면 5R 5/14는 중간 명도와 최고 채도에서의 순수 빨강을 가리킨다.

실제 샘플 없이 특정색의 색상, 명도, 채도를 정확하게 전달하는 능력이 과학, 상업, 산업분야에서 중요함에도 불구하고, 색명과 표기법은 시각적인 색감을 적절히 묘사할 수 없다. 그것들이 사용될 빛에서 보이는 실제 색의 샘플이 색채계획 디자인에서 필수적이다.

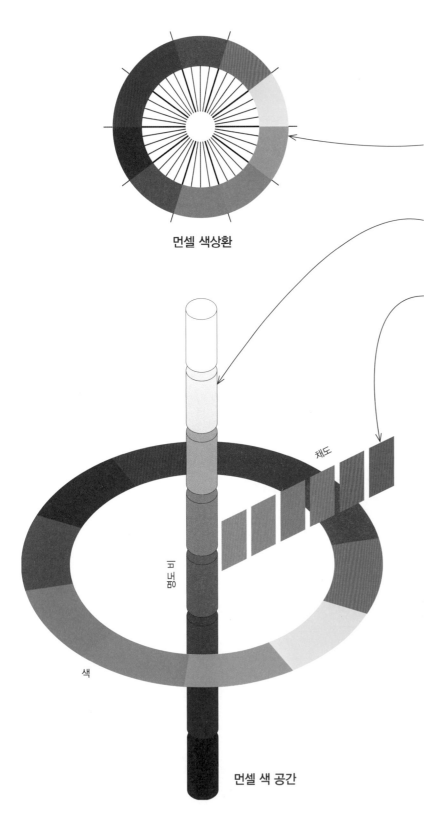

먼셀 색상환

채도

명도

색

먼셀 색 공간

컬러 컴퓨터 모니터 및 프린터의 출현과 함께 색을 전달하는 보편적 언어에 대한 필요성이 날로 커지고 있다. 실내 디자이너들은 페인트, 직물, 그래픽 디자인 재질 또는 그 외의 미디어에서 균일하게 사용되어온 색을 자주 표시해야만 한다.

국제조명위원회CIE 기준은 표면에 반사되는 광파의 정확한 측정과 인간의 눈에 의해 측정되어 왔던 감도곡선에 기초한다. 사용하기 불편함에도 불구하고, CIE 기준은 대부분의 미국 가구 제조업자에 의해 명시된다.

앞에서 기술한 먼셀에 의해 만들어진 색 공간처럼, 색 지도는 동일한 지도에서 어떤 두 사람 사이의 색 소통을 허용한다.

건축과 실내를 위한 팬톤Pantone과 같은 체계는 온라인과 오프라인 모두에 있어서 실내 디자이너에게 광범위한 재료의 기입방법, 의사전달을 위한 색상 선택을 명시하고, 소통하고 관리할 수 있게 해준다.

사용할 수 있는 다른 도구는 샘플들에서 색상 데이터를 확인하는 전자색채분석기electronic color analyzer, 다양한 조명 조건을 모의 실험하는 색채조망color viewing lights 등이 있다. 전자색채분석기는 일반적으로 색칠에서의 색의 일치를 위해 사용된다. 색상은 거의 모든 색상 견본과 일치하도록 판매 시점에서 혼합된다.

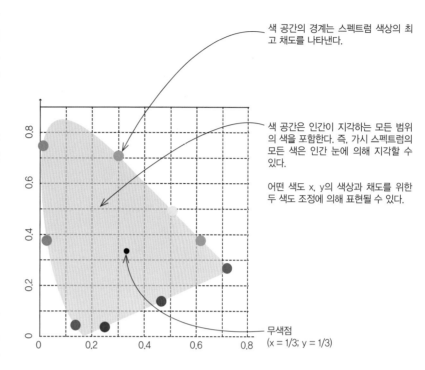

색 공간의 경계는 스펙트럼 색상의 최고 채도를 나타낸다.

색 공간은 인간이 지각하는 모든 범위의 색을 포함한다. 즉, 가시 스펙트럼의 모든 색은 인간 눈에 의해 지각할 수 있다.

어떤 색도 x, y의 색상과 채도를 위한 두 색도 조정에 의해 표현될 수 있다.

무색점
(x = 1/3; y = 1/3)

CIE의 색도 좌표

팬톤 컬러
스와치의 샘플

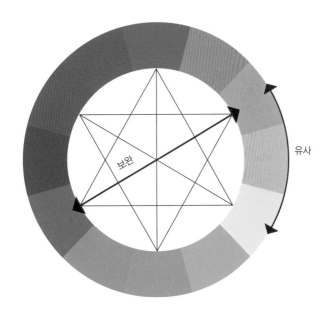

페인트나 염료 같은 대상착색제object colorants는 조명의 색상을 수정하고, 우리가 사물의 색상으로 해석하고 있는 것을 바꾸기 위한 수단이다. 페인트와 염료의 색조 혼합은 각각의 색의 속성을 바꾼다.

색상은 다른 색상과의 혼합에 의해 바뀔 수 있다. 색상환에서 인접하거나 유사한 색상이 섞일 때 조화로우며 밀접하게 연관된 색상이 만들어진다. 이와 반대로 색상환에서 정반대의 색상인 **보색**complementary hues의 혼합은 중간색을 만든다.

색의 명도는 흰색을 더하면 높아지고 검은색을 더하면 낮아진다. 흰색을 더해 색상의 평균 명도를 밝게 하는 것은 색상의 **엷음**tint을 만든다. 그리고 검은색으로 평균 명도를 어둡게 하는 것은 색상의 **어두움**shade을 만든다. 노란색 같이 일반적으로 고명도의 색은 엷음보다 어두움을 쉽게 만들 수 있고, 빨강색 같은 저명도의 색은 어두움보다 엷음을 쉽게 만들 수 있다.

색의 강도는 보다 두드러지는 색상을 추가해서 강해질 수 있다. 색상에 회색을 섞거나 혹은 색상에 보색을 추가하여 강도를 낮게 할 수도 있다. 이 방법으로 색상은 회색계열이 되거나 중화되는데 이것을 **톤**tones이라고 부른다.

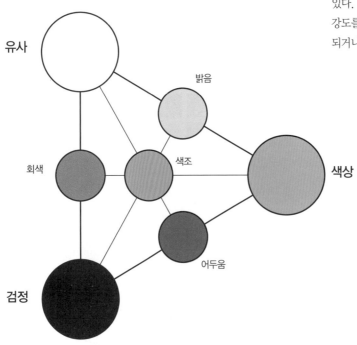

사물의 색에서의 명백한 변화들은 빛의 영향과 주변에 나란히 놓여 있는 것 혹은 배경색으로부터 만들어진다. 이들 요소들은 실내 공간에서 요소들의 색이 어떻게 상호작용하는지, 그것들이 조명에 의해 어떻게 만들어지는지 세심하게 고려해야 하는 실내 디자이너에게 있어서 특별히 중요하다.

흰색이 아닌 특별한 색상의 빛은 일반적으로 드물게 사용된다. 하지만 백색광이 우리가 생각하듯이 광학의 스펙트럼으로 균형 잡힌 것은 아니다. 백열전구는 따뜻한 빛을 발하지만 형광등은 차가운 빛을 발한다. 주광 역시 시간대에 따라 그리고 빛이 들어오는 방향에 따라 따뜻하거나 차갑다. 큰 반사면의 색으로도 실내 공간의 빛을 바꿀 수 있다.

따뜻한 빛은 따뜻한 색채를 강조하고 차가운 색상을 중화하는 경향이 있고, 반면 차가운 빛은 차가운 색채를 강조하고, 따뜻한 색상을 약하게 한다. 만약 빛이 특별한 색상으로 바뀌면 색상의 채도를 높일 것이고 보색의 색상은 중화시킬 것이다.

색의 명도는 명백하게 사용되는 조명의 빛의 양에 의해 바뀐다. 조명의 빛의 양의 감소는 색의 명도를 어둡게 만들고 그것의 색상을 중화시킨다. 빛의 양의 증가는 색의 명도를 밝게 하며 강도를 높일 것이다. 그러나 조명을 너무 강하게 하면 색의 채도가 떨어지거나 희석되어 보인다.

자연적 변화에 따른 빛은 실내 공간의 색을 미묘하게 바꾼다. 색은 보는 사람의 각도에 따라 다르게 보일 것이다. 주간과 야간에 걸쳐서, 그 환경 안에서 어떻게 보이는지 색을 실험하는 것이 가장 좋은 방법이다.

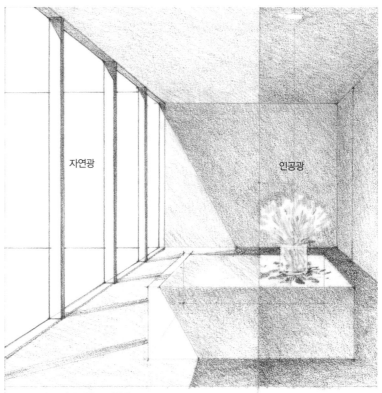

자연광 인공광

실내 공간에서 색의 적용에 영향을 주는 조건

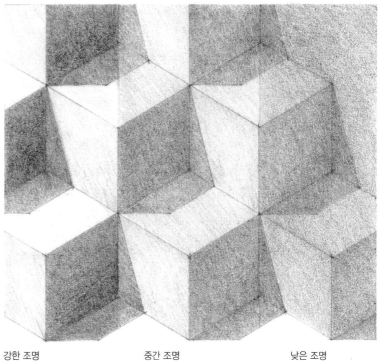

강한 조명   중간 조명   낮은 조명

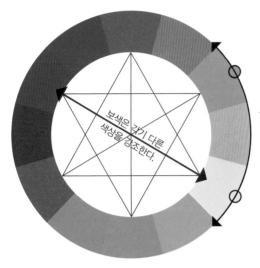

보색은 각기 다른 색상을 강조한다.

유사색은 다른 대비를 위해 계속 이어 나아간다.

보색 색조의 혼합은 색상이 중화되거나 회색으로 되지만, 각기 서로 옆에 위치시키면 반대의 효과를 일으킨다. 동시 대비로 알려진 이 현상에서 눈은 색상의 대조적인 색조를 생성하는 경향이 있으며 인접한 색의 잔상을 투영한다. 따라서 바로 옆에 위치한 대비색은 색상의 뚜렷한 변화 없이도 각자의 채도와 광휘를 높이는 경향이 있다.

두 색이 보색이 아닐 경우, 각각은 다른 색을 자신의 보색으로 변화시키고, 그 색조 쪽으로 이동시킨다. 그 결과 두 색은 색상환에서 더 멀리 떨어진다.

색상의 동시대비는 두 색이 동일한 명도일 때 대부분 쉽게 감지된다. 만약 하나의 색이 다른 색보다 더 밝거나 더 진하면, 명도대비의 효과는 확연해진다.

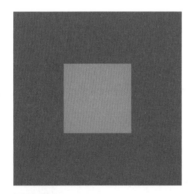

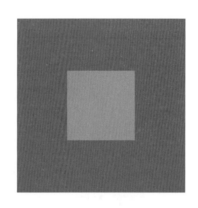

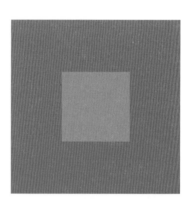

동시대비

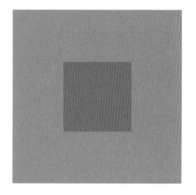

대비색

유사색 : 명도대비

유사색 : 유사 명도

동시대비는 또한 색의 명도에 영향을 주는데 배경색의 명도에 따라 밝아지거나 어둡게 만든다. 밝은색은 어두운 색을 더 어둡게 하는 경향이 있는 반면, 어두운색은 밝은색을 더 밝게 한다.

흰색과 검은색 모두 그들과 접촉하는 색상에 눈에 보이는 영향을 미친다. 색상을 검은색으로 둘러쌀 경우 좀 더 풍부하거나 활기차지는 반면, 흰색일 경우는 반대 효과를 가져온다. 넓은 면적의 흰색은 인접색의 빛으로 반사시키는 반면 얇은 흰 선은 분리한 색들을 퍼져 보이게 하거나 색상을 바꾸는 경향이 있다.

색상과 명도의 대비 효과는 색이 분리된 것이 알 수 있을 정도의 넓은 면적에 따라 달라진다. 만약 면적이 작거나 가깝게 위치하면, 눈은 시각적으로 그들의 차이를 조절할 충분한 시간을 갖지 못하고 색의 혼합을 일으킨다. 시각적 혼합의 효과는 제한된 색상의 실로 많은 색상과 명도의 표현을 만들어내는 직물을 짤 때 자주 사용된다.

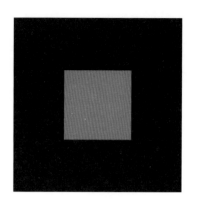

명도대비는 인지되는 명도를 바꾼다.

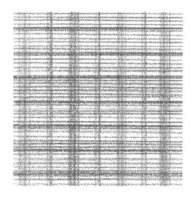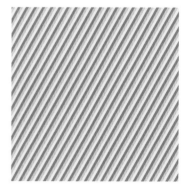

흑백 컬러의 테두리 효과

색의 점과 획이 좀 더 많이 섞인 색상을 만들기 위해 합쳐질 때 시각적 혼합이 발생한다.

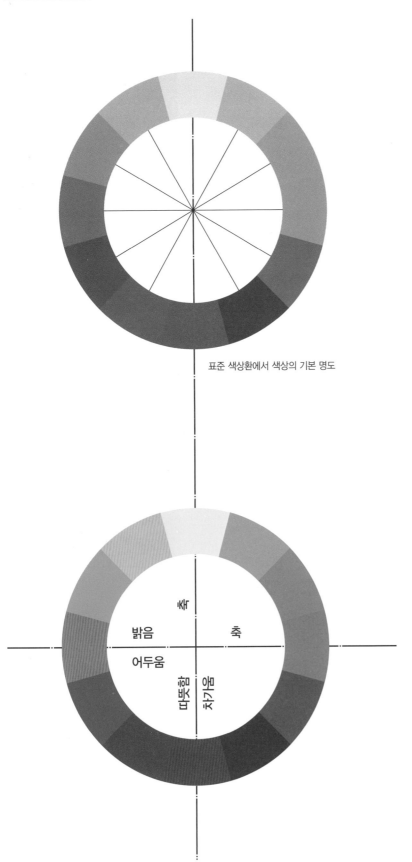

표준 색상환에서 색상의 기본 명도

축
밝음   축
어두움
따뜻함 차가움

실내 디자이너는 색들이 다른 색의 속성을 바꾸고 상호작용하는 것에 대한 이해와 더불어, 실내 공간의 형태, 크기, 특징에 대한 우리의 인지에 어떠한 영향을 주는가를 고려해야만 한다.

색은 흔히 따뜻함과 차가운 범주로 구분된다. 빨강, 오렌지, 노랑은 진출하는 따뜻한 색으로 간주된다. 파랑, 초록, 보라는 차가우며 후퇴하는 경향을 갖는다. 회색과 엷은 황백색off-white 같은 중성색은 차가울(갈색의) 수도 있고 따뜻할(푸르스름한) 수도 있다.

채도의 정도와 상대 명도에 따른 색상의 따뜻함과 시원함은 시각적 힘을 결정하는데, 이것이 우리의 주의를 끌며, 사물을 강조하고 공간의 감각을 만든다. 다음은 이러한 색의 효과를 일반적으로 요약한 것이다.

따뜻한 색상과 높은 채도는 시각적으로 능동적이고 자극적인 반면, 시원한 색상과 낮은 채도는 좀 더 차분하며 편안하다고 말할 수 있다. 밝은 명도는 발랄하며, 중간 명도는 점잖고, 어두운 명도는 우울하다.

밝고 강렬한 색과 강한 대비는 우리의 주의를 끈다. 회색 색상과 중간 명도는 덜 강렬하다. 특히 명도대비는 형태와 형상을 알 수 있게 한다. 색상과 채도에 있어서의 대비는 형태를 정의할 수 있게 하지만, 명도가 너무 유사하면 선명도는 구별되기 어렵다.

명도대비는 우리의 형태 인지에 도움을 준다.

특히 어두운 배경에 비추어볼 때, 깊고 차가운 색은 수축되어 보이고, 밝고 따뜻한 색은 확장되고 사물의 외관상 크기를 증가시킨다.

밝은 채도, 시원한 색상, 회색의 색들은 공간을 둘러싸는 면에서 사용될 때 후퇴되어 보이고, 실제 거리가 증가해 보인다. 그러므로 이것들은 방의 공간적 크기를 증대시키고, 외관상 너비, 길이, 천장의 높이를 증가시키기 위해 사용된다.

따뜻한 색은 진출해 보인다. 어두운 명도와 채도가 높은 색은 근접성을 유도한다. 이러한 특성은 착시를 통해 공간의 크기를 축소하기도 하고, 방의 길이를 짧게 하는데 사용된다.

이러한 색의 일반화는 복잡한 상호관계성을 갖는다. 예를 들어 파란색이 시원하고 붉은색은 따뜻하다고 여겨지더라도, 선명한 금속성 청색(강청색)electric blue은 부드러운 장미보다 차갑게 느껴지지는 않는다. 우리의 색에 대한 감성적인 반응은 개인적인 경험과 문화적 연관성에 따라 다르다. 게다가 선호하는 색의 조합은, 특정 색상의 조합이 특별한 시대와 장소에 밀접하게 연결되는 유행에 따라 결정된다.

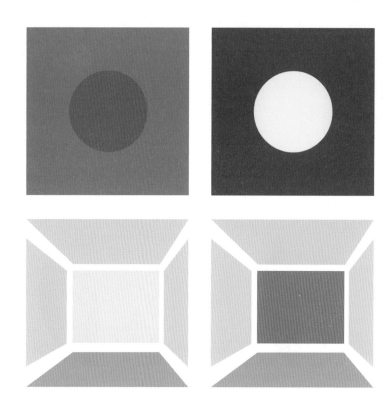

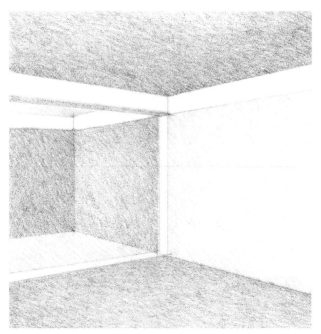

공간 가장자리에서의 명도 영향

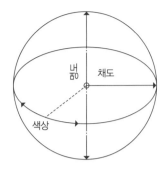

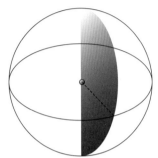

단색의 색채계획은 한 색상의 명도를
바꾼다.

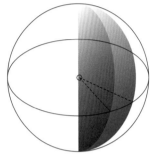

유사 색채계획은 색상환의 같은 구역에
서 두 가지 혹은 그 이상의 색상을 사용
한다.

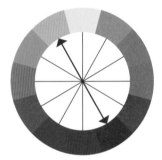

보색계획은 색상환의 반대편의 두 가지
색상을 사용한다.

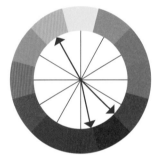

분할보색계획은 상호보완하여 인접하는
두 색상을 하나의 색상으로 결합한다.

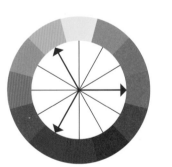

삼색계획은 색상환에서 3등거리점에
위치한 색채를 사용한다.

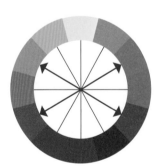

색상대비계획은 보색과 삼색의 조합을
기본으로 한다.

우리에게 각자 명백히 좋아하는 색과 싫어하는 색이 있지
만, 좋은 색과 나쁜 색 같은 것은 없다. 어떤 색들은 단순히
한 특정 시대에 유행하거나 그렇지 않은 것이고, 다른 색들
은 특정 색채계획에 적절하거나 그렇지 않을 수 있다. 색의
적절함은 궁극적으로 그것이 사용되는 방법과 장소에 따라
그리고 어떻게 색채계획표에 맞추는가에 달려 있다.

제조업체는 호환 가능한 색상을 선택할 수 있도록 해주는
페인트용 색상 시리즈를 만든다. 이들 시리즈는 색조의 단
계를 기준으로 과학적으로 만들거나 자연, 섬유, 그 밖의 재
료를 참조하거나, 혹은 감성적, 역사적 혹은 유사한 연관성
을 반영하여 발전시킨다.

만약 색상이 음계에 있어서 음표와 같다고 한다면, 색채계
획은 색상의 명도, 채도의 특성 사이에서의 특정 시각적
관계에 따라 색집합을 구성하는 음악코드와 같다. 여기서
보여주는 색채계획은 색집합 안에서의 색상관계를 기초로
한다.

색채계획에는 관련성과 대조성이라는 커다란 두 범주가 있
다. 관련성 색채계획은 단일 색상 아니면 유사 색상의 시리
즈에 기초하는데, 이는 조화성과 단일성을 촉진한다. 다양
성은 명도와 채도를 변화시킴으로써, 소량의 다른 색상을
강조하면서, 혹은 형상, 형태, 질감을 활용하면서 만들어질
수 있다.

상호보완성과 3색 조합에 기초를 둔 대조성의 색상계획은
항상 따뜻한 색조와 차가운 색조를 포함하고 있기 때문에
본질적으로 좀 더 풍부하고 다양해진다.

색채계획은 색상의 조합을 구성할 때 취할 수 있는 접근법을 개략적으로 설명한다. 색채계획을 설계할 때 다른 색의 관계성 반드시 고려하여야 한다.

파버 비렌Faber Birren에 의해 만들어진 색삼각형은 밝음, 톤, 어둠과 같이 수정된 색이 어떻게 조화로운 조합에 관련될 수 있는지 보여주고 있다. 그 삼각형은 순수한 색, 흰색, 검정의 3가지 기본 요소를 기초로 한다. 그들을 결합해서 밝음, 어둠, 회색 그리고 톤의 두 번째 형태를 만든다. 여기에 표시된 굵은 선의 경로는 조화로운 관계를 정의하는데, 왜냐하면 각각이 시각적으로 관련된 요소들을 포함하고 있기 때문이다.

결과적으로 색채계획이 활기차고 풍부하냐 혹은 편안하고 차분하냐 하는 것은 선택된 색상의 명도와 채도에 따라 달라진다. 색과 명도의 간격이 크면 생생한 대비와 극적인 효과가 만들어질 것이다. 작은 간격은 보다 미묘한 대비와 패턴을 만들 것이다.

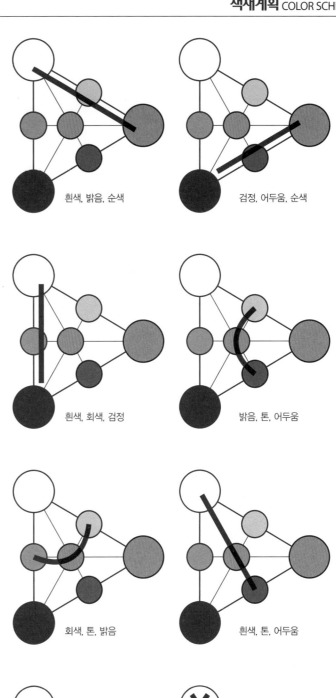

흰색, 밝음, 순색

검정, 어두움, 순색

흰색, 회색, 검정

밝음, 톤, 어두움

회색, 톤, 밝음

흰색, 톤, 어두움

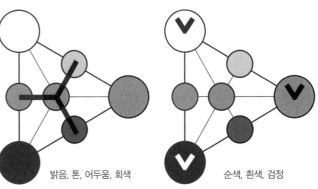

밝음, 톤, 어두움, 회색

순색, 흰색, 검정

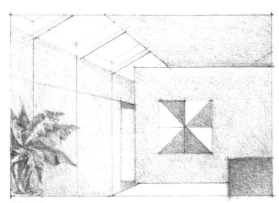

작은 간격

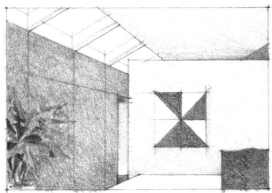

큰 간격

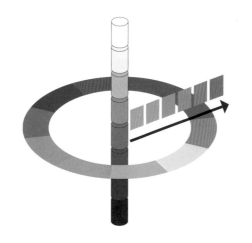

실내 공간을 위한 색채계획 개발에 있어 디자이너는 채도와 명도 그리고 색의 분배를 세심하게 고려해야만 한다. 색채계획은 공간의 사용목적만을 만족시키는 데 그치는 것이 아니라 건축적 특성도 고려해야 한다.

실내 공간의 주된 면을 고려하여 색채계획의 결정이 이루어져야 하고, 색을 사용하여 외관상 치수, 형상, 크기, 거리를 수정하는 데 어떻게 사용할 것인가를 결정해야 한다. 어떤 요소들이 배경, 중간, 전경을 만들 것인가? 강조되어야 하는 건축적 또는 구조적 특징이 있는가? 혹은 최소화해야 하는 바람직하지 않은 요소들이 있는가?

일반적으로 방의 가장 넓은 면인 바닥, 벽, 천장은 가장 중성적 명도를 갖는다. 이들을 배경으로 큰 가구 혹은 카펫과 같은 두 번째 요소들이 더 큰 색채 강도를 가질 수 있다. 마지막으로 액세서리, 작은 크기의 요소는 균형을 맞추고 흥미를 유발할 수 있는 가장 강한 색채를 가질 수 있다.

중성적 색채계획은 가장 유연하다. 보다 극적인 효과를 위해 방의 주된 영역에 좀 더 강한 명도를 주는 반면 두 번째 요소들에 적은 채도를 적용할 수 있다. 특히 작은 방에서 넓은 영역에 강한 색은 주의해서 사용해야 한다. 그것은 외관상 거리를 줄이고 시각적 부담감을 줄 수 있다.

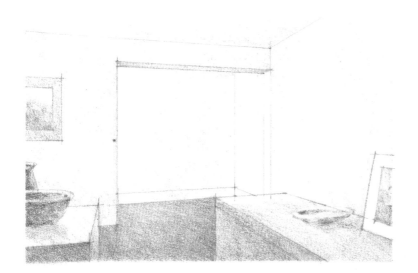

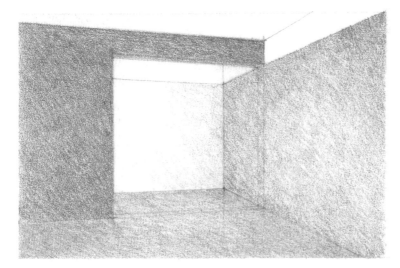

강렬한 색의 넓은 영역은 극적이고 시각적 부담을 줄 수 있다.

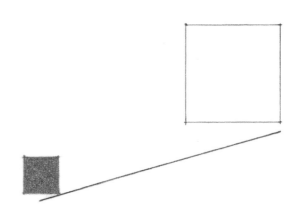

크고 중성적 영역은 보다 작고 보다 강한 채도와 균형을 이룬다.

채도 분배와 더불어 똑같이 중요한 것은 공간 안의 밝음과 어둠의 패턴인 명도 분배이다. 일반적으로 변화하는 톤을 제공하기 위해 중간 명도의 범위 내에서 밝고 어두운 명도의 양을 다양하게 사용하는 것이 가장 좋은 방법이다. 파편화된 효과를 바라지 않는다면 동일한 양의 밝음과 어둠의 사용을 피하면 된다.

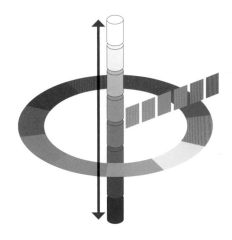

일반적으로 밝은 명도의 넓은 영역은 작은 크기의 중간과 어두운 명도에 의해 상쇄된다. 밝은 명도의 사용은 사용 가능한 빛의 효과적인 사용이 중요할 때 특히 적절하다. 어두운 색채계획은 공간 안에서 많은 빛을 흡수할 수 있고, 결과적으로 빛의 손실과 조명을 위한 에너지 증가를 초래한다.

명도를 나누는 다른 방식은 자연의 패턴을 따르는 것이다. 이 색조의 연속에서 바닥면은 가장 어두운 명도를, 둘러싸는 벽은 중간 빛의 정도를, 천장은 가장 밝은 빛을 갖는다.

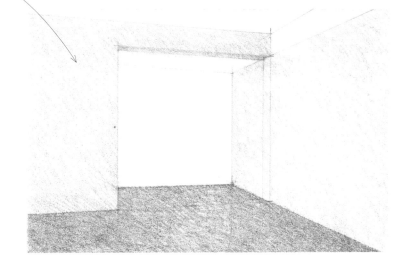

물론 명도의 분포와 이것들의 대비의 정도는 공간의 규모, 형태, 크기에 따라 달라진다. 밝은 명도는 후퇴하는 반면 어두운 명도는 전진하는 경향이 있기 때문에, 이들의 배치는 공간 크기에 대한 우리의 지각에 영향을 줄 수 있다.

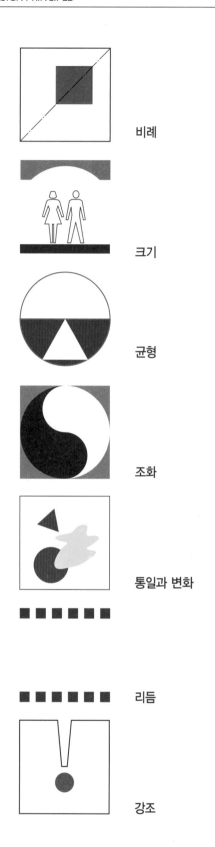

비례

크기

균형

조화

통일과 변화

리듬

강조

실내 디자인은 기능적 그리고 미학적 요구사항을 만족시키기 위해 닫힌 공간에서 실내 디자인 요소를 선택하고 배치하는 것을 포함한다. 공간에서 요소들의 배치는 패턴을 만드는 것과 연관된다. 한 공간에 하나의 부분 혹은 요소가 홀로 존재하지 않는다. 디자인 패턴에서 모든 부분과 요소, 조각들은 시각적 효과, 기능, 의미를 위해 서로 의지한다. 공간에서 실내 디자인 요소들 사이 성립된 시각적 관계는 비례, 크기, 균형, 조화, 통일과 변화, 리듬, 강조에 의해 규정된다. 이들 디자인 요소들은 어렵고 고정된 규칙이라기보다 디자인 요소들이 인식 가능한 패턴에서 배치될 수 있는 가능한 방법을 제시하는 지침서라고 할 수 있다. 결국, 우리는 패턴의 적정성, 그것의 공간에서의 시각적 역할, 그것이 공간 사용자에게 갖는 의미를 판단하는 방법을 배워야 한다. 하지만 이러한 원리들은 그들이 의도하는 사용성과 기능을 도모하면서 공간에서 디자인 요소들 사이에 시각적 체계의 감각을 발전하고 유지시킬 수 있게 도와준다.

▶ 디자인 패턴의 배치

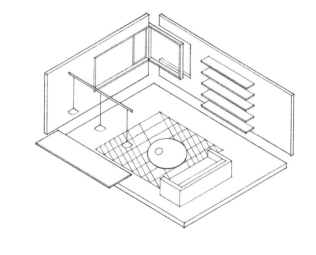

비례는 하나의 부분과 다른 부분 혹은 전체, 하나의 물체와 다른 것 사이의 관계를 일컫는다. 이 관계성은 크기magnitude, 수량quantity 혹은 정도degree 중 하나로 표현될 수 있다.

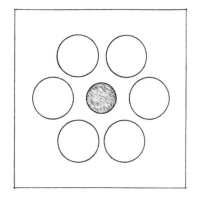 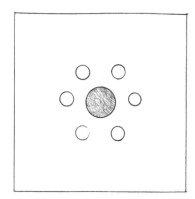

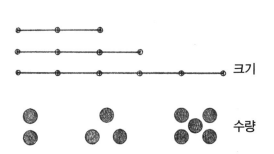
크기

수량

정도

사물의 겉모양 크기는 그 환경에 놓인 다른 사물의 상대적 크기에 영향을 받는다.

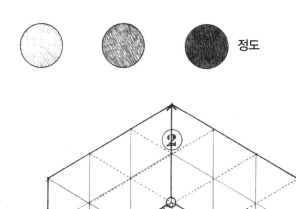

공간에서 형태를 다룰 때 3차원 속에서 비례를 고려해야만 한다.

비율　　　　A : B　　A / B

비례　　　　A : B : C　A / B = B / C

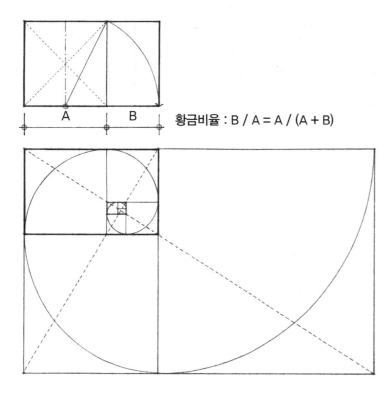

A　　　B　　**황금비율 : B / A = A / (A + B)**

역사적으로 수학적 혹은 기하학적인 방법들은 사물의 이상적인 비례를 결정하기 위해 발전되어 왔다. 이러한 비례체계는 기능과 기술적 결정요인을 넘어서서 시각적 구성에 있어, 부분과 요소 간 수치적 관계성을 위한 심미적 근본원리인 미의 척도를 설립하기 위한 시도이다.

고대 그리스 수학자 유클리드Euclid에 따르면, 비율은 두 개의 유사한 사물에 대한 수치적 비교를 나타내는 반면, 비례는 비율의 균등함을 말한다. 따라서 모든 비례체계의 근원은 특정 비율이고 하나의 비례에서 다른 비율로 지속적으로 특징이 전해진다.

가장 잘 알려진 비례체계는 고대 그리스인들에 의해 만들어진 **황금비율**golden section이다. 그것은 전체에 있어 서로 다른 부분들 사이의 독특한 관계성을 정의하는데, 그것은 작은 부분과 큰 부분 사이의 비례가 큰 부분과 전체 사이의 비례와 같은 것을 말한다.

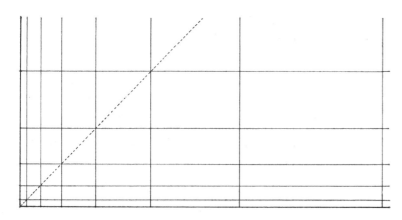

1, 1, 2, 3, 5, 8, 13, 21, 34, 55…

피보나치 수열은 각 항이 앞선 두 수의 합이 되는 정수의 진행을 나타낸다. 두 연속한 항 사이의 비율은 황금비율과 거의 일치한다.

비례체계는 자주 수학적 용어로 정의되지만, 구성의 각 부분들 간의 지속적 시각적 관계성을 설립한다. 이는 통일과 조화성을 높이는 유용한 디자인 도구로 사용될 수 있다. 하지만 우리의 지각은 사물의 물리적 치수에 있어 부정확하다. 원근법의 단축, 시야의 거리, 문화적 편견은 우리의 지각을 왜곡한다.

비례문제는 주된 시각적 판단 중의 하나이다. 이 점에 있어 사물의 상대적 치수에서의 현저한 차이는 매우 중요하다. 결국 우리가 요소와 특성이 너무 적지도 너무 많지도 않다고 느낄 때, 비례는 주어진 상황에 맞는 것으로 보일 것이다.

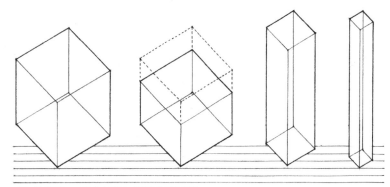

이들 형태들은 그 비례 속에서 다양하게 변화한다.

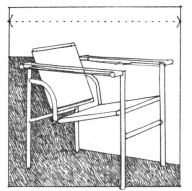
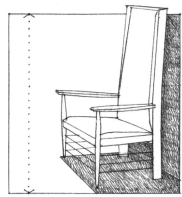

가구의 부재들은 그 비례에 따라 현저하게 달라진다.

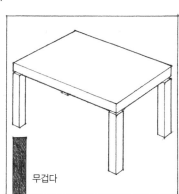

얇다

무겁다

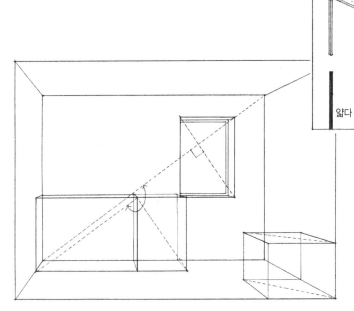

평행하거나 서로 직각인 대각선은 그것들이 2등분하는 사각형이 유사한 비례를 갖는다.

실내 디자인에서는 디자인 요소의 부분들 사이, 여러 가지 디자인 요소들 사이, 요소와 공간 형태와 둘러쌈 사이에서의 비례적 관계를 고려한다.

비례적 차이

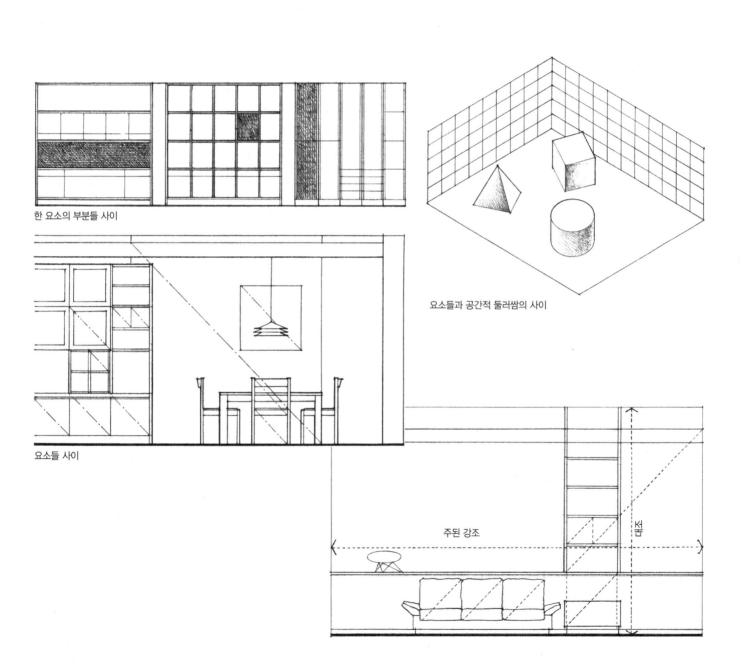

한 요소의 부분들 사이

요소들 사이

요소들과 공간적 둘러쌈의 사이

주된 강조

깊이

척도의 디자인 원리는 비례와 관계가 있다. 비례와 척도는 사물의 상대적 크기를 다룬다. 차이가 있다면 비례는 한 구성의 부분들 사이에서의 관계와 연관이 있는 반면, 척도는 알려진 표준화되고 공인된 상수에 비례해서 어떤 특정한 크기를 구체적으로 언급한다.

기계적 척도는 측정의 표준화된 체계에 따른 물리적 치수를 계산한 것이다. 예를 들면, 미국관습체계에 따르면 테이블은 폭 3피트, 길이 6피트, 높이 29인치라고 말할 수 있다. 만약 우리가 이 측정체계와 비슷한 크기의 사물에 익숙하다면, 우리는 이 테이블이 어떤 크기인지 시각화할 수 있다. 국제단위체계(미터법)를 사용하면 같은 치수의 테이블은 폭 914mm, 길이 1,829mm, 높이 737mm가 된다.

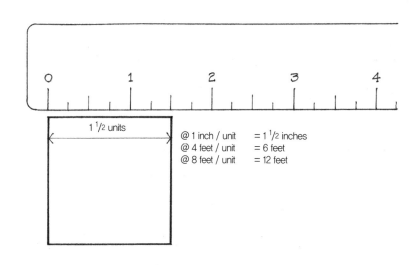

@ 1 inch / unit	= 1 1/2 inches
@ 4 feet / unit	= 6 feet
@ 8 feet / unit	= 12 feet

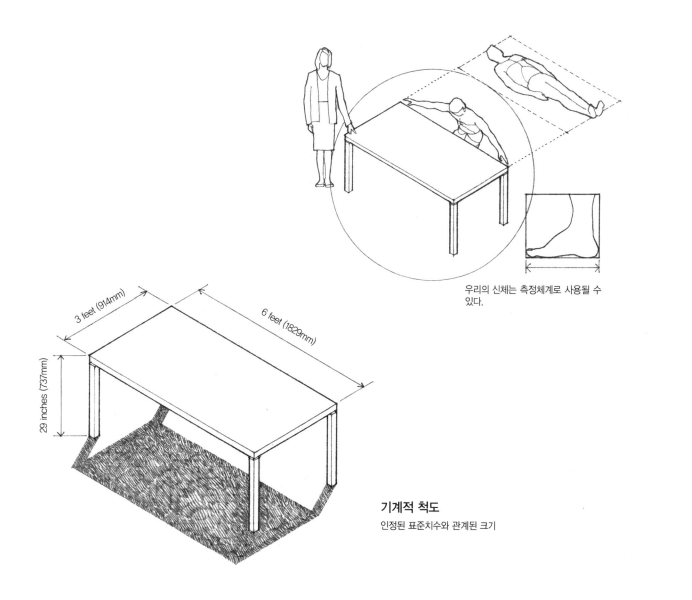

우리의 신체는 측정체계로 사용될 수 있다.

기계적 척도
인정된 표준치수와 관계된 크기

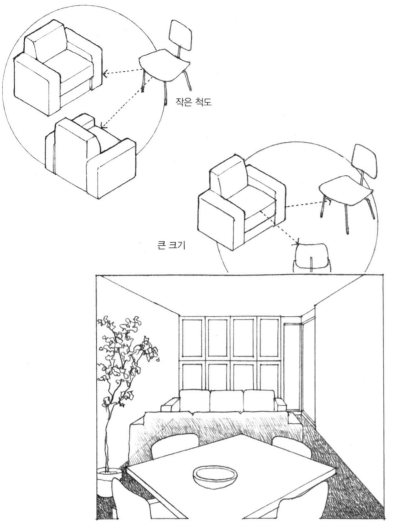

시각적 척도란 주변의 다른 사물에 비교해 측정했을 때 나타나는 어떤 크기를 말한다. 따라서 사물의 척도는 옆 또는 주변 요소들의 상대적이거나 혹은 알려진 크기에 기초하여 종종 우리가 만드는 판단이다. 예를 들면, 앞서 말한 테이블은 공간의 상대적 크기와 비례에 따라 방에서 척도에 맞을 수도 있고 척도에 맞지 않을 수도 있다.

만약에 우리가 어떤 사물을 일반적으로 훨씬 큰 다른 사물들에 비교하여 측정한다면 우리는 그것을 작은 척도라고 말할 수 있다. 만약에 한 사물이 상대적으로 작은 아이템들과 그룹지어 놓이거나, 혹은 그것이 보통 또는 평균보다 큰 것으로 보인다면, 이 사물은 큰 척도라고 여겨진다.

작은 크기의 공간과 큰 크기의 가구

시각적 척도
둘러싼 공간과 환경 속
다른 사물과 관련된 크기

인간적 척도는 우리에게 주는 어떤 크기의 느낌을 의미한다. 만약 실내 공간의 규모 혹은 요소들의 크기가 우리에게 작은 느낌을 갖게 한다면, 인간적 척도가 결여되었다고 말할 수 있다. 만약 반대로 공간이 우리를 작다고 느끼게 하지 않는다면, 혹은 그 요소들이 도달하거나 여유가 있고 움직이는 데 있어 우리가 요구하는 치수에 맞아 편안함을 제공한다면, 이것들을 인간적 척도라고 말할 수 있다.

우리가 인간적 척도를 확인하는 데 사용하는 대부분의 요소들은 우리가 접촉하고 사용을 통해 익숙해진 치수들이다. 이들은 출입구, 계단, 테이블, 카운터, 다양한 형태의 의자를 포함한다. 이러한 요소들은 인간적 공간을 만드는 데 사용할 수 있으며 그렇지 않다면 인간적 척도가 부족하게 된다.

눈높이 가까이의 실내 세부사항들은 건축적 공간의 척도를 인간적 크기로 줄이는 데 사용할 수 있다. 예를 들면, 벽을 따라 있는 의자 레일은 대략 손 높이의 시각적 선을 만든다. 유사하게 적당한 크기의 예술품과 장식품은 보다 편안한 느낌의 공간을 만들 수 있게 도와준다.

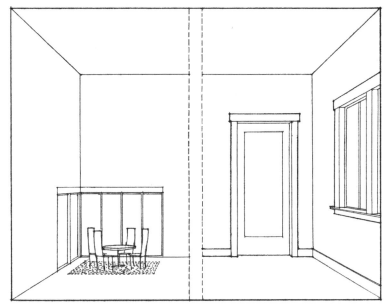

우리는 공간 안에서 인테리어 요소의 상대적 크기에 의해 한 공간의 크기를 판단할 수 있다.

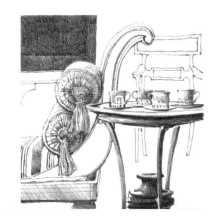

우리는 자주 출입구, 창문, 테이블, 의자를 인간적 크기를 파악하는 데 사용한다. 왜냐하면 우리가 그 치수들에 익숙해져 있기 때문이다.

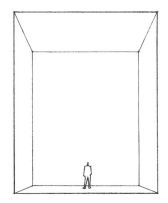
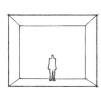
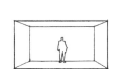

인간적 척도
한 공간과 인테리어 요소가 우리에게 주는 대규모와 소규모 느낌 실내 공간에서의 척도 문제는 한 세트의 관계성에 국한되지 않는다. 실내 요소들은 전체 공간과, 서로 간에 그리고 그 공간을 사용하는 사람들과 동시에 관계가 된다. 어떤 요소에 있어서 보통 체계적인 척도 관계성을 갖는 것이 특이한 것은 아니지만, 다른 요소들과 비교했을 때 예외적인 척도를 가질 수 있다. 특별한 척도의 요소들은 주의를 끌거나, 중심을 만들고 강조하는 데 사용될 수도 있다.

크기의 관계는 더 큰 맥락 속에 존재할 수 있다.

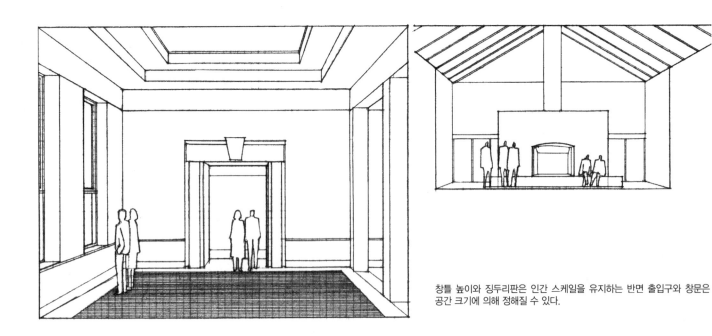

창틀 높이와 징두리판은 인간 스케일을 유지하는 반면 출입구와 창문은 공간 크기에 의해 정해질 수 있다.

공간을 둘러싸는 가구, 조명, 장식품이 있는 실내 공간 요소들은 흔히 형상, 크기, 색, 질감의 혼합을 포함한다. 이러한 요소들의 구성은 기능적 요구와 미적 욕구에 대응한다. 동시에 이 요소들은 요소들에 의해 발산되는 시각적 힘 사이의 평형 상태인 시각적 균형을 달성하기 위해 배치된다.

실내 공간의 전체적 조화에 있어 각각의 요소는 형상, 형태, 크기, 색, 질감의 독특한 특징을 갖는다. 위치와 방향의 요인들과 함께 이들 특징은 각 요소들의 시각적 무게와 공간의 전체 패턴에서 얼마나 많은 주의를 끌 것인지를 결정한다.

요소의 시각적 무게를 증가하거나 강조하고, 우리의 주의를 끄는 특성은 다음과 같다.

- 불규칙적이거나 대비되는 형상들
- 밝은 빛과 대비되는 질감들
- 커다란 크기와 익숙하지 않은 비례들
- 정교한 장식들

실내 : 형상, 색, 질감의 혼합

주목끌기

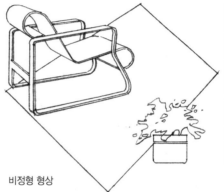

비정형 형상

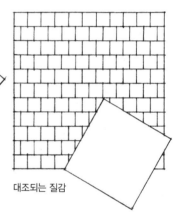

대조되는 질감

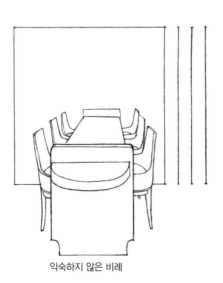

익숙하지 않은 비례

정교한 장식

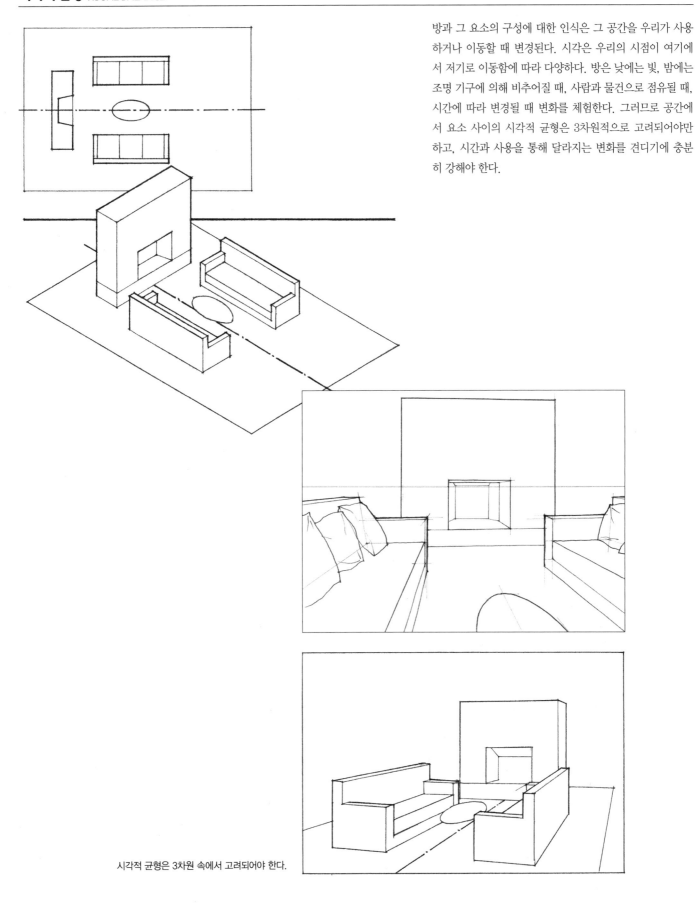

방과 그 요소의 구성에 대한 인식은 그 공간을 우리가 사용하거나 이동할 때 변경된다. 시각은 우리의 시점이 여기에서 저기로 이동함에 따라 다양하다. 방은 낮에는 빛, 밤에는 조명 기구에 의해 비추어질 때, 사람과 물건으로 점유될 때, 시간에 따라 변경될 때 변화를 체험한다. 그러므로 공간에서 요소 사이의 시각적 균형은 3차원적으로 고려되어야만 하고, 시간과 사용을 통해 달라지는 변화를 견디기에 충분히 강해야 한다.

시각적 균형은 3차원 속에서 고려되어야 한다.

시각적 균형에는 대칭, 방사, 비대칭 3종류가 있다. 대칭 균형은 일반적 선 혹은 축에 대해서 형상, 크기, 상대적 위치에 상응하는 동일한 요소들의 배열에서 만들어진다. 이것은 축 또는 좌우대칭으로도 알려져 있다.

대칭 균형은 특히 수직면상에 위치할 때 가장 정적이고, 편안하며, 쉽게 명확한 안정된 상태를 만든다. 공간적 관계성에 따라서 대칭적 배열은 중심 구역을 강조하거나 그 축이 끝부분에 초점을 맞춘다.

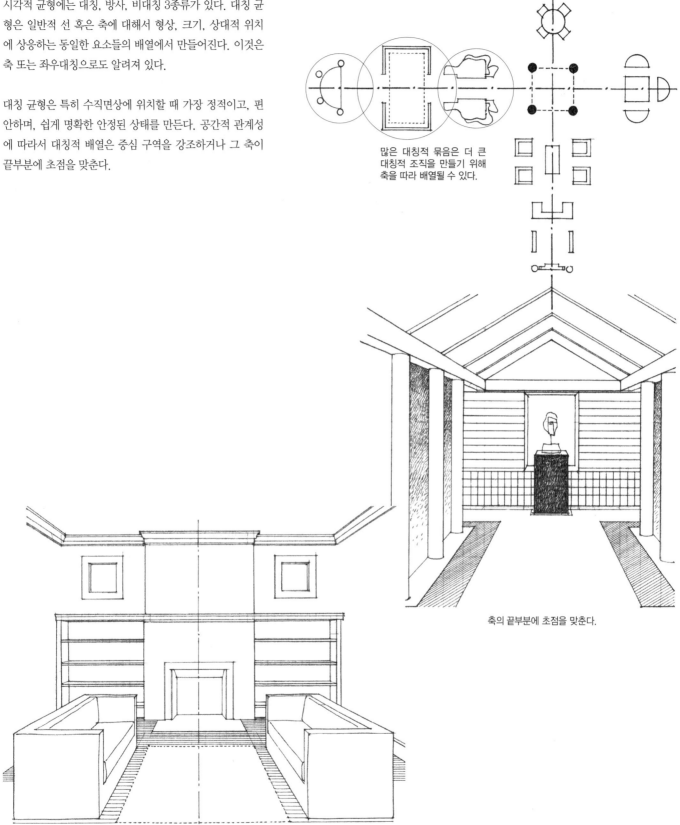

많은 대칭적 묶음은 더 큰 대칭적 조직을 만들기 위해 축을 따라 배열될 수 있다.

축의 끝부분에 초점을 맞춘다.

중간 부분에 초점을 맞춘다.

대칭은 시각적 질서를 만들기 위한 단순하지만 강력한 장치이다. 만약 너무 지나치다면, 그것은 내부 공간에 엄격한 형식을 부과할 수 있다. 하지만 완벽한 대칭은 기능과 환경 때문에 이루기 어렵거나 바람직하지 않다.

공간에 있어 하나 또는 그 이상의 부분들을 대칭적으로 배치하고 부분적 대칭을 만드는 것이 가능하며 바람직하다. 공간에 있어서 대칭적 그룹핑은 쉽게 인식이 되며 그리고 방의 구성을 단순화시키거나 혹은 조직할 수 있는 온전한 특징을 갖는다.

균형의 두 번째 형식인 방사 균형은 중심점에서 요소들을 배열하여 만든다. 이것은 중간지점을 초점으로 강조하는 중앙집중식 구성을 만든다. 요소들은 중심을 향해 안쪽으로, 중심에서 바깥쪽을 향하게 강조될 수 있고, 혹은 단순히 중심요소로 놓일 수도 있다.

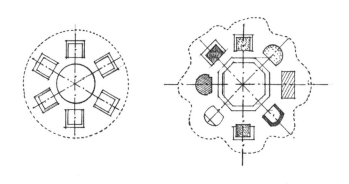

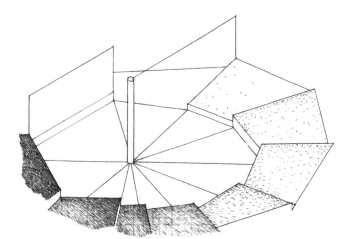

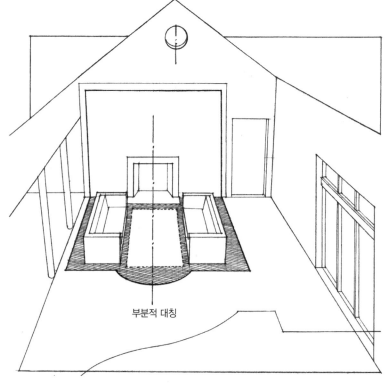

부분적 대칭

비대칭은 크기, 형상, 색, 혹은 구성의 요소들 사이에서의 상대적 위치가 상응하지 않는 것처럼 보인다. 대칭 구성이 동일요소가 쌍을 이루어 사용되는 반면, 비대칭 구성은 다른 요소들을 통합한다.

보이지 않거나 시각적 균형을 얻기 위해, 비대칭 구성은 각 요소들에 있어 시각적 무게와 힘을 고려해야 하며, 그들의 배열에 있어 지렛대 원리를 적용해야 한다. 독특한 형상, 밝은색, 어두운 명암, 얼룩덜룩한 질감과 같이 시각적으로 강하고 주의를 끄는 요소들은 보다 크거나 구성의 중심에서 멀리 위치시킨 강하지 않은 요소들에 의해 역균형을 잡아야만 한다.

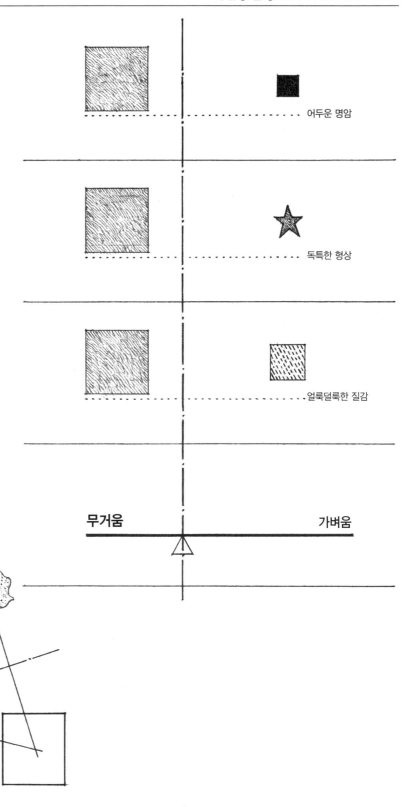

비대칭 균형은 대칭만큼 명확하지 않으나 보다 시각적으로
활동적이며 역동적이다. 움직임, 변화, 심지어 풍부함까지
표현할 수 있다. 또한 대칭보다 유연하며, 기능, 공간, 환경
의 다양한 조건에 보다 즉각적으로 대응할 수 있다.

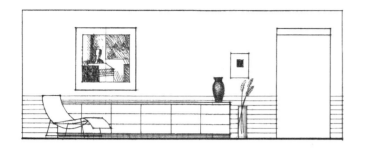

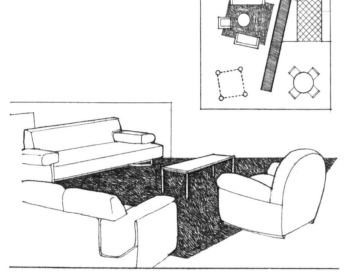

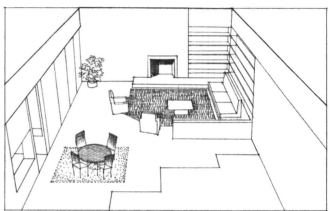

조화harmony는 일치, 혹은 부분들의 즐거운 합의, 혹은 구성들의 결합으로 정의될 수 있다. 균형은 같거나 다른 요소의 배치를 통해 통일성을 만들어내는 반면, 조화의 원리는 형상, 색, 질감 혹은 재료와 같이 공통적인 특징이나 개성을 공유하는 요소들의 조심스러운 선택에 관련된다. 공통적인 특성의 반복은 실내 환경 안에서 요소들 사이의 통일성과 시각적 조화를 만든다.

공통적 특성의 공유

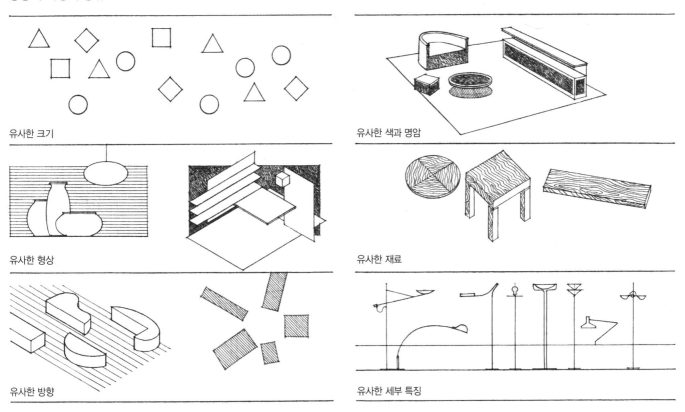

유사한 크기

유사한 색과 명암

유사한 형상

유사한 재료

유사한 방향

유사한 세부 특징

유사한 특징을 갖는 요소들의 사용이 지나칠 때, 조화는 통일성은 있지만 재미없는 구성이 될 수 있다. 반면 재미를 위한 지나친 다양성은 시각적 혼돈을 가져올 수 있다. 통일성과 다양성과 같은 질서와 무질서 사이의 조심스러운 미적 긴장감은 실내 배치에서 조화를 활기차게 만들고 흥미를 창출해낸다.

다양성 도입

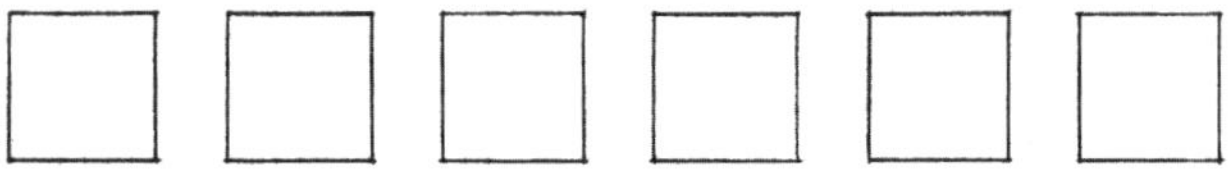

다양성은 동일한 형상이 주어지는 것에 의해 도입될 수 있다.

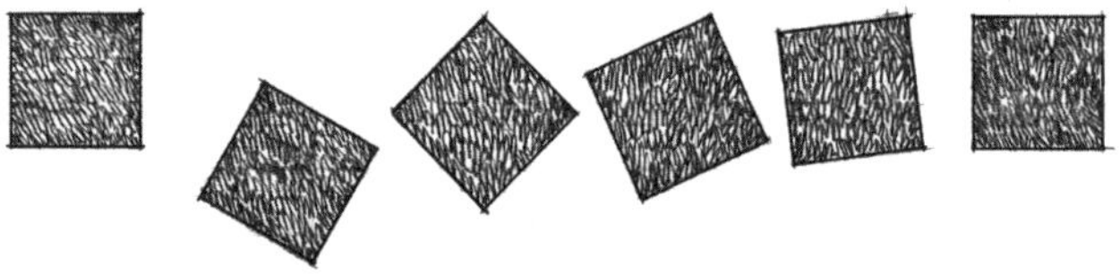

방향의 변화

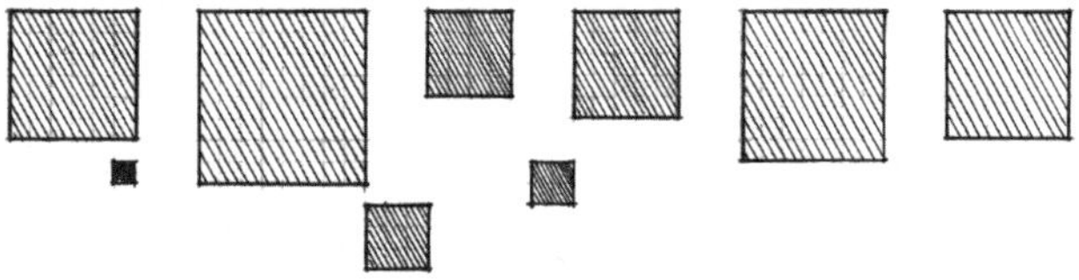

크기의 변화

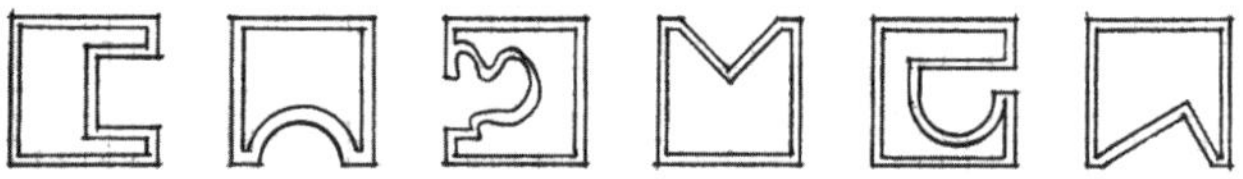

세부 특징의 변화

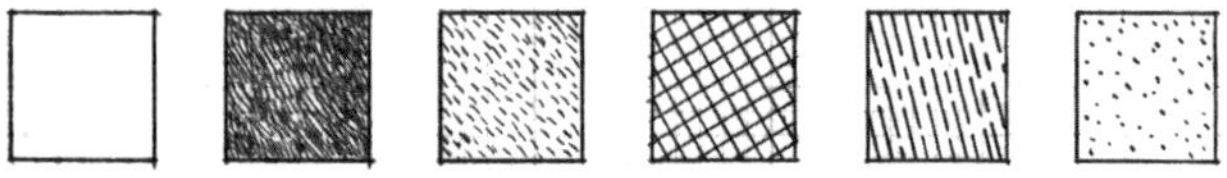

질감의 변화

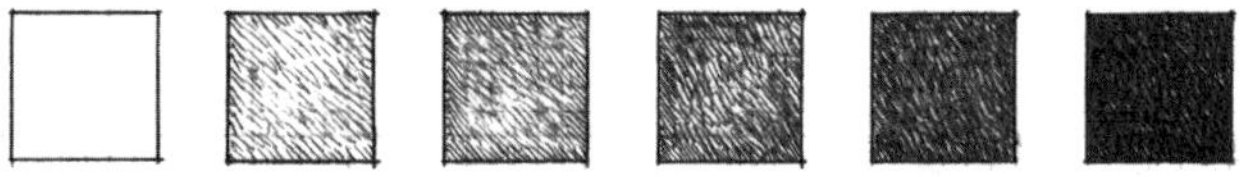

색채의 변화

통일성을 촉진함에 있어, 다양성과 흥미 추구를 제외하지 않으며 균형과 조화의 원리에 주목하는 것이 중요하다. 오히려 균형과 조화를 얻기 위한 방법들은 그들의 패턴 안에서 다른 요소와 특성을 포함시키려 한다.

예를 들면 비대칭 균형은 크기, 형상, 색 혹은 질감이 다른 요소들 사이에서 평형상태를 만들어낸다. 공통된 특성을 공유하는 요소들에 의해서 만들어진 조화는 동일한 요소들이 또한 다양한 개성과 개별적 특성을 갖도록 한다.

많은 이질적 요소들을 구성하기 위하는 또 다른 방법은 유사한 것끼리 서로 가깝게 배치하는 것이다. 우리는 떨어져 있는 다른 요소들을 제외시키면서 전체를 그룹으로 읽는 경향이 있다. 구성의 시각적 통일성을 보다 강조하기 위해, 선과 윤곽의 연속성은 요소들의 형상들 사이에서 설정될 수 있다.

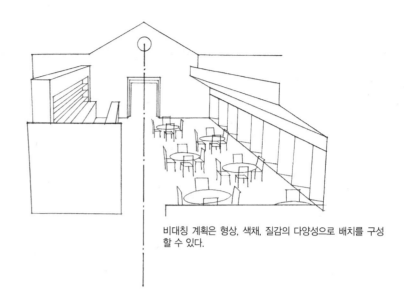

비대칭 계획은 형상, 색채, 질감의 다양성으로 배치를 구성할 수 있다.

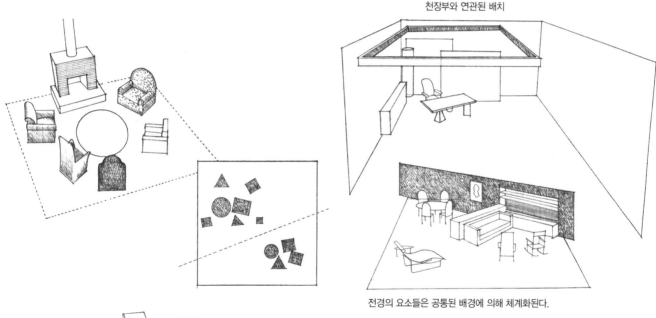

천장부와 연관된 배치

전경의 요소들은 공통된 배경에 의해 체계화된다.

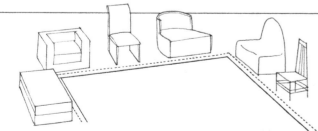

다른 요소들은 가까운 것끼리의 분류나 공통의 선과 면과의 관계성에 의해 체계화된다.

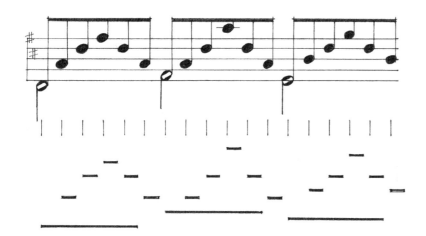

리듬의 디자인 원리는 시공간에서 요소들의 반복에 기초한다. 반복은 단지 시각적 통일성뿐만 아니라 율동적인 연속성의 움직임을 유도하여 관찰자의 눈과 마음이 구성과 공간 주변과 함께 통로를 따라가게 한다.

반복의 가장 단순한 형태는 하나의 선적 경로를 따라 같은 요소들의 규칙적 간격이다. 이 패턴은 매우 단조로울 수 있지만 전경 요소를 위한 리듬감 있는 배경을 만들거나 질감 있는 선, 경계 혹은 장식을 만드는 데 유용하다.

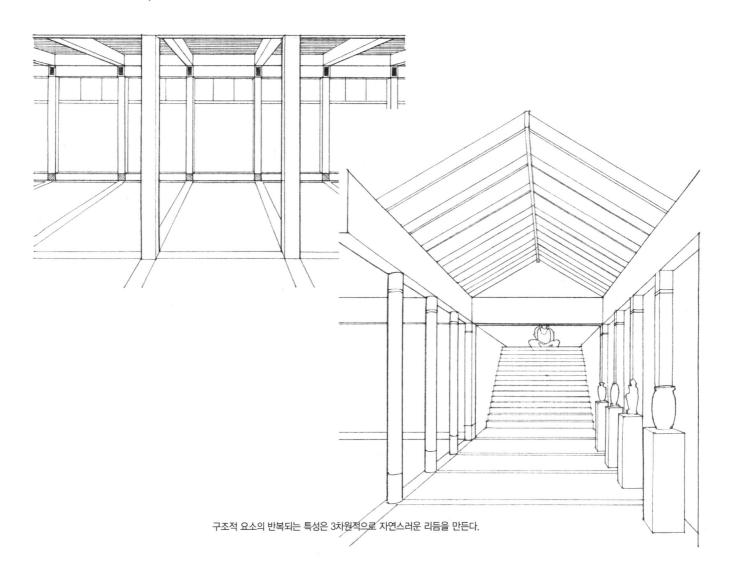

구조적 요소의 반복되는 특성은 3차원적으로 자연스러운 리듬을 만든다.

리듬의 보다 정교한 패턴은 다른 요소에 대한 시각적인 근접성을 고려하거나 또는 동일한 특징의 공유로 만들 수 있다.

따라서 되풀이되는 요소들의 간격과 시각적 리듬의 진행은 다양한 집합과 부분집합을 만들 수 있고 패턴에서의 특정 부분을 강조할 수 있다. 그렇게 만들어진 리듬은 우아하고 미끈하고 또는 뻣뻣하고 예리할 수 있다. 율동적인 패턴의 윤곽과 개별적 요소들의 형상은 연속성의 본질을 훨씬 더 강조할 수 있다.

연속성을 위해 되풀이되는 요소들이 동일한 특징을 공유해야 함에도 불구하고 그들은 형상, 세부, 색, 혹은 질감에 있어서 다양해질 수 있다. 명확하거나 불명확하거나 이러한 차이는 시각적 흥미를 만들어내고 다른 수준의 복잡성을 도입할 수 있다. 번갈아가며 생기는 리듬은 보다 규칙적인 것 위로 겹쳐질 수 있고, 혹은 연속성에 방향성을 주기 위해 다양한 크기와 명도를 점진적으로 사용할 수 있다.

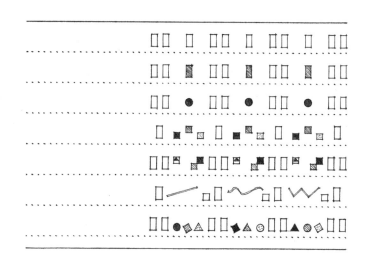

리듬에서의 세부적 변화

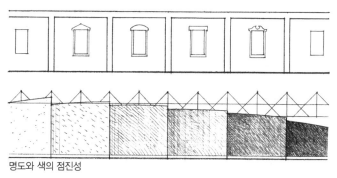

명도와 색의 점진성

크기의 점진성

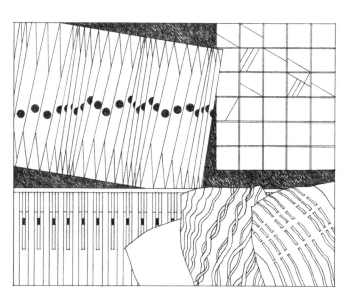

세밀하게 존재하는 리듬

시각적 리듬은 반복이 선적 패턴을 형성할 때 가장 쉽게 인지된다. 하지만 실내 공간에서 미묘한 리듬을 만드는 형상, 색, 질감의 비선형 연속성은 우리 눈에 바로 명확하게 보이지는 않을 것이다.

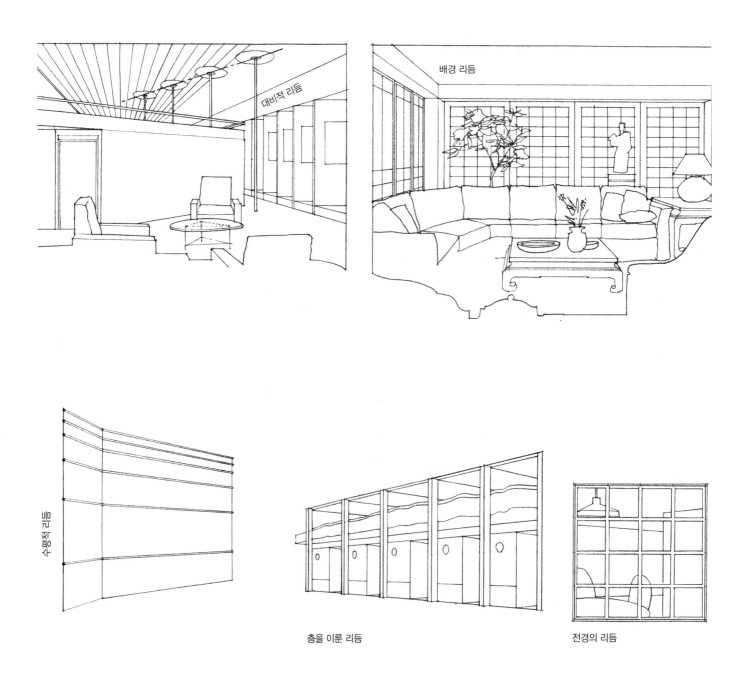

대비적 리듬

배경 리듬

수평적 리듬

층을 이룬 리듬

전경의 리듬

리듬은 우리가 연속적인 공간을 따라 나아갈 때 우리 몸의 움직임과 연관이 있다. 리듬은 건축에서 형태와 공간을 구성하는 장치로서 반복의 기본적 개념을 구체화한다. 보와 기둥은 반복적인 구조적 구획과 공간의 모듈을 형성하기 위해 스스로를 반복한다. 공간은 건물 프로그램에 있어서 유사하고 반복되는 기능적 요구를 제공하기 위해 자주 되풀이 된다.

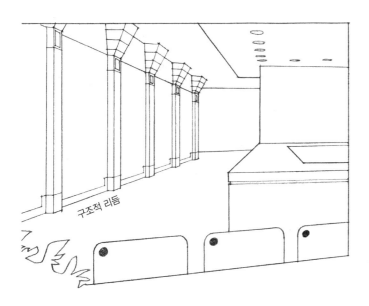

구조적 리듬

공간의 요소들과 연관된 리듬

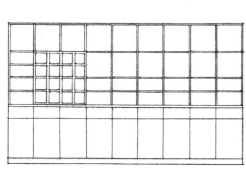

수평적, 수직적 리듬

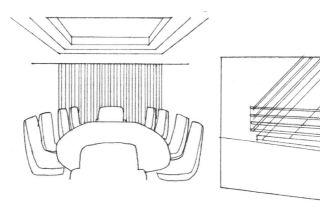

계단과 난간의 움직임은 자연스럽게 리듬감 있는 패턴을 만들어낸다.

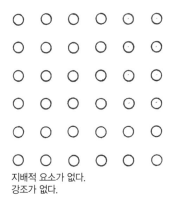

지배적 요소가 없다.
강조가 없다.

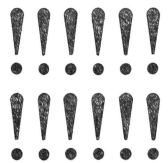

지배적 요소가 너무 많다.
강조가 없다.

강조emphasis의 원리는 인테리어 설정 구성에서 지배적이고 종속적인 요소들의 공존을 다룬다. 지배적인 요소들이 없는 디자인은 재미가 없고 단조롭다. 만약에 너무 많은 자극적인 요소들이 있으면 디자인은 어수선하고 혼란스러워져서 무엇이 중요한 것인지 알 수 없어질 것이다. 디자인의 각 부분은 전체 계획에서의 중요도에 따라 적절한 의미가 주어져야 한다.

중요한 요소나 특성은 상당한 크기, 독특한 형상 혹은 대조적인 색, 명도 혹은 질감에 의해 시각적으로 강조될 수 있다. 어떠한 경우라도, 공간적인 면에서의 지배적 요소나 특징과 종속적 요소 사이에서 뚜렷한 대비가 설정되어야 한다. 이러한 대비는 구성에 있어서 평범한 패턴을 벗어남으로써 우리의 관심을 끌 것이다.

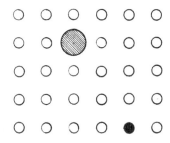

강조점은 크기, 형상, 색, 명도에서 뚜렷한 대비에 의해 만들어질 수 있다.

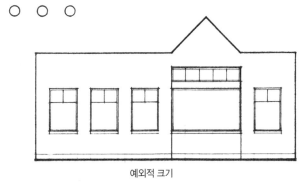

예외적 크기

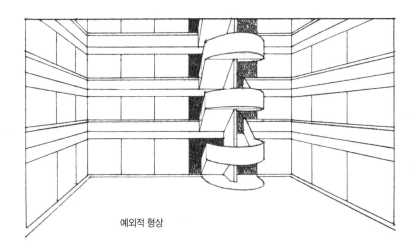

예외적 형상

요소와 특징은 공간의 전략적 위치와 방향에 의해 시각적으로 강조될 수 있다. 그것은 대칭 구성의 중심체로서 사용되거나 공간의 중심에 놓일 수 있다. 비대칭 구성에서는 그것은 나머지 요소에서 분리되거나 상쇄될 수 있다. 그것은 선적 연속과 운동 경로의 끝이 될 수도 있다.

시각적 중요성을 보다 강조하기 위해, 공간 안에서 하나의 요소는 공간의 일반적 기하학적 구조와 대비되도록 만들어질 수 있다. 이것은 특별한 방식으로 조명될 수 있다. 두 번째와 종속적 요소들의 선은 중요한 요소들과 특성에 우리의 주의를 끌기 위해 배열될 수 있다.

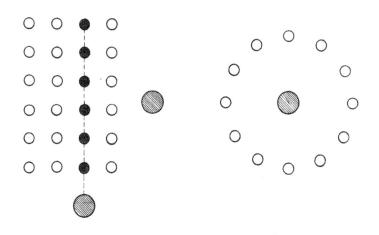

강조점은 중요 요소의 전략적 위치에 의해 만들어질 수 있다.

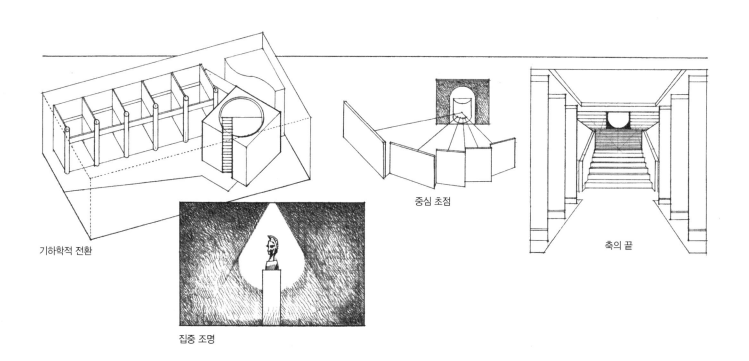

기하학적 전환

집중 조명

중심 초점

축의 끝

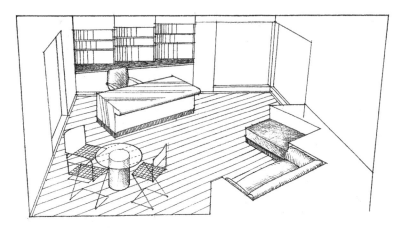

실내 구성에서 요소들 간의 중요한 정도가 매우 다양한 것처럼 강조의 정도 또한 다양할 수 있다. 일단 중요한 요소와 특징이 확립되면, 지배적인 요소를 강조하기 위해서 종속적 요소를 조정하는 전략이 고안되어야 한다.

방의 중심점은 약간의 섬세함과 통제가 있어야 한다. 그것은 전체 디자인에서 중요한 부분이 되는 것을 중단하므로 시각적으로 지배적인 것이 되면 안 된다. 시각적 악센트를 주는 강조의 부수적 초점은 종종 지배적인 요소와 종속적인 요소를 함께 밀접하게 결합할 수 있도록 도와준다. 조화의 원리를 따라서, 관련된 형상, 색, 명도는 디자인의 통일성을 유지하도록 도와줄 수 있다.

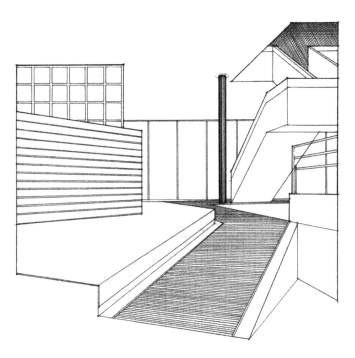

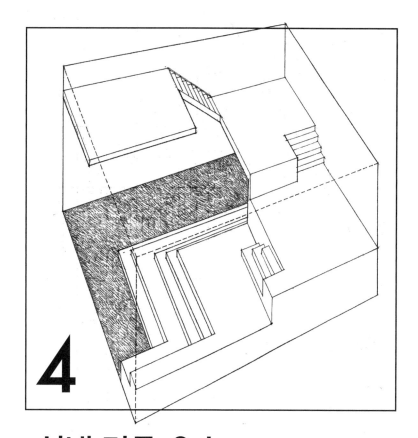

4

실내 건물 요소

Interior Building Elements

건물 안의 실내 공간은 기둥, 벽, 바닥 그리고 지붕과 같은 구조와 둘러싸는 건축적 요소에 의해서 정의된다. 이러한 요소는 건물에 형태를 부여하고, 무한한 공간으로부터 부분을 만들어내며, 실내 공간의 패턴을 설정한다. 이번 장에서는 우리가 발전시키고, 수정하고, 개선하려 하는 실내 공간과 이곳에서 거주하게 만드는, 즉 기능적으로 적합하고, 심미적으로 즐거우며, 심리적으로 우리의 활동을 만족시켜줄 주요한 실내 디자인의 요소를 설명할 것이다.

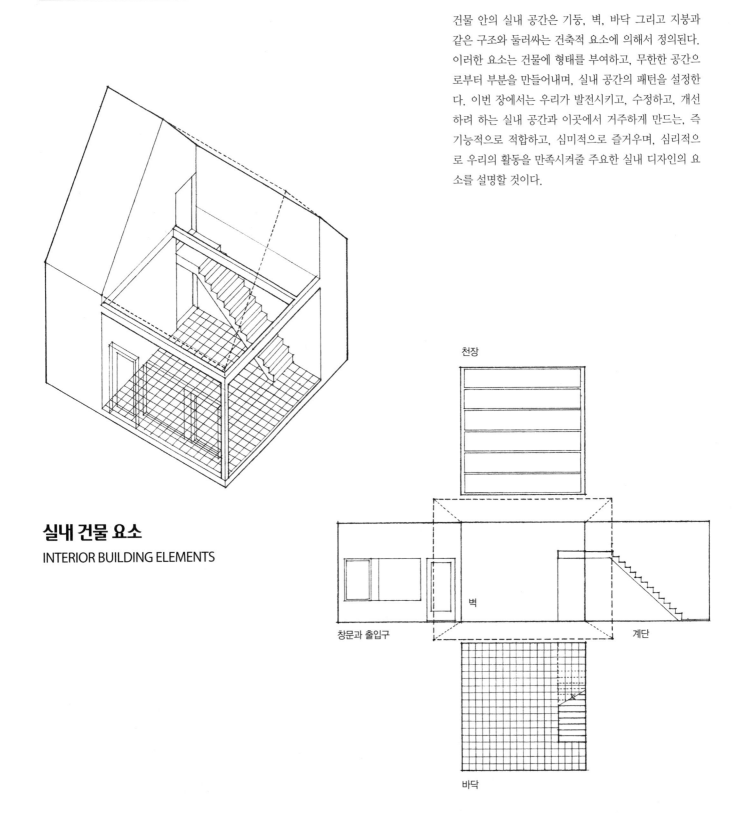

천장

벽

창문과 출입구

계단

바닥

실내 건물 요소
INTERIOR BUILDING ELEMENTS

이러한 디자인 요소들 그리고 그들이 대변하는 선택들은 실내 디자이너의 팔레트이다. 우리가 선택하고 조작하는 공간적, 시각적 그리고 감각적 패턴에 대한 요소들을 다루는 방법은 공간의 기능과 사용뿐만 아니라, 형태와 스타일의 표현적인 품질에도 영향을 미치게 된다.

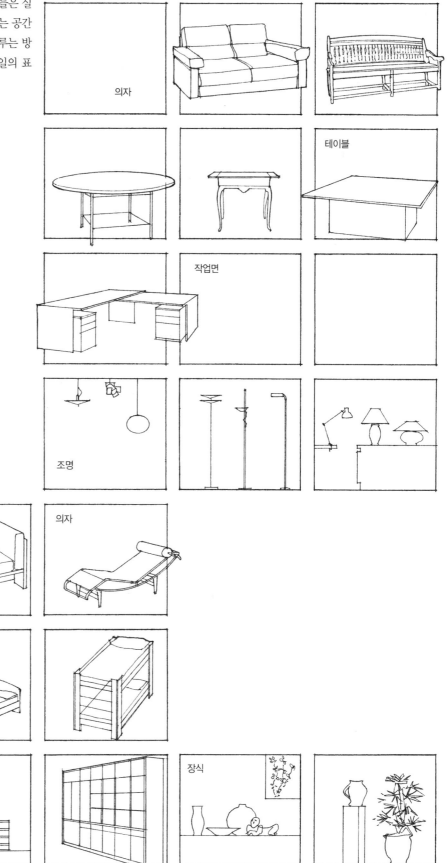

바닥은 평평하고 실내 공간의 레벨에 기준한 평면이다. 실내 활동과 가구 배치들을 뒷받침하는 기반으로써 하중을 안전하게 받을 수 있는 구조로 되어야 한다. 그들의 표면은 지속적인 사용과 마모에도 충분히 견딜 수 있어야 한다.

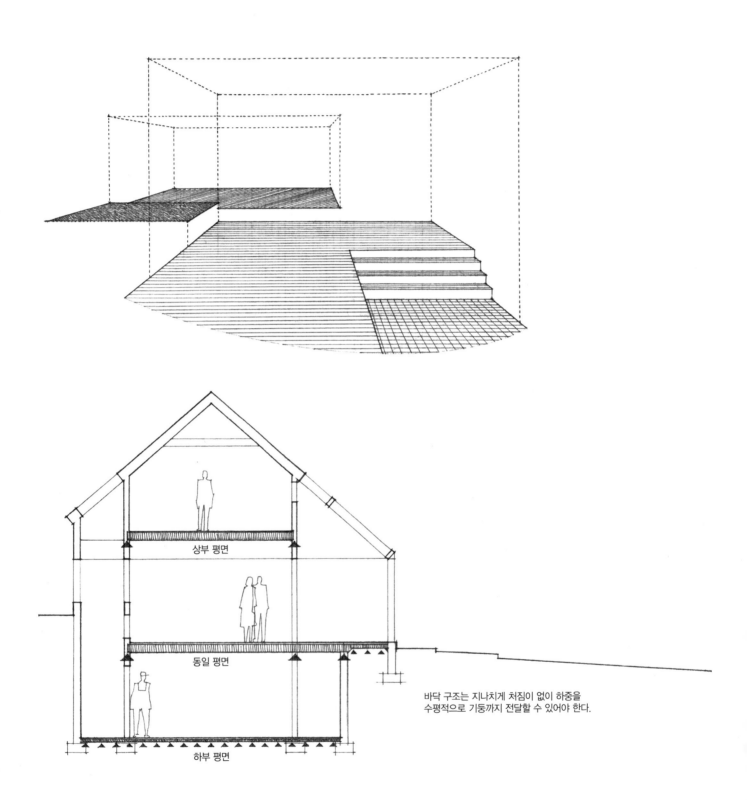

상부 평면

동일 평면

바닥 구조는 지나치게 처짐이 없이 하중을 수평적으로 기둥까지 전달할 수 있어야 한다.

하부 평면

바닥은 하부 바닥이 덮인 평행보 혹은 장선의 일련의 구조로 구성되어 있다. 이러한 하부 바닥은 보와 장선의 간격을 띄어줄 수 있는 구조합판, 콘크리트 널, 혹은 스틸 데크와 같은 구조적 재료로 되어 있다. 하부 바닥과 보 혹은 장선은 그들이 저항 스트레스와 하중을 기둥으로 전달하는 데 함께 작용할 수 있을 정도로 안전하다.

바닥은 하나 혹은 두 개의 방향으로 확장할 수 있는 한 덩어리로 뭉친, 철근콘크리트 슬래브로 만들 수 있다. 슬래브의 아래면의 형태는 공간에 걸쳐서 확장하고 그리고 '그것이 어떻게 하중을 전달할 것인가'라는 방식을 종종 반영한다. 현장에서 타설되는 방식 대신에 프리캐스트 콘크리트 널빤지의 형태로 만들어질 수 있다.

바닥 구조가 한 덩어리의 슬래브이든 혹은 조립이 된 프레임이든 간에, 그 표면은 부드럽고, 평평하고 바닥 마감재를 충분히 받아들일 수 있는 정도로 조밀해야 한다. 어떠한 거친 것이나 혹은 울퉁불퉁함을 없애기 위해서, 바닥재를 위해서는 밑깔개나 시멘트를 바르는 것이 필요할지도 모른다.

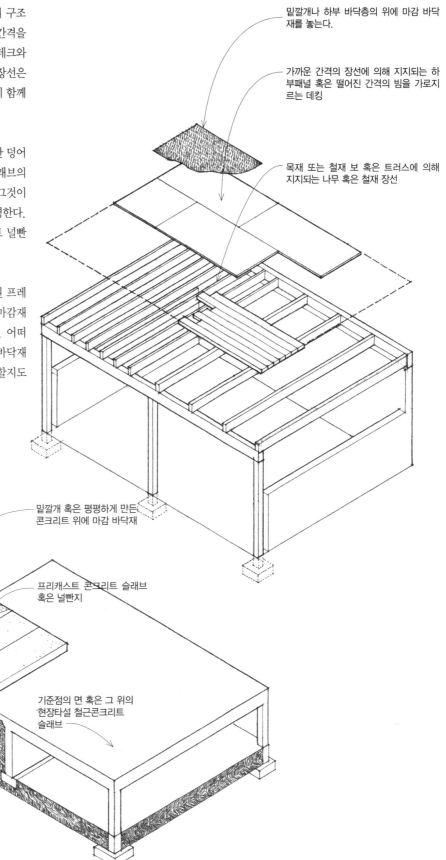

밑깔개나 하부 바닥층의 위에 마감 바닥재를 놓는다.

가까운 간격의 장선에 의해 지지되는 하부패널 혹은 떨어진 간격의 빔을 가로지르는 데킹

목재 또는 철재 보 혹은 트러스에 의해 지지되는 나무 혹은 철재 장선

밑깔개 혹은 평평하게 만든 콘크리트 위에 마감 바닥재

프리캐스트 콘크리트 슬래브 혹은 널빤지

기준점의 면 혹은 그 위의 현장타설 철근콘크리트 슬래브

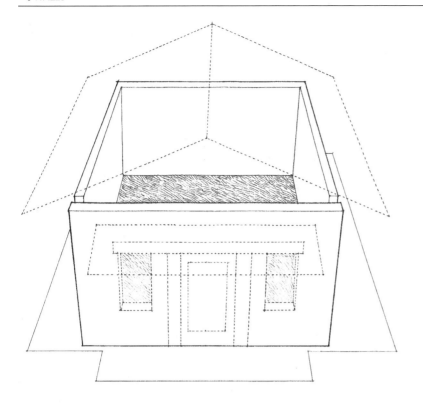

어떤 건물에서도 벽은 핵심적 건축 요소이다. 그들은 전통적으로 위층, 천장, 지붕을 받치는 구조역할을 한다. 그들은 건축의 외관을 형성한다. 그들은 그들이 만드는 실내 공간을 감싸고, 분할하고, 보호한다.

건물의 외부벽은 공기의 통과, 열, 습기, 수증기, 소리를 조절할 수 있어야 한다. 외부벽의 외피는 벽 구조에 있어 필수적이든 부수적이든 상관없이 태양, 바람, 비의 영향에도 견딜 수 있어야 한다.

실내의 벽은 건물 안의 실내 공간을 분절하고, 공간에 프라이버시를 주고, 한 공간에서 다른 공간으로의 소리, 열, 빛의 흐름을 조절한다. 방을 나누거나 혹은 건물의 부분을 분할하는 실내벽은 칸막이로 나타난다.

외부와 내부의 벽은 바닥과 지붕으로부터의 하중을 받을 수 있도록 디자인된 동일한 혹은 복합재료 시공의 내력구조이다. 또한 그들은 기둥과 보에 비구조적 패널이 붙거나 혹은 사이사이에 채워지는 뼈대로 구성될 수 있다.

건축 기계적 시스템 요소는 떨어지는 물건으로부터 사람을 보호하고, 피난경로를 확보하는 것에 초점을 맞춘 내진설계의 요구 법규를 따라야 한다. 내진설계는 높이, 강화, 실내와 외부벽의 연결에 영향을 미친다.

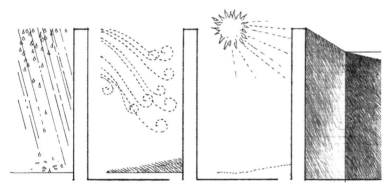

외부벽은 공기, 열, 수증기, 소리의 흐름을 조절한다.

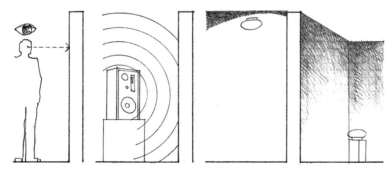

내부벽은 소리, 열, 빛의 흐름을 조절한다.

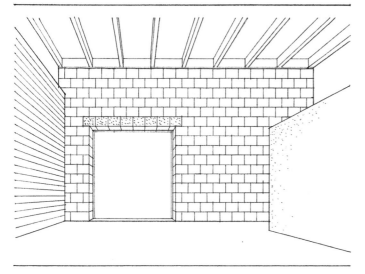

내력벽은 공간의 경계를 정의한다.

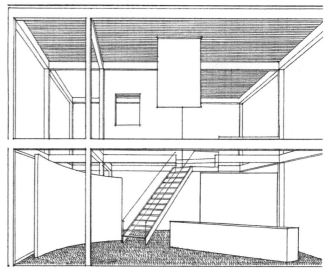

기둥과 보는 실내 공간의 가장자리를 암시한다.

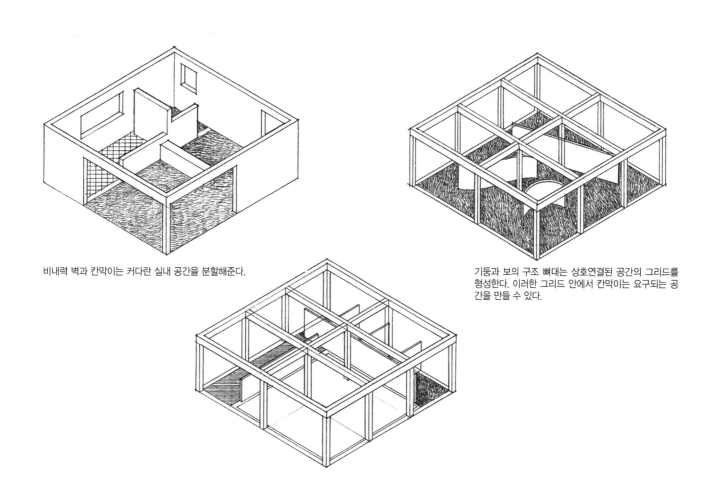

비내력 벽과 칸막이는 커다란 실내 공간을 분할해준다.

기둥과 보의 구조 뼈대는 상호연결된 공간의 그리드를 형성한다. 이러한 그리드 안에서 칸막이는 요구되는 공간을 만들 수 있다.

스터드 뼈대의 벽은 나무 혹은 금속 스터드를 단독이거나 상부판에 묶어주는 것으로 구성되어 있다. 이 뼈대 위로 벽을 딱딱하게 할 합판 혹은 석고보드와 같은 판형태의 재료를 한층 또는 여러 층을 쌓아준다.

판형태의 재료는 실내벽의 마감 역할을 할 수 있지만, 종종 마감재료의 분리된 층을 지지하는 역할을 하곤 한다. 외부에 치장하는 사이드, 싱글 혹은 치장벽토는 날씨에 견딜 수 있어야 한다. 실내벽의 외피는 기후적 요소를 견뎌야 할 필요는 없으며, 따라서 넓은 범위에서 재료를 선택할 수 있다.

스터드 뼈대의 벽은 형태에 있어서 자유로운데, 왜냐하면 비교적 작은 조각과 다양한 접합 방법으로 가공할 수 있기 때문이다.

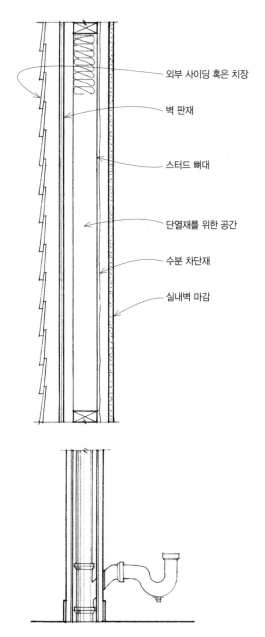

외부 사이딩 혹은 치장
벽 판재
스터드 뼈대
단열재를 위한 공간
수분 차단재
실내벽 마감

스터드 뼈대에 의해서 생성되는 빈 공간에는 열과 음향의 단열재, 수분 차단재, 기계와 전기의 서비스 및 콘센트를 넣을 수 있다.

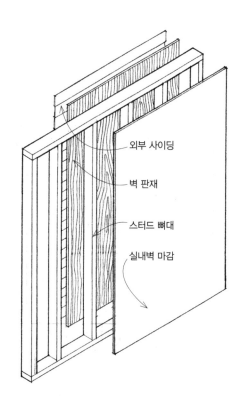

외부 사이딩
벽 판재
스터드 뼈대
실내벽 마감

콘크리트와 조적벽은 전형적으로 내력구조이고 불연구조로 여겨진다. 그들은 강제적으로 공간의 물리적 경계를 정의하고, 프레임벽보다 변경하기 어렵다.

콘크리트와 조적벽은 대개는 스터드 뼈대 벽보다 두꺼운데, 강도와 안정성이 두께에 좌우되기 때문이다. 조적벽에서 수직단면의 두께 사이에 있는 빈 공간은 습기와 수증기의 통과를 억제하고, 보통 단열재를 설치하곤 한다.

콘크리트와 조적벽은 노출이 된 채로 남겨질 수 있다. 석재와 벽돌은 그들의 매력적인 색상과 질감 때문에 대부분 벽의 최종마감으로 노출된 채 남겨진다. 콘크리트와 콘크리트 조적벽은 매력적인 색상과 질감으로 만들어질 수 있다. 만약에 별도의 마감재료를 쓰고 싶다면, 지지망사나 초벽재료 등의 중간층이 필요하다.

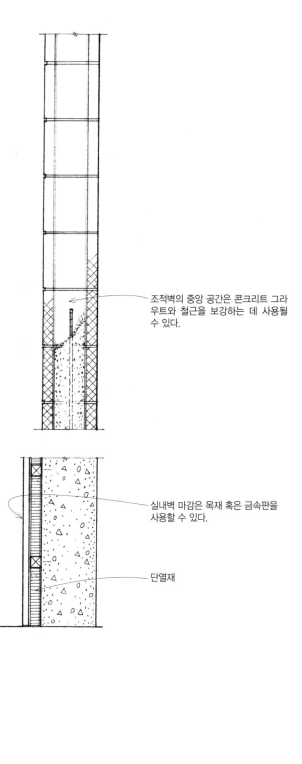

조적벽의 중앙 공간은 콘크리트 그라우트와 철근을 보강하는 데 사용될 수 있다.

실내벽 마감은 목재 혹은 금속판을 사용할 수 있다.

단열재

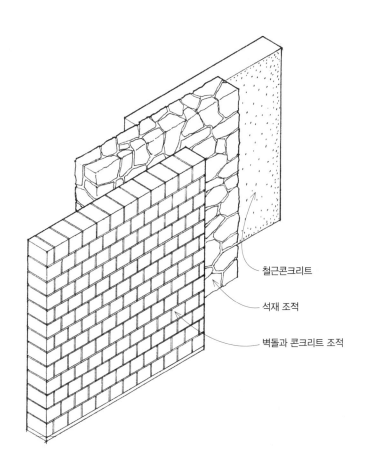

철근콘크리트

석재 조적

벽돌과 콘크리트 조적

내력벽의 패턴은 그들이 받치는 바닥과 지붕 구조의 간격에 맞추어 통합되어야 한다. 이러한 구조는 어느 정도의 인테리어 공간의 크기, 모양, 배치가 가능한지를 결정짓게 되는 것이다.

인테리어 공간과 사는 사람의 행위에 필요한 크기와 형상이 고정된 구조벽의 패턴과 잘 맞지 않을 때, 기둥과 빔의 구조적 뼈대를 사용할 수 있다. 그래서 비구조벽과 파티션이 자유롭게 필요로 하는 실내 공간을 정의하고 나눌 수 있는 것이다. 이러한 기법은 공간 배치의 유연성이 요구되는 상업, 복층 등의 건물들에 종종 적용되고 있다.

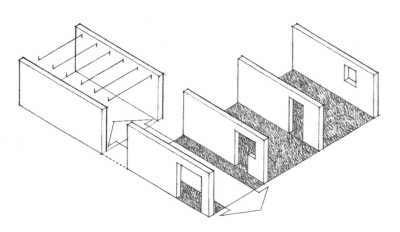

내력벽을 평행하게 배치하는 것은 단방향의 바닥과 지붕 구조를 받치기 위해서 일반적이다.

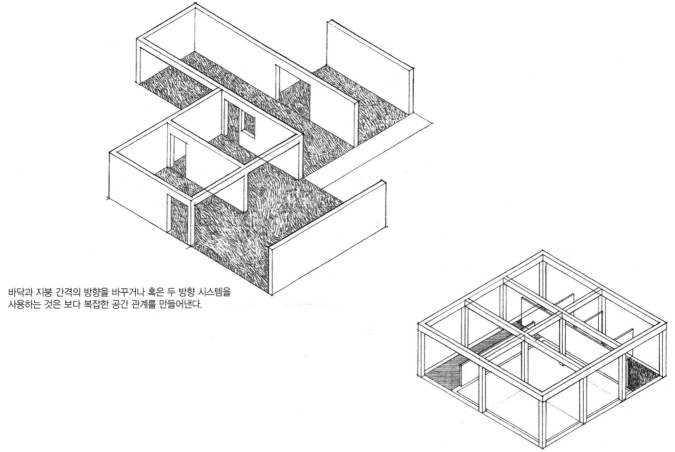

바닥과 지붕 간격의 방향을 바꾸거나 혹은 두 방향 시스템을 사용하는 것은 보다 복잡한 공간 관계를 만들어낸다.

비록 기둥과 빔 구조 시스템이 상호 연결된 볼륨의 연속을 만들더라도, 구조 뼈대의 그리드에 조화를 이루거나 혹은 대위적으로 배치되어야 한다.

비구조벽은 단지 자신과 부착물을 받치면 된다. 그래서 그들은 공간의 형성과 닫힘을 만드는 데 있어서 내력벽보다 더 많은 가능성을 제공한다.

비구조벽은 천장과 인접 벽에 미치지 않고도 만들 수 있으며, 한 공간에서 다른 공간으로 공기와 빛이 흐르는 것을 허용한다. 두 영역의 공간의 연속성이 강화될 수 있으며, 음향까지 그렇다고는 할 수 없지만, 동시에 어느 정도 시각적인 프라이버시가 유지될 수 있다.

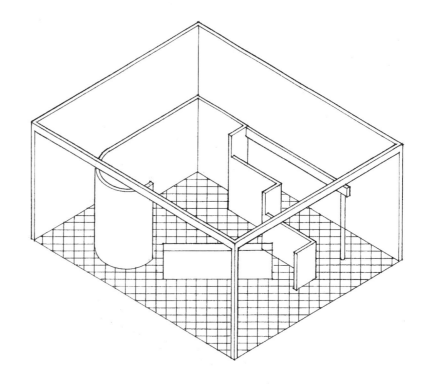

비내력벽과 파티션은 상식적으로 대개 바닥 시스템에 의해서 지지가 된다. 또한 그들은 기둥 혹은 내력벽 구조에 의해서 지지될 수 있으며, 천장이나 지붕 구조에 매달릴 수 있다. 그들이 바닥에 자립하든 혹은 위에 매달리든 비내력벽은 횡력에 대해서 안정적이어야 한다.

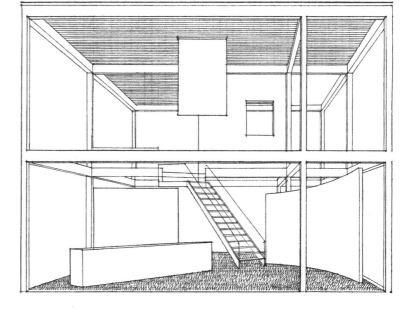

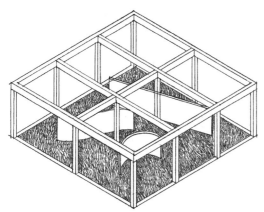

비내력벽 파티션은 구조 프레임 안의 공간에 부착되거나 채워질 수 있다. 상업적, 제도적 건물에 자주 사용되는 금속 및 유리 커튼월 시스템은 외부 비내력벽의 예이다.

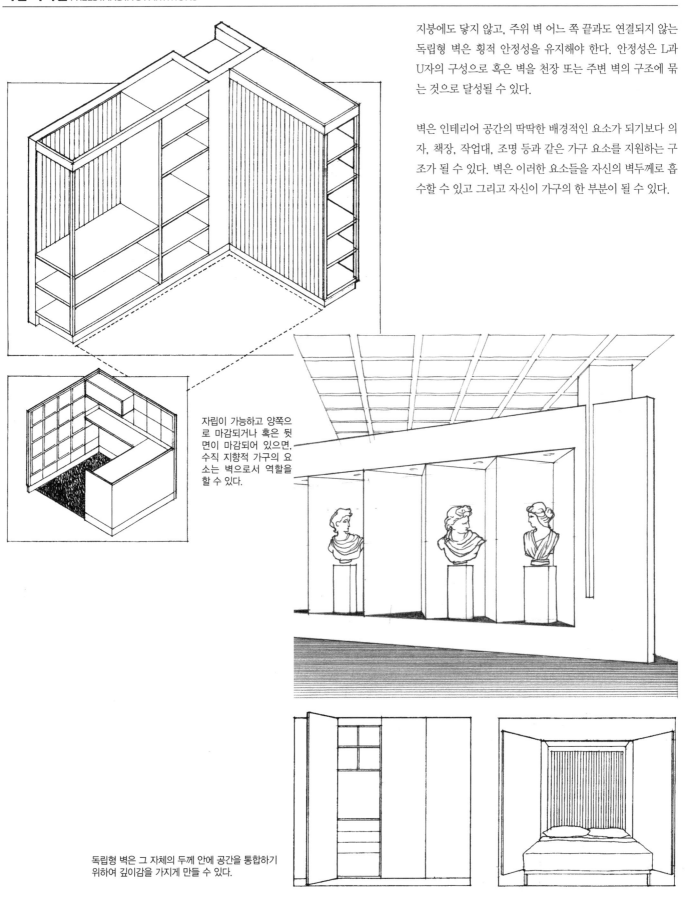

지붕에도 닿지 않고, 주위 벽 어느 쪽 끝과도 연결되지 않는 독립형 벽은 횡적 안정성을 유지해야 한다. 안정성은 L과 U자의 구성으로 혹은 벽을 천장 또는 주변 벽의 구조에 묶는 것으로 달성될 수 있다.

벽은 인테리어 공간의 딱딱한 배경적인 요소가 되기보다 의자, 책장, 작업대, 조명 등과 같은 가구 요소를 지원하는 구조가 될 수 있다. 벽은 이러한 요소들을 자신의 벽두께로 흡수할 수 있고 그리고 자신이 가구의 한 부분이 될 수 있다.

자립이 가능하고 양쪽으로 마감되거나 혹은 뒷면이 마감되어 있으면, 수직 지향적 가구의 요소는 벽으로서 역할을 할 수 있다.

독립형 벽은 그 자체의 두께 안에 공간을 통합하기 위하여 깊이감을 가지게 만들 수 있다.

벽은 실내 공간을 정의하는 가장 주요한 요소이다. 벽은 바닥과 천장면과 함께 내부 공간을 만들며, 방의 크기와 형상을 좌우한다. 그들은 또한 우리의 움직임을 제한하는 장벽으로도 보일 수 있다. 그들은 이 공간과 저 공간을 구분하며, 공간의 거주자에게 시각적 음향적 프라이버시를 제공한다.

평평함으로 정의된 직선의 공간은 사각형 벽의 사용이 일반적이다. 벽의 평면은 재료와 구축방법에 따라서 일부 적절한 곡률을 가진 곡선이 될 수 있다. 곡선 벽의 오목한 측면은 공간을 닫아주고, 볼록한 쪽은 공간을 확장시킨다.

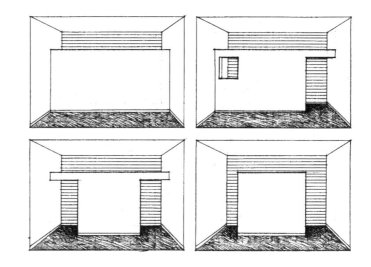

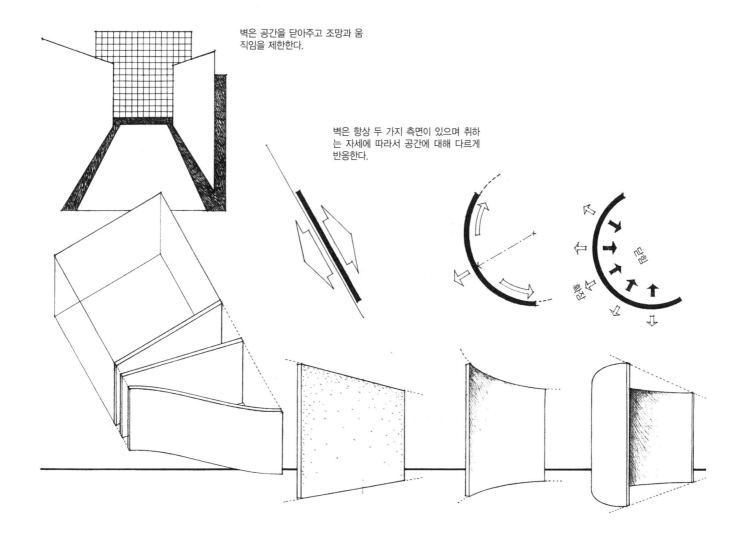

벽은 공간을 닫아주고 조망과 움직임을 제한한다.

벽은 항상 두 가지 측면이 있으며 취하는 자세에 따라서 공간에 대해 다르게 반응한다.

평면 벽 안에 혹은 사이에 있는 개구부는 열, 소리 및 빛의 통과뿐만 아니라 공간 사이에 연속성과 물리적인 움직임을 용이하게 해준다. 크기가 커지면, 개구부는 벽이 제공하는 폐쇄감이 줄어들며 주변 공간을 포함하여 시각적으로 확장된다. 개구부를 통해서 보는 조망은 내부 공간의 부분이 된다. 개구부를 좀 더 크게 만드는 것은 기둥과 보의 뼈대에 의해서 정의되는 공간의 암시적 분할을 만들어준다.

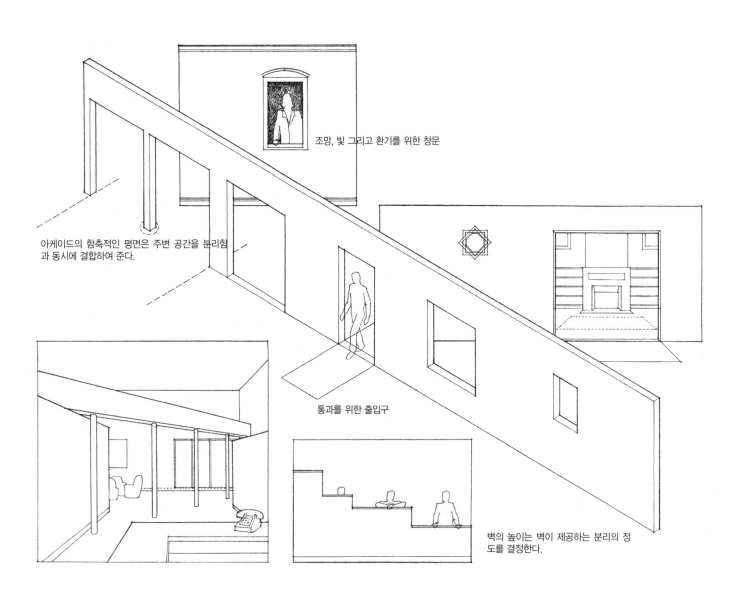

조망, 빛 그리고 환기를 위한 창문

아케이드의 함축적인 평면은 주변 공간을 분리함과 동시에 결합하여 준다.

통과를 위한 출입구

벽의 높이는 벽이 제공하는 분리의 정도를 결정한다.

벽은 색상, 질감 혹은 재료의 변경에 의해서 주변의 벽 혹은 천장면과 시각적인 차별을 둘 수 있다. 차별화는 몰딩 trimwork **선틀**reveal을 명확하게 해준다.

하부, 상부 몰딩은 재료 사이의 마감이 안 된 시공연결부와 간격을 감추어주고 건축적 회피를 꾸며주는 역할을 한다. 몰딩은 단면의 곡선이나 마무리에 따라서 단순하거나 복잡할 수 있다. 그들이 주는 영향은 크기, 색상 그리고 단면선이 만들어내는 그림자에 의해서 결정된다.

선틀은 만나는 두 평면을 시각적으로 분리해주고, 그들이 만들어내는 그림자에 의해서 모서리를 뚜렷하게 해주는 연속적으로 움푹 들어간 띠이다. 두 개의 평면이 이런 방식으로 만나면, 그들의 표면은 마감이 되거나 혹은 우리 시각에 노출되는 모서리는 절단 모서리 처리가 되어야 한다.

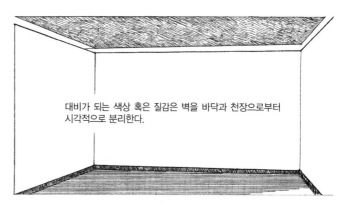

대비가 되는 색상 혹은 질감은 벽을 바닥과 천장으로부터 시각적으로 분리한다.

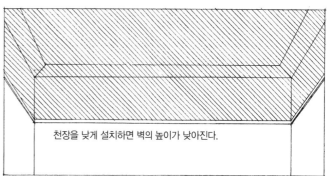

천장을 낮게 설치하면 벽의 높이가 낮아진다.

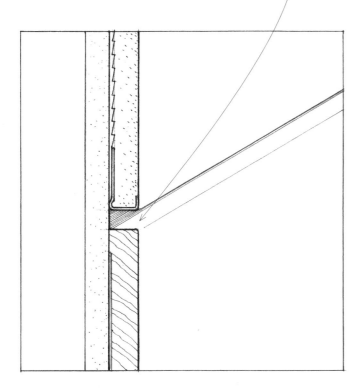

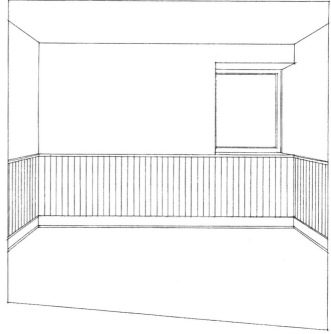

징두리 벽판 혹은 다른 수평적인 띠를 두르는 것은 방 안 벽의 수직적인 크기를 줄여준다.

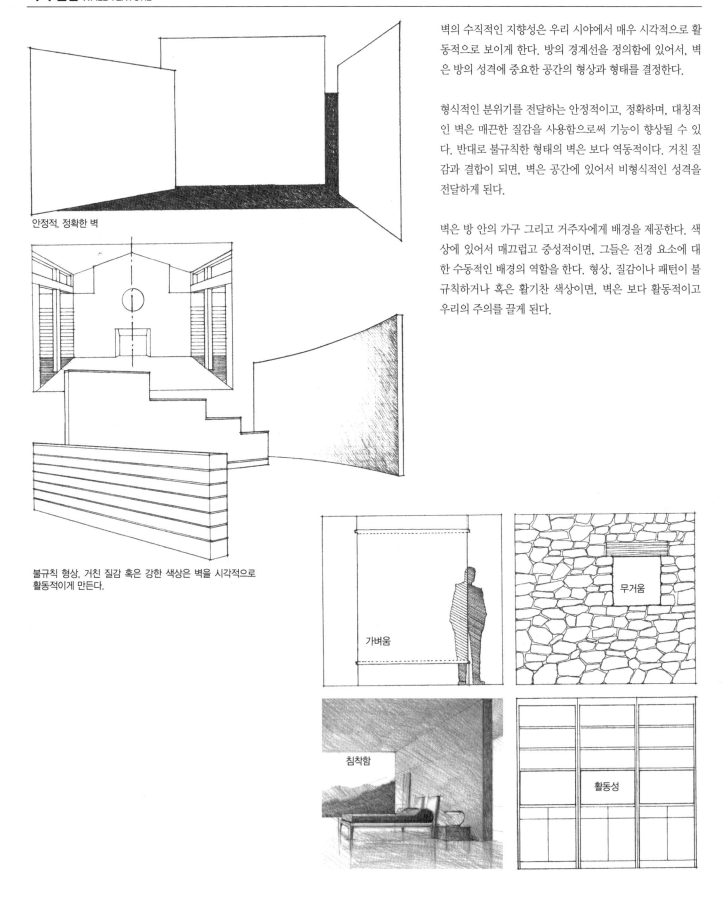

안정적, 정확한 벽

불규칙 형상, 거친 질감 혹은 강한 색상은 벽을 시각적으로
활동적이게 만든다.

가벼움

무거움

침착함

활동성

벽의 수직적인 지향성은 우리 시야에서 매우 시각적으로 활동적으로 보이게 한다. 방의 경계선을 정의함에 있어서, 벽은 방의 성격에 중요한 공간의 형상과 형태를 결정한다.

형식적인 분위기를 전달하는 안정적이고, 정확하며, 대칭적인 벽은 매끈한 질감을 사용함으로써 기능이 향상될 수 있다. 반대로 불규칙한 형태의 벽은 보다 역동적이다. 거친 질감과 결합이 되면, 벽은 공간에 있어서 비형식적인 성격을 전달하게 된다.

벽은 방 안의 가구 그리고 거주자에게 배경을 제공한다. 색상에 있어서 매끄럽고 중성적이면, 그들은 전경 요소에 대한 수동적인 배경의 역할을 한다. 형상, 질감이나 패턴이 불규칙하거나 혹은 활기찬 색상이면, 벽은 보다 활동적이고 우리의 주의를 끌게 된다.

밝은 색상의 벽은 빛을 효과적으로 반사하며, 앞에 놓인 요소들의 효과적인 배경 역할을 한다. 밝고 따뜻한 색상은 따뜻함을 발산하며, 밝고 차가운 색상은 방을 넓게 만들어 준다.

어두운 색상의 벽은 빛을 흡수하고, 방이 밝아지는 것을 어렵게 만들며, 닫히고 친밀한 느낌을 전달한다.

벽의 질감은 빛을 얼마나 반사하고 흡수하는가에 영향을 미치게 된다. 매끈한 벽은 표면에 부딪치는 빛을 산란시키는 경향 때문에 질감이 있는 벽보다는 빛을 더 반사시킨다. 비슷한 이유로 매끈하고 딱딱한 벽 표면은 다공성의 부드러운 질감의 벽보다 소리를 공간으로 더 반사시킨다.

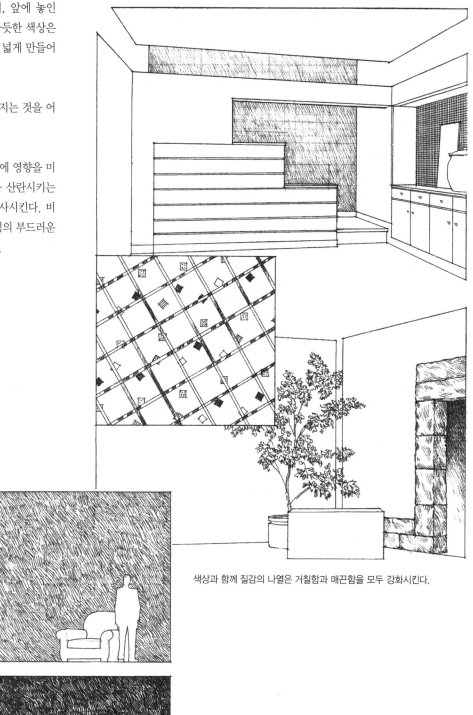

색상과 함께 질감의 나열은 거칠함과 매끈함을 모두 강화시킨다.

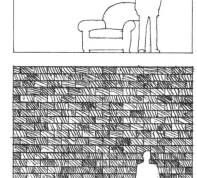

색상, 질감, 패턴은 벽의 평면을 차별화하거나 공간의 형상을 뚜렷하게 만들기 위해서 사용할 수 있다.

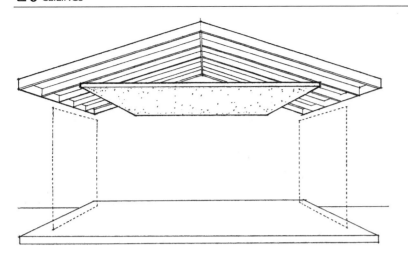

실내 공간의 세 번째 주요 요소는 천장이다. 비록 우리가 미치지 못하는 곳에 있고 바닥이나 벽처럼 많이 쓰이지는 않지만, 천장은 실내 공간을 구성하고 그것의 수직적인 공간을 제한하는 데 있어 중요한 시각적인 역할을 한다. 그것은 캐노피 아래에서 물리적이고 심리적인 보호를 제공하는 실내 공간의 은신처적인 요소이다.

천장은 바닥과 지붕 구조의 아래 면으로 형성된다. 천장 재료는 구조적인 프레임에 직접 연결하거나 매달려 있을 수 있다. 어떤 경우에는 윗부분의 구조는 노출된 채로 남아 있을 수 있고 천장의 역할을 한다.

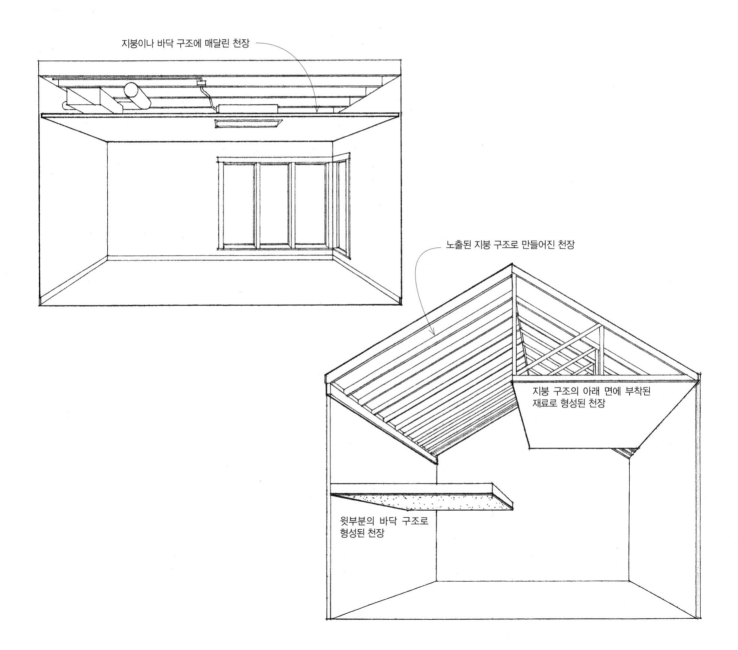

지붕이나 바닥 구조에 매달린 천장

노출된 지붕 구조로 만들어진 천장

지붕 구조의 아래 면에 부착된 재료로 형성된 천장

윗부분의 바닥 구조로 형성된 천장

천장은 매끈하고 평평한 재료로 만들어지는 것을 대신해서 위의 바닥의 구조적 패턴 혹은 위에 있는 지붕으로 구성되고 표현될 수 있다. 직선의 구조적인 부재 혹은 재료는 평형, 격자, 혹은 방사형의 패턴을 만들 수 있다. 어떤 천장의 패턴도 우리의 관심을 끌게 되며, 그것의 시각적인 무게감 때문에 실제보다 아래에 있는 것처럼 보인다. 직선적인 패턴은 우리의 눈을 지배하며, 그들은 평행한 공간의 깊이를 강조하게 된다.

노출된 바닥, 지붕 구조는 천장에 패턴, 질감, 깊이, 방향성을 만든다. 이러한 특징들은 우리의 관심을 끌게 되며 매끈한 벽 평면과 대조되어 전시될 때 훌륭하게 보인다.

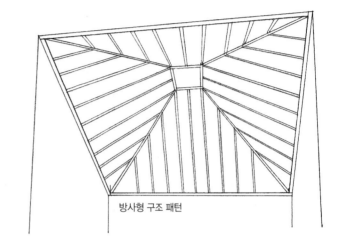

방사형 구조 패턴

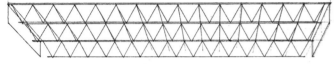

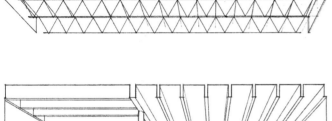

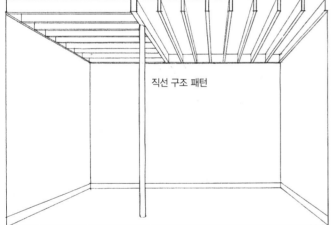

직선 구조 패턴

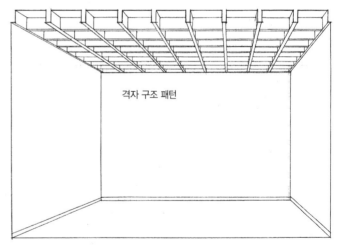

격자 구조 패턴

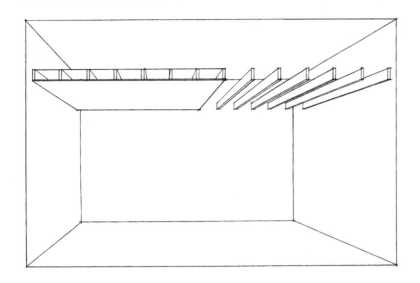

높은 천장이 있는 방에서는 주변의 공간으로부터 영역을 차별화하거나 혹은 공간의 크기를 작게 만들기 위해서 천장의 전체 혹은 부분을 낮출 수 있다. 낮춰진 천장은 보통 위의 바닥 천장 구조로부터 매달리기 때문에, 천장의 형태는 공간의 형태와 모양을 반영하거나 대비한다. 매달린 천장의 효과는 천 혹은 매달린 일련의 조명 기구 등과 같은 열린 프레임 혹은 비구조적 요소로도 만들어질 수 있다.

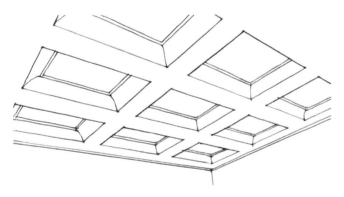

들어간 상자 모양의 천장은 공간에 시각적인 질감을 더해준다.

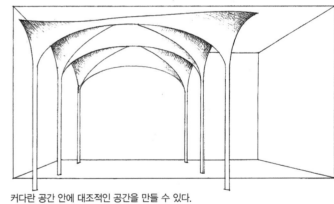

커다란 공간 안에 대조적인 공간을 만들 수 있다.

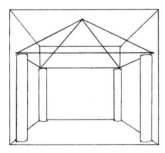

열린 프레임 구조

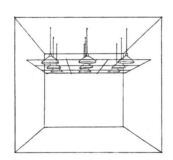

매달린 조명 기구들

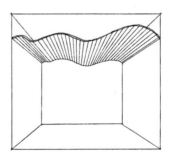

나무 또는 금속 슬레이트

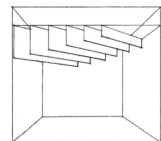

기다란 광고 천 또는 환기장치

상업적 공간에 있어서 매달린 천장 시스템은 기계적인 배관 작업, 전기적 도관 급배수 설비를 위한 감추어진 공간을 제공하는 데 자주 사용된다. 조명 기구, 공기조화 조절 장치, 스프링클러 헤드, 음향 시스템이 천장 타일 혹은 패널의 모듈의 그리드에 결합될 수 있다. 천장막은 화재등급이 되어 있어야 하고 지지하는 상부 구조를 방화하는 기능을 제공해야 한다.

대표적인 매달린 천장 시스템은 상부의 바닥 또는 지붕 구조에 매달린 금속 그리드에 의해 지지되는 음향타일 모듈로 구성되어 있다. 격자는 내장타일lay-in tiles을 사용해서 노출될 수도 있고, 제혀맞춤tongue-and-groove 또는 절단모서리 타일을 가지고 가려질 수도 있다.

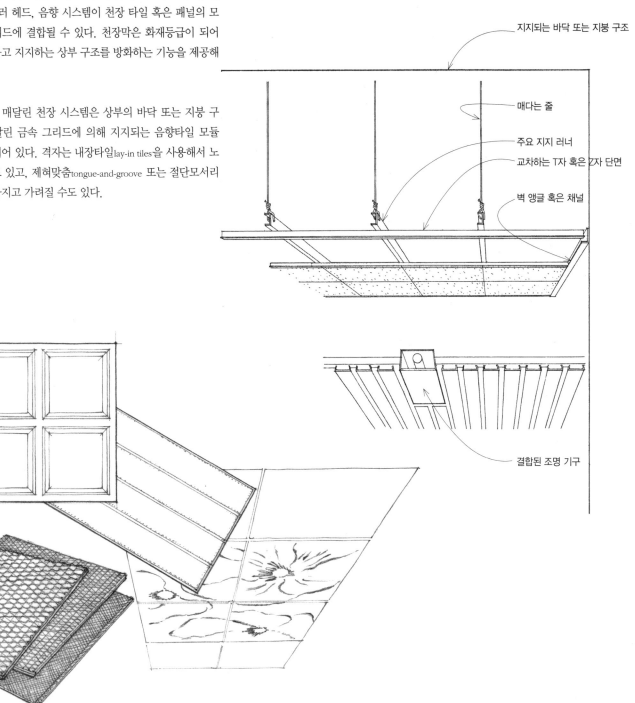

지지되는 바닥 또는 지붕 구조

매다는 줄

주요 지지 러너

교차하는 T자 혹은 Z자 단면

벽 앵글 혹은 채널

결합된 조명 기구

음향타일은 광물 혹은 유리섬유의 모듈 유닛이다. 일부는 나무, 비닐, 알루미늄 또는 세라믹의 표면을 가지고 있다. 대개는 천장 공간으로 접근하기 위해서 타일은 제거 가능하다.

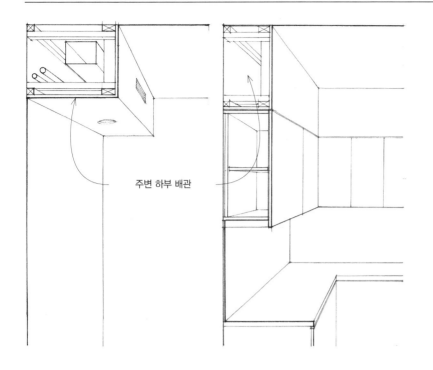

주변 하부 배관

천장의 낮춰진 부분은 다양성을 추가하고 보다 친밀한 공간을 만든다. 낮춰진 천장의 단면은 소란한 영역의 소리를 흡수하는 음향 마감으로 다루어질 수 있다. 천장 아래에 설치된 부재는 방 주변에 설치된 배관이나 기계장치를 감출 수 있으며, 벽 캐비닛이나 선반 위의 공간을 채울 수 있다.

천장 캐노피와 구름 천장은 천, 음향타일, 금속, 반투명한 플라스틱 또는 다른 재료로 만들어진다. 그것을 사용해서 작은 영역에 천장을 낮출 수 있고, 다른 천장 마감재료를 더욱 낮출 수 있다. 캐노피와 구름 천장은 펜던트나 줄에 의해 매달리고, 위 천장의 다른 장치에 접근할 수 있다. 구름 천장은 보다 구조적인 프레임 시스템을 가지는 경향이 있으며, 대개 음향재료 혹은 금속마감으로 만들어진다.

연장된 천장 시스템은 전체로 연장되거나 혹은 잘려진 비닐 또는 다른 가벼운 천으로 만들어진 경량의 선로로 구성될 수 있다. 연장된 천장은 거의 모든 형태로 만들어질 수 있다.

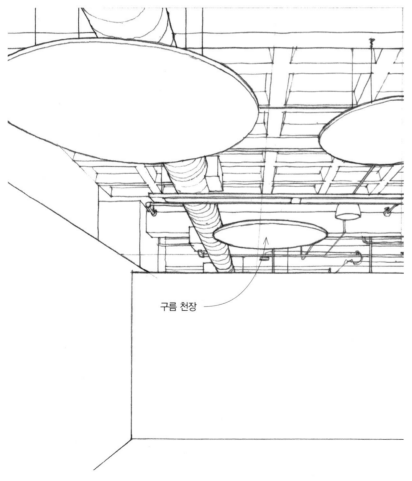

구름 천장

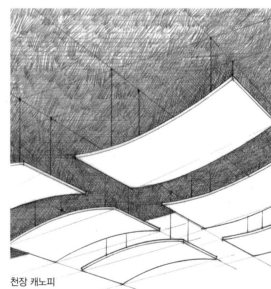

천장 캐노피

천장의 높이는 공간의 척도에 중요한 영향을 미친다. 천장의 높이는 방이 다른 치수와 거주자, 사용목적 등을 고려해야 하지만, 여전히 공간의 수직적인 치수에 대해서는 일부 일반화가 가능하다.

높은 천장은 열리고, 통풍성이 있고, 고상한 기분을 공간에 주게 된다. 또한 그들은 형태와 모양에 있어서 규칙성이 있으면 공간에 존엄과 형식을 주게 된다. 단순히 공간 위에 맴돌기보다는 그들은 위로 상승한다.

반대로 낮은 천장은 은신처적인 성격을 강조하고 친밀하고 편안한 공간을 만들어내는 경향이 있다. 넓은 면적에서의 낮은 천장은 억압감을 만들 수 있다.

한 공간 안에서, 혹은 하나에서 다른 공간으로 넘어갈 때의 천장 높이를 바꾸는 것은 공간적 경계를 만들고 주변 영역과 차별화하는 것을 도와준다. 대조적으로 각각의 천장 높이는 낮음 혹은 높음을 강조하게 된다.

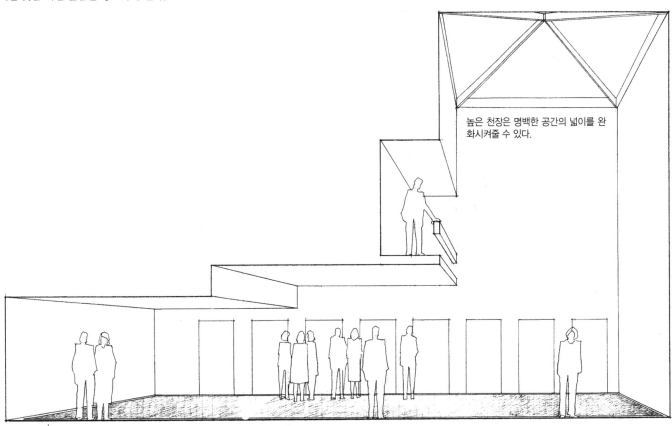

높은 천장은 명백한 공간의 넓이를 완화시켜줄 수 있다.

천장의 보통 높이는 방의 수평적인 치수와 사용에 대하여 비례하여야 한다.

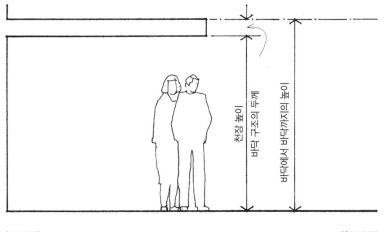

평평한 천장이 위의 바닥에 의해서 만들어진다면, 천장의 높이는 바닥에서 바닥까지의 높이와 바닥 구조의 두께로 결정된다. 이러한 고정된 치수가 주어졌어도, 천장의 확연한 높이는 몇 가지 방법에 의해서 바뀔 수 있다.

밝은 명도는 후퇴하는 것처럼 보여서, 빛을 반사하는 매끈하고 밝은 색상의 천장은 넓은 느낌을 주게 된다. 벽의 재료를 천장에 일부 적용하거나 천장면의 마감에 이용하면 실제보다 더 높게 보이게 되고, 특히 벽과 천장 사이에 홍예식 천장cove을 사용하면 더 그러하다.

벽의 색상과 대비되는 진하고 밝은 색상을 사용하거나 또는 천장의 재료를 벽의 일부에 적용하거나 혹은 벽의 마감재로 사용하면 뚜렷한 천장의 높이를 낮출 수 있다.

차가운 공기는 아래로 내려오는 반면, 더운 공기는 올라간다. 높은 천장은 방 안의 더운 공기는 올라가게 하고, 차가운 공기는 바닥 높이로 가라앉게 만든다. 이러한 패턴의 공기흐름은 높은 천장의 공간은 더운 날씨에 쾌적하게 만들고 추운 날씨에는 난방을 어렵게 한다. 반대로 낮은 천장의 공간은 더운 공기를 잡아두어 추운 날씨에 난방을 쉽게 하지만, 더운 날씨에는 불쾌하게 더울 수 있다.

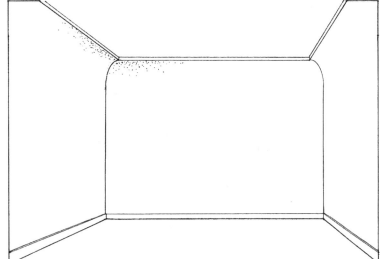

천장 홍예는 바닥과 천장의 변환을 부드럽게 한다.

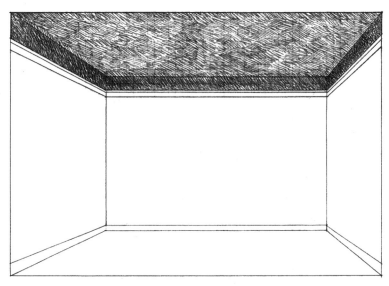

벽에 내려앉은 진한 천장의 색상은 천장 높이를 뚜렷하게 낮춰준다.

위의 바닥 구조에 의해서 지지되는 천장은 대개는 평평하다. 하지만 지붕 구조에 의해서 만들어질 때 천장은 구조의 형태를 반영하는 다른 형태를 취할 수 있는데, 시각적인 재미와 공간의 방향성을 부여할 수 있다.

단일 경사 혹은 외쪽 천장 형태는 방 안의 주광이 들어오는 위치에 따라서 시선을 지붕골에서부터 처마까지 향하게 해준다.

박공 지붕은 지붕 마루선까지 공간을 확장시킨다. 노출된 구조 재료의 방향에 따라서 박공의 형상은 지붕 마루의 높이 또는 그 길이에 우리의 주의를 끌게 한다.

피라미드 천장은 빛을 끌어오는 천창으로 강조되는 초점인 최상부로 우리의 시선을 향하게 한다.

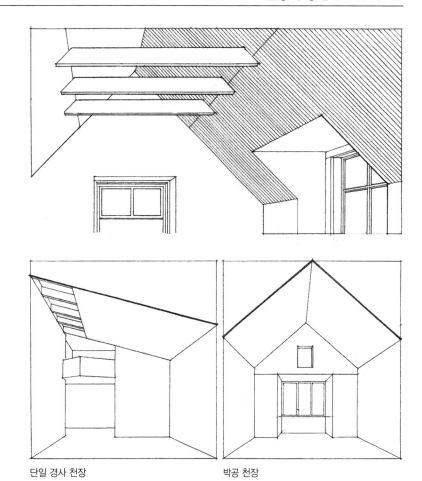

단일 경사 천장   박공 천장

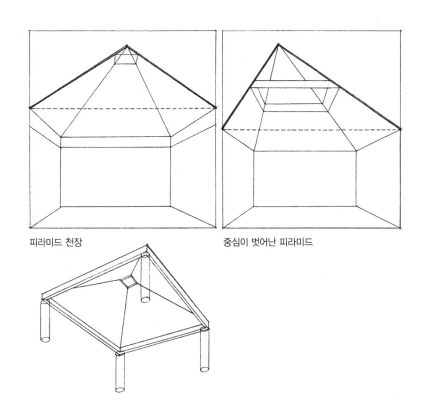

피라미드 천장   중심이 벗어난 피라미드

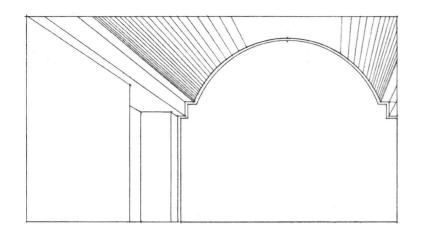

홍예 천장은 주변의 벽 평면과 부드럽게 만나게 하기 위해서 곡선의 표면을 이용한다. 수직 그리고 수평한 표면의 결합은 공간에 유연하고 성형 가능한 성격을 부여한다.

홍예 천장의 규모를 증가하면 볼트와 돔 형태의 천장을 만들게 된다. 볼트 천장은 우리의 시선을 그 길이를 따라 쳐다보게 만든다. 돔은 공간이 위로 확장하는 중앙화된 형태이고 우리의 시선을 공간의 중심 아래에 두게 한다.

자유로운 천장은 벽과 바닥의 평평한 요소와 대조를 이루어서 우리의 시선을 잡아둔다. 본질적으로 곡선이든 각도가 있든 간에, 그들은 장식적이고 실내 공간에 다른 요소를 지배한다.

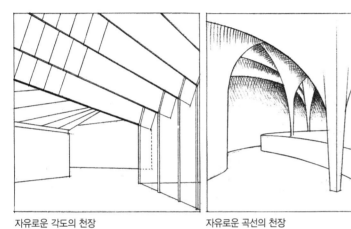

자유로운 각도의 천장

자유로운 곡선의 천장

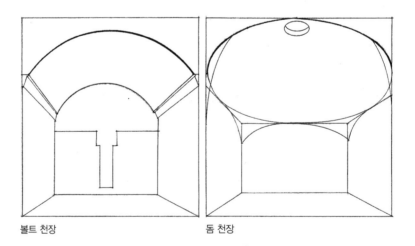

볼트 천장

돔 천장

기능적 요소로서의 천장은 공간의 밝기, 음향적 품질, 공간을 난방하거나 냉방하기 위한 에너지의 양에 영향을 미친다.

천장의 높이와 표면의 품질은 공간 안에서 빛의 수준에 영향을 준다. 높은 천장에 매달린 많은 조명은 낮은 천장에 매달린 적은 수의 조명과 같은 조도레벨을 만들기 위해 더 먼 거리를 비추어야 한다.

천장은 광원으로부터 방해받지 않고 빛을 받을 때문에, 매끈하고 밝은 색상으로 칠해진 천장면은 효율적인 빛의 반사체가 될 수 있다. 아래 혹은 옆으로부터 빛을 직접 받으면, 천장 표면은 부드러운 조명의 넓은 반사체가 된다.

빛의 세기는 광원 거리의 제곱에 비례하여 줄어들게 된다.

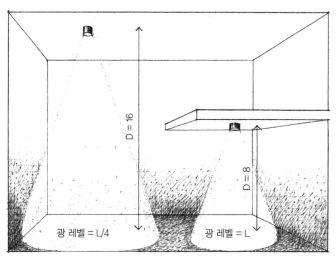

광 레벨 = L/4   광 레벨 = L

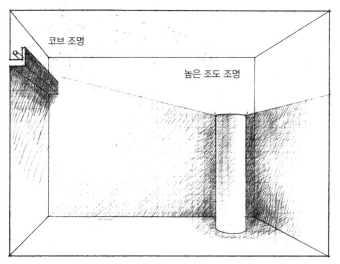

코브 조명   높은 조도 조명

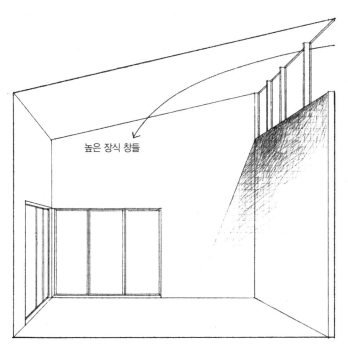

높은 장식 창들

밝은 색상의 천장은 넓은 광원으로부터 빛을 받으면 조명의 근원이 된다.

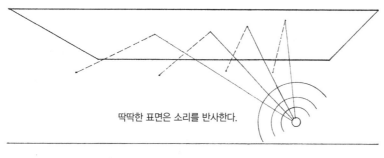

딱딱한 표면은 소리를 반사한다.

천장은 방의 사용되지 않는 가장 큰 표면을 대표하며, 그 형태와 질감은 방의 음향에 중요한 영향을 준다. 매끈하고 딱딱한 천장의 재료는 공간에 있는 공기 중의 소리를 반사한다. 상황에 따라서는 공간 내의 다른 부재와 표면에서 흡음재를 사용하여 이러한 것이 허용될 수 있다. 상점, 가게, 레스토랑에서는 다양한 소음원의 반사를 줄이기 위한 흡음성 표면이 필요하며, 흡음 천장이 적용될 수 있다.

공간 안의 불필요한 진동은 낮은 돔과 맞은편의 딱딱한 바닥 표면과 같은 두 개의 비흡음의 평행한 평면들 사이나 오목한 평면들 사이를 반복적인 반향음이 빠르게 왕복하면서 발생되는 것이다. 이러한 불규칙한 진동에 대한 처방은 흡음 표면을 추가하는 것이다. 다른 방법은 천장 평면을 경사지게 하거나 혹은 다면적인 표면을 사용하는 것이다.

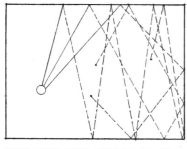

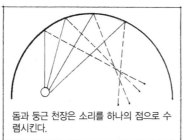

돔과 둥근 천장은 소리를 하나의 점으로 수렴시킨다.

평행한 딱딱한 표면은 파동이라고 하는 반복적인 반향음을 만들어낸다.

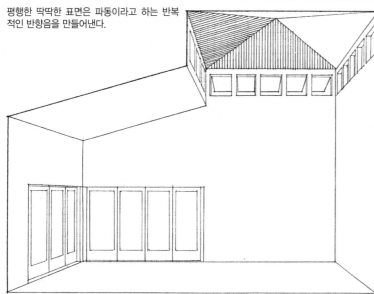

창문과 출입구는 건물의 형태를 만들고 실내 공간을 정의하는 벽 평면을 통과한다. 그들은 시각적으로 물리적으로 한 공간을 다른 공간과 연결하고, 외부와 내부를 연결하는 건축과 실내 디자인의 전환적인 요소이다.

창문의 크기, 형태 그리고 위치는 벽 표면의 시각적인 완결성과 그것이 제공하는 닫힘의 감각을 좌우한다. 창문은 벽에서 밝은 부분으로, 밤에는 어두운 평면으로, 벽에 의한 열린 프레임, 혹은 두 벽 평면 사이를 나누는 빈 공간으로 보일 수 있다. 또한 창문은 물리적인 벽의 평면이 되는 지점까지 확장될 수 있는데, 투명한 창문벽은 실내 공간을 외부 혹은 주변의 실내 공간과 통합한다.

천공fenestration은 건물의 창문을 디자인하고 배치하는 것을 가리키는 용어이다. **유리작업**glazing은 창문, 문, 거울 등에 있어서 프레임에 사용되는 유리판 또는 막, 혹은 다른 투명한 재료를 지칭하는 것이다.

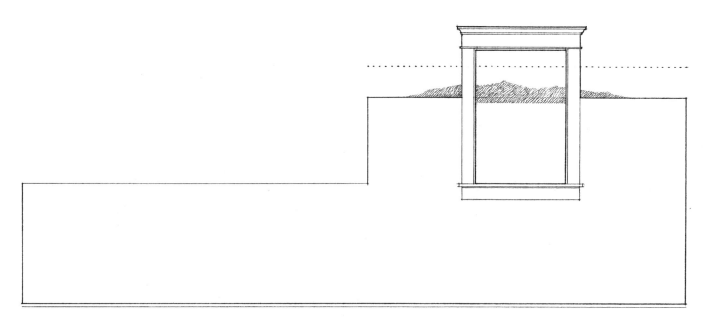

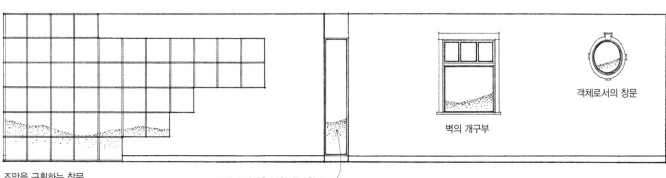

조망을 구획하는 창문

두 개의 평면을 분할하는 창문

벽의 개구부

객체로서의 창문

창문의 크기는 단지 주변 벽면에만 관계되는 것이 아니라 사람의 치수와도 관계가 있다. 우리는 창문의 윗부분이 우리 키보다 높고 창턱은 허리에 닿는 것에 익숙해 있다. 커다란 창은 시각적으로 공간을 확장시키고 조망을 넓게 만드는데, 혹은 크기를 보충하기 위해서 창문은 인간 척도를 유지하면서 작은 단위로 나누어질 수 있다.

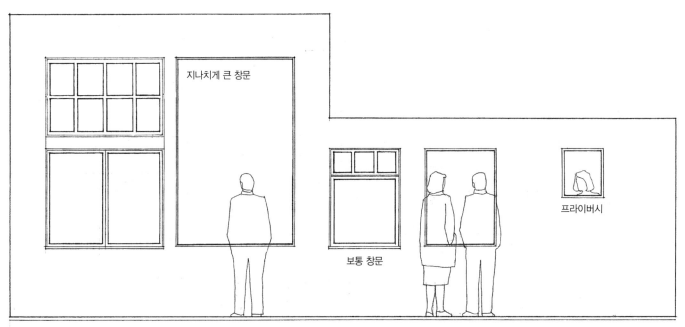

다양한 크기의 창문 개구부

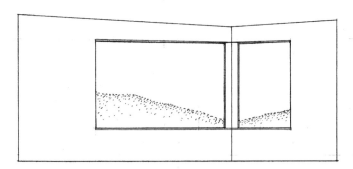

건물에 있어서 창문의 디자인 및 배치를 천공이라 부른다.

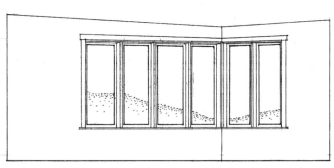

천공의 패턴과 창문 몰드의 디테일은 방의 벽이 제공하는 닫힌 느낌에 영향을 준다.

창문으로부터의 조망은 실내 공간의 구성에서 중요한 부분이다. 단순히 방 안에 바깥의 관심사항을 제공할 뿐만 아니라 우리가 어디에 있는지에 대한 정보도 전달한다. 또한 내부와 외부의 연결을 형성한다.

방 안의 창문 크기, 형상, 위치를 결정할 때 창문 개구부를 통해서 무엇이 보이고(안에서 밖에서), 그러한 조망이 어떻게 구획되며, 우리가 방 안을 움직일 때 시각적인 풍경이 어떻게 변하는지에 대한 고려가 있어야 한다.

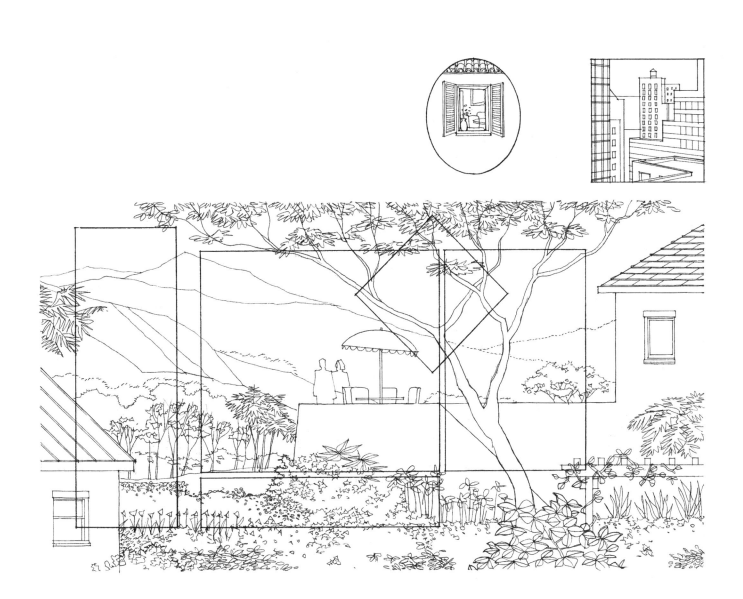

창문은 단순히 조망을 구획하는 것 이상의 역할을 하며, 그들은 공간에 주광과 환기를 제공하는 데 도움을 준다. 주광과 외부 조망에 접근할 수 있는 것은 지속가능한 디자인의 중요한 요소이다.

한편 창문의 조망이 바람직하지 않은 곳에 노출될 수도 있다. 그러한 경우에는 창문을 나누거나, 필터링을 하거나 혹은 조망의 방향을 바꾸어줄 수 있다. 외부의 조경은 내부로부터의 바람직하지 않은 조망을 막아주거나, 혹은 원래는 없는 쾌적한 외부를 만들어줄 수 있다. 반투명 창문의 유리와 얇은 천 커튼을 사용하면 주광은 통과하면서 조망은 감추는 것이 가능하다.

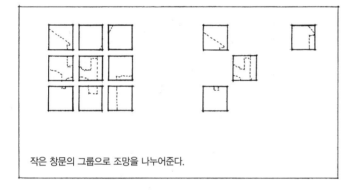

작은 창문의 그룹으로 조망을 나누어준다.

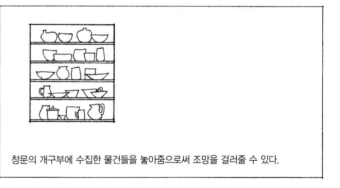

창문의 개구부에 수집한 물건들을 놓아줌으로써 조망을 걸러줄 수 있다.

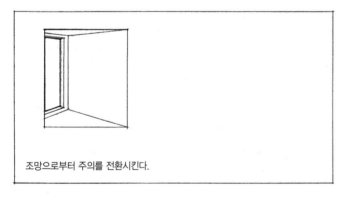

조망으로부터 주의를 전환시킨다.

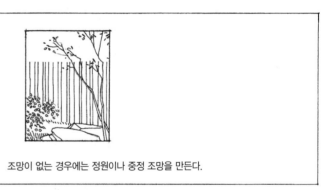

조망이 없는 경우에는 정원이나 중정 조망을 만든다.

보기 흉한 조망을 다루는 방법

실내에 유리를 사용하는 것은 건물의 외부로부터 그리고 한 공간에서 다른 공간으로 빛이 통과하도록 해준다. 그것은 공간을 열어주고 시각적으로 연결해준다. 유리가 사용된 벽과 안이 들여다보이는 문은 인접한 공간이 사용되고 있는지를 알게 해주며, 불투명한 유리 사용은 일정한 정도의 프라이버시를 유지하면서 움직임을 알 수 있게 해준다.

문, 샤워와 목욕탕을 가려주는 곳, 파티션의 내부에 사용된 유리와 같이 사람이 부딪칠 수 있는 곳에서는 **안전유리**safety glazing 사용이 요구된다. 일반적으로 강화유리tempered glass와 **적층 유리**laminated glass가 안전한 유리 사용으로 생각된다. 건물법규에서는 복도에서를 포함하여 내화성이 있는 유리의 사용을 요구한다.

와이어 유리wire glass는 유리판 사이에 와이어 매쉬나 평행한 와이어가 들어가 있다. 만약에 유리가 부서지면, 와이어가 부서질 때 유리의 파편을 잡아주고 사람의 부상을 줄여준다.

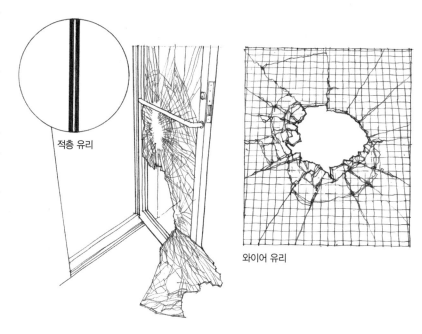

적층 유리

와이어 유리

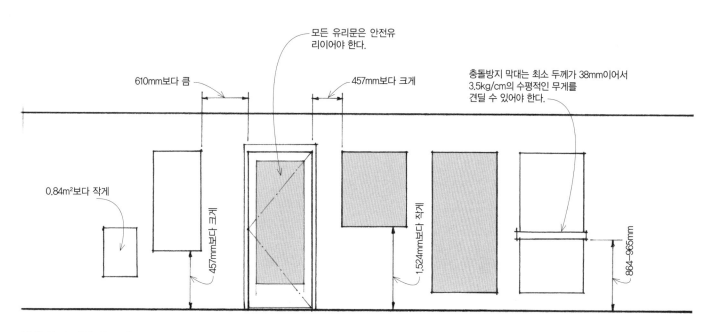

모든 유리문은 안전유리이어야 한다.

610mm보다 큼

457mm보다 크게

충돌방지 막대는 최소 두께가 38mm이어서 3.5kg/cm의 수평적인 무게를 견딜 수 있어야 한다.

0.84m²보다 작게

457mm보다 크게

1,524mm보다 작게

864~965mm

실내 유리 사용의 조건

안전 유리 사용 요구

창문은 크게 고정창문과 환기가 가능한 창문의 두 그룹으로 나눌 수 있다. 고정창문은 열 수가 없으며 대개는 인테리어를 위해서 사용된다. 두 개의 그룹이 모두 실내 공간에 빛과 조망을 제공하지만, 고정창문은 개폐가 가능한 환기창문처럼 공기를 통하게 해주지는 않는다.

유리창은 창문 프레임에 끼워진 유리판이나 시트를 일컫는다.

고정창문 Fixed

- 프레임과 유리 창틀은 고정되어 있다.
- 환기가 불가능하다.
- 개폐를 위한 장치와 스크린이 필요 없다.
- 다양한 크기와 모양이 가능하다.

오르내리창 Double-Hung

- 두 개의 창틀이 수직으로 각각의 선로나 홈을 따라 움직이며, 원하는 위치에 마찰력이나 혹은 균형 장치에 의해서 멈출 수 있다.
- 비에 대해서 방수가 되지 않는다.
- 비바람에 효과적으로 견딜 수 있다.
- 바깥쪽에 스크린을 설치한다.
- 최대 50%의 환기를 제공한다.
- 창틀을 회전하지 않고는 페인트를 하거나 청소가 어렵다.

미닫이 창 Sliding

- 대부분 두 개의 창틀로 구성되어 한쪽이 수평으로 열리며 50%의 환기, 혹은 세 개의 창틀로 구성되어 가운데가 고정되고 다른 두 개가 열리는 66%의 환기 구조이다.
- 비에 대해서 방수가 되지 않는다.
- 외부에 스크린을 설치한다.
- 미닫이 안뜰 문은 커다란 미닫이 창문과 유사하다.

여닫이 창 Casement

- 작동 창틀의 한쪽에 힌지가 되고 대개는 바깥쪽으로 열린다.
- 100%의 환기를 제공하며, 바람을 조절하거나 바꿀 수 있다.
- 비에 대해서 방수가 되지 않는다.
- 돌출된 창틀이 방해가 될 수 있다.

건물법규는 최소 창문 개폐 크기를 규제하고 있는데, 이는
작동이 가능한 창문의 크기가 주거의 취침 공간으로부터 비
상탈출에 사용 가능해야 할 뿐만 아니라, 주거 공간을 위해
서 자연의 빛과 환기를 제공하기 위해서다.

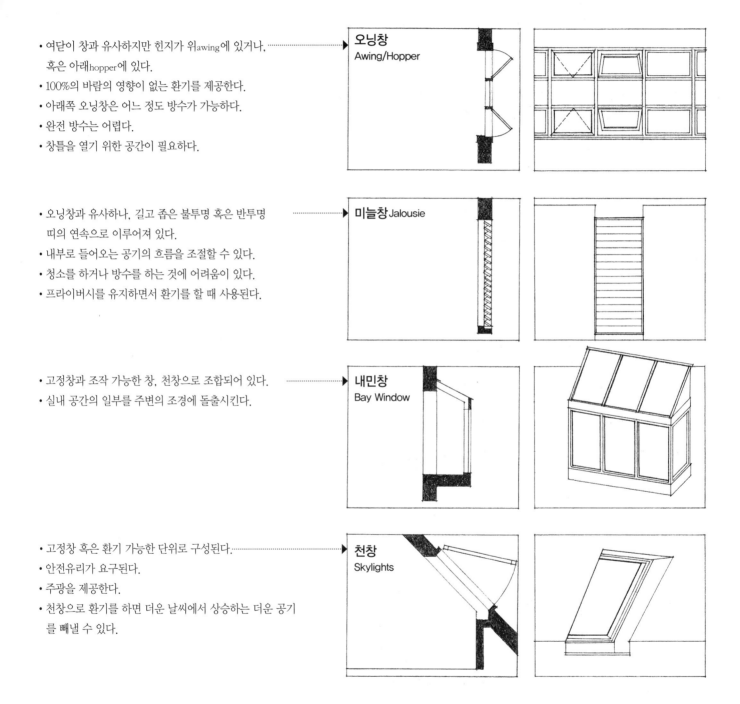

- 여닫이 창과 유사하지만 힌지가 위awing에 있거나,
  혹은 아래hopper에 있다.
- 100%의 바람의 영향이 없는 환기를 제공한다.
- 아래쪽 오닝창은 어느 정도 방수가 가능하다.
- 완전 방수는 어렵다.
- 창틀을 열기 위한 공간이 필요하다.

오닝창
Awing/Hopper

- 오닝창과 유사하나, 길고 좁은 불투명 혹은 반투명
  띠의 연속으로 이루어져 있다.
- 내부로 들어오는 공기의 흐름을 조절할 수 있다.
- 청소를 하거나 방수를 하는 것에 어려움이 있다.
- 프라이버시를 유지하면서 환기를 할 때 사용된다.

미늘창Jalousie

- 고정창과 조작 가능한 창, 천창으로 조합되어 있다.
- 실내 공간의 일부를 주변의 조경에 돌출시킨다.

내민창
Bay Window

- 고정창 혹은 환기 가능한 단위로 구성된다.
- 안전유리가 요구된다.
- 주광을 제공한다.
- 천창으로 환기를 하면 더운 날씨에서 상승하는 더운 공기
  를 빼낼 수 있다.

천창
Skylights

공장 제조 창문은 기성 사이즈로 되어 있는데, 제조자에 따라서 조금씩 차이가 있다. 개별적인 크기와 모양으로 만들 수 있지만, 추가비용이 발생된다.

벽 시공에 있어서 개구부는 창문 유닛의 수평과 수직을 맞추기 위해서 양쪽 옆과 높이에 있어서 13mm에서 19mm 정도의 여유를 둔다. 프레임의 외부에서의 비막이 장치와 틈새 메우기는 비바람에 견디는 연결부를 만들고, 건물의 열손실의 주요한 원인인 공기의 침투를 최소화시킨다.

창문의 싸개와 트림작업은 창문 유닛과 개구부 사이의 갭을 감추어주고 마감해주는 데 사용된다. 인테리어 트림의 종류는 공간의 성격을 결정하는 데 중요한 역할을 한다.

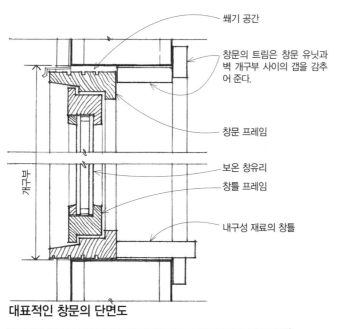

쐐기 공간

창문의 트림은 창문 유닛과 벽 개구부 사이의 갭을 감추어 준다.

창문 프레임

보온 창유리

창틀 프레임

내구성 재료의 창틀

깊이

대표적인 창문의 단면도

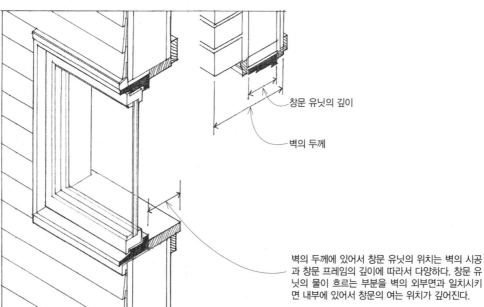

창문 유닛의 깊이

벽의 두께

벽의 두께에 있어서 창문 유닛의 위치는 벽의 시공과 창문 프레임의 깊이에 따라서 다양하다. 창문 유닛의 물이 흐르는 부분을 벽의 외부면과 일치시키면 내부에 있어서 창문의 여는 위치가 깊어진다.

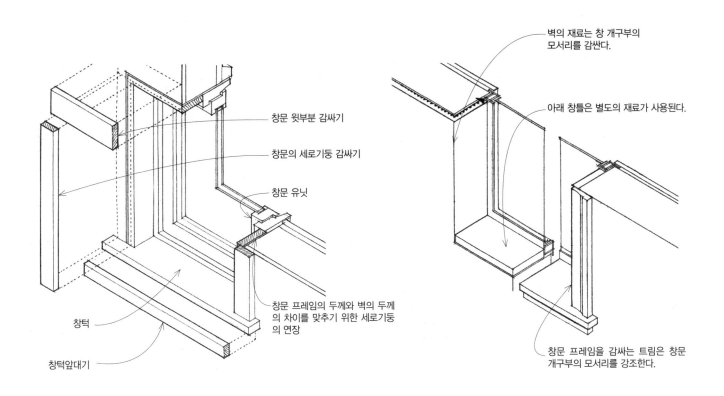

창문 윗부분 감싸기

창문의 세로기둥 감싸기

창문 유닛

창문 프레임의 두께와 벽의 두께의 차이를 맞추기 위한 세로기둥의 연장

창턱

창턱앞대기

벽의 재료는 창 개구부의 모서리를 감싼다.

아래 창틀은 별도의 재료가 사용된다.

창문 프레임을 감싸는 트림은 창문 개구부의 모서리를 강조한다.

내부 창문의 트림

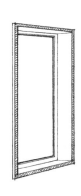

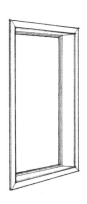

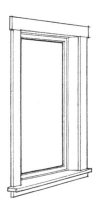

최소 트림 :
벽의 재료가 창문 개구부의 주변을 둘러싼다.

가벼운 트림 :
단지 창문 트림의 두께 모서리만 드러난다.

보통 트림 :
전체 창문의 개구부를 가느다란 트림으로 감싸며 둘러싼다.

강한 트림 :
윗부분, 세로기둥, 창턱이 전부 다르다.

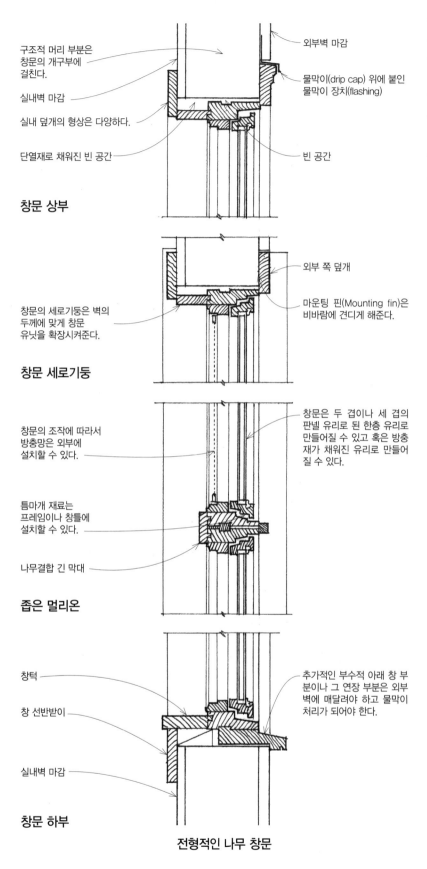

구조적 머리 부분은
창문의 개구부에
걸친다.

실내벽 마감

실내 덮개의 형상은 다양하다.

단열재로 채워진 빈 공간

외부벽 마감

물막이(drip cap) 위에 붙인
물막이 장치(flashing)

빈 공간

창문 상부

창문의 세로기둥은 벽의
두께에 맞게 창문
유닛을 확장시켜준다.

외부 쪽 덮개

마운팅 핀(Mounting fin)은
비바람에 견디게 해준다.

창문 세로기둥

창문의 조작에 따라서
방충망은 외부에
설치할 수 있다.

틈마개 재료는
프레임이나 창틀에
설치할 수 있다.

나무결합 긴 막대

창문은 두 겹이나 세 겹의
판넬 유리로 된 한층 유리로
만들어질 수 있고 혹은 방충
재가 채워진 유리로 만들어
질 수 있다.

좁은 멀리온

창턱

창 선반받이

실내벽 마감

추가적인 부수적 아래 창 부
분이나 그 연장 부분은 외부
벽에 매달려야 하고 물막이
처리가 되어야 한다.

창문 하부

전형적인 나무 창문

요즘 사용되는 대부분의 창문은 나무나 금속틀로 만든 프리패브리케이트prefabricate 유닛이다. 일반적으로 나무틀은 가마 건조되어 깨끗하고 세로 나뭇결을 가지고 있다. 또한 대부분 공장에서 방수보전 처리가 되어 있다. 틀의 외부는 마감처리 없이, 착색이 되고, 페인트를 칠할 수 있거나, 혹은 유지가 용이한 비닐이나 아크릴 코팅된 알루미늄으로 덮어씌운 것으로 주문할 수 있다. 틀의 내부는 마감처리가 없거나, 비닐을 씌우거나 혹은 페인트 처리할 수 있게 주문할 수 있다.

금속틀은 강해서 대개는 나무틀보다 단면이 얇게 되어 있다. 스테인리스 스틸과 청동 창문 프레임도 있지만, 알루미늄과 철재가 가장 평범한 재료이다. 알루미늄틀은 자연스러운 광택처리가 되어 있거나 혹은 추가적인 보호와 색상을 위해서 양극산화처리가 되어 있을 수 있다. 알루미늄은 효과적인 열전도체이기 때문에 구조체 안에 단열처리를 하지 않으면 추운 날씨에서는 안쪽 면에 수증기가 응축될 수 있다. 철제 창틀은 부식방지를 위해 반드시 아연도금처리를 하거나 페인트칠이 되어야 한다.

알루미늄은 **전기적 부식**galvanic corrosion에 민감하기 때문에 금속을 달거나 물막이 장치를 설치할 때, 알루미늄 혹은 스테인리스 스틸이나 아연 도금된 철재와 같이 알루미늄과 호환할 수 있는 재료를 사용해야 한다. 구리와 같은 다른 재료를 사용하려면 네오프렌 또는 두꺼운 천을 코팅하는 등의 방수 및 비전도의 재료를 사용하여 알루미늄을 직접적인 접촉으로부터 격리해야 한다.

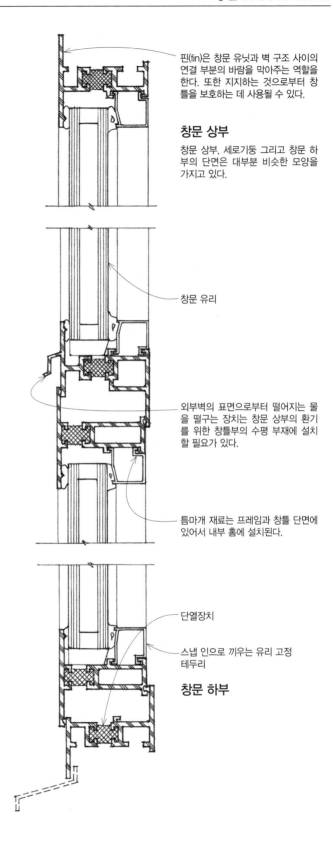

핀(fin)은 창문 유닛과 벽 구조 사이의 연결 부분의 바람을 막아주는 역할을 한다. 또한 지지하는 것으로부터 창틀을 보호하는 데 사용될 수 있다.

창문 상부
창문 상부, 세로기둥 그리고 창문 하부의 단면은 대부분 비슷한 모양을 가지고 있다.

창문 유리

외부벽의 표면으로부터 떨어지는 물을 떨구는 장치는 창문 상부의 환기를 위한 창틀부의 수평 부재에 설치할 필요가 있다.

틈마개 재료는 프레임과 창틀 단면에 있어서 내부 홈에 설치된다.

단열장치

스냅 인으로 끼우는 유리 고정 테두리

창문 하부

전형적인 금속 창문

창문과 천창의 크기와 방향은 실내 공간에 들어오고 발산하는 자연광의 양과 품질을 좌우한다. 창문의 크기는 빛의 양과 명확한 관계가 있다. 방에 설치된 창문의 방향과 장소에 의해서 강도나 색상과 같은 빛의 품질이 결정된다.

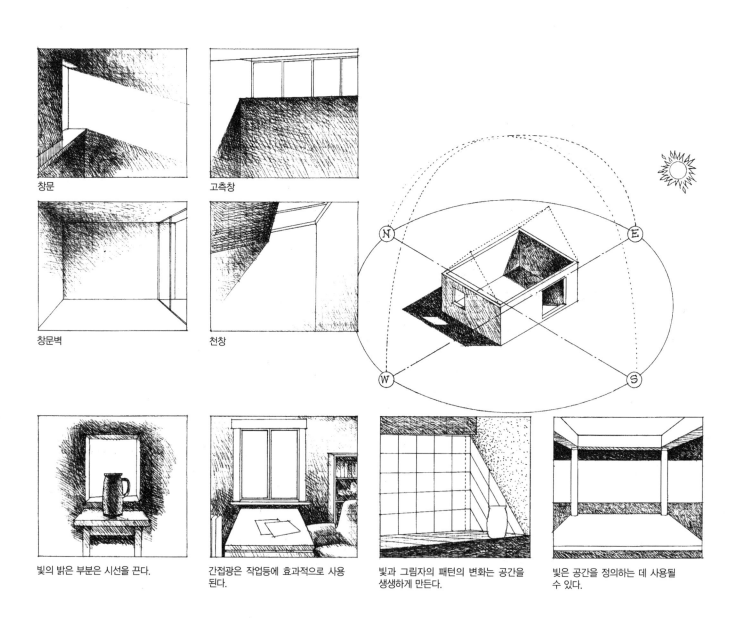

창문

고측창

창문벽

천창

빛의 밝은 부분은 시선을 끈다.

간접광은 작업등에 효과적으로 사용된다.

빛과 그림자의 패턴의 변화는 공간을 생생하게 만든다.

빛은 공간을 정의하는 데 사용될 수 있다.

자연환기는 기계적인 의미보다는 공기의 자연스러운 움직임으로 환기되는 것으로 지속가능한 디자인의 중요한 요소이다. 모든 기후환경에 있어서 바람의 속도, 온도, 방향은 창문을 설치함에 있어 중요한 부지의 고려사항이다. 더운 기간에는 바람에 의한 환기를 통해 증발 또는 전도를 이용한 냉각이 바람직하다. 추운 날씨에 건물 안으로 찬 공기가 들어오는 것을 최소화하기 위해서 바람은 창문으로부터 피하거나 막아져야 한다. 일상적으로는 건강과 실내 공간의 신선하지 않은 공기와 냄새를 제거하기 위해서 어느 정도의 환기는 바람직하다.

실내 공간에 있는 자연 환기는 온도뿐만 아니라 공기압에 의해서 발생된다. 이러한 힘에 의해 생기는 공기패턴은 공기의 흐름보다 건물의 형상에 더 많은 영향을 받는다.

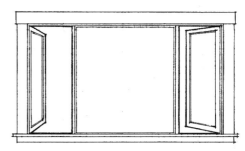

자연환기를 위해서는 창문을 작동할 수 있어야 한다.

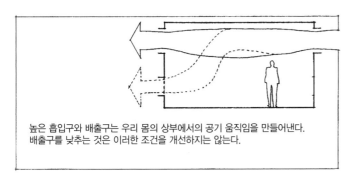

높은 흡입구와 배출구는 우리 몸의 상부에서의 공기 움직임을 만들어낸다. 배출구를 낮추는 것은 이러한 조건을 개선하지는 않는다.

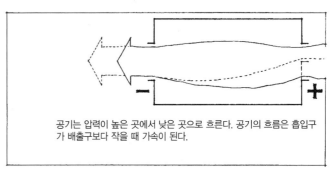

공기는 압력이 높은 곳에서 낮은 곳으로 흐른다. 공기의 흐름은 흡입구가 배출구보다 작을 때 가속이 된다.

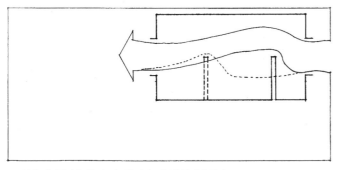

실내 파티션과 높은 가구는 공기의 흐름에 방해가 된다.

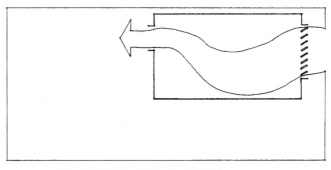

루버는 공기 흐름을 제어하는 데 도움이 된다.

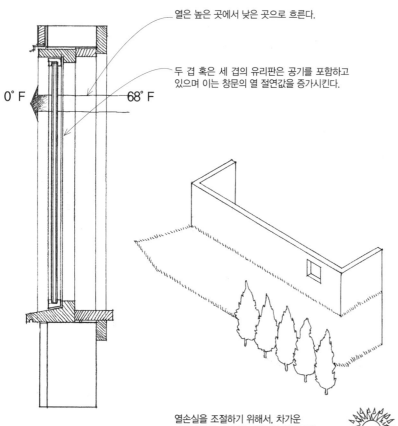

열은 높은 곳에서 낮은 곳으로 흐른다.

두 겹 혹은 세 겹의 유리판은 공기를 포함하고 있으며 이는 창문의 열 절연값을 증가시킨다.

0°F   68°F

창문은 잠겨 있을 때에도 건물 열취득과 발산의 근원이 된다. 열 취득은 추운 날씨에서는 난방 에너지를 절약하는 데 도움이 되지만 더운 날씨에서는 냉방 에너지를 증가시키게 된다. 열취득은 태양 복사선이 창문을 통과하기 때문에 가능하다. 창문을 통한 열손실은 차가운 날씨에 더워진 실내 공간과 차가운 외부 공기 사이의 온도 차이에 의해서 에너지를 낭비하게 된다.

유리는 단열성능이 거의 없다. 열의 흐름에 저항을 높이기 위해서, 창문은 두 겹 혹은 세 겹의 유리판으로 만들 수 있으며, 유리판 사이에 있는 공기를 이용해서 단열을 하게 된다. 공기층은 단열가스로 채워질 수 있는데, 대개는 아르곤, 크립톤 등이 사용되어 열전달을 줄이게 된다. 그리고 단열효과를 높이기 위해서 색상을 넣거나, 반사, 혹은 로이 유리low-e를 사용할 수 있다.

열손실을 조절하기 위해서, 차가운 겨울바람을 마주하는 창문의 개구부를 최소화하거나, 또는 조경 요소로 막아준다.

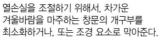

창문의 방향은 시공보다는 태양 복사열을 조절함에 있어서 더 비용 절감효과가 있다.

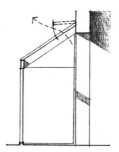

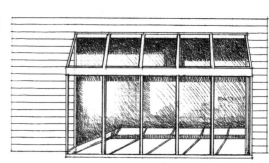

일광욕실은 많은 양의 태양빛이 들어오는 유리로 된 영역이다. 육중한 재료는 열에너지를 저장했다가 나중에 발산한다. 어떤 경우는 더운 날씨에 공간의 환기를 위해서 유리 창문의 조작이 가능해야 한다.

실내 환경의 심미적 영향에 더불어, 창문은 방 안에 있는 가구들의 물리적인 배치에 영향을 미친다. 빛이 있는 낮 시간 동안의 밝음과 창문이 주는 조망은 우리의 시선을 끌게 되고, 우리는 가구들을 그쪽을 향하여 배치한다.

창문을 배치할 때 디자이너는 창문 사이의 벽의 조각들의 크기와 비례가 원하는 가구를 설치 가능한지를 고려해야 한다. 만약에 벽 공간이 중요하다면, 고측창문과 천창 등을 대안으로 생각할 수 있다.

창문 하단의 높이는 창 아래에 무엇을 설치할 수 있는가와 관계가 있다. 낮은 창문의 하단 높이는 창 바로 앞의 바닥 영역에 아무것도 설치가 안 된 채로 남겨 놓기 때문에, 결과적으로 방 안에서 사용 가능한 바닥 공간이 줄어들게 된다. 창문이 바닥까지 확장되어서 내부와 외부를 시각적으로 연결하고자 하는 경우에는 이것이 매우 적절하다.

창문 근처에 가구를 배치할 때 고려해야 할 부정적인 사항은 방에 거주하는 사람에 대한 열, 직접 광선에 의한 눈부심, 방의 카펫과 다른 가구가 퇴색 및 악화될 수 있는 가능성 등이다.

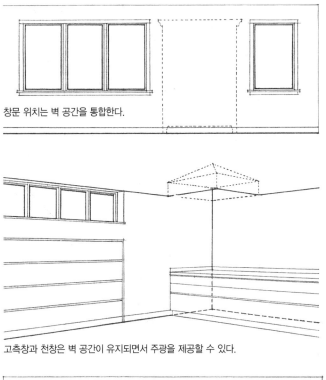

창문 위치는 벽 공간을 통합한다.

고측창과 천창은 벽 공간이 유지되면서 주광을 제공할 수 있다.

창문은 그들을 등지고 서 있는 가구의 뒷부분을 노출시킨다.

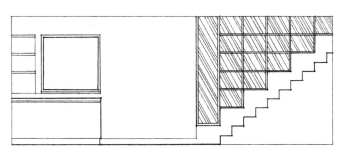

창문의 위치는 작업대나 계단과 같은 고정된 요소를 고려해야 한다.

바닥까지 확장된 전면창은 거기에 가구를 배치할 수 없게 만든다.

문과 출입구는 사람, 가구, 그 외의 물건들이 건물을 드나들거나 방에서 방으로 움직일 수 있는 물리적인 접근이 가능하게 한다. 디자인과 시공, 위치에 따라서 문과 창문은 방의 사용이나 한 공간에서 다른 공간으로의 조망, 빛, 소리, 열기, 공기의 이동을 조절할 수 있다.

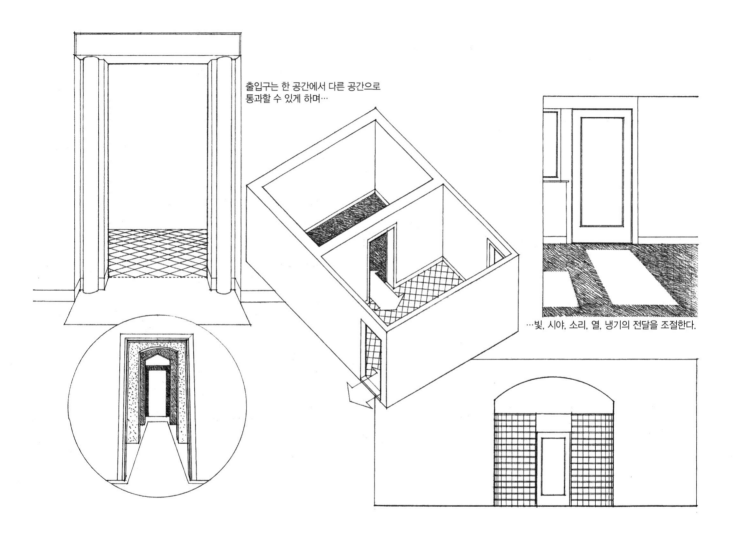

출입구는 한 공간에서 다른 공간으로 통과할 수 있게 하며…

…빛, 시야, 소리, 열, 냉기의 전달을 조절한다.

문은 나무나 철재 틀로 만들어진다. 문틀은 미리 칠해지거나, 칠할 준비가 마친 상태에서 생산되거나, 혹은 여러 가지 재료로 덮일 수 있다. 문은 들여다 볼 수 있게 유리가 끼워질 수 있고, 환기를 위해서 루버를 포함할 수 있다.

유리문은 대개 경첩과 다른 하드웨어를 잡아주는 이음쇠와 함께 13mm 또는 19mm 두께의 강화유리로 시공된다. 옆 기둥은 필요가 없으며, 문은 벽이나 파티션에 직접적으로 지지된다.

특수한 문은 내화등급, 음향등급, 단열 수치 등을 갖도록 만들 수 있다.

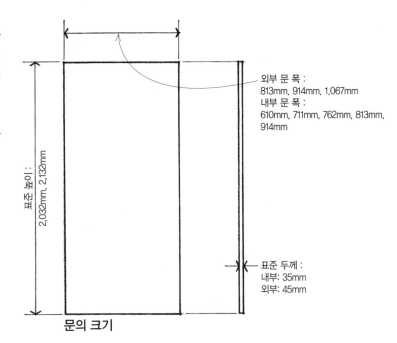

외부 문 폭 :
813mm, 914mm, 1,067mm
내부 문 폭 :
610mm, 711mm, 762mm, 813mm, 914mm

표준 두께 :
내부: 35mm
외부: 45mm

표준 높이 : 2,032mm, 2,132mm

문의 크기

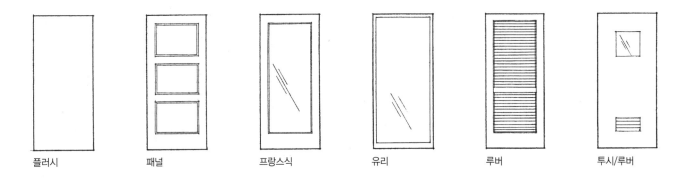

플러시   패널   프랑스식   유리   루버   투시/루버

문의 디자인

디자인과 시공에 더해서, 그들이 작동하는 것에 따라서 나누어질 수 있다.

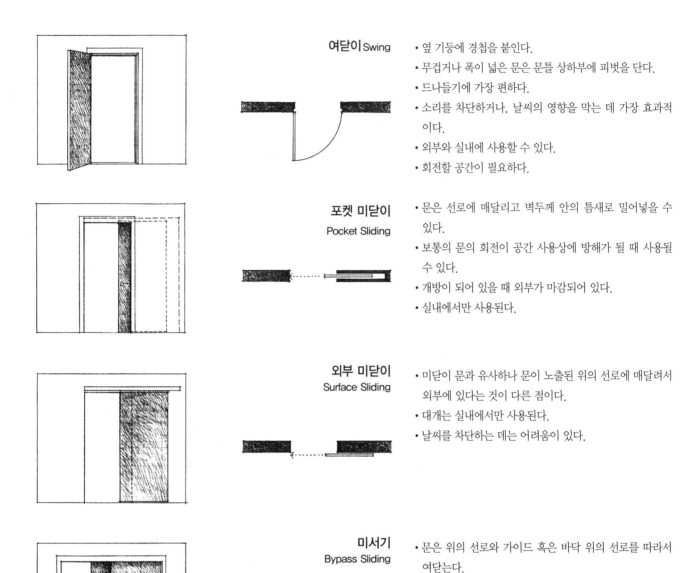

여닫이 Swing
- 옆 기둥에 경첩을 붙인다.
- 무겁거나 폭이 넓은 문은 문틀 상하부에 피벗을 단다.
- 드나들기에 가장 편하다.
- 소리를 차단하거나, 날씨의 영향을 막는 데 가장 효과적이다.
- 외부와 실내에 사용할 수 있다.
- 회전할 공간이 필요하다.

포켓 미닫이
Pocket Sliding
- 문은 선로에 매달리고 벽두께 안의 틈새로 밀어넣을 수 있다.
- 보통의 문의 회전이 공간 사용상에 방해가 될 때 사용될 수 있다.
- 개방이 되어 있을 때 외부가 마감되어 있다.
- 실내에서만 사용된다.

외부 미닫이
Surface Sliding
- 미닫이 문과 유사하나 문이 노출된 위의 선로에 매달려서 외부에 있다는 것이 다른 점이다.
- 대개는 실내에서만 사용된다.
- 날씨를 차단하는 데는 어려움이 있다.

미서기
Bypass Sliding
- 문은 위의 선로와 가이드 혹은 바닥 위의 선로를 따라서 여닫는다.
- 출입구의 50%만 열린다.
- 실내에서 대부분 시각적인 차단을 위해서 사용된다.
- 외부에서는 여닫이 유리창에 사용된다.

- 경첩이 달린 패널문으로 구성되어 있고 위쪽의 선로를 따라서 여닫는다.
- 실내에서만 사용된다.
- 창고를 닫거나 벽장 공간을 시각적으로 차단하기 위해서 주로 사용된다.

접이식 문 Bifold

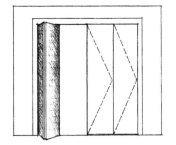

- 패널이 작다는 것을 제외하면 접이식 문과 유사하다.
- 실내에서만 사용된다.
- 넓은 공간을 작은 공간으로 나눌 때 사용된다.

아코디언 접이식 문
Accordion Folding

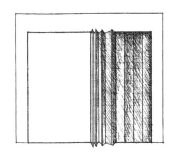

- 문의 패널은 위 선로를 따라 여닫는다.
- 선로는 곡선 경로를 따라서 구성된다.
- 패널은 포켓에 집어넣거나 정돈될 수 있다.
- 실내에서 사용된다.
- 외부에서는 유리 접이식 문의 사용이 가능하다.

특수 접이식 문
Special Folding

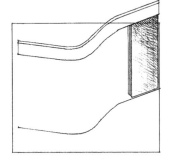

- 문의 옆면에 경첩을 달고, 위쪽 선로로 돌려 올릴 수 있는 구조로 되어 있다.
- 대개는 크고, 넓은 개구부를 닫을 수 있고 외부와 실내에서 사용 가능하다.
- 흔하게 사용되지는 않는다.

위로 밀어 올리는 문
Overhead Doors

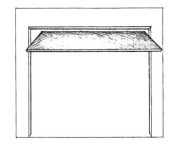

속이 빈 금속 문은 금속 홈쇠 틀에 금속판을 붙이고 홈쇠로 강화시킨 것이다. 홈쇠는 크래프트 종이의 벌집모양, 보강강판, 광물질, 강한 플라스틱 코어가 될 수 있다. 속이 빈 금속 문은 전부 유리이거나, 작은 창을 가진 패널, 가늘고 긴 틈, 혹은 루버를 가진 플러시 문으로 사용 가능하다. 금속 문은 페인트를 칠할 수 있게 마감되거나 아연 도금처리될 수 있다. 그들은 비닐이 덮인 구워진 법랑질로 마감되거나, 광택 혹은 질감이 있는 스테인리스 스틸이나 알루미늄 외피를 가질 수 있다.

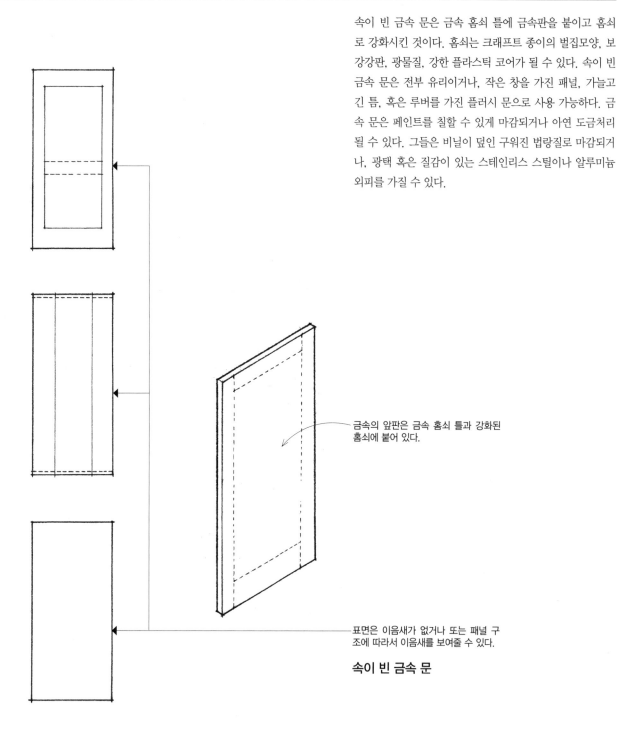

금속의 앞판은 금속 홈쇠 틀과 강화된 홈쇠에 붙어 있다.

표면은 이음새가 없거나 또는 패널 구조에 따라서 이음새를 보여줄 수 있다.

속이 빈 금속 문

목재 플러시 문은 유리나 루버를 삽입할 수 있다. 중심 속이 빈 문은 주름진 섬유판 또는 긴 나무 판재로 덮이는 구조틀을 하고 있다. 그들은 가볍지만 단열이나 방음 효과는 미미하다. 주로 내부에서 사용되는 목적을 가지고 있다.

속이 꽉 찬 문은 내부에 목재를 붙인 것, 집성재, 또는 금속재의 조합으로 되어 있다. 속이 꽉 찬 문은 주로 외부에 사용되는 목적을 가지고 있지만, 내화성, 방음, 또는 치수 안전성이 요구되는 곳에 사용될 수 있다.

나무틀로 되어 있는 문은 내부에 단단한 나무, 폴리우드 패널, 유리 투과창, 또는 루버를 가지고 있는 수직과 수평의 부재로 이루어져 있다. 전부 루버로 꾸미거나 또는 프랑스식 문 스타일의 다양한 패널 디자인이 가능하다.

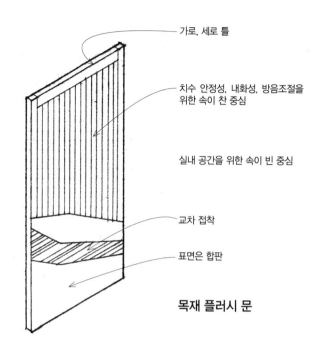

가로, 세로 틀

치수 안정성, 내화성, 방음조절을 위한 속이 찬 중심

실내 공간을 위한 속이 빈 중심

교차 접착

표면은 합판

목재 플러시 문

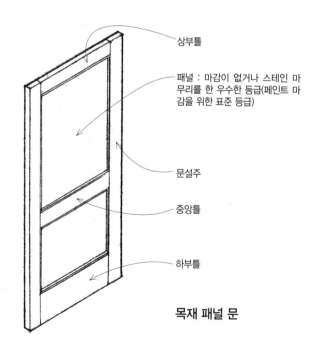

상부틀

패널 : 마감이 없거나 스테인 마무리를 한 우수한 등급(페인트 마감을 위한 표준 등급)

문설주

중앙틀

하부틀

목재 패널 문

대부분의 문은 많은 표준 사이즈와 스타일로 만들어지기 때문에, 문틀 장식은 디자이너가 출입구의 규모와 성격을 부여하기 위해서 관여하는 영역이다.

문과 같이 문틀도 표준적인 품목이다. 속이 빈 금속 문은 속이 빈 메탈틀에 매달리게 된다. 이것은 홈rabbets이 한쪽 혹은 양쪽으로 있으며 벽의 두께에 해당되는 부분을 받치거나 둘러싸게 된다. 표준적인 평평한 면에 더해서, 다양한 형식의 장식 몰드가 사용 가능하다.

목재문은 나무 혹은 속이 빈 금속틀을 사용한다. 대부분 외부 문틀은 일체형 문받이를 가지고 내부의 문틀은 덧댄 문받이를 가진다. 문틀 장식은 문틀과 벽 표면의 간극을 감추기 위해서 사용된다. 만약에 벽의 재료가 깨끗하게 정리가 되고, 문틀을 받쳐줄 수 있다면, 문틀 장식은 생략될 수 있다.

문틀 장식은 형태와 색상으로 출입구를 강조하고, 문을 공간 안에서의 독특한 시각적인 요소로서 명확하게 드러낼 수 있다. 출입구의 개구부는 측면광과 문 위의 가로대를 이용해서 물리적으로, 혹은 색상과 트림작업을 이용해서 시각적으로 확대할 수 있다.

반대로 문틀과 트림은 출입구의 규모를 시각적으로 줄이거나 혹은 벽의 단순한 보이드로 보이도록 할 수 있다.

주변의 벽과 평면이 같도록 만든다면, 문은 벽면과 통합되게 마무리를 하거나, 벽의 일부가 되게 할 수 있다.

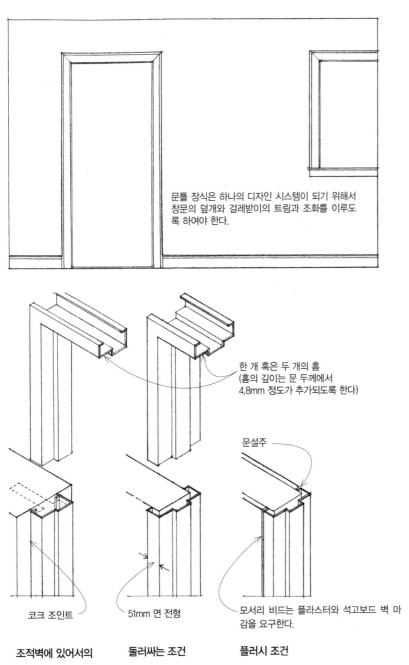

문틀 장식은 하나의 디자인 시스템이 되기 위해서 창문의 덮개와 걸레받이의 트림과 조화를 이루도록 하여야 한다.

한 개 혹은 두 개의 홈
(홈의 깊이는 문 두께에서
4.8mm 정도가 추가되도록 한다)

문설주

코크 조인트

51mm 면 전형

모서리 비드는 플라스터와 석고보드 벽 마감을 요구한다.

조적벽에 있어서의 받치는 조건

둘러싸는 조건

플러시 조건

속 빈 금속 문틀

내부 창문의 트림

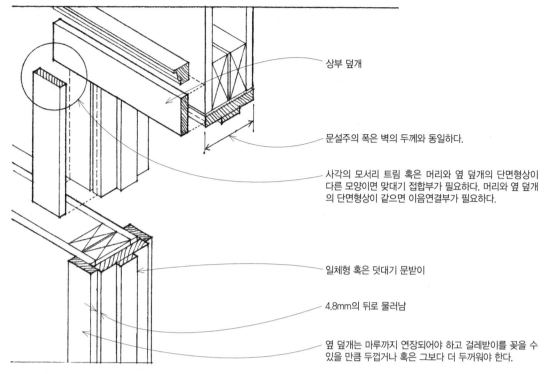

상부 덮개

문설주의 폭은 벽의 두께와 동일하다.

사각의 모서리 트림 혹은 머리와 옆 덮개의 단면형상이
다른 모양이면 맞대기 접합부가 필요하다. 머리와 옆 덮개
의 단면형상이 같으면 이음연결부가 필요하다.

일체형 혹은 덧대기 문받이

4.8mm의 뒤로 물러남

옆 덮개는 마루까지 연장되어야 하고 걸레받이를 꽂을 수
있을 만큼 두껍거나 혹은 그보다 더 두꺼워야 한다.

목재 문틀

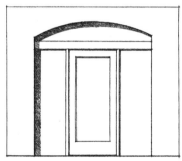

측광과 상부의 가로대는 출입구의 개구부 규
모를 크게 만든다.

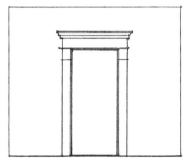

트림작업은 출입구를 보충 설명해주며, 그 다음에
무엇이 있을 것인가에 대한 힌트를 준다.

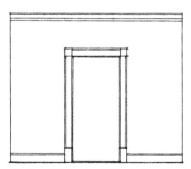

단순한 트림작업조차도 출입구의 개구부를 강
조할 수 있다.

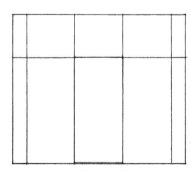

출입구는 주변의 벽 표면과 통합될 수 있다.

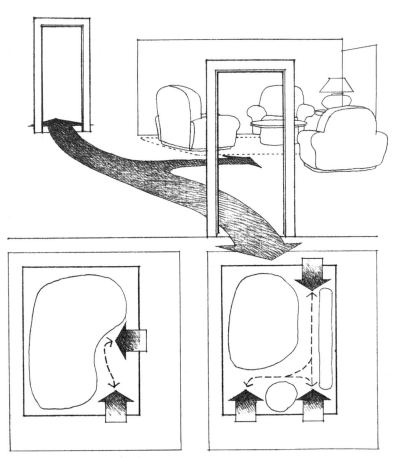

한 건물의 실내 공간 연결에서, 출입구는 경로를 연결한다. 그들의 위치는 공간 안에서 뿐만 아니라 공간에서의 공간으로의 우리 움직임의 패턴에 영향을 준다. 이러한 패턴의 성격은 실내 공간 안에서의 사용과 활동에 적절해야 한다.

공간은 우리가 움직이기 편해야 하며 문의 작동이 쉬워야 한다. 동시에, 가구와 활동의 배치를 위해서 충분하고 적절한 정도의 공간이 있어야 한다.

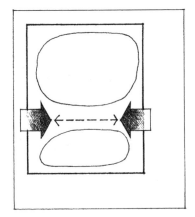

서로 가까이 놓인 두 개의 출입구는 짧은 경로를 만들면서 사용 가능한 바닥 공간을 최대로 남기게 된다.

구석이나 구석 가까이 놓인 출입구는 벽을 따라서 지나가는 경로를 만든다. 구석에서 멀리 떨어진 곳에 출입구를 만들면 보관함과 같은 가구들을 벽을 따라서 놓기가 좋아진다.

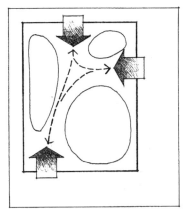

반대편에 놓인 출입구는 직선의 경로를 만들며 방을 두 개의 영역으로 나누게 된다.

세 개의 벽에 놓인 세 개의 출입구는 바닥 영역에서 너무 많은 경로를 차지하며, 사용 가능한 공간을 작게 분할하게 된다.

출입구의 배치에서 또 다른 고려사항은 옆 공간에서 혹은 들어가는 과정에서 개구부를 통해서 보이는 조망이다. 시각적인 프라이버시가 요구되는 방에서는 열려 있을 때에도 공간의 개인적인 영역까지 직접 보여서는 안 된다.

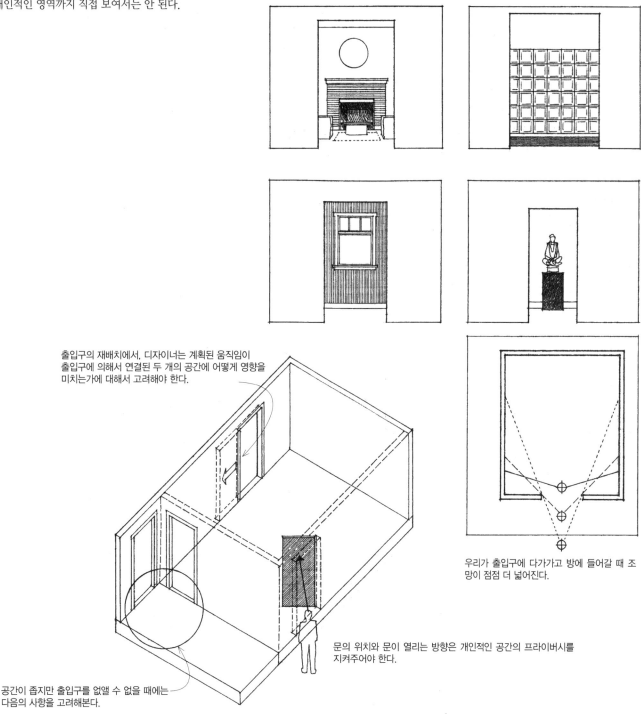

출입구의 재배치에서, 디자이너는 계획된 움직임이 출입구에 의해서 연결된 두 개의 공간에 어떻게 영향을 미치는가에 대해서 고려해야 한다.

우리가 출입구에 다가가고 방에 들어갈 때 조망이 점점 더 넓어진다.

문의 위치와 문이 열리는 방향은 개인적인 공간의 프라이버시를 지켜주어야 한다.

공간이 좁지만 출입구를 없앨 수 없을 때에는 다음의 사항을 고려해본다.

- 한 개 혹은 두 개의 문의 열리는 방향을 바꾸어본다.
- 접이식 문 혹은 미닫이 문으로 바꾸어본다.
- 문이 꼭 필요한 경우가 아니면 제거하고 출입구만을 남긴다.

계단은 건물의 여러 층을 수직하게 이동할 수 있게 해준다. 계단 디자인에서 가장 중요한 기능적인 기준은 오르고 내림에 있어서 안전성과 편리함이다. 계단의 **챌판**과 **디딤면**은 우리 몸의 움직임에 맞추어 비례가 맞아야 한다. 계단의 경사도가 심하면 올라가는 것이 심리적으로 위축됨은 물론 육체적으로 힘들고, 내려올 때 위태롭게 만든다. 만약에 경사도가 얕으면, 디딤면이 우리들의 걸음에 맞출 수 있을 정도로 깊어야 한다.

건축법규는 챌판과 디딤면의 치수의 최대치와 최소치를 규제하고 있다. 한 계단 내에서 챌판과 디딤면은 최소와 최대의 차이가 9.5mm 안의 치수에서 동일해야 한다.

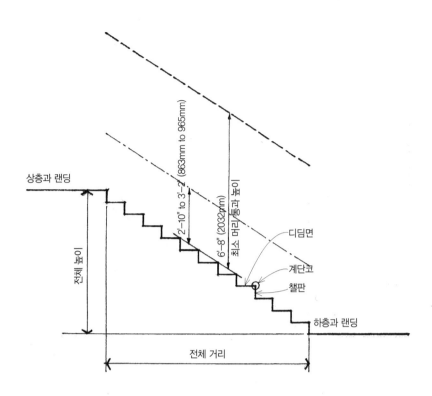

상층과 랜딩
2'-10" to 3'-2" (863mm to 965mm)
6'-8" (2032mm)
최소 머리틈과 높이
전체 높이
디딤면
계단코
챌판
하층과 랜딩
전체 거리

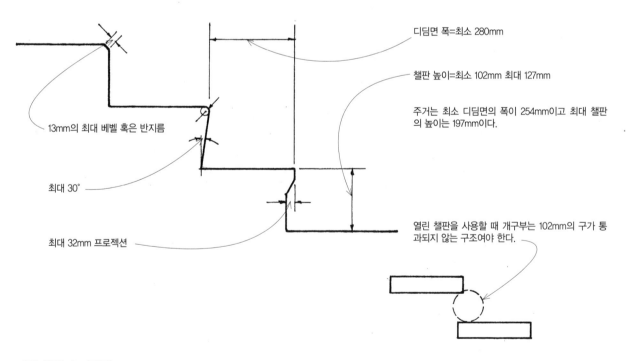

디딤면 폭=최소 280mm

챌판 높이=최소 102mm 최대 127mm

주거는 최소 디딤면의 폭이 254mm이고 최대 챌판의 높이는 197mm이다.

13mm의 최대 베벨 혹은 반지름

최대 30°

최대 32mm 프로젝션

열린 챌판을 사용할 때 개구부는 102mm의 구가 통과되지 않는 구조여야 한다.

계단 챌판과 디딤판

계단은 가구나 기구를 움직일 수 있어야 하고 우리의 통행을 편안하게 해주어야 한다. 건축법규는 사용과 거주자의 하중에 따라서 최소한의 폭을 지정하고 있다. 여하튼 이러한 최솟값을 넘어서서, 계단의 폭은 공적, 사적인 계단의 성격에 대한 시각적인 실마리를 제공해야 한다.

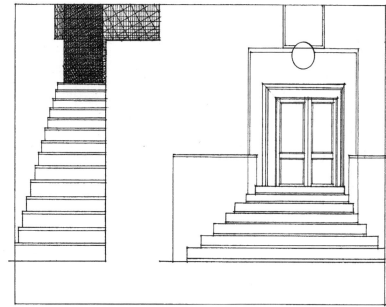

계단의 폭과 상승 각도는 다양하며, 이에 따라 계단 사용의 편리함이 결정된다.

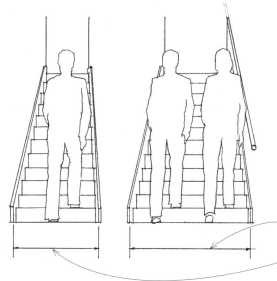

최소 안목치수 1,118mm

거주자 하중 49 혹은 그보다 적은 것에는 914mm

일반적으로, 핸드레일은 요구되는 폭에서 최대 114mm가 튀어나올 수 있다.

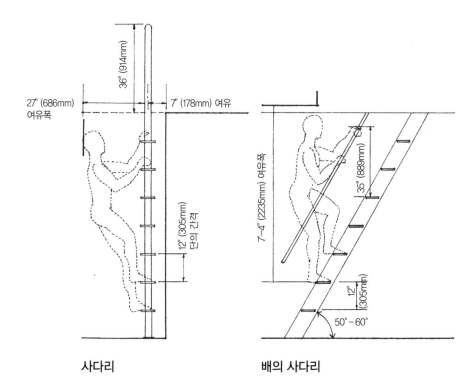

사다리

배의 사다리

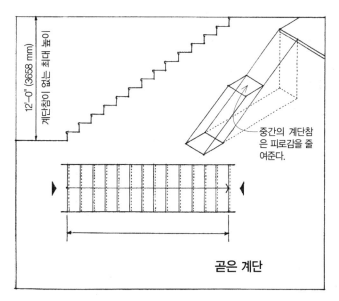

12'-0" (3658 mm) 계단참이 없는 최대 높이

중간의 계단참
은 피로감을 줄
여준다.

곧은 계단

계단의 구성은 계단을 오르거나 내려갈 때 경로의 방향을 결정짓는다. 계단 단의 구성에는 몇 가지 기본적인 방법이 있다. 이러한 다양성은 계단참의 사용에 따른 것이며, 이것은 계단의 오름을 끊어주고 방향을 바꿀 수 있게 한다. 계단참은 쉴 수 있는 기회를 제공하고, 계단 밖의 풍경을 볼 수 있는 기회를 제공한다. 계단의 경사도와 함께 계단참의 위치는 우리가 계단을 오르고 내릴 때의 리듬을 결정한다.

모든 계단의 계획에 있어서 중요한 고려사항은 각 층의 이동경로를 어떻게 연결하는 것인가이다. 두 번째 고려사항은 계단이 요구하는 공간의 크기이다. 각각의 기본적인 계단 유형은 주변 공간에 놓일 수 있는 위치에 영향을 주는 고유한 비례를 가지고 있다. 이러한 비례는 패턴에 있어서 계단참의 위치를 조정함에 따라서 어느 정도 바뀔 수 있다. 어떤 경우이든 공간에서는 계단의 상부와 하부에 안전하고 편안하게 접근하고 나갈 수 있어야 한다.

계단참은 최소한 계단의 폭 정도의 넓이를 가져야 하고, 진행방향으로 최소한 1,118mm 길이를 가져야 한다. 주거 유닛에 있어서 계단참은 914mm의 길이를 가져야 한다.

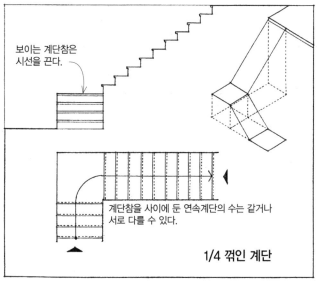

보이는 계단참은
시선을 끈다.

계단참을 사이에 둔 연속계단의 수는 같거나
서로 다를 수 있다.

1/4 꺾인 계단

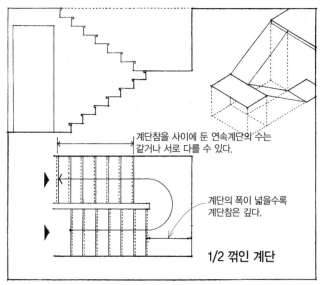

계단참을 사이에 둔 연속계단의 수는
같거나 서로 다를 수 있다.

계단의 폭이 넓을수록
계단참은 깊다.

1/2 꺾인 계단

돌음단winder은 원형 혹은 나선형 계단에서 사용된 늘어난 디딤면을 이야기한다. 방향을 바꿀 때 1/4 그리고 1/2 꺾인 계단에서는 공간을 보존하기 위해서 계단참보다는 돌음단을 사용한다.

돌음단은 안쪽의 구석에 아주 작은 발판을 만들게 되어서 위험하다. 일반적으로 건축법규는 이런 계단의 사용을 개별 주거 유닛에서의 사적 계단 사용에 제한하고 있다.

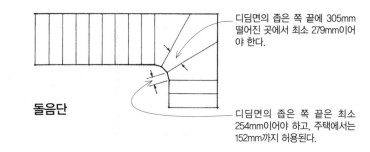

디딤면의 좁은 쪽 끝에 305mm 떨어진 곳에서 최소 279mm이어야 한다.

돌음단

디딤면의 좁은 쪽 끝은 최소 254mm이어야 하고, 주택에서는 152mm까지 허용된다.

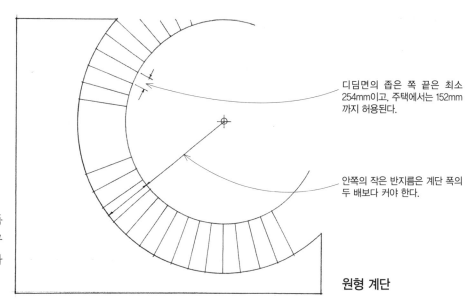

디딤면의 좁은 쪽 끝은 최소 254mm이고, 주택에서는 152mm까지 허용된다.

안쪽의 작은 반지름은 계단 폭의 두 배보다 커야 한다.

원형 계단은 둘러싸는 안쪽의 반지름이 계단 폭의 두 배가 되면 비상탈출에 사용할 수 있다. 구체적인 요구사항은 건축법규를 참고해야 한다 (미국의 경우).

원형 계단

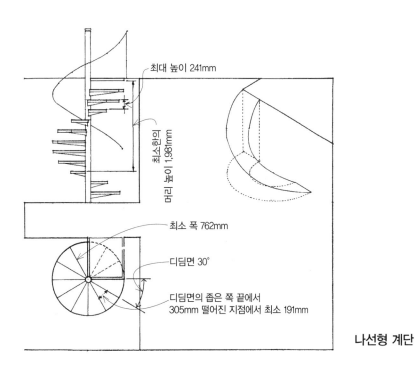

최대 높이 241mm

최소한의 머리 높이 1,981mm

건축법규는 일반적으로 나선형 계단을 개별 주거 유닛에서의 사적 계단 사용에 제한하고 있다.

최소 폭 762mm

디딤면 30°

디딤면의 좁은 쪽 끝에서 305mm 떨어진 지점에서 최소 191mm

나선형 계단

계단멍에와 옆판은 연속계단의 디딤판과 챌판을 지지하는 경사진 부재이다.

나무 계단 구조는 계단멍에 혹은 계단 옆판이라 불리는 빔에 의해서 지지되는 경사진 바닥면을 계단이라 생각하면 이해가 쉽다. 그래서 각각의 디딤면은 계단 옆판 사이에 작고 평평한 나무의 빔이 걸쳐 있는 것으로 생각할 수 있다.

디딤판은 지지하는 계단멍에 사이를 연결해주는 이동경로이다.

계단멍에와 계단옆면은 빔 혹은 벽에 의해서 지지된다.

계단은 내력벽에 의해서 지지될 수 있다.

옆 벽은 계단 아래 공간을 막아주고 확장되어서 단단한 가드레일을 만들어준다.

챌면은 계단 공간을 막아주고 시공을 튼튼하게 해준다.

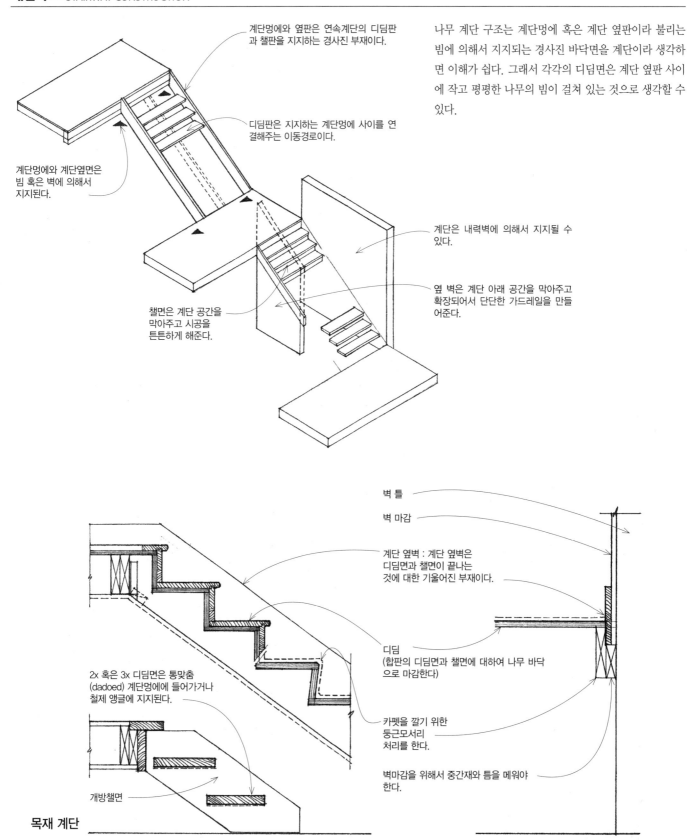

벽 틀

벽 마감

계단 옆벽 : 계단 옆벽은 디딤면과 챌면이 끝나는 것에 대한 기울어진 부재이다.

디딤 (합판의 디딤면과 챌면에 대하여 나무 바닥으로 마감한다)

2x 혹은 3x 디딤면은 통맞춤 (dadoed) 계단멍에에 들어가거나 철제 앵글에 지지된다.

개방챌면

카펫을 깔기 위한 둥근모서리 처리를 한다.

벽마감을 위해서 중간재와 틈을 메워야 한다.

목재 계단

철제 계단은 나무계단과 유사한 형태를 가지고 있다. 철제 채널 단면은 계단멍에와 계단 옆판의 역할을 한다. 철제 디딤판은 계단 옆판 사이에 걸쳐 있다. 디딤판은 안에 콘크리트가 채워진 철제 팬, 막대살 혹은 위에 질감을 가지고 있는 평평한 판으로 구성될 수 있다. 철제 계단은 전형적으로 특별할 역할을 위해서 미리 공학적으로 계산되고 조립식으로 만들어진다.

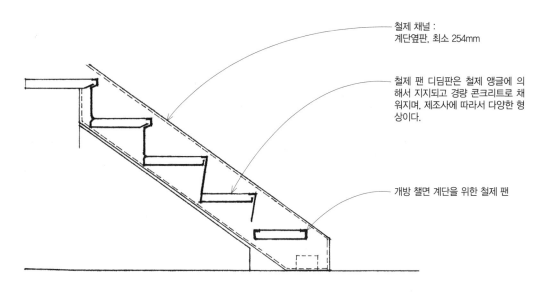

철제 채널 :
계단옆판, 최소 254mm

철제 팬 디딤판은 철제 앵글에 의해서 지지되고 경량 콘크리트로 채워지며, 제조사에 따라서 다양한 형상이다.

개방 챌면 계단을 위한 철제 팬

철제 계단

콘크리트 계단은 계단이 위의 표면에 형성된 단방향 철근콘크리트 슬래브로서 경사지게 디자인된다. 콘크리트 계단은 중량, 스팬, 지지 조건의 세심한 분석이 요구된다.

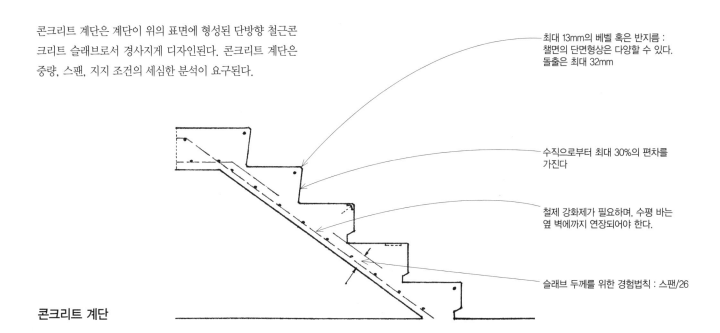

최대 13mm의 베벨 혹은 반지름 :
챌면의 단면형상은 다양할 수 있다.
돌출은 최대 32mm

수직으로부터 최대 30%의 편차를 가진다

철제 강화제가 필요하며, 수평 바는 옆 벽에까지 연장되어야 한다.

슬래브 두께를 위한 경험법칙 : 스팬/26

콘크리트 계단

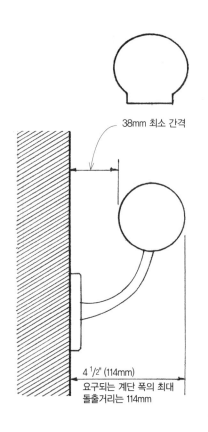

38mm 최소 간격

4 1/2" (114mm)
요구되는 계단 폭의 최대
돌출거리는 114mm

미국장애인법ADA, American with Disabilities Act에서는 손으로 쉽게 잡을 수 있도록 핸드레일의 단면형상에 대한 최소 및 최대 치수를 규제하고 있다.

핸드레일은 날카롭거나 거친 부재가 되어서는 안 된다. 그들은 원형의 단면을 가지고, 지름이 32mm에서 51mm이어야 한다. 비슷한 느낌으로 붙잡을 수 있으면 다른 형상도 가능한데, 바깥 둘레의 길이가 102mm에서 159mm이고, 최대 단면의 길이가 57mm를 넘지 않아야 한다.

건축법규와 미국장애인법은 가드의 최소 높이를 규제하고 있으며, 난간의 최대 열린 크기를 규제하여 계단과 발코니, 데크의 열린 옆면을 보호한다.

핸드레일은 최상부의 디딤판을 지나서 최소한 수평으로 305mm 그리고 각각의 연속계단에서 최하부의 디딤판의 계단코를 지나 한 개 디딤판의 폭 정도를 연장해야 한다.

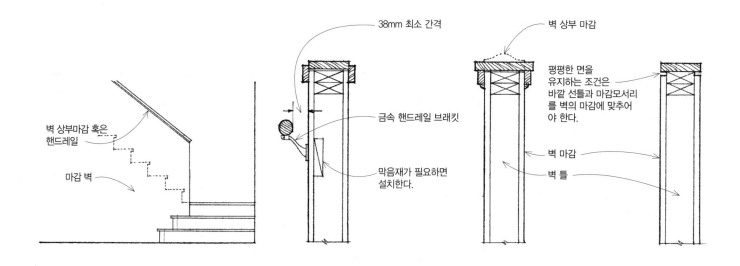

벽 상부마감 혹은 핸드레일

마감 벽

38mm 최소 간격

금속 핸드레일 브래킷

막음재가 필요하면 설치한다.

벽 상부 마감

평평한 면을 유지하는 조건은 바깥 선틀과 마감모서리를 벽의 마감에 맞추어야 한다.

벽 마감

벽 틀

속이 찬 난간

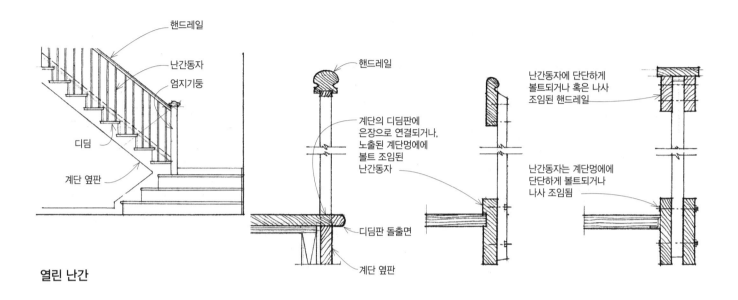

열린 난간

- 핸드레일
- 난간동자
- 엄지기둥
- 디딤
- 계단 옆판

- 핸드레일
- 계단의 디딤판에 은장으로 연결되거나, 노출된 계단멍에에 볼트 조임된 난간동자
- 디딤판 돌출면
- 계단 옆판

- 난간동자에 단단하게 볼트되거나 혹은 나사 조임된 핸드레일
- 난간동자는 계단멍에에 단단하게 볼트되거나 나사 조임됨

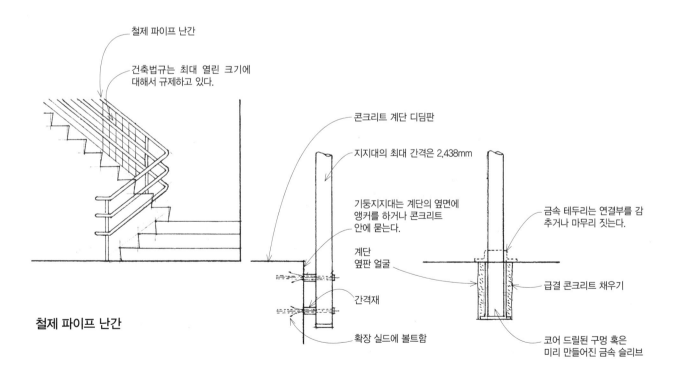

철제 파이프 난간

- 철제 파이프 난간
- 건축법규는 최대 열린 크기에 대해서 규제하고 있다.
- 콘크리트 계단 디딤판
- 지지대의 최대 간격은 2,438mm
- 기둥지지대는 계단의 옆면에 앵커를 하거나 콘크리트 안에 묻는다.
- 계단 옆판 얼굴
- 간격재
- 확장 실드에 볼트함
- 금속 테두리는 연결부를 감추거나 마무리 짓는다.
- 급결 콘크리트 채우기
- 코어 드릴된 구멍 혹은 미리 만들어진 금속 슬리브

건축법규와 우리 몸의 움직임의 기계적 구조를 따라서 계단의 치수의 가이드라인이 있다. 그 가이드라인을 따르면서도 다양한 계단의 형태와 취급방법을 취할 수 있다.

계단을 올라가거나, 내려가는 것이 3차원의 경험인 것처럼, 계단은 3차원의 형상이다. 그들의 3차원성은 마치 공간 안에 혼자 있거나 혹은 벽에 붙어 있는 조각처럼 취급될 때 완벽하게 사용될 수 있다. 계단은 나머지 부분이 파인 것 같은 혹은 2차원의 평면의 조합인 것과 마찬가지로 이동을 위한 공간에서의 볼륨이 있는 입체처럼 취급될 수 있다.

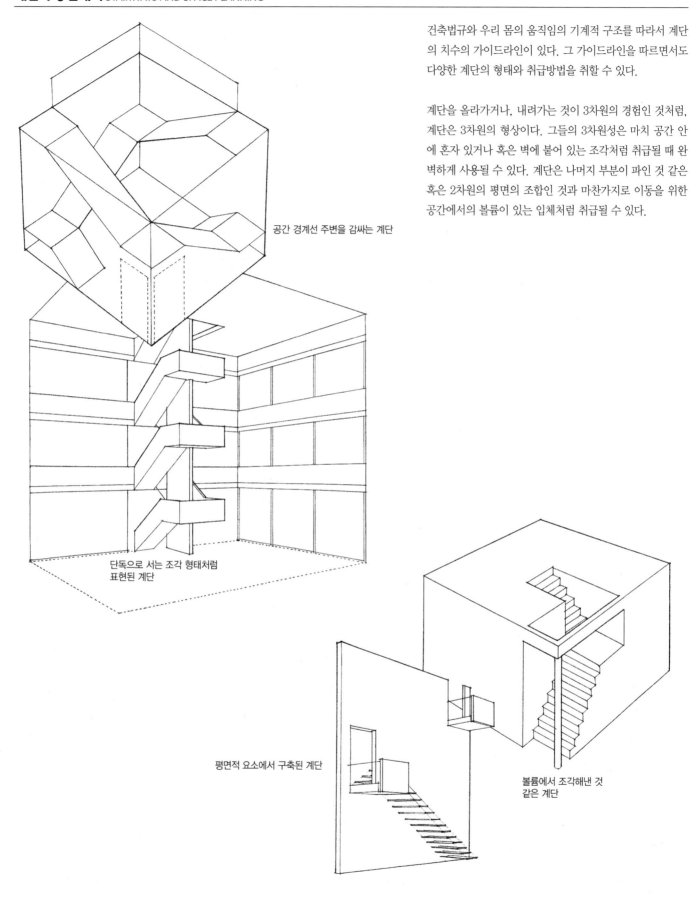

공간 경계선 주변을 감싸는 계단

단독으로 서는 조각 형태처럼
표현된 계단

평면적 요소에서 구축된 계단

볼륨에서 조각해낸 것
같은 계단

계단은 경로를 방해하거나 특정한 각도로 만나게 된다. 비슷한 방식으로 계단의 오르내림은 경로의 방향에 대해서 평행, 직각 혹은 비스듬하게 된다.

계단은 건물의 다른 높이에 있는 공간들을 연속으로 조직하거나 연결하는 것이 될 수 있다.

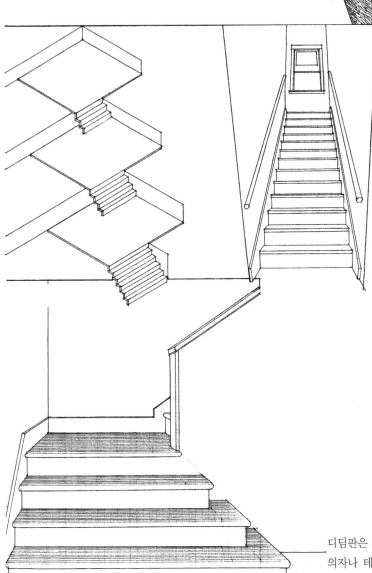

계단의 경로는 공간의 좁은 수직통로를 통과하는 벽 사이 혹은 연속된 공간 사이의 구불구불한 길 사이를 올라갈 수 있다. 공간은 그 자신이 커다랗고 정교한 계단이 될 수 있다.

디딤판은 계단의 아랫 부분에서 사람들의 행위를 위한 의자나 테라스의 역할을 유도하는 요소로 나타낼 수 있다.

경사로는 건물의 바닥 레벨 사이를 부드럽게 연결시켜준다. 편안한 낮은 경사지를 만들기 위해서는 비교적 긴 거리가 필요하다. 그들은 접근 가능한 경로를 따라서 높이를 바꾸거나 혹은 바퀴가 달린 장치가 접근할 수 있도록 한다.

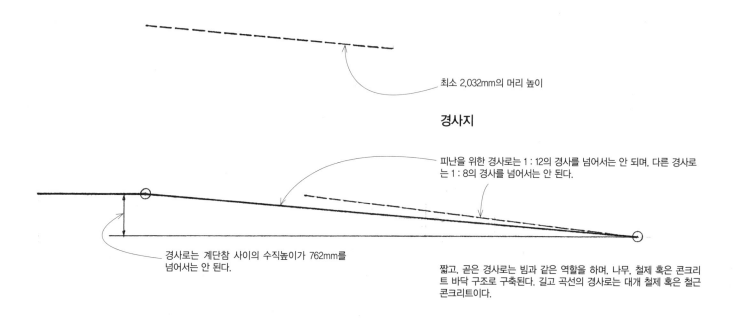

최소 2,032mm의 머리 높이

경사지

피난을 위한 경사로는 1 : 12의 경사를 넘어서는 안 되며, 다른 경사로는 1 : 8의 경사를 넘어서는 안 된다.

경사로는 계단참 사이의 수직높이가 762mm를 넘어서는 안 된다.

짧고, 곧은 경사로는 빔과 같은 역할을 하며, 나무, 철제 혹은 콘크리트 바닥 구조로 구축된다. 길고 곡선의 경사로는 대개 철제 혹은 철근 콘크리트이다.

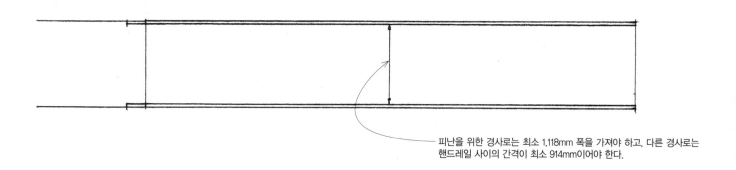

피난을 위한 경사로는 최소 1,118mm 폭을 가져야 하고, 다른 경사로는 핸드레일 사이의 간격이 최소 914mm이어야 한다.

가드와 핸드레일

152mm 이상 높이이거나, 1,829mm 이상 거리가 나오면 경사로는 양쪽에 가드를 가지고 있어야 한다.

핸드레일은 경사로의 표면에서 864mm에서 965mm 높이로 한다.

경사로의 시작과 끝부분에서 핸드레일은 수평으로 305mm의 길이가 연장되어 설치되어야 한다.

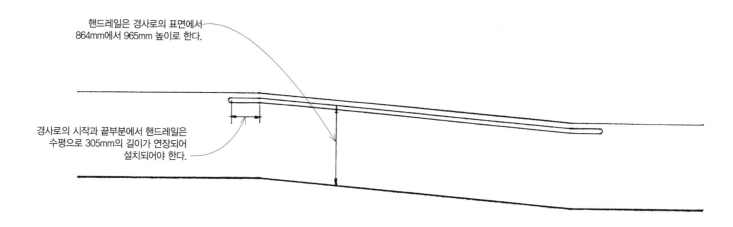

경사로의 방향이 변하는 계단참은 최소한 1,524×1,524mm이어야 한다.

계단참

계단참은 최소한 경사로 중에서 가장 넓은 폭 만큼은 있어야 한다.

경사로의 방향 전환이 생기는 계단참에서는 최소한 1,524×1,524mm이어야 한다.

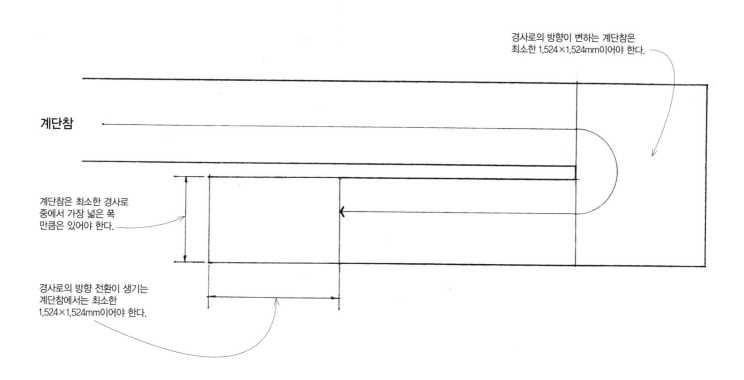

승강기는 건물의 한 층에서 다른 층으로 사람, 기구와 화물을 수직으로 이동시키는 역할을 한다. 거기에는 두 개의 기본적인 상업 승강기가 있는데, 로프식(권상식)과 유압식 승강기이다.

로프식 승강기는 가드레일에 장착된 카와 끌어 올리는 케이블에 연결되어서 펜트하우스에 있는 전기식 승강장치에 의해서 조정되는 것으로 구성되어 있다. 로프식 승강기는 중간에서 고속까지 운행이 가능하면 모든 높이의 건물에 사용 가능하다.

유압식 승강기는 액체가 압력에 의해서 움직이거나 반대로 움직이는 피스톤 혹은 실린더로 구성되어 있다. 옥탑기계실이 필요하지 않으나, 유압식 승강기는 비교적 느리게 움직이며, 피스톤의 길이 제한 때문에 6층 높이의 건물까지만 사용이 가능하다.

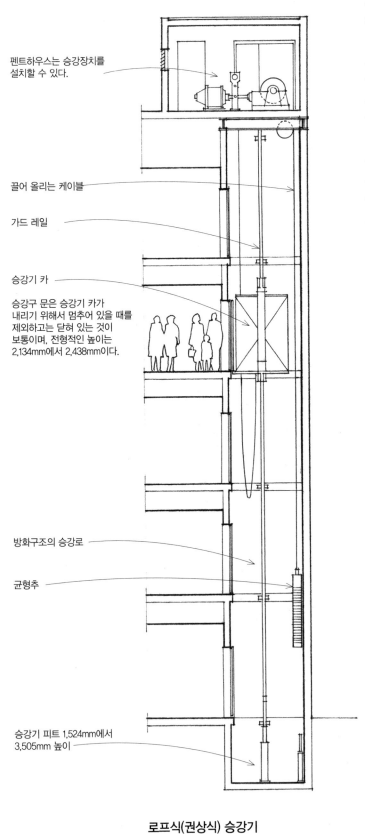

펜트하우스는 승강장치를 설치할 수 있다.

끌어 올리는 케이블

가드 레일

승강기 카

승강구 문은 승강기 카가 내리기 위해서 멈추어 있을 때를 제외하고는 닫혀 있는 것이 보통이며, 전형적인 높이는 2,134mm에서 2,438mm이다.

방화구조의 승강로

균형추

승강기 피트 1,524mm에서 3,505mm 높이

로프식(권상식) 승강기

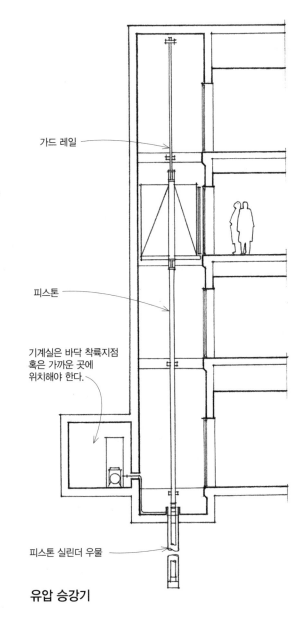

가드 레일

피스톤

기계실은 바닥 착륙지점 혹은 가까운 곳에 위치해야 한다.

피스톤 실린더 우물

유압 승강기

개인 주거 승강기는 오로지 개인 주거 혹은 복수 주거 유닛에서 하나의 유닛에만 설치가 가능하다. 법규에 따라 크기, 용량, 상승높이, 속도에 제한이 있다.

몇몇 고층 빌딩에서는 구급차 이동침대를 수용할 만한 크기의 소방서비스 관련 접근용 승강기가 요구된다. 덧붙여서, 거주자 대피 승강기는 매우 고층의 건물에서 대피용으로 사용하기 위해서 필요하다.

화물 승강기는 로프식이든 유압식이든 대부분 수직으로 접어서 열리는 문을 가지고 있으며 무거운 짐을 취급하기 위해서 특수한 구조로 지지대를 가지고 있다.

조망과 뒤가 유리로 된 승강기 카는 승강로 바깥쪽, 혹은 한쪽이 열린 승강로를 움직이며, 눈에 띄지 않는 기계와 장식적인 승강로 벽을 가진다.

휠체어 리프트는 기존 건물의 개조에 전형적으로 사용되지만, 하지만 새로운 건물에 있어서 접근로로 허가되지는 않는다. 경사 휠체어 리프트는 계단에 장착되며, 주거용으로 상업적인 플랫폼 리프트와 접는 의자를 포함한다. 제한된 사용/제한된 활용LU/LA 승강기는 상업용 승강기와 수직 플랫폼 휠체어 리프트 사이의 간극을 매우도록 디자인되었다.

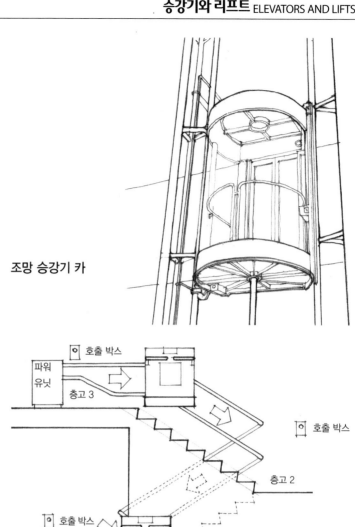

조망 승강기 카

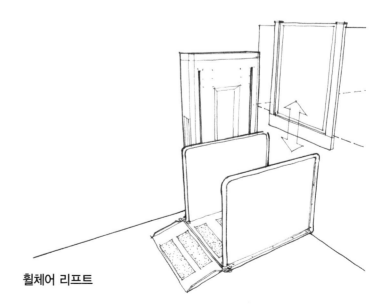

경사 휠체어 리프트

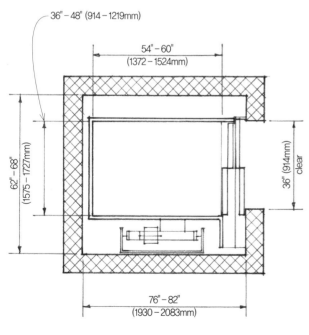

LU/LA 승강기

휠체어 리프트

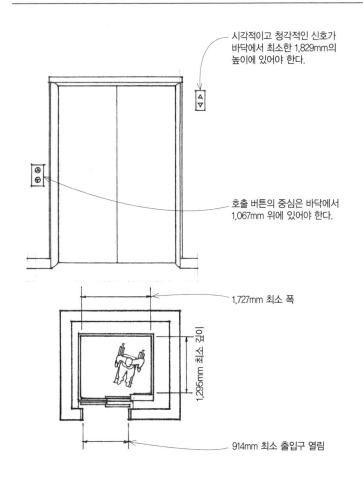

시각적이고 청각적인 신호가 바닥에서 최소한 1,829mm의 높이에 있어야 한다.

호출 버튼의 중심은 바닥에서 1,067mm 위에 있어야 한다.

1,727mm 최소 폭

1,295mm 최소 깊이

914mm 최소 출입구 열림

승객용 승강기를 위한 미국장애인법ADA, American with Disabilities Act 접근 가이드라인은 호출 신호, 랜턴, 층수 명칭, 호출 버튼, 조작판의 타입과 위치를 다루고 있다. 승강기 문은 물건이나 사람에 부딪히면 자동으로 다시 열리는 장치가 작동되어야 한다. 승강기 카는 휠체어 사용자가 카에 들어갈 수 있어야 하며, 조작판에 손이 닿도록 하고 카에서 빠져나올 수 있어야 한다.

승강기의 내부는 구조에 따른 허용치수, 내구성, 충격저항, 유지관리의 용이함 등을 고려해야 한다. 승강기 내부는 경험이 있는 숙련공이 만들어야 한다.

에스컬레이터

에스컬레이터는 끊임없이 순환하는 벨트에 부착된 디딤판으로 구성된 전기에 의해서 구동되는 계단이다. 그것은 제한된 수의 층에 있어서 많은 수의 사람을 효과적으로 편안하게 이동시킬 수 있다. 실용적으로 6개 층이 한계이다. 에스컬레이터는 일정한 속도로 움직이기 때문에 기다리는 시간이 필요 없지만, 타고 내리는 부분에서 적절하게 사람들이 열을 지어서 설 수 있는 공간이 필요하다.

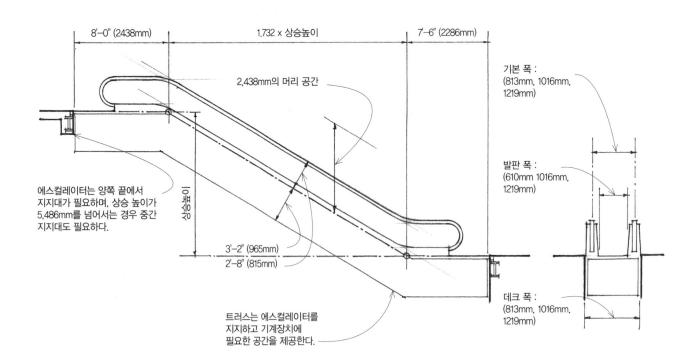

8'-0" (2438mm)

1.732 × 상승높이

7'-6" (2286mm)

2,438mm의 머리 공간

기본 폭 : (813mm, 1016mm, 1219mm)

발판 폭 : (610mm 1016mm, 1219mm)

에스컬레이터는 양쪽 끝에서 지지대가 필요하며, 상승 높이가 5,486mm를 넘어서는 경우 중간 지지대도 필요하다.

상승높이

3'-2" (965mm)
2'-8" (815mm)

트러스는 에스컬레이터를 지지하고 기계장치에 필요한 공간을 제공한다.

데크 폭 : (813mm, 1016mm, 1219mm)

전통적인 벽난로는 공간을 덥히는 데 나무 스토브보다 효과적이지는 않지만, 그것이 사람들을 끌어당기는 특별함이 있다는 데는 동의할 것이다. 열린 벽난로의 따뜻함과 불꽃은 자석과 같이 사람들을 벽난로의 근처로 모여들게 만든다. 비록 불이 없더라도 벽난로는 관심의 중심이 될 수 있으며, 방에서 정돈이 될 수 있는 중심점 역할을 한다.

벽난로의 위치를 고려할 때, 가구들이 벽난로에 대해서 배치되면, 요구되는 방의 비례와 여유 공간에 미치는 영향에 대해서 평가해야 한다.

실내 디자이너에게 벽난로가 필요로 하는 공간의 크기와 개구부, 주변 그리고 난로 바닥이 어떻게 처리되어야 하는가를 기술하는 것은 중요하다. 주변을 적절하게 처리하면 시각적으로 벽난로의 개구부를 크게 보이게 할 수 있으며, 그 중심성을 향상시키고 방 주변의 몰딩작업과 일체시킬 수 있다.

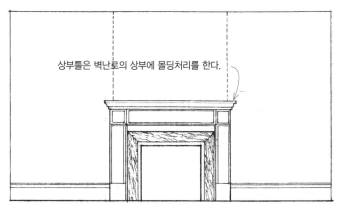

벽난로의 개구부에서 152mm까지는 나무를 사용해서는 안 된다.

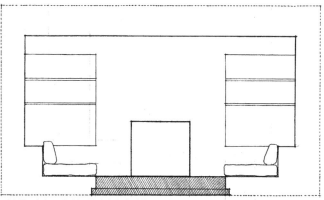

상승한 벽난로 바닥은 확장되어서 앉을 수 있는 플랫폼을 만들 수 있다. 벽난로를 둘러싼 이 플랫폼은 알코브 공간을 정의하는 시작으로 사용할 수 있다.

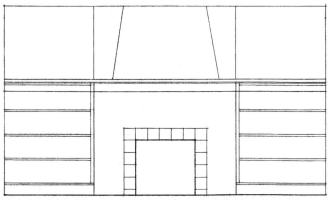

방의 벽에 있어서 벽난로 위의 굴뚝 아랫 부분은 대부분 몇 센티미터 정도 튀어나오며, 양쪽에서 우묵 들어간 곳을 만들어서 물건을 놓는 곳으로 사용 가능하다.

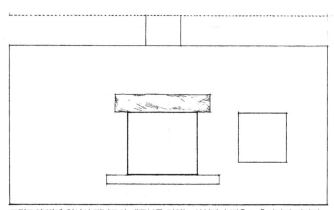

조적조의 벽에 있어서 벽난로의 개구부를 걸치는 상인방과 빔은 노출되어서 시각적인 디자인 요소를 꾸며줄 수 있다.

벽난로는 안전하게 연소하고, 연기를 효과적으로 배출하기 위해서, 연소를 위해 공기를 적절하게 끌어당길 수 있도록 디자인되어야 한다. 결과적으로 벽난로의 비례와 각 부분의 결합은 자연의 법칙과 건축법규의 문제가 된다.

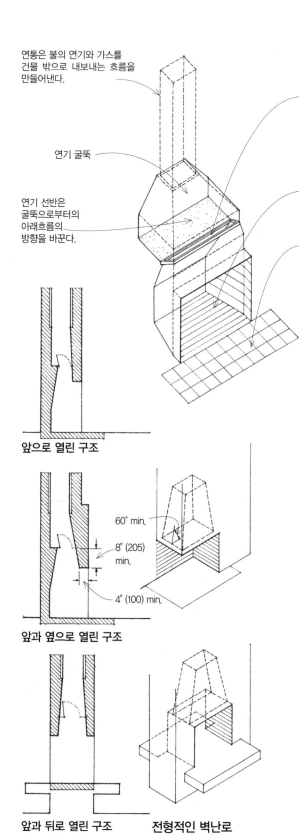

연통은 불의 연기와 가스를 건물 밖으로 내보내는 흐름을 만들어낸다.

연기 굴뚝

연기 선반은 굴뚝으로부터의 아래흐름의 방향을 바꾼다.

굴뚝목은 연기를 연기 챔버로 통과시킨다. 그것은 벽난로의 흐름을 조절하는 통풍조절판에 맞추어져 있다.

화실(火室)은 연소가 일어나는 챔버이다.

벽난로 바닥은 벽돌, 타일 혹은 돌과 같은 불연소성의 재료로 만들어져서 바닥으로 연장된 것이다(51mm의 최소 두께).

앞으로 열린 구조

60° min.

8" (205) min.

4" (100) min.

앞과 옆으로 열린 구조

앞과 뒤로 열린 구조　　**전형적인 벽난로**

전형적인 벽난로의 치수 Inch(mm)

넓이(A)	높이(B)	깊이(C)	(D)	(E)	(F)	(G)
앞으로 열린 구조						
36 (914)	29 (737)	20 (508)	23 (584)	14 (356)	23 (584)	44 (1118)
42 (1067)	32 (813)	20 (508)	29 (737)	16 (406)	24 (610)	50 (1270)
48 (1219)	32 (813)	20 (508)	33 (838)	16 (406)	24 (610)	56 (1422)
54 (1372)	37 (940)	20 (508)	37 (940)	16 (406)	29 (737)	68 (1727)
60 (1524)	40 (1016)	22 (559)	42 (1067)	18 (457)	30 (762)	72 (1829)
72 (1829)	40 (1016)	22 (559)	54 (1372)	18 (457)	30 (762)	84 (2134)
앞과 옆으로 열린 구조						
28 (711)	24 (610)	16 (406)				
32 (813)	28 (711)	18 (457)				
36 (914)	30 (762)	20 (508)				
48 (1219)	32 (813)	22 (559)				
앞과 뒤로 열린 구조						
28 (711)	24 (610)	16 (406)				
32 (813)	28 (711)	16 (406)				
36 (914)	30 (762)	17 (432)				
48 (1219)	32 (813)	19 (483)				

다면체의 벽난로는 방 안의 흐름에 대하여 특별히 민감하기 때문에, 그들의 열린 개구부를 외부 문의 맞은편에 놓는 것을 피하라.

이 표에서 참조하는 치수의 위치를 보여주는 다음 페이지의 벽난로의 평면, 단면, 입면도를 보라.

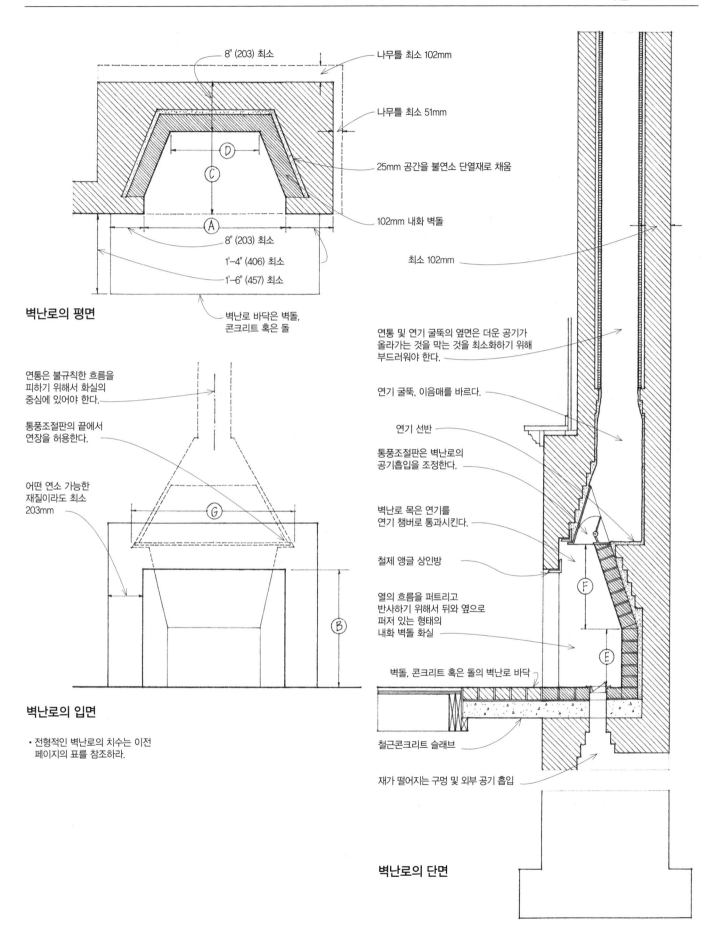

8" (203) 최소

나무틀 최소 102mm

나무틀 최소 51mm

25mm 공간을 불연소 단열재로 채움

102mm 내화 벽돌

8" (203) 최소

1'-4" (406) 최소

1'-6" (457) 최소

최소 102mm

벽난로 바닥은 벽돌, 콘크리트 혹은 돌

벽난로의 평면

연통은 불규칙한 흐름을 피하기 위해서 화실의 중심에 있어야 한다.

통풍조절판의 끝에서 연장을 허용한다.

어떤 연소 가능한 재질이라도 최소 203mm

연통 및 연기 굴뚝의 옆면은 더운 공기가 올라가는 것을 막는 것을 최소화하기 위해 부드러워야 한다.

연기 굴뚝, 이음매를 바르다.

연기 선반

통풍조절판은 벽난로의 공기흡입을 조정한다.

벽난로 목은 연기를 연기 챔버로 통과시킨다.

철제 앵글 상인방

열의 흐름을 퍼트리고 반사하기 위해서 뒤와 옆으로 퍼져 있는 형태의 내화 벽돌 화실

벽돌, 콘크리트 혹은 돌의 벽난로 바닥

철근콘크리트 슬래브

재가 떨어지는 구멍 및 외부 공기 흡입

벽난로의 입면

• 전형적인 벽난로의 치수는 이전 페이지의 표를 참조하라.

벽난로의 단면

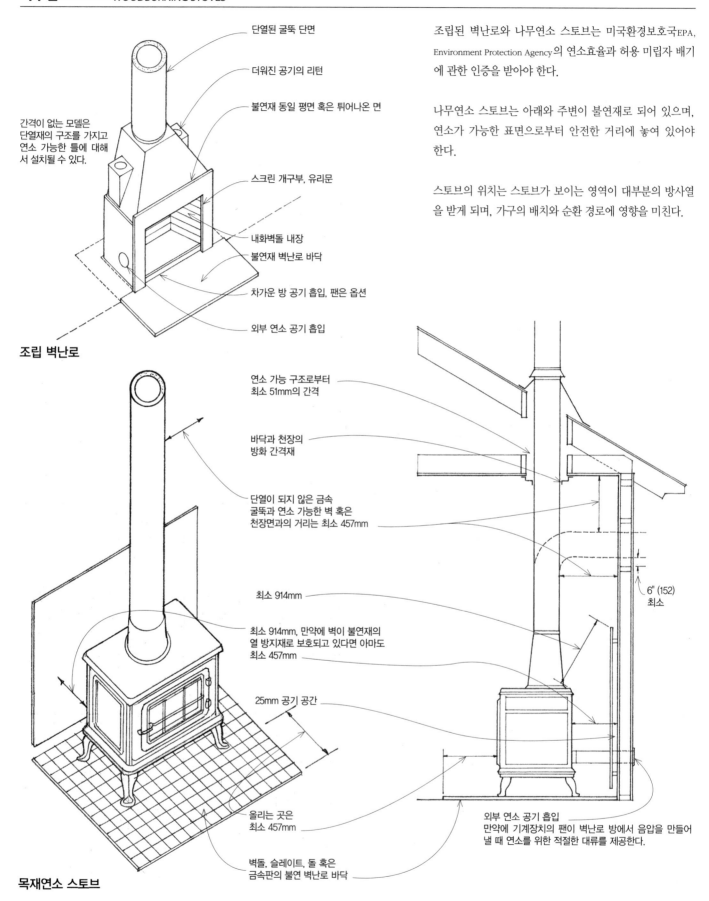

조립된 벽난로와 나무연소 스토브는 미국환경보호국EPA, Environment Protection Agency의 연소효율과 허용 미립자 배기에 관한 인증을 받아야 한다.

나무연소 스토브는 아래와 주변이 불연재로 되어 있으며, 연소가 가능한 표면으로부터 안전한 거리에 놓여 있어야 한다.

스토브의 위치는 스토브가 보이는 영역이 대부분의 방사열을 받게 되며, 가구의 배치와 순환 경로에 영향을 미친다.

조립 벽난로

단열된 굴뚝 단면

더워진 공기의 리턴

불연재 동일 평면 혹은 튀어나온 면

간격이 없는 모델은 단열재의 구조를 가지고 연소 가능한 틀에 대해서 설치될 수 있다.

스크린 개구부, 유리문

내화벽돌 내장

불연재 벽난로 바닥

차가운 방 공기 흡입, 팬은 옵션

외부 연소 공기 흡입

연소 가능 구조로부터 최소 51mm의 간격

바닥과 천장의 방화 간격재

단열이 되지 않은 금속 굴뚝과 연소 가능한 벽 혹은 천장면과의 거리는 최소 457mm

최소 914mm

최소 914mm, 만약에 벽이 불연재의 열 방지재로 보호되고 있다면 아마도 최소 457mm

25mm 공기 공간

올리는 곳은 최소 457mm

벽돌, 슬레이트, 돌 혹은 금속판의 불연 벽난로 바닥

6" (152) 최소

외부 연소 공기 흡입
만약에 기계장치의 팬이 벽난로 방에서 음압을 만들어 낼 때 연소를 위한 적절한 대류를 제공한다.

목재연소 스토브

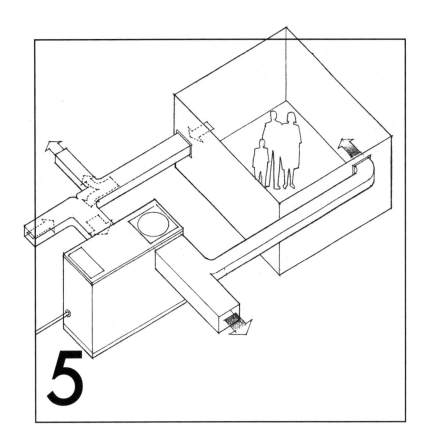

5

실내 환경 시스템

Interior Environmental Systems

난방, 환기, 냉방(통풍)

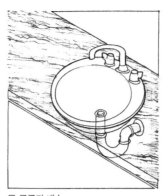

물 공급과 배수

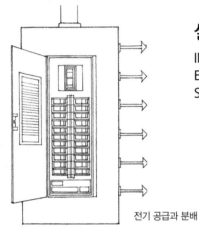

실내 환경 시스템

INTERIOR ENVIRONMENTAL SYSTEMS

전기 공급과 분배

실내 환경 시스템은 모든 건물에서 필수적인 요소이다. 그들은 건물의 거주자의 편안함과 편리함에 필수적인 열적, 시각적, 음향적, 위생적 조건을 제공한다. 이러한 시스템은 기능적으로 적절하도록 잘 디자인되고 배치되어야 한다. 그들은 또한 건물의 구조 시스템에 잘 조화되어야 한다. 이를 위해서는 전문 공학자 및 건축가의 지식과 전문성이 필요하다. 말할 것도 없이 실내 디자이너는 이런 시스템이 있다는 것을 알고 있어야 하고, 이것이 실내 환경의 품질에 어떠한 영향을 미치는가를 알아야 한다.

실내 환경 시스템은 상당한 양의 에너지를 사용한다. 미국에서는 이러한 에너지는 전기를 포함해서는 석탄과 천연가스에서, 일부는 석유, 원자력발전과 지속가능한 자원에서 얻고 있다. 난방, 환기, 냉난방HAVC 기구는 열적인 편안함을 유지하기 위해서 에너지를 사용하는데, 비효율적인 디자인은 데워지거나 냉각된 공기가 건물 밖으로 빠져나가게 만든다. 보통 목욕, 설거지 그리고 빨래를 위한 덥혀진 물의 열은 하수구로 흘려보내는 것으로 끝난다. 우리는 종종 우리가 사용하지 않는 전기기구의 전원을 차단하는 것을 깜빡하곤 하여, 결과적으로 건물 에너지의 사용을 늘리게 된다. 이러한 낭비를 줄이는 것이 지속가능한 디자인의 핵심 요소이다.

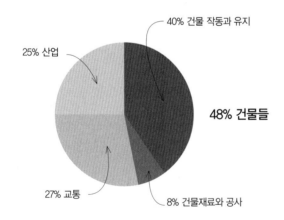

미국 에너지 소비 부문

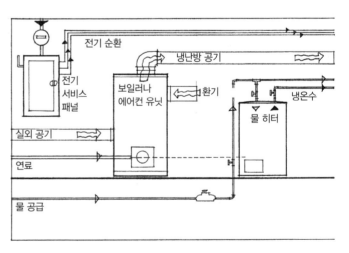

자료

건물의 구조 시스템은 그 속성상 실내 공간에서 자신을 드러내는 반면, 복잡한 기계적 그리고 전기적인 시스템은 주로 우리의 시야로부터 가려진다. 여하튼 실내 디자이너는 조명장치, 전기 콘센트, 배관 그리고 급기구 및 배기구와 같은 시각적인 요소가 실내 환경에 직접적으로 영향을 미친다는 것을 알고 있어야 한다. 수평과 수직으로 매달린 공기 덕트와 전기 및 급배수 배관에서 요구되는 공간에 대해서도 관심을 가져야 한다.

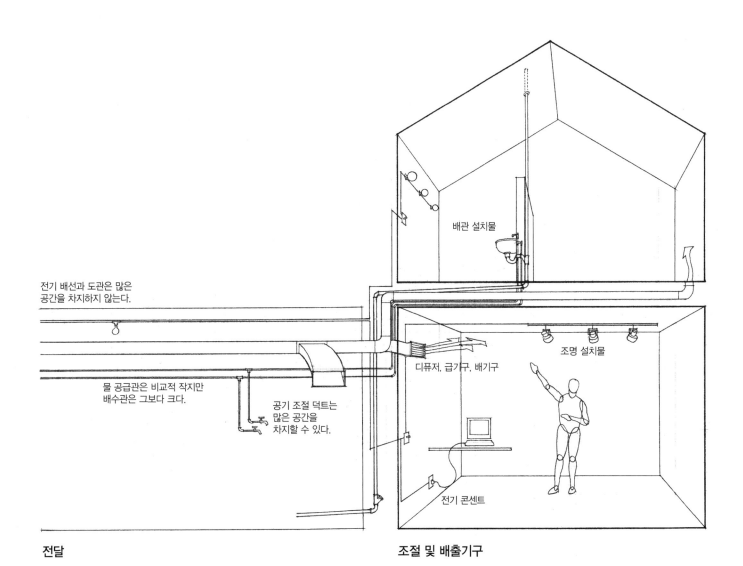

전기 배선과 도관은 많은
공간을 차지하지 않는다.

물 공급관은 비교적 작지만
배수관은 그보다 크다.

공기 조절 덕트는
많은 공간을
차지할 수 있다.

배관 설치물

디퓨저, 급기구, 배기구

조명 설치물

전기 콘센트

전달

조절 및 배출기구

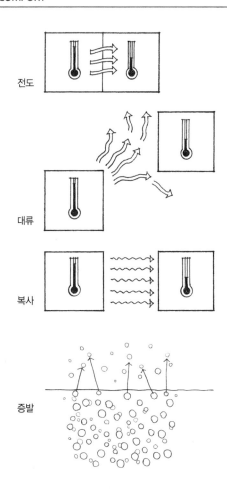

전도

대류

복사

증발

열적 편안함은 사람의 신체가 신진대사작용에 의해서 만들어진 열과 땀을 발산하고, 안정적이고 보통의 체온을 유지할 수 있을 때 달성된다.

열전달의 양태
복사 : 더운 물체에서 열에너지가 방출되고, 중간의 공간을 통해서 전달되어 차가운 물체에 흡수되는 것이다. 복사열은 공기의 움직임 혹은 온도에 영향을 받지 않는다.

대류 : 더워진 부분의 액체 혹은 가스의 순환 움직임에 의해서 전달되는 것이다.

전도 : 중간재의 혹은 두 물체의 직접적인 접촉에 의해서 더운 부분에서 찬 부분으로 직접적으로 이동이 일어나는 것이다.

증발 : 습기가 수증기로 변하는 과정에서 생기는 열손실이다.

열적 편안함은 공기의 온도뿐만 아니라, 상대습도, 주변 물체 표면의 복사열, 공기 움직임, 공기의 순도에 의해서 달라진다. 열적인 편안함을 유지하기 위해서는 이러한 요소들 사이에서의 합리적인 평형이 달성되어야 한다.

• 방 안의 평균 방사온도가 높을수록, 공기 온도는 더 차가워야 한다.
• 공간의 상대습도가 높을수록, 공기의 온도는 더 낮아야 한다.
• 움직이는 공기의 흐름이 차가울수록, 속도는 느려져야 한다.

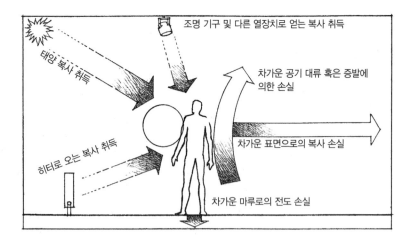

조명 기구 및 다른 열장치로 얻는 복사 취득

태양 복사 취득

차가운 공기 대류 혹은 증발에 의한 손실

히터로 오는 복사 취득

차가운 표면으로의 복사 손실

차가운 마루로의 전도 손실

실내 공기질에 대한 고려는 공기의 압력을 조절하고 신선하고 냉각된 공기를 건물의 실내 공간에 제공하기 위해서 선택된 난방, 환기, 냉방HVAC 기구의 종류에 영향을 미친다. 기구의 유지관리는 운반되는 공기질에 영향을 미치는데, 왜냐하면 곰팡이와 바이러스는 따뜻하고 습한 기구에 번성하기 때문이다. 이러한 미세먼지를 잡기 위해서는 필터를 자주 교환하여야 한다.

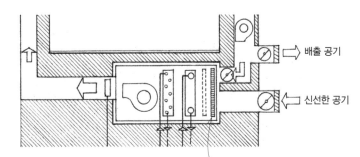

⇨ 배출 공기

⇦ 신선한 공기

필터는 공급공기로부터의 불순물을 제거한다. 실내 공기질 문제의 절반 이상은 부적절한 환기 및 여과 때문에 발생한다. 건축법규에서는 특정한 사용 및 거주자 한 사람에 대해서 시간당 및 분당 세제곱피트의 공기교환을 하도록 정하고 있다.

어떤 실내 디자인 재료는 휘발성유기화합물VOC을 배출하는데 이는 눈, 피부, 호흡기 시스템에 자극을 준다. 그 예는 다음과 같다.

• 파티클 보드와 플라이우드와 같은 압축된 나무 생산품에는 포름알데히드가 있다. 그것이 없는 제품도 있다. 만약에 쓰게 된다면, 표면, 모서리 등을 전부 막아준다.

• 몇몇 카펫과 카펫 패드와 접착제는 휘발성유기화합물을 포함하고 있다. 그것이 없는 제품을 고르거나, 설치 후의 냄새가 빠지는 기간을 둔다.

• 비닐 시트 바닥재와 벽지는 가변성을 위해서 석유기반의 가소성에 의존한다. 대체품을 찾는다.

• 페인트, 스테인, 다른 코팅제는 휘발성유기화합물의 레벨을 표지에 인쇄한다. 낮은 레벨을 찾고, 그것을 사용했을 경우에는 공간을 환기시킨다.

• 몇몇 표면처리된 직물과 사무실 파티션 모듈은 휘발성유기화합물을 가지고 있다. 냄새가 없어지는 기간을 둔다.

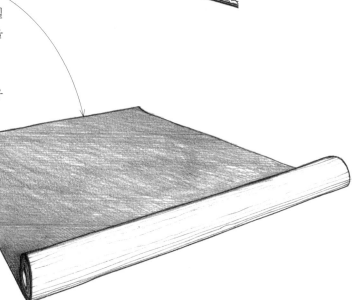

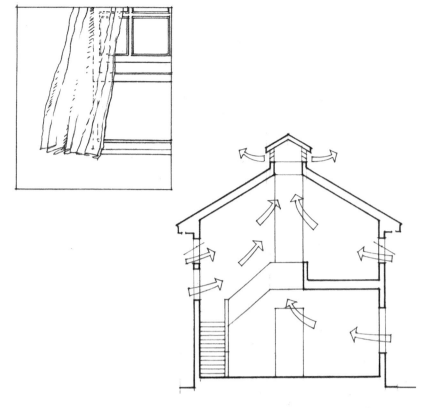

사람들과 내부의 장치에서 사용된 산소를 보충하고 공기 중의 이산화탄소와 다른 노폐물을 제거하기 위해서 건물에 신선한 공기를 제공할 필요가 있다. 조작이 가능한 창문이 없는 건물에서는 신선한 공기의 흡입이 제한적이다. 대부분의 건물에서 내부 공기를 신선하게 하기 위해서 자연 환기와 공기분산을 증대시키는 것이 가장 에너지 효율적이고 경제적인 방법이다.

공기는 압력이 높은 곳에서 낮은 곳으로 움직이기 때문에 공기는 건물 안에서 흘러 다닌다. 자연 환기는 다음과 같은 사항이 필요하다.

• 적절한 온도, 습도, 청결함을 가지고 있는 공기의 공급원
• 대부분 바람과 열적 대류에 의해서 발생하고 건물의 거주 공간으로 공기를 움직이는 힘

기계 시스템은 건물의 공기를 들여보내고 나오게 하는데 팬을 사용하며, 체적, 속도, 공기흐름의 방향을 제어하는 통합된 조절을 사용한다.

기류를 불어내는 장치blower와 팬은 공기를 덕트 안으로 넣어서 건물로 운반한다. 배출구는 실내 공간으로 공기가 흐르도록 조절한다. 흡입구는 사용된 공기를 받아서 정화한 후에 재사용하거나 건물 밖으로 배출한다.

침투Infiltration는 건물의 외부에서 창문이나 문 혹은 다른 개구부의 주변의 틈새를 통해서 바깥의 공기가 실내 공간으로 흘러 들어오는 것을 말한다. 침투는 신선한 공기가 내부로 들어오게 하는 반면, 이러한 개구부는 덥혀진 혹은 냉각된 공기가 빠져나가게 만들어서 에너지의 낭비를 가져오게 만든다.

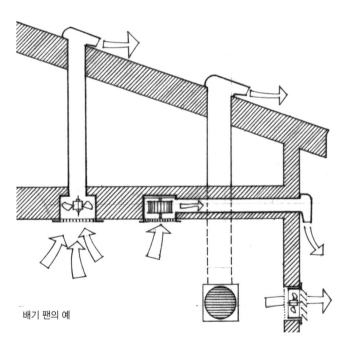

배기 팬의 예

난방 시스템의 주요 목적은 실내 공간의 열손실을 대체하는 데 있다. 기본적인 난방 시스템은 열을 생산하는 매체, 매체를 열로 전환하는 장치, 열을 공간으로 전달하는 수단, 공간 안에 열을 분산하는 방법으로 구성되어 있다.

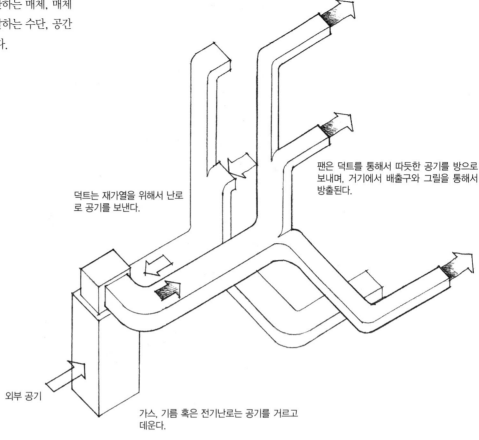

덕트는 재가열을 위해서 난로로 공기를 보낸다.

팬은 덕트를 통해서 따듯한 공기를 방으로 보내며, 거기에서 배출구와 그릴을 통해서 방출된다.

외부 공기

가스, 기름 혹은 전기난로는 공기를 거르고 데운다.

강제 난방

강제 난방은 가스, 기름, 혹은 전기난로에 의해서 공기를 덥히고, 팬과 배관을 이용하여 주거 공간에 있는 배출구와 디퓨저를 통해서 분산시키는 시스템이다.

강제 난방에 사용되는 배관은 종종 매달린 천장에 의해서 가려지거나, 노출되도록 남겨지거나 혹은 천장 하부의 구조물 혹은 다른 실내 구조에 의해서 가려진다. 덕트의 위치와 그와 관련된 배출구 및 흡입구는 천장의 외관에 영향을 미치며, 조명 기구, 화재 억제 스프링클러, 스피커와 다른 천장 기구와 조화를 이루어야 한다. 실내 디자이너는 조화롭고 매력적인 천장 디자인을 만들기 위해서 건축가 및 기술자와 협력해야 한다.

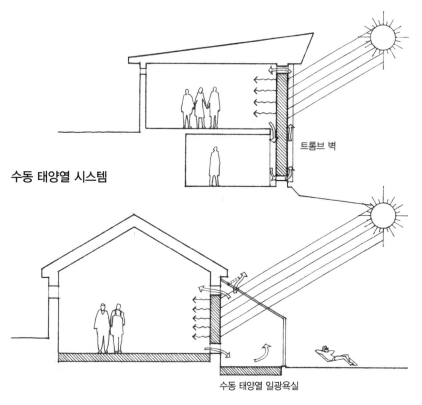

수동 태양열 시스템

트롬브 벽

수동 태양열 일광욕실

태양열 난방

연중 건물에 떨어지는 햇빛의 양은 건물을 편안하게 유지하는 데 필요한 충분한 에너지를 가지고 있다. 대부분의 태양열 난방 시스템은 건물 난방 부하의 40~70%를 충당할 수 있다.

수동 태양열 난방 시스템passive solar-heating system은 펌프와 팬을 최소한으로 사용하여, 태양열을 모으고, 저장하고, 분배를 건물의 건축 디자인에 통합시킨다. 이러한 것은 열적 에너지를 저장할 수 있는 육중한 재료를 사용함은 물론, 조심스럽게 건물을 배치하고, 창문의 크기와 유형을 디자인함으로써 완성된다. 지붕의 돌출부와 차양은 눈부심과 과열을 피하기 위해서 사용된다.

능동 태양열 난방 시스템active solar-heating systems은 공기 혹은 액체를 통해 열적 에너지를 보내기 위해서 펌프, 팬, 열펌프, 다른 기계장치를 사용한다. 수동 시스템보다 실내 환경을 잘 조절할 수 있으며, 대부분의 기존 건물에 설치가 가능하다. 대부분의 능동 시스템은 전기에 의해서 운영된다.

많은 건물은 수동 태양열 디자인에, 전기에 의해 작동되는 팬 또는 펌프를 보충하여 사용하는 하이브리드 시스템을 사용한다.

비록 태양열 난방이 되도록 디자인되어 있지 않은 실내에서도, 추운 날씨에는 낮 동안 태양의 따듯함을 흡수하고, 저녁에는 창문에 열적 처리를 하여 열이 빠져나가는 것을 막아주는 것으로 태양과 같은 무료 열원을 이용할 수 있다.

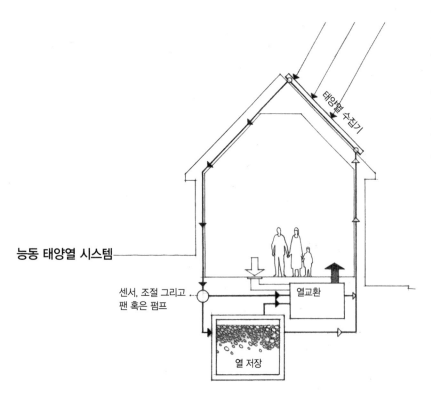

태양열 수집기

능동 태양열 시스템

센서, 조절 그리고 팬 혹은 펌프

열교환

열 저장

온수난방

온수 혹은 순환수식의 난방은 보일러에서 물을 덥히고, 펌프를 이용하여 라디에이터 혹은 대류기를 통해서 물을 순환시켜 난방을 하는 시스템이다. 증기난방은 비슷한 원리이고, 보일러에서 생성된 수증기를 파이프를 통해서 순환시켜서 라디에이터에 보낸다.

파이프는 온수를 방 안의 라디에이터 혹은 걸레받이 유닛에 보내어 열을 발산한다.

재가열을 하기 위해서 온수가 보일러로 되돌아온다.

연료 혹은 동력원

물을 덥히기 위한 보일러

복사난방

복사난방 시스템은 복사를 위한 표면으로 데워진 천장, 바닥 그리고 가끔은 벽을 사용한다. 열원으로는 온수를 운반하는 파이프, 튜브 혹은 천장, 바닥, 혹은 벽 구조에 들어가 있는 전기저항 난방 케이블이 될 수 있다.

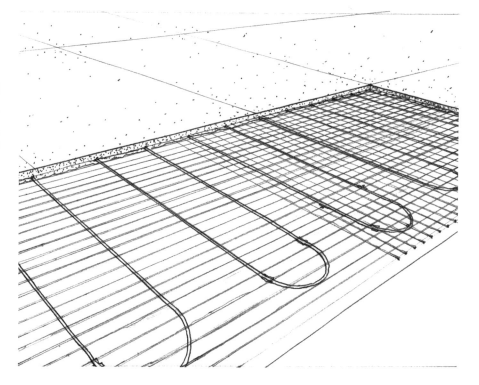

공기조화는 대부분 냉각된 공기를 공급하는 방법으로 생각된다. 어쨌든 진정한 공기조화 시스템은 건물의 거주자에게 열적인 편안함을 제공하기 위해서 다양한 방법으로 공기를 처리할 수 있는 연중 기후조절 능력을 제공한다. 공기조화 시스템은 단지 공기의 온도만을 조절하는 것이 아니라, 상대공기습도, 공기 움직임, 공기순도를 조절한다.

건축가와 기술자가 건물의 디자인 단계에서 난방 혹은 공기조화 시스템 계획을 세우는 반면, 실내 디자이너는 벽, 창문, 바닥재를 선택하고, 공기흐름의 패턴을 조정함으로써 최종 결과물에 영향을 미친다. 공기조화는 매우 많은 에너지를 사용하기 때문에, 차양을 통해서 원하지 않는 열을 들어오지 않게 하고, 가구의 위치나 천장 팬의 설치를 통해 공간에서 공기가 움직이도록 돕는 것과 같은 전략을 통해서 에너지를 절약할 수 있다.

공기조화 시스템
• 외부 공기를 가져와서 제한된 양의 걸러진 되돌아온 공기와 섞는다.
• 공기 온도와 습도를 조절하기 위해서 열과 수증기를 더하거나 제거한다.
• 조화된 공기를 건물의 실내 공간에 운반한다.

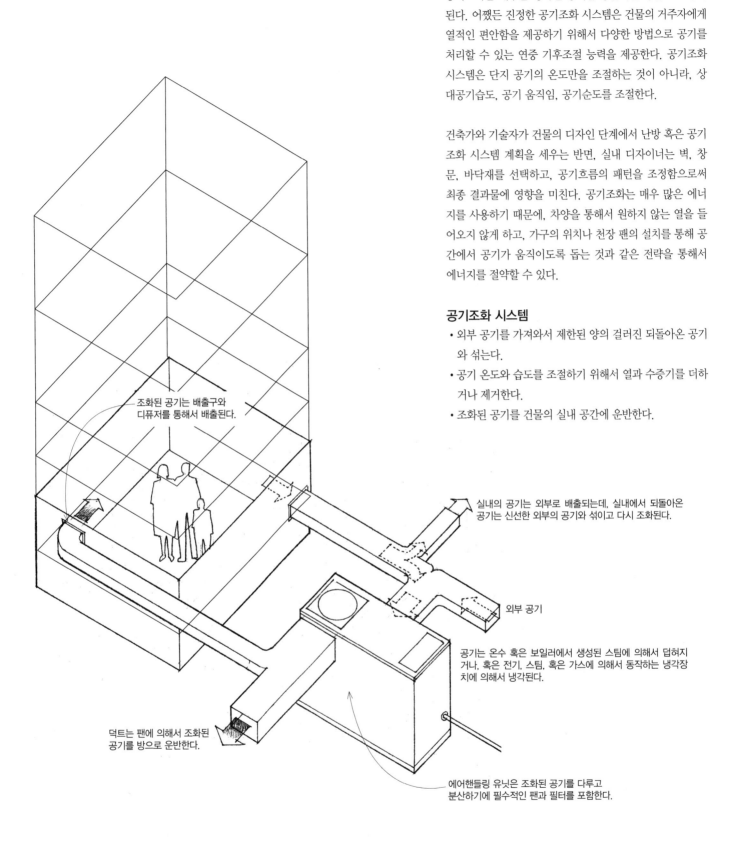

조화된 공기는 배출구와 디퓨저를 통해서 배출된다.

실내의 공기는 외부로 배출되는데, 실내에서 되돌아온 공기는 신선한 외부의 공기와 섞이고 다시 조화된다.

외부 공기

공기는 온수 혹은 보일러에서 생성된 스팀에 의해서 덥혀지거나, 혹은 전기, 스팀, 혹은 가스에 의해서 동작하는 냉각장치에 의해서 냉각된다.

덕트는 팬에 의해서 조화된 공기를 방으로 운반한다.

에어핸들링 유닛은 조화된 공기를 다루고 분산하기에 필수적인 팬과 필터를 포함한다.

전수 방식 All-Water Systems

공기 덕트에 비해서 적은 설치공간이 필요한 파이프는 덥거나 차가운 공기를 조절하고자 하는 공간에 있는 팬코일 유닛에 전달한다.

두 개의 파이프 시스템은 하나의 파이프는 온수 및 냉수를 각각의 팬코일 유닛에 보내고, 다른 하나에는 보일러나 냉각수장치에 물을 되돌려 보낸다. 팬코일 유닛은 방 안의 공기 및 외부의 공기를 혼합하여 끌어당겨 온수 및 냉수의 코일에 보낸 후에, 그것을 다시 공간 안으로 보내는 공기 필터와 원심 선풍기를 포함한다.

네 개의 파이프 시스템은 각각 두 개의 파이프를 냉수와 온수의 순환을 위한 파이프로 사용하여 건물의 다양한 영역에 필요한 즉각적인 난방과 냉방에 대응할 수 있다.

전 공기 방식 All-Air Systems

단일 덕트, 일정풍량방식 시스템 CAV, Constant Air Volume은 일정한 온도의 조화된 공기를 낮은 속도의 덕트 시스템으로 서비스하는 공간에 보낸다.

단일 덕트, 변동풍량방식 시스템 VAV, Variable Air Volume은 각각의 영역과 지역에서 요구되는 온도에 따라서 조화된 공기의 흐름을 조절하기 위해서 터미널의 끝의 댐퍼를 이용한다.

이중 덕트 시스템은 자동 온도 조절 장치가 설치된 혼합실에 더운 공기와 차가운 공기를 운반하기 위해서 별개의 덕트를 사용한다. 혼합실은 더운 공기 및 찬 공기의 비례를 맞추어 섞어서 각각의 지역 및 공간에 혼합된 공기를 배분하기 전에 희망하는 온도에 맞춘다.

터미널 재가열 시스템은 공간 요구사항의 변경을 맞추는 데 좀 더 유연하다. 그것은 약 12°C의 공기를 전기 혹은 온수재가열 장치가 된 터미널에 공급하고, 각각의 개별적으로 조절되는 지역 및 공간에 제공하는 공기의 온도를 조절한다.

공기-물 방식 Air-Water Systems

공기-물 방식은 중앙 장치로부터 각각의 지역과 공간에 조화된 주요 공기를 공급하기 위해서 고속 덕트를 사용하고, 인덕션 유닛에서 방 공기와 혼합하여 좀 더 덥히거나 냉각한다.

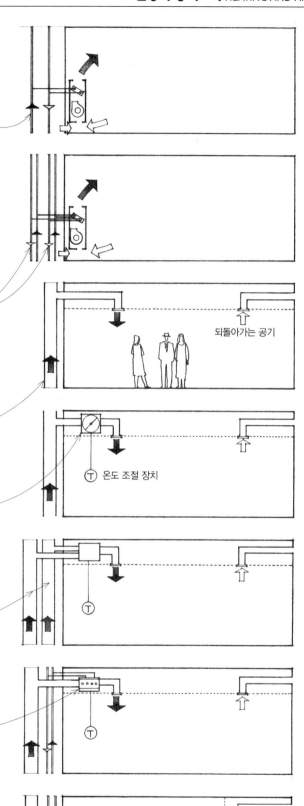

되돌아가는 공기

온도 조절 장치

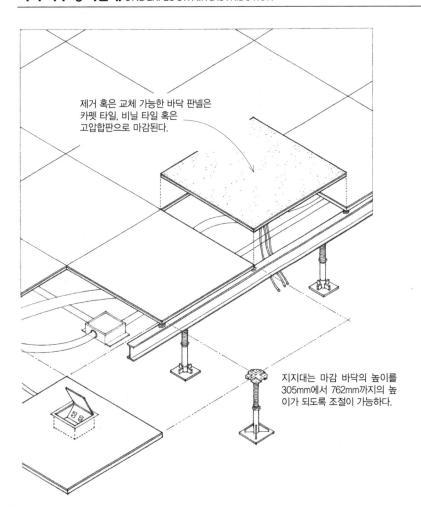

제거 혹은 교체 가능한 바닥 판넬은 카펫 타일, 비닐 타일 혹은 고압합판으로 마감된다.

지지대는 마감 바닥의 높이를 305mm에서 762mm까지의 높이가 되도록 조절이 가능하다.

바닥 하부 공기분배 시스템UFAD은 상업건물에 있어서 들어 올려진 액세스 플로어를 통해 조화된 공기를 분배하는 데 사용된다. 그것은 열적 편안함을 향상시키고, 보다 효과적인 환기와 향상된 실내 공기질을 제공한다.

들어 올려진 액세스 플로어는 받침대에 지지되는 패널로 구성된다. 패널 아래의 **플리넘**plenum 공간에는 공기 분배와 순환뿐만 아니라 전선과 통신 케이블이 들어갈 수 있다.

바닥 하부 공기분배 시스템에서 조화된 공기는 전형적으로 바닥아래의 플리넘으로 보내지고, 개방된 공기 공급 출구로 흘러가도록 되어 있다. 공급 출구는 대개 바닥에 있으나, 파티션이거나 혹은 책상 위에 설치될 수도 있다. 공기는 천장 높이에서 되돌아가며, 열린 플리넘 공간을 통해서 지나간다.

바닥의 마감은 대개 카펫 타일이고, 들어 올려진 바닥 판넬 아래의 장치에 쉽게 접근할 수 있다.

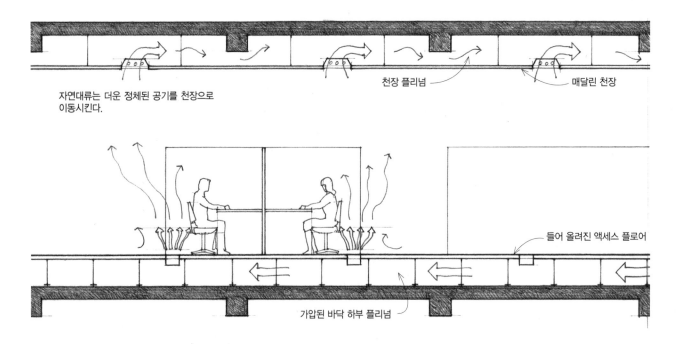

자연대류는 더운 정체된 공기를 천장으로 이동시킨다.

천장 플리넘

매달린 천장

들어 올려진 액세스 플로어

가압된 바닥 하부 플리넘

물 시스템은 두 개의 개별적이고 평행한 네트워크가 있다. 하나는 기계 및 화재방지 시스템에 사용하는 것만이 아닌, 사람의 사용과 소비를 위한 음용 가능한 물을 공급한다. 다른 하나는 이미 사용된 폐수나 오수를 처리한다.

물은 전형적으로는 급수 본관의 압력에 의해서 건물에 공급된다. 물 공급 시스템은 사용을 위해서 다양한 지점에 물을 보내기 위한 중력과 마찰력의 힘을 이겨내야 한다. 물을 위로 보내기 위해 필요한 압력은 급수 본관에서 혹은 건물 안의 펌프에서 발생된다. 이러한 압력이 부족한 경우에는 물을 중력에 의해서 아래로 보내기 위해 높은 위치의 저장 탱크로 펌프해 올릴 수 있다.

별도의 온수 공급 시스템은 급탕장치 혹은 보일러로부터 각각의 요구되는 시설물까지 온수를 보낸다. 단열된 파이프는 물을 사용되는 지점까지 보내질 때 열을 보존한다. 태양열 급탕장치는 온수를 위해서 재생에너지를 공급한다.

일련의 밸브는 수리와 유지관리를 위해서, 물 공급 시스템에서 하나 혹은 그 이상의 시설물을 격리하는 것뿐만 아니라, 각각의 시설물에 물의 흐름을 조절하기 위해서도 필요하다.

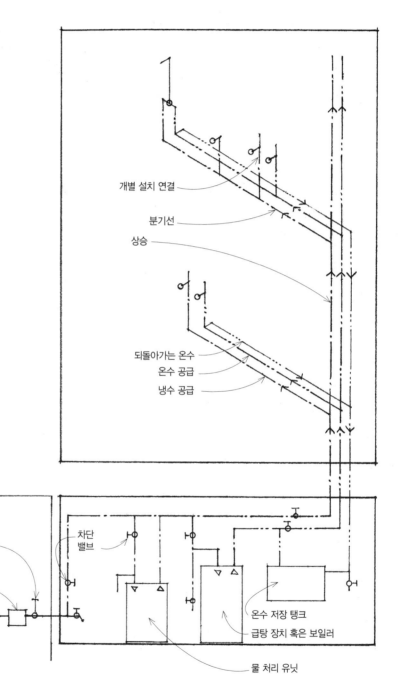

개별 설치 연결

분기선

상승

되돌아가는 온수

온수 공급

냉수 공급

외부 차단 밸브

계량기

차단 밸브

온수 저장 탱크

급탕 장치 혹은 보일러

물 처리 유닛

거리 급수 본관

세상의 많은 곳에서 신선한 물의 공급이 충분하지는 않으며, 그래서 유한한 자원을 보존하는 것이 지속가능한 디자인에서 중요한 요소이다. 건축법규에서는 물자원을 절약하기 위해 효율적 물사용 장치 및 밸브의 설치를 의무화하고 있다.

배관 장치는 공급시스템에서 물을 받고, 위생하수 시스템으로 액체 폐기물을 배출한다. 두 개의 시스템은 오염을 방지하기 위해서 분리된다. 수도꼭지에서 분출되는 곳과 세면대의 물이 차는 높이 사이에 공기 갭을 사용하여 오염된 물이 공급배관에 빨려 들어가는 것을 막아준다.

차단 밸브는 수리나 비상상황을 위해서 물의 공급을 막을 수 있게 한다.

차단 밸브로의 접근은 반드시 어떠한 실내 구조의 안에서 관리되어야 한다.

트랩은 배관 장치의 하수관의 U자형 혹은 S자형 단면을 가지며, 그곳에 사용한 물이 남아서 파이프를 지나는 물이나 하수의 흐름은 방해하지 않으면서 하수가스가 넘어오는 것을 막는 역할을 한다.

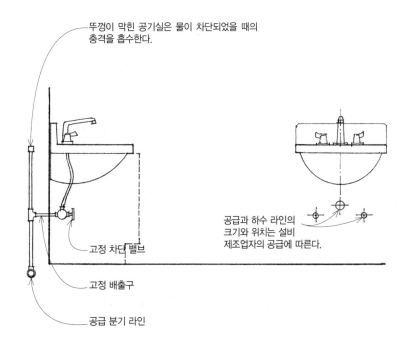

뚜껑이 막힌 공기실은 물이 차단되었을 때의 충격을 흡수한다.

고정 차단 밸브

고정 배출구

공급 분기 라인

공급과 하수 라인의 크기와 위치는 설비 제조업자의 공급에 따른다.

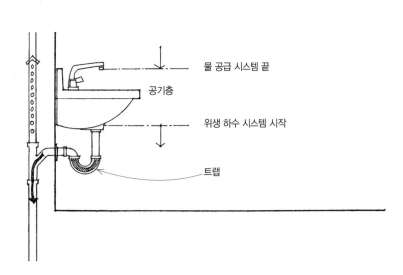

물 공급 시스템 끝

공기층

위생 하수 시스템 시작

트랩

대개 **화장실**water closet이라고 불리는 변기toilet는 세라믹의 용기에 분리가 가능하고, 경첩이 달린 의자 및 뚜껑과 물을 흘려 보내는 기구로 구성되어 있다. 상업용 변기 설치는 직접적인 수압에 의해서 작동되고, 장치가 물을 흘려 보낼 수 있도록 일정한 양의 물을 공급해주는 플러쉬오메터flushometer와 같이 대형 공급 배관을 사용한다. 화장실은 물을 내리는 과정에서 내려가는 물의 압력에 의해서 신선한 물이 다시 차도록 하는 커다란 트랩을 가지고 있다. 화장실은 물을 흘려 보내는 파이프 사이에서 갑작스럽게 압력에 의해서 역류하는 것을 막기 위해 통풍구를 주변에 설치한다.

미국의 법규에서는 한 번의 물내림에 사용하는 물의 양을 6리터로 제한하고 있다. 고성능 변기와 압력보조 변기는 이보다 적은 양의 물에서도 잘 작동한다. 복수의 물내림 변기는 사용자가 제한된 사용량 속에서 큰 것과 작은 물내림을 선택할 수 있도록 한다.

변기는 둥글거나 길쭉한 형태를 하고 있다. 후자는 접근 가능한 장치를 요구한다. 변기는 바닥 혹은 벽에 부착된다. 접근 가능한 공공 변기의 의자 최상부 높이는 미국장애인법에 의해서 정해져 있다.

소변기는 벽에 걸리거나 바닥에 설치되는 형식이다. 후자가 아동과 휠체어를 탄 사람에게 더 편리하다. 물 없는 소변기는 위생 액체층을 이용하여 하수가스를 막아주면서 소변을 통과시킨다.

비데bidet는 개인적인 청결을 위해서 걸쳐 앉을 수 있도록 디자인된 대야와 같은 것이다. 와쉬릿washlet은 비슷한 목적으로 사용되는 의자 형태 변기이다.

장애인법은 변기 설치와 방 그리고 변기 장치에 있어서 손잡이 바와 도달하기 위한 최소 수치, 회전 반경, 빈 바닥공간을 위한 요구사항들을 정하고 있다.

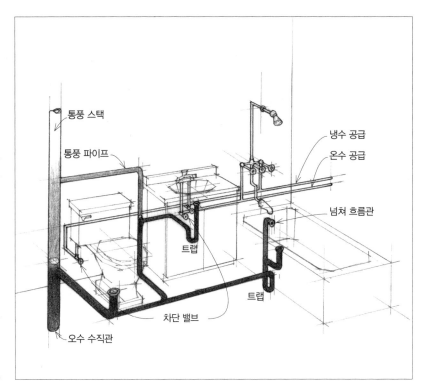

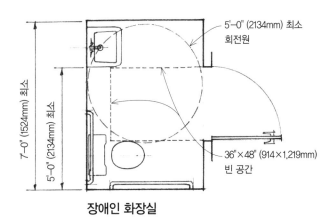

장애인 화장실

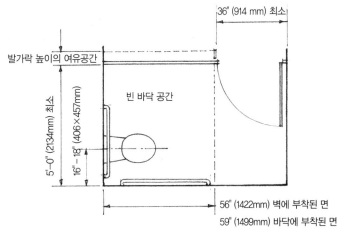

장애인 변기 한 칸

배관 장치는 다음의 재료로 만들어진다.

- **화장실, 소변기와 비데:**
  용화자기

- **세면대와 다용도 수조:**
  용화자기, 수지바탕의 딱딱한 표면 재료,
  에나멜이 칠해진 주철, 에나멜이 칠해진 철
  재와 같은 강하고, 매끈한, 문지를 수 있는
  재료

- **샤워 받는 용기:**
  테라초, 에나멜 칠된 철재, 유리섬유, 아크
  릴 플라스틱

- **샤워 덮개:**
  에나멜 칠된 철재, 스테인리스 철재, 세라
  믹 타일, 유리섬유, 아크릴, 유리

- **욕조:**
  아크릴, 유리섬유, 에나멜 칠된 주철, 인조
  대리석

- **부엌 수조:**
  에나멜 칠된 주철, 에나멜 칠된 철재, 스테
  인리스 철재

대변기

넓이   20" – 24" (508 – 610mm)
깊이   22" – 29" (559 – 737mm)
높이   20" – 28" (508 – 711mm)

소변기

18" (457mm)
12" – 24" (305 – 610mm)
24" (610mm)

비데

14" (356mm)
30" (762mm)
14" (356mm)

세면대

넓이   30" – 36" (762 – 914mm)
깊이   21" (533mm)
높이   31" (787mm) 테두리 높이

세면대

18 – 24" (457 – 610mm)
16" – 21" (406 – 533mm)
31" (787mm) 테두리 높이

세면대

18 – 24" (457 – 610mm)
16" – 21" (406 – 533mm)
31" (787 mm) 테두리 높이

샤워

넓이   30" – 42" (762 – 1067mm)
깊이   30" – 42" (762 – 1067mm)
높이   74" – 80" (1880 – 2032mm)

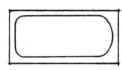

욕조

넓이   42" – 72" (1067 – 1829mm)
깊이   30" – 32" (762 – 813mm)
높이   12" – 20" (305 – 508mm)

사각 욕조

44" – 50" (1118 – 1270mm)
44" – 50" (1118 – 1270mm)
12" – 16" (305 – 406mm)

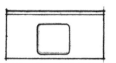

그릇 건조대가 있는 수조

넓이   54" – 84" (1372 – 2134mm)
깊이   21" – 25" (533 – 635mm)
높이   8" (203mm)

복수 수조

28" – 46" (711 – 1168mm)
16" – 21" (406 – 533mm)
8" – 10" (203 – 254mm)

다용도 수조

22" – 48" (559 – 1219mm)
18" – 22" (457 – 559mm)
27" – 29" (686 – 737mm)
테두리 높이

세면대lavatory는 얼굴과 손을 씻기 위해서 흐르는 물이 있는 커다란 그릇 및 용기이다. '싱크sink'라는 용어는 서비스 수조, 다용도 수조, 부엌 수조, 세탁 용기에 사용된다.

벽에 설치된 세면대는 벽 안에 지지와 연결을 위한 배관이 요구된다. 붙박이형 세면대는 우묵한 그릇 같은 세면대를 포함하며 아래로부터 연결된다. 다리 받침 세면대는 아래에 캐비닛 없이 독립해서 서 있을 수 있다.

샤워는 공장에서 만들어진 완전한 유닛으로 만들어지거나, 샤워 바닥으로 설치되거나 혹은 완전히 현장에서 지어진다. 미국장애인법에서는 공공의 시설에서는 하나 이상의 샤워가 있어야 하며 최소한 하나의 장애인 샤워시설을 요구하고 있다. 장애인 샤워시설에는 두 가지 형식이 있는데 하나는 전환식이고, 하나는 타고 들어가는 형식이다. 후자는 휠체어를 타고 샤워를 할 수 있는 구조다.

욕조는 세 개의 벽이 만나는 곳에서 안쪽으로 들어가거나 혹은 구석에 설치될 수 있다. 들어가는 욕조는 플랫폼 혹은 마루에서 아래로 내려가서 설치될 수 있다. 독립 욕조는 다리를 가지고 있거나 혹은 바닥에 직접 설치될 수 있다. 소용돌이 욕조는 모터로 순환하는 분출구를 가지고 있으며, 대개는 플랫폼에 설치된다.

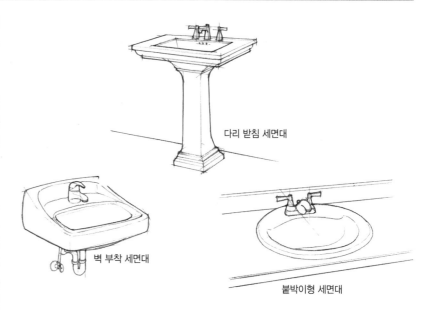

다리 받침 세면대

벽 부착 세면대

붙박이형 세면대

장애인 샤워

36" (914mm) 최소

30" (762mm) 최소

세면대

5'-0" (2134 mm) 최소

독립형 욕조

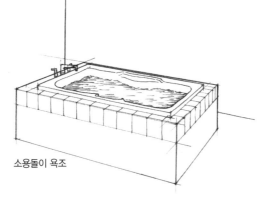

소용돌이 욕조

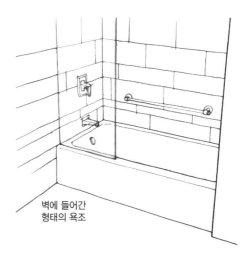

벽에 들어간 형태의 욕조

물공급 시스템은 각각의 배관 장치에서 끝이 난다. 물은 끌어와서 사용된 후에는 위생 하수 시스템으로 들어간다. 이 하수 시스템의 주요한 목적은 액체 폐기물과 유기물을 가능한 한 빠르고 효과적으로 버리는 데 있다.

위생 하수 시스템은 배출에 있어서 중력에 의존하기 때문에, 그 파이프는 물공급 파이프보다 훨씬 크고 압력을 받고 있다. 수평으로 지나가는데 길이와 경사도 및 하수 파이프 형식과 회전수의 제한이 있다.

가스는 하수 파이프 안에서의 폐기물의 부패에 의해서 발생된다. 이러한 가스가 건물의 실내 공간으로 들어오는 것을 막기 위해서 트랩과 수밀봉water seal이 각각의 장치에서 요구된다.

게다가 전체 위생 하수 시스템은 외부의 공기에 반드시 통풍되어야 한다. 통풍은 트랩에 있는 수밀봉이 압력에 의해서 물이 딸려 나가는 것을 막아주고, 공기가 시스템 안에서 순환하도록 해준다.

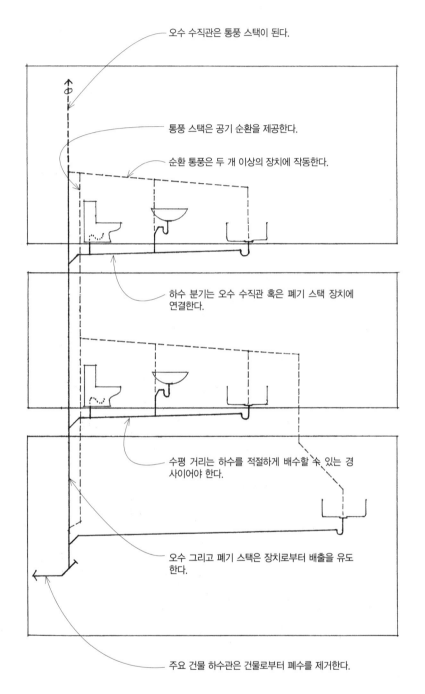

오수 수직관은 통풍 스택이 된다.

통풍 스택은 공기 순환을 제공한다.

순환 통풍은 두 개 이상의 장치에 작동한다.

하수 분기는 오수 수직관 혹은 폐기 스택 장치에 연결한다.

수평 거리는 하수를 적절하게 배수할 수 있는 경사이어야 한다.

오수 그리고 폐기 스택은 장치로부터 배출을 유도한다.

주요 건물 하수관은 건물로부터 폐수를 제거한다.

미국에서 발전되는 전기 에너지의 절반 이상은 유한한 화석
자원인 석탄에서 온다. 석탄으로부터 에너지를 추출하는 것
은 경관에 해를 끼치고 오염물질을 생산하며, 단지 잠재에
너지로부터 3분의 1의 에너지만을 만들어낸다. 다른 현존
그리고 개발하는 연료는 수력발전, 원자핵발전, 풍력발전,
태양열발전, 천연가스발전, 연료전지, 고체폐기물 소각 그
리고 바이오연료를 포함한다.

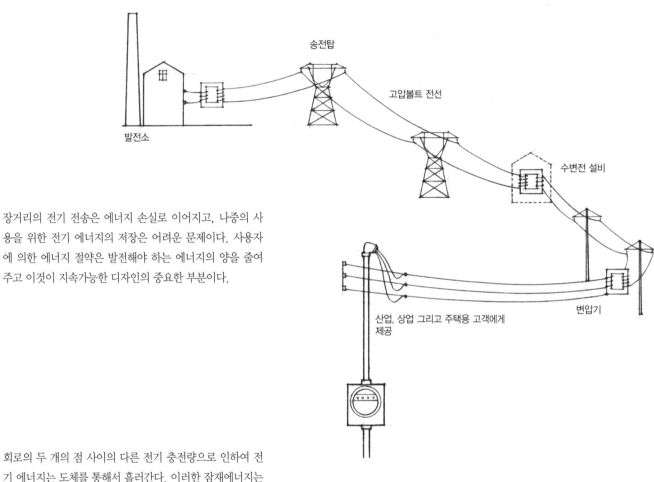

송전탑

고압볼트 전선

수변전 설비

발전소

장거리의 전기 전송은 에너지 손실로 이어지고, 나중의 사
용을 위한 전기 에너지의 저장은 어려운 문제이다. 사용자
에 의한 에너지 절약은 발전해야 하는 에너지의 양을 줄여
주고 이것이 지속가능한 디자인의 중요한 부분이다.

변압기

산업, 상업 그리고 주택용 고객에게
제공

회로의 두 개의 점 사이의 다른 전기 충전량으로 인하여 전
기 에너지는 도체를 통해서 흘러간다. 이러한 잠재에너지는
전압volt으로 측정된다. 실질적인 에너지 흐름 혹은 전류의
양은 **암페어**ampere로 측정된다. 전류를 유지하기 위해서
요구되는 힘은 **전력**watt으로 측정된다.

잠재 에너지 : 전압

밸브 : 스위치

에너지 흐름 혹은 전류 : 암페어

전기 회로

와트의 전력 = 암페어의 전류×볼트의 전압

전력 : 와트

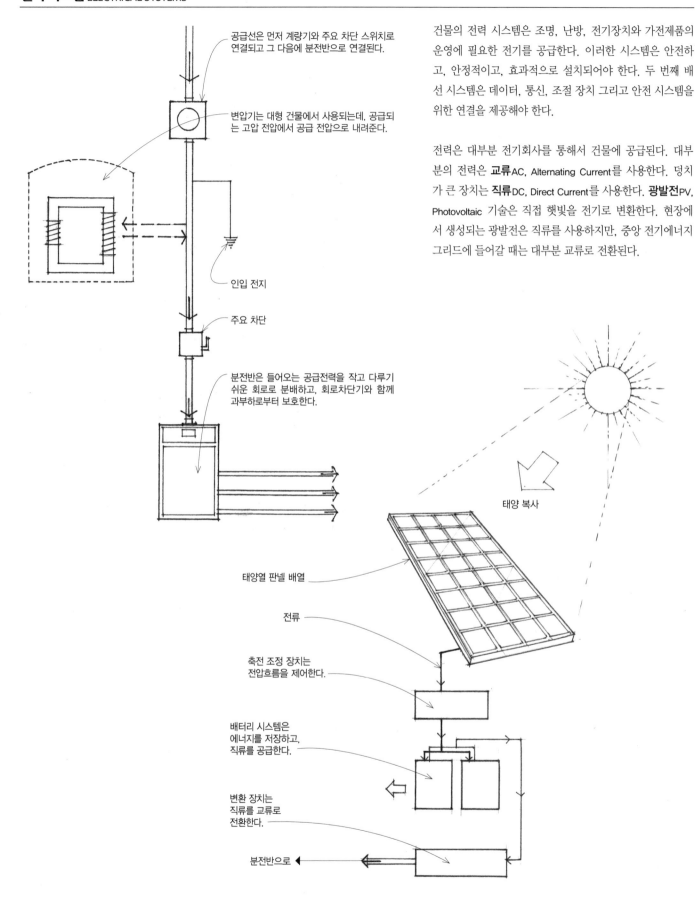

공급선은 먼저 계량기와 주요 차단 스위치로 연결되고 그 다음에 분전반으로 연결된다.

변압기는 대형 건물에서 사용되는데, 공급되는 고압 전압에서 공급 전압으로 내려준다.

인입 전지

주요 차단

분전반은 들어오는 공급전력을 작고 다루기 쉬운 회로로 분배하고, 회로차단기와 함께 과부하로부터 보호한다.

건물의 전력 시스템은 조명, 난방, 전기장치와 가전제품의 운영에 필요한 전기를 공급한다. 이러한 시스템은 안전하고, 안정적이고, 효과적으로 설치되어야 한다. 두 번째 배선 시스템은 데이터, 통신, 조절 장치 그리고 안전 시스템을 위한 연결을 제공해야 한다.

전력은 대부분 전기회사를 통해서 건물에 공급된다. 대부분의 전력은 **교류**AC, Alternating Current를 사용한다. 덩치가 큰 장치는 **직류**DC, Direct Current를 사용한다. **광발전**PV, Photovoltaic 기술은 직접 햇빛을 전기로 변환한다. 현장에서 생성되는 광발전은 직류를 사용하지만, 중앙 전기에너지 그리드에 들어갈 때는 대부분 교류로 전환된다.

태양 복사

태양열 판넬 배열

전류

축전 조정 장치는 전압흐름을 제어한다.

배터리 시스템은 에너지를 저장하고, 직류를 공급한다.

변환 장치는 직류를 교류로 전환한다.

분전반으로 ◀

전류가 흐르기 위해서는 회로가 완성되어야 한다. 스위치는 회로에서 전력이 필요할 때까지 차단기를 이용하여 전류의 흐름을 통제한다.

분기 회로는 건물의 실내 공간에 전력을 분배한다. 회로의 배선은 회로가 전달해야 하는 전류의 양에 따라서 크기가 정해진다. 배전반에서 퓨즈 혹은 회로차단기는 배선으로 너무 많은 전류가 흐르면 접속을 끊어준다.

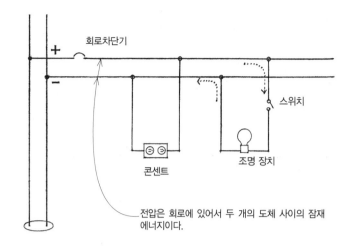

회로차단기

스위치

콘센트

조명 장치

전압은 회로에 있어서 두 개의 도체 사이의 잠재 에너지이다.

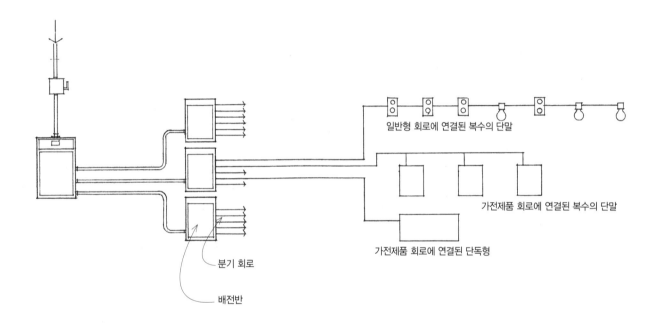

일반형 회로에 연결된 복수의 단말

가전제품 회로에 연결된 복수의 단말

가전제품 회로에 연결된 단독형

분기 회로

배전반

전압이 낮은 회로는 보통 전압전선으로부터 변압기에 의해 공급되는 50V 이하의 교류 전류를 가진다.
이러한 회로는 주거 시스템에서 난방 및 냉방 시스템을 조절하고, 창문 관련 작업 그리고 조명 장치를 켜고 끄는 데 사용된다. 저전압 배선은 전선관과 같은 보호 배선관이 필요 없다.

전기 시스템은 전기 기술자에 의해서 설계된다. 실내 디자이너는 조명장치의 위치, 전력선, 그들을 조정하는 스위치에 관한 정보를 제공한다. 디자이너는 기존 혹은 계획 중인 회로에 잘 조화될 수 있도록 전기 설치에 관한 전력요구사항을 잘 알고 있어야 한다.

조명 장치와 전기로 작동되는 기구의 요구부하량은 제조자에 의해서 결정된다. 어쨌든 일반회로를 위한 계획 부하량은 회로에 의해서 연결되는 단말의 수와 어떻게 사용되는가에 의존한다. 국가 전기법규는 이러한 요구사항을 설명해야한다.

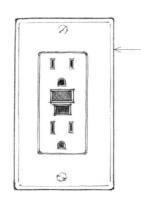

누전차단기GFCIs, Ground fault circuit interrupts는 욕조 근처와 같은 갑작스러운 전기 쇼크의 위험성이 높은 곳에서 회로에 회로차단기와 함께 설치가 요구된다. 누전차단기는 만약에 회로에서 전류의 어떠한 누출이라도 감지하면, 회로를 즉각적이고 완전하게 차단한다.

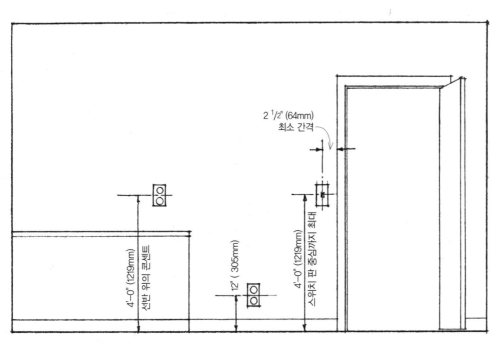

2 $^1/_2$" (64mm)
최소 간격

4'-0" (1219mm)
선반 위의 콘센트

12" (305mm)

4'-0" (1219mm)
스위치 판 중심까지 최대

스위치와 콘센트의 높이

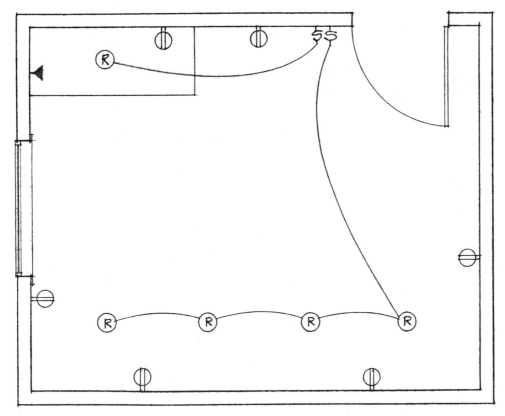

전형적인 전기 및 조명 평면

보통 전기 부호

전력 판넬	형광 장치
조명 판넬	천장 백열
T 변압기	벽 백열
G 발전기	트랙 조명용 전등
M 모터	R 들어간 조명
스위치 차단	X 비상조명등 단자
S 단극 스위치	특수목적 단자
S₃ 삼로 스위치	TV 텔레비전 단자
S 스위치 용기	CH 차임
S DM 조광 스위치	누름 버튼
2중 콘센트	F 팬 용기
바닥 이중 콘센트	J 접속 배선함
전화 연결 단자	바닥 하부 접속 배선함
T 온도 조절 장치	컴퓨터 데이터 단자

화재 경보 및 제어 시스템은 전기적 검출과 신호표시기를 불이 난 곳까지 물을 운반하는 시스템에 연결한다. 이러한 시스템의 많은 부분은 마감된 실내 공간에서 매우 눈에 잘 띄며 그래서 방해받지 않은 상태로 실내 디자인에 통합되어야 한다.

자동 스프링클러 시스템은 매우 굵은 파이프로 채워지고, 이것은 분기되면서 그리드의 스프링클러 머리에 물을 공급하게 된다. 스프링클러 머리는 물을 줄기나 스프레이로 분산시키기 위한 노즐로 되어 있으며, 미리 정해진 온도에서 녹아버리는 가용성의 연결로 되어 있다. 시스템이 화재를 감지하였을 때 불을 끄기 위해서 가장 가까운 스프링클러 머리에서 물이 분사된다. 스프링클러 머리는 수직이고, 매달리고, 측벽 형태, 마감된 천장에 들어가거나 뚜껑이 있는 상태로 사용 가능하다. 위치는 법규로 정의되고, 한번 설치되면 페인트칠하지 않는다. 실내 디자이너는 스프링클러 머리의 위치와 조명장치를 포함하여 천장 디자인 요소를 조정해야 한다.

대부분의 건물은 모든 층에 소방호스를 공급하기 위해서 건물에 수직으로 연장된 소화전 설비를 가지고 있다. 소방 펌프는 소화전 설비에서 요구하는 수압을 유지하여야 한다. 쌍둥이 관이음쇠는 소방서가 수화전 설비나 스프링클러 파이프에 물을 보낼 수 있도록 두 개 내지 그 이상의 연결을 제공한다.

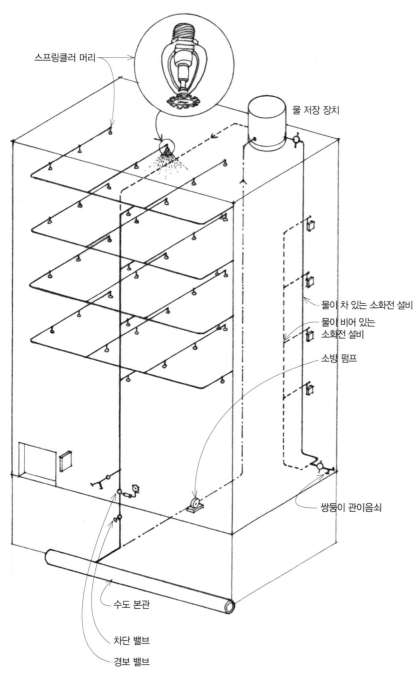

스프링클러 머리

물 저장 장치

물이 차 있는 소화전 설비

물이 비어 있는 소화전 설비

소방 펌프

쌍둥이 관이음쇠

수도 본관

차단 밸브

경보 밸브

불과 연기 감지기는 화재 초기, 연기 발생, 혹은 화염이나 열기에 의한 갑작스러운 확산 등을 감지하는 능력에 따라서 분류된다. 주거 연기 감지기는 각각의 잠자는 영역의 바깥과 근처, 침실 안, 모든 계단의 입구, 지하실을 포함한 모든 층에 최소한 하나 이상을 설치해야 한다.

화재경보는 대부분 반짝이는 빛과 소리 경보를 둘 다 포함한다. 전형적으로 화재경보는 밝은 적색에 벽이나 천장에 두드러지게 설치된다. 그들은 건물 거주자에게 쉽게 보이도록 의도되며 숨겨지거나 위장되지 않는다.

신호 표시 판넬은 소방수가 불난 곳의 위치를 알 수 있도록 건물 입구와 다른 전략적인 장소에 위치한다. 그들은 종종 아주 커다랗고, 밝은 적색이고, 매우 눈에 잘 띄게 디자인된다.

많은 건물은 거주자에게 비상시의 상황을 알려줄 수 있고 소방관이 화재진압을 하는 동안 연락을 취할 수 있도록 디자인된 통신시스템이 설치되어 있다. 몇몇 건물은 조절판이 있는 중앙 비상 데스크를 가지고 있다.

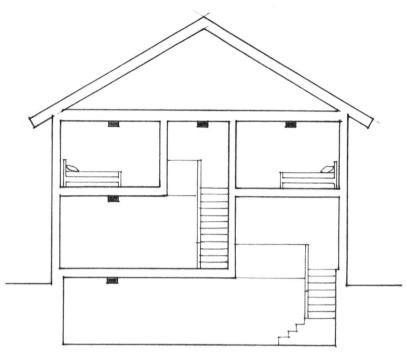

연기 검출기 위치

소리와 시각 화재 경보

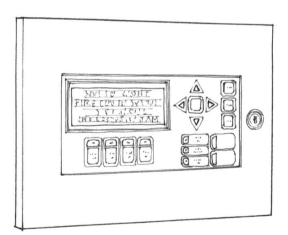

신호 표시 판넬

이번 절은 즉각적으로 보이는 것은 아니지만 건물과 실내 공간의 디자인에 영향을 미치는 시스템의 몇 가지 고려사항을 정리해보고자 한다. 이러한 시스템은 공공의 건강, 안전 그리고 일반복지를 보호하기 위해서 노력하는 연방정부, 주, 지방 정부에 의해서 발효된 여러 종류의 법과 규제들로 이루어져 있다.

지역 규제는 건물의 크기, 위치, 사용에 대해서 통제한다. 건축법규는 어떻게 건물이 어떻게 시공되고 점유되는가에 대해서 규제한다. 이러한 많은 규제들은 정부나 독립 시험기관에 의해서 만들어진 기준을 통합한다.

건축가와 기술자가 법규의 요구조건을 지키는 것에 대해서는 주요한 책임이 있지만, 실내 디자이너는 이러한 규제와 이것이 실내 공간의 디자인에 미치는 영향에 대해서 알고 있어야 한다. 그리고 법규는 최소한의 기준에 대해서만 설정되었을 뿐, 단순히 그것을 따르는 것만으로 건물이 효율적이고, 편안하고 그리고 잘 디자인된다는 것을 보장하지는 않는다.

적용하는 건축법규는 대부분 건물의 구조적인 안정성과 그것의 재료와 시공의 품질과 디자인을 위한 최소한의 기준을 지정한다. 새로운 건물의 실내를 디자인하거나 기존의 건물을 리모델링할 때, 디자이너는 건물 구조적 요소에 대한 어떤 대안이 예상되는지를 건축가 및 기술자와 상담해야 한다.

후원 조직과 모범규정

국제코드관리기관ICC
  국제건축법
  국제주거법
  국제에너지보존법
  국제위생공사기준
  국제기계법
  국제 기존 건축법규

국제화재방지협회NFPA
  화재법
  국정전기규격
  생명안전법

기준을 방행하는 조직

  미국국립표준협회ANSI
  미국재료시험협회ASTM
  연방주택관리청FHA
  조달청GSA
  주택도시개발부HUD
  국립화재방지협회NFPA
  미국국립표준기술원NIST
  보험업자연구소UL

화재안전법규 Fire Safety Codes

화재안전법규는 건축법규의 주요한 관심사항 중의 하나이다. 건물구조의 요소와 외부벽의 불연 혹은 내연에 대한 요구사항은 건물의 거주자, 바닥면적, 높이, 위치에 따라서 정해진다. 그리고 벽과 문의 내연기능은 건물을 개별적인 영역으로 구별하고, 한 장소에서 다른 곳으로 불이 번지는 것을 막기 위해서 요구된다.

건물의 구조재가 화재를 일으키지는 않더라도, 마감재료와 내용물이 화재를 일으킬 수 있다. 그래서 실내 디자이너가 벽, 바닥, 천장의 마감과 카펫, 가구류와 같은 설치물을 지정할 때 특별히 신경을 써야 하는 것이다. 법규는 인화점이 낮은 재료의 사용을 금지하거나 화염의 확산과 연기배출의 양에 대한 기준을 정할 수 있다.

스프링클러 시스템은 화재를 진화하기 위해서 점점 더 많이 사용되고 있다. 더군다나 화재/연기 감지기와 알람 시스템은 화재를 경고하는 데 요구된다.

탈출 방법 Means of Egress

화재법규의 탈출 방법의 요구사항은 화재 혹은 다른 비상상황에서의 건물의 안전하고 효율적인 대피를 제공한다. 이러한 요구사항은 보통 건물의 크기, 구조, 거주 형태에 기반을 두고 있다. 원칙적으로 불이나 연기에 의해서 하나의 경로가 차단되었을 경우를 대비하여 최소한 건물 안에는 하나의 공간에서 빠져나가는 두 개의 길이 있어야 한다. 탈출경로, 계단, 경사로, 출입구는 명확하게 표시되고, 조명이 밝고, 적절한 수의 거주자를 감당할 수 있는 넓이이어야 한다. 비상문은 이동경로의 바깥방향으로 열려야 하고, 대중이 모이는 장소는 압력에 의해 해제되는 비상탈출도구가 준비되어야 한다.

보건 및 안전 법규 Health and Safety Codes

구조 및 화재안전에 덧붙여서 건축법규에서는 보건과 안전의 일반적인 사항에 대해서 다루고 있다. 이것은 허용이 가능한 챌판과 디딤판 비례, 거주자에 따른 최소 계단 폭, 계단참의 사용, 난간의 요구사항과 같은 계단의 디자인을 포함하고 있다. 식당, 의료시설, 다른 실내 공간은 추가적인 보건법규 요구사항이 있다.

주거 공간을 위해서, 외부의 유리 개구부를 통해서 자연광이 제공되어야 하고, 외부의 개구부를 통해서 자연환기가 이루어져야 한다. 이러한 요구사항은 대개는 방의 바닥면적의 비례에 근거한다. 어떤 형태의 거주에서는 인공조명과 기계작동 환기 시스템이 대체될 수 있다.

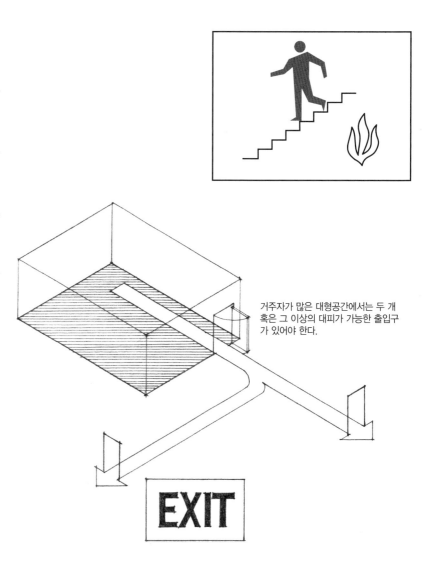

거주자가 많은 대형공간에서는 두 개 혹은 그 이상의 대피가 가능한 출입구가 있어야 한다.

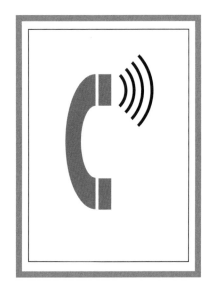

접근성

1990년의 미국장애인법ADA은 시민의 권리로 신체 및 특정 정신적 장애를 가지고 있는 사람들이 접근할 수 있는 건물을 요구하는 연방입법이다. 이동장애를 가진 사람뿐만 아니라 모든 형태의 장애를 가진 사람이 접근 가능해야 한다. 여기에는 신체가 작은 사람과 휠체어를 사용하지는 않지만 이동에 장애가 있는 사람뿐만 아니라 청각 장애, 시각 장애, 언어장애, 인지장애를 가진 사람을 포함한다. 미국장애인법은 기존 건물에서 쉽게 개선이 가능하다면 접근에 방해요소를 제거하는 것을 요구하고 있다.

실내 디자인에 영향을 미치는 특별한 사항은 접근경로, 배관장치와 시설, 통신 요소, 붙박이 요소 등이다. 집회장소의 휠체어 공간에서의 시선, 부엌, 의료시설, 객실에서의 여유 공간이 행동강령에서 포함하고 있는 특별한 공간을 위한 고려사항이다.

디자이너는 먼저 지역에서 채택된 법규와 기준을 따르는 데 집중해야 하며, 또한 미국장애인법과 같은 전국의 법적 요구사항을 염두에 두어야 한다. 디자인 작업에 대해서 모범 규정을 살펴봄과 동시에, 2010 장애인디자인을 위한 기준 2010 ADA Standards for Accessible Design에 대해서도 살펴보는 것이 좋다.

에너지 보존 법규

국제 에너지 보존 법규IECC는 에너지 효율적인 디자인을 위한 요구사항을 포함하고 있다. 많은 주와 지역 사법시스템은 모범규정과는 사뭇 다른 기준의 그들만의 에너지 보존 법규를 가지고 있다. 에너지 보존 법규는 조명과 전기 발전과 기계시스템을 포함한 건물이 전체 에너지 사용을 제한하고 있으며, 규정을 준수하였음을 보증하는 에너지 부하의 디자인 및 계산된 서류를 요구하고 있다. 조명 사용의 제한은 전체 건물 에너지 디자인에 포함되며, 실내 디자이너의 작업에 크게 영향을 미친다.

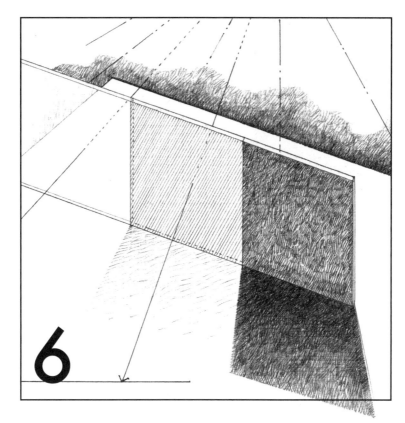

6

조명과 음향 Lighting And Acoustics

빛은 방사에너지이다. 빛은 전 방향으로 고르게 방사되고, 빛의 광원에서 발산됨으로써 더 넓은 영역으로 퍼진다. 빛이 퍼져나갈 때, 광원으로부터 거리의 제곱에 비례하여 강도가 감소한다.

빛은 움직일 때, 공간 속 사물의 표면과 형상을 우리 눈에 나타나게 해준다. 빛의 경로 안에 있을 때 사물은 표면에 부딪치는 빛을 반사하거나 흡수하며 통과시키게 된다.

조명 LIGHTING

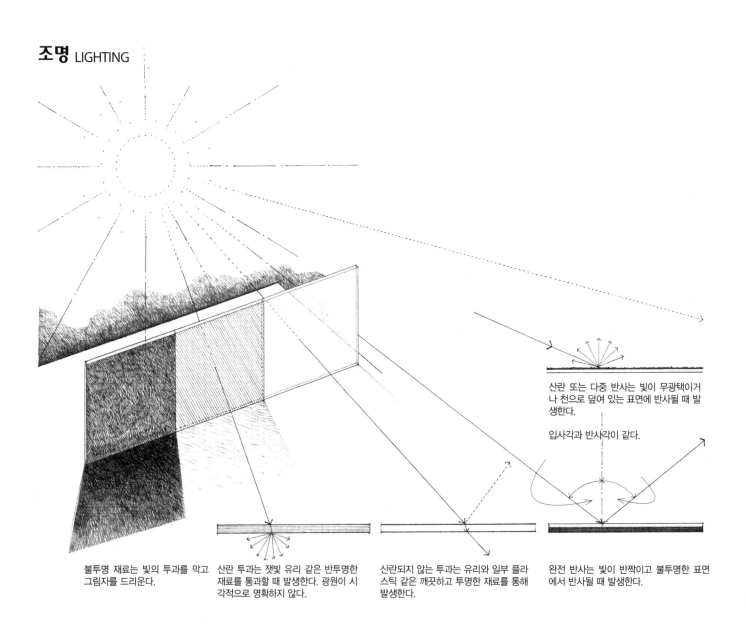

산란 또는 다중 반사는 빛이 무광택이거나 천으로 덮여 있는 표면에 반사될 때 발생한다.

입사각과 반사각이 같다.

불투명 재료는 빛의 투과를 막고 그림자를 드리운다.

산란 투과는 잿빛 유리 같은 반투명한 재료를 통과할 때 발생한다. 광원이 시각적으로 명확하지 않다.

산란되지 않는 투과는 유리와 일부 플라스틱 같은 깨끗하고 투명한 재료를 통해 발생한다.

완전 반사는 빛이 반짝이고 불투명한 표면에서 반사될 때 발생한다.

태양, 별, 전기 **램프**lamp는 그들이 생성하는 빛 때문에 우리에게 보인다. 하지만 우리가 보는 것의 대부분은 물체의 표면에서 빛을 반사하기 때문에 눈에 보인다. 형상, 색, 질감을 인식하고, 다른 것으로부터 한 물체를 구별하는 우리의 능력은 조명에 사용되는 빛의 양뿐만 아니라 다음 요소에도 영향을 받는다.

• 밝기
• 대비
• 눈부심
• 확산
• 색상

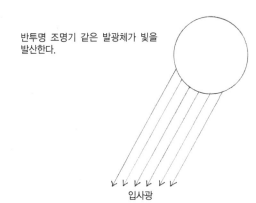

반투명 조명기 같은 발광체가 빛을 발산한다.

입사광

사물은 빛을 받을 때 그리고 표면을 반사하거나 입사광이 투과될 때 눈에 보이게 된다.

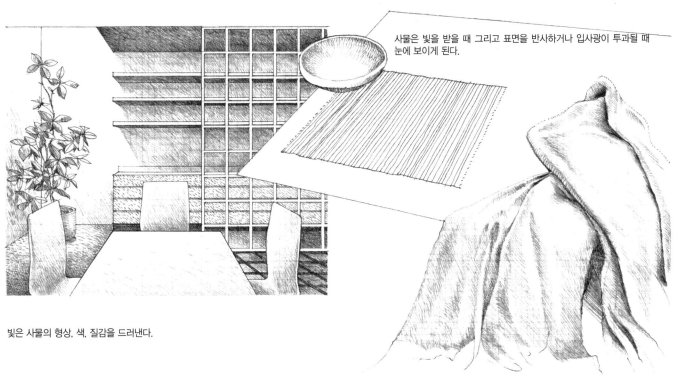

빛은 사물의 형상, 색, 질감을 드러낸다.

밝기brightness는 표면에서 얼마나 많은 빛 에너지가 반사되는지를 설명한다. 사물의 밝기 정도는 그 표면의 색상 명도와 질감에 따라 다르다. 두 표면에 같은 양의 빛을 비춘다고 하더라도, 빛나고 밝은색의 표면은 어둡고 광택이 없는 거친 질감의 표면보다 더 많은 빛을 반사한다.

일반적으로 말해서, 시력은 사물의 밝기와 함께 증가한다. 똑같이 중요한 것은 보는 대상과 그 주변 사이의 상대 밝기이다. 식별 가능한 형태, 형상, 질감을 만들기 위해 어느 정도의 대비 혹은 밝기가 요구된다. 예를 들면, 밝고 흰색의 배경 위에 놓인 같은 흰색의 사물은 알아보기 힘들며, 검은 배경 위에 있는 검은색 사물도 식별하기 어렵다.

사물에 균일하게 빛을 비추어도 그들의 표면은 색상, 질감에 따라, 즉 빛을 반사하는 능력에 따라 밝기가 다르다.

밝기 = 조도 × 반사율

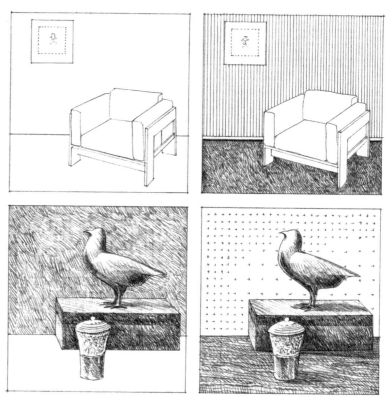

휘도 대비는 형상과 형태의 인지를 돕는다.

형상과 윤곽을 구별하는 시각적 작업을 함에 있어서 배경과 사물 사이의 대비는 특별히 중요하다. 대비 필요성의 명확한 실례는 어두운 글자가 밝은 종이에 인쇄될 때 가장 잘 읽을 수 있다는 것을 보여주는 인쇄용지이다.

표면 질감과 디테일의 구별이 필요한 시각 작업에서는 그 배경과 표면 사이의 대비가 적은 것이 바람직한데, 왜냐하면 우리의 눈은 장면의 평균 밝기에 자동으로 조절되기 때문이다. 밝게 조명된 배경을 등지고 있는 누군가를 보면 윤곽은 잘 보이지만, 그 사람의 얼굴 특징을 분간하는 것은 어려울 것이다.

작업 영역의 표면 밝기는 그 배경과 동일하거나 혹은 약간 더 밝아야 한다. 작업표면과 그 배경 사이의 밝기 비율은 최대 3 : 1이 대체적으로 권장된다. 작업 영역과 주변 실의 가장 어두운 부분의 밝기 비율은 5 : 1을 초과해서는 안 된다. 더 높은 밝기 비율은 눈부심을 일으키고, 눈의 피로를 야기하며, 시각적 능력을 저하시킨다.

높은 밝기의 배경은 형상과 윤곽을 뚜렷이 하는 것을 돕는다.

표면의 세부적 구별을 돕기 위해 표면 밝기는 증가되어야만 한다.

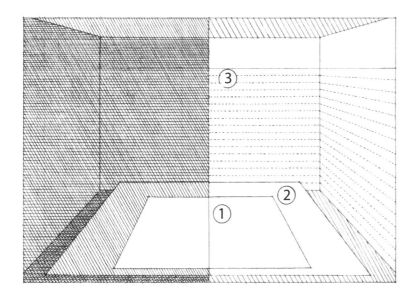

③영역 주변은 ①작업 영역 밝기의 1/5에서 5배까지 범위이다.

시각적 작업 영역 ①과 즉각적 배경 ②의 최대 권장 밝기 비율은 3 : 1이다.

대비되는 밝기는 특정 상황에서 바람직할 수 있다.

직접 눈부심은 인간의 일반적 가시범위 안에서 빛 광원의 밝기에 의해 발생한다.

특히 작업면과 그것의 배경 사이에서 우리의 눈이 고른 빛을 선호한다 할지라도, 우리의 눈은 광범위한 범위의 밝기에 적응할 수 있다. 인간은 100 : 1 또는 그 이상의 최대 밝기 비율뿐만 아니라 2 : 1의 최소 밝기 비율에도 반응할 수 있지만, 단지 일정 기간 동안뿐이고, 우리의 눈은 극단적인 밝기의 변화에 즉각 반응할 수는 없다. 일단 우리의 눈이 특정 밝기에 적응하면, 갑작스러운 밝기의 증가는 눈부심, 눈의 피로, 시각적 기능의 손상을 일으킬 수 있다.

눈부심에는 직접과 간접의 두 유형이 있다. 직접 눈부심은 일반적 시야 안에서 광원의 밝기에 의해서 발생한다. 광원이 밝을수록 눈부심의 가능성은 더 크다. 직접 눈부심 문제를 위한 가능한 해결책은 다음과 같다.

• 밝기의 광원을 직접적인 시야 밖에 위치시킨다.
• 만약 이것이 가능하지 않다면, 차폐 또는 칸막이 조명 기구를 적절히 사용한다.
• 이에 추가해서, 광원의 배경 밝기를 높이고, 밝기의 비율을 낮춘다.

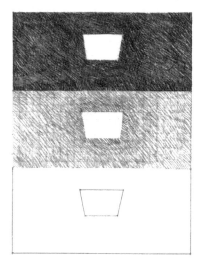

밝기 비율은 빛의 광원과 배경 사이에서 감소한다.

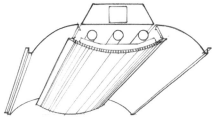

덮개가 있거나 칸막이가 있는 조명 기구의 사용은 전구와 램프가 직접 시야에 들어오는 것을 최소화한다.

눈부심 해결

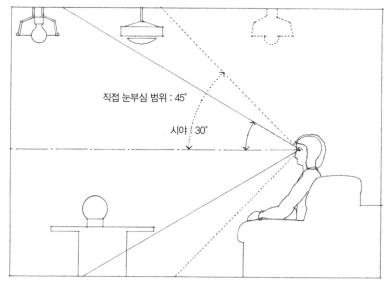

직접 눈부심 범위 : 45°

시야 : 30°

조명 기구를 직접 눈부심 범위 밖에 설치한다.

간접 눈부심은 관찰자의 눈에 광원의 빛을 반사시키는 표면에서 작업을 하거나 바라봄으로써 발생한다.

광막 반사veiling reflection라는 용어는 이런 종류의 눈부심을 설명하는 데 사용되는데, 왜냐하면 광원의 반사는 작업면 위에 이미지의 베일의 막을 만들고 결과적으로 이미지를 보기 위해 필수적인 대비의 손실을 초래하기 때문이다.

간접 눈부심은 작업면 또는 관측면이 반짝거리거나, 높은 정반사치를 갖고 있을 때 가장 심하다. 윤기가 없고, 광택이 없는 작업 표면의 사용은 광막 반사를 완전히 제거할 수는 없지만 어느 정도 완화되도록 돕는다.

반사된 눈부심의 문제 해결책은 다음과 같다.

• 입사광선이 관찰자로부터 멀리 반사되게 광원을 위치시킨다.
• 간접 조명 기구 혹은 밝기를 낮추는 렌즈 또는 확산판이 있는 조명을 사용한다.
• 일반적인 상부조명의 밝기를 낮추고, 작업면 가까이 국부 작업을 위한 조명을 보완한다.

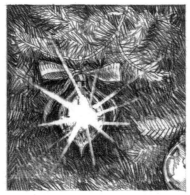

빛남과 반짝임은 눈부심의 바람직한 형태이다.

직반사 눈부심은 책을 읽거나 그림을 그리는 것과 같이 보는 작업의 수행 능력에 영향을 준다.

작업 위치가 불확실할 때 광막 반사를 최소화하기 위하여 저광도 조명 기구를 사용하거나 낮은 높이의 작업환경조명(ambient lighting)을 설치한다.

사용자가 조절할 수 있는 개별 작업등인 작업환경조명은 눈부심을 해결하는 데 좋은 일반적인 방법이다.

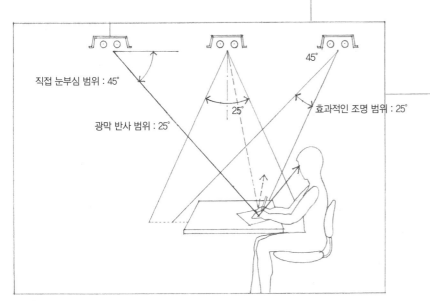

직접 눈부심 범위 : 45°

광막 반사 범위 : 25°

45°

25°

효과적인 조명 범위 : 25°

작업면 위와 앞의 밝고 집중적인 광원은 광막 반사를 일으킬 수 있다.

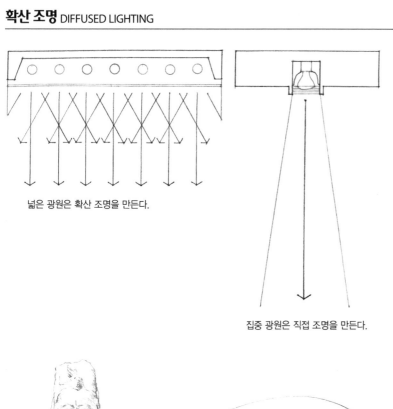

넓은 광원은 확산 조명을 만든다.

집중 광원은 직접 조명을 만든다.

확산은 광원으로부터 발산될 때의 빛의 방향과 분산의 척도이다. 빛의 품질은 실의 시각적 분위기와 그 안의 사물의 모습 모두에게 영향을 준다. 천장 아래에 달려 있는 직간접 형광 조명 기구와 같은 넓은 광원은 평편하고, 균일하고, 일반적으로 눈부심이 없는 확산 조명을 만든다. 대비와 그림자를 최소화하기 위해서 제공된 부드러운 빛은 표면의 질감을 읽기 어렵게 만들 수 있다.

반면 스포트라이트 같은 집중 광원은 분산이 적은 직접 조명을 만든다. 직접 조명은 비추는 사물 위에 그림자와 다양한 밝음을 만듦으로써 형태, 형상, 표면 질감에 대해 우리가 잘 인식할 수 있게 해준다.

확산 조명은 일반적 시각을 위해 유용하지만, 단조로울 수 있다. 직접 조명은 시각적 강조를 제공하고, 다양한 밝기를 연출하고, 작업면을 밝게 함으로써 이러한 지루함을 완화시키는 데 도움을 줄 수 있다. 방 안에서 다양한 작업이 수행될 때는 확산 조명과 직접 조명을 혼합하여 연출하는 것이 바람직하고 유용하다.

확산 조명은 대비와 그림자를 최소화한다.

직접 조명은 형태의 입체감과 질감을 강조한다.

빛의 또 다른 중요한 특징은 그 색상과 방 안의 사물의 채색과 표면에 영향을 주는 방식이다. 우리는 대부분 빛은 흰색이라고 가정하지만, 그 광원의 특성에 따라 빛의 스펙트럼 분포가 달라진다. 정오 주광은 가장 균일하게 균형 잡힌 백색광으로 간주되고, 이른 아침 시간에는 주광은 보라색부터 빨강색까지 퍼져 있다. 낮이 진행될수록 주황과 노란색 범위를 지나 정오에는 파란-백색으로 순환하고, 그런 다음 일몰의 오렌지와 빨강으로 다시 되돌아간다.

전기 빛의 스펙트럼 분포는 **램프**lamp의 유형에 따라 다르다. 예를 들어, 백열 램프는 노랑-백색 빛을 만드는 반면, 시원한 백색 형광은 파랑-백색 빛을 만든다.

표면의 겉보기 색깔은 그것의 주된 색조의 반사와 그것을 비추는 빛의 다른 색을 흡수한 결과이다. 광원의 스펙트럼 분포는 중요한데, 만약 어떤 색의 파장이 빠지면, 그 색은 반사될 수 없고 빠진 채 사라지거나 그 빛이 비추어지는 어떤 표면에서 회색을 띠게 된다.

빛을 색온도라고 불렀을 때 특정 광원의 모습은 켈빈K에서 측정된다. 예를 들어, 백열램프는 2,700K에서 3,000K의 색상온도를 갖는 빛을 만든다. 시원한 백색 형광 램프의 빛은 약 4,250K의 색상온도를 갖는다. 일반적으로 말하면, 광원의 색상온도가 낮을수록, 더 따뜻하게 보인다.

색온도 크기

켈빈	광원
10000	선명한 파란 하늘색(25,000K까지)
9000	
8000	북광
7000	
	주광 형광
6000	흐린 하늘색
5000	정오 햇빛
	시원한 백색 형광
4000	주광 백열
3000	따뜻한 백색 형광
2000	백열 램프
	일출

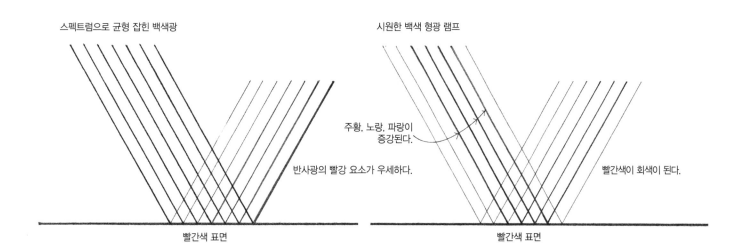

스펙트럼으로 균형 잡힌 백색광

시원한 백색 형광 램프

주황, 노랑, 파랑이 증강된다.

반사광의 빨강 요소가 우세하다.

빨간색이 회색이 된다.

빨간색 표면

빨간색 표면

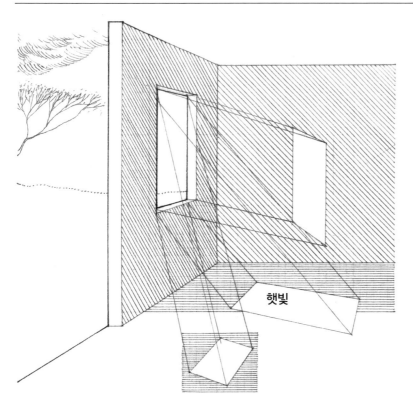

햇빛

모든 주광의 광원은 태양이다. 그 강렬한 빛은 낮 시간 동안 계절마다, 장소마다 다양하다. 태양광은 구름, 안개, 강수 또는 공기 중에 있는 어떤 부유물에 의해 분산될 수 있다.

직사광선 외에도 공간의 주광을 디자인할 때, 맑은 하늘에서 반사되는 빛과 흐린 하늘의 빛의 두 다른 조건들이 고려되어야만 한다. 직사광선은 뜨겁고, 밝은 색상을 강조하는 반면, 천창을 통해 들어오는 빛은 좀 더 빛을 분산시키면서 시원한 색을 띤다.

건물의 햇빛 도입은 인공 조명의 의존을 감소시키고, 전기 에너지 사용을 줄인다. 또한 햇빛은 태양열을 건물로 끌어들여 겨울철 에너지 절약을 할 수 있지만, 여름철 냉방비가 증가될 수 있다.

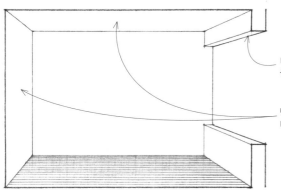

더 크고 더 넓은 창은 더 많은 주광을 방으로 들어오게 한다.

방의 천장과 후면 벽은 측벽과 바닥보다 주광을 반사하거나 분산하는 데 보다 효과적이다.

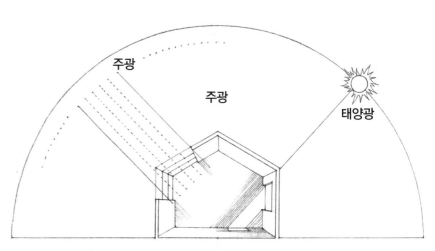

주광

주광

태양광

주광 도입의 문제점은 개방된 창문의 밝기와 어두운 벽면 혹은 그것에 인접한 그림자 사이의 과도한 대비에 의한 눈부심이다. 눈부심을 다룰 때 창문의 위치는 크기만큼 중요하다. 최적 조건은 두 벽 혹은 한 벽과 천장의 적어도 두 방향으로부터의 빛이 들어와 균형을 이루는 것이다. 특히 천창은 거친 직사광선을 부드럽게 만든다.

바닥 가까이 있는 창문은 외부 바닥 표면에 반사된 빛에 의해 눈부심이 발생할 수 있다. 바닥 눈부심은 나무 그림자 또는 수평 루버 스크린의 사용으로 줄일 수 있다. 또한 실내 창문 처리도 분산과 눈부심 차단에 사용될 수 있다.

눈부심은 우리의 눈이 크게 대비되는 밝은 영역들을 동시에 조절할 수 없을 때 발생한다. 우리의 눈은 우리 시계 안의 가장 밝은 빛에 조절되며 덜 밝은 영역을 식별하기 위한 능력은 감소된다.

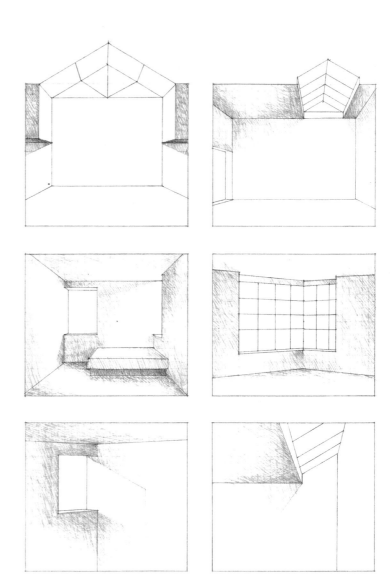

양방향성의 빛(두 방향으로부터의 빛)은 공간 안에 확산된 빛의 양을 올리고 눈부심의 가능성을 줄인다.

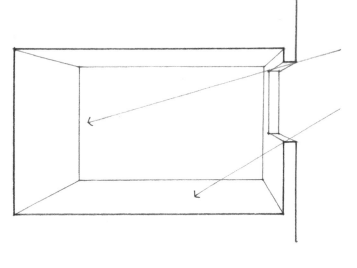

높은 창은 실내 공간에 주광이 깊게 침투할 수 있게 하며 눈부심을 감소시킨다.

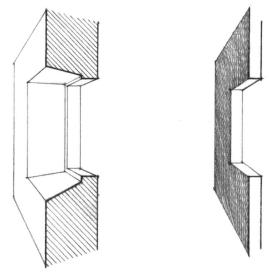

벽과 천장의 평편한 창문은 밝은 외부와 더 어두운 실내면 사이의 대비를 두드러지게 한다. 깊은 창, 바깥쪽으로 넓어지는 문틀, 둥글게 처리된 문틀은 대비를 부드럽게 할 수 있다.

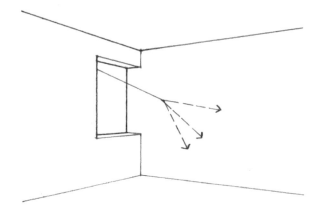

직각으로 교차되는 벽면과 천장면에 인접하게 위치한 창은 창문으로 들어오는 빛을 최대화한다. 직각으로 교차하는 면은 들어오는 빛에 의해 비추어지고 반사된 빛 그 자체가 넓은 광원이 된다. 흰색도장 같이 높은 반사율을 갖게 마감된 벽과 천장의 사용은 실내 공간에 반사율을 높이며, 전기조명의 사용량을 줄이고, 에너지 절약에 도움이 된다.

광선반light shelf은 창문 머리 아래에 위치한 외부 수평 구조물이고 일반적으로 눈높이보다 위에 있다. 광선반은 직사광선으로부터 창문 아래에 그림자가 지게 하고 방의 천장에 주광을 반사하며, 공간 안으로 깊게 빛을 분산시킨다.

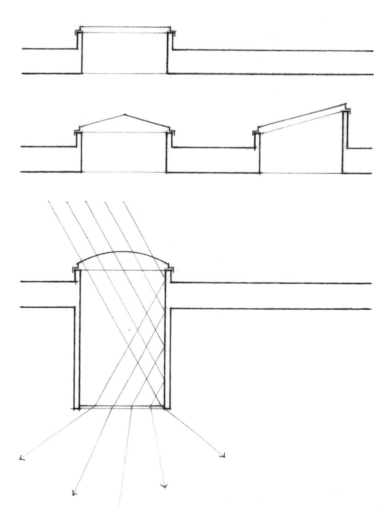

천창에는 패턴화된 유리, 반투명 유리, 회색−착색 유리 우윳빛 아크릴을 끼운다. 천창은 빛을 확산시키고 태양열의 이동을 줄이는 원격제어 창문을 장착할 수 있다.

평편한 천창은 누수되거나 먼지가 쌓이기 쉽다.

돔이나 경사 천창은 깨끗함을 유지하고 누수를 줄일 수 있다.

채광관tubular skylights은 지붕 위의 작고 투명한 아크릴 돔을 통해 햇빛을 모으고, 실린더 샤프트를 통해 빛을 전달하며, 반투명 확산 렌즈를 통해 실내 공간에 빛을 분산한다.

조명은 실내 공간의 주된 활력소이다. 조명이 없으면 내부 공간에는 볼 수 있는 형태, 색상, 질감이 존재하지 않고, 둘러쌈도 볼 수 없을 것이다. 그러므로 조명 디자인의 첫 번째 기능은 실내 환경의 공간과 형태를 비추어서 사용자가 활동을 할 수 있게 하며, 적절한 속도와 정확성, 편안함을 가지고 작업을 행할 수 있게 하는 것이다. 실내 조명은 한 공간 혹은 연속된 공간을 통해 관찰자를 효과적으로 안내하고, 흥미 있는 지점을 관찰자가 응시할 수 있게 방향을 잡아준다. 또한 조명은 공간과 잠재적인 위험성을 비춤으로써 안전함을 제공한다.

실내 조명은 형태를 보고, 공간을 탐색하며, 업무를 수행할 수 있게 한다. 조명 디자인은 건물의 물리적 구조, 실내 공간에 대한 디자이너의 개념 그리고 공간의 기능적 사용과 조명을 통합하는 과정이다.

조명 패턴

잘못 배치되거나 불규칙하게 흩어진 조명 기구는 시각적 장애를 유발한다. 신중하게 만들어진 조명 패턴은 건축적 특징을 강조하고, 공간의 사용과 방향에 대한 단서를 제공하며, 디자이너의 의도를 지원하다. 조명 배치도는 스프링클러 헤드, 공기 디퓨져, 흡입구, 연기 감지기, 스피커와 다른 천장 요소와 함께 조명 기구의 위치를 조정한다.

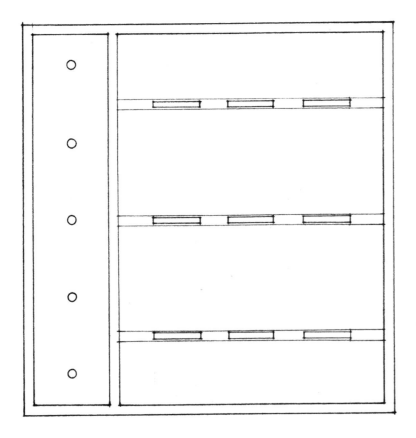

밝기 균형

수직면은 공간에서 시각적으로 가장 눈에 띄는 특징이다. 조명은 수평면의 온전함과 특별한 기능과 마감을 보존해야 하고, 빛을 비추었을 때 벽면이 조개처럼 휘는 공간적 왜곡을 피해야 한다. 방법은 다음과 같다.

- 조명은 공간의 벽과 반대에 있어야 한다.
- 한 벽 위의 월워셔wallwasher, 한쪽 벽면을 전부 조명으로 비치는 것은 다른 벽 위의 비균일 조명과 함께 사용될 수 있다.
- 공간의 중심부와 주변 조명의 균형을 맞춘다.
- 공간 안에서 수평면의 조명은 디테일, 사람, 움직임을 강조하고 건축은 강조하지 않는다.
- 수직표면과 상부표면을 비추는 것은 건축적 형태를 강조한다.

휘도 비율

휘도 차이는 한 휘도와 다른 휘도 사이의 비율로 명시된다.

- 시각적 흥미를 증진시키고 눈의 피로 방지를 위해 공간의 어떤 한 지점에서 휘도를 다양하게 한다.
- 훨씬 밝은 스크린과 좀 더 나은 각도 조정 덕분에 과거보다 문제가 적어졌지만, 컴퓨터 스크린은 밝은 영역을 반사하는 경향이 있다. 간접조명 기구가 이 문제 해결에 도움이 될 수 있다.

그림자

조명과 그림자의 패턴은 사물의 질감과 3차원 형태를 제시하여 시각적 흥미를 증진시킨다.

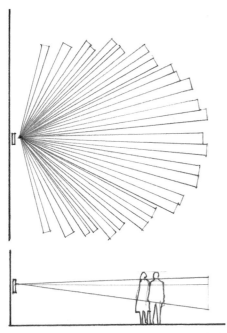

점유 센서는 특정 영역 안의 행동을 감지하고, 누군가 방에 들어올 때 자동으로 불이 켜진다. 이것은 마지막 점유자가 방을 떠난 후 바로 불이 꺼짐으로써 조명 전기 사용을 줄인다.

에너지 효율

조명은 건물 에너지의 약 20%를 차지한다. 건물 코드는 조명으로 사용할 수 있는 와트의 양을 제한한다. 에너지 보존 기준은 광원의 선택, 조명 기구의 수량과 유형, 조명 조절의 세목을 더욱 장려하고 있다.

• 필요한 장소와 시간에 조명 공급을 위해서 사용 가능한 와트, 불필요한 빛을 제한한다.
• 공간에서 주광을 통합하고 조절한다.
• 주의하여 광원을 선택하고, 신중하게 광원을 위치시켜야 한다.
• 조광기, 타이머, 점유 센서로 조명을 제어한다.

조도Illuminance는 표면 위 입사광의 측정값이다. 조도는 표면이 얼마나 밝게 나타나는지 결정하지 않는다. 어두운 표면은 그 표면에 떨어지는 만큼의 많은 빛을 반사하지 않는다. 관찰자의 시각적 예민함뿐만 아니라 특정 작업의 조건은 필요로 하는 조도를 결정한다.

• 적응과 간단한 시각적 작업 : 조도는 상대적으로 덜 중요하다.
• 일반적인 시각적 작업 : 시각적 성능이 중요하지만, 조도는 작업마다 다르다.
• 특별한 시각적 작업 : 임계요소를 위해서 매우 작고 낮은 대비의 작업을 위해서는 좀 더 높은 조도가 요구된다.

조명 기구에 사용되는 전기 광원은 램프라 한다. 조명의 양과 질은 사용된 램프의 특정 유형에 따라 다르게 생산된다. 조명은 램프를 유지하고 에너지를 공급하는 주택에 의해 추가로 수정되고, 조명이 분산, 확산, 차단되는 방식을 제어하는데 반사기, 렌즈, 칸막이가 사용되곤 한다.

연색지수CRI, Coloring Rendering Index 비율은 유사한 색온도의 기준광원과 비교할 때 정확히 색을 표현하기 위한 램프 능력 측정치이다. 제조업자는 모든 광원의 CRI을 향상시키기 위해 작업 중이고, 그래서 효율적으로 유지하면서 양호한 연색성을 얻을 수 있다.

광원은 오래전부터 따뜻하거나 차가운 것으로 구별되어 오고 있고, 특정 광원은 보통 한 색만 사용 가능하다. 오늘날 명확한 색상의 넓은 범위를 갖는 광원은 형광등, 메탈 할라이드, LED 램프를 포함해 다양하다.

상관색온도CCT, Correlated Color Temperature는 표준색상과 관련이 있는 참조 표준이고 켈빈K으로 구별된다. 높은 숫자는 더 시원한 광원이고, 낮은 숫자는 뜨거운 광원이다.

효능Efficacy은 광원의 효율의 측정치이고 와트당 루멘lumen으로 측정된다. 루멘은 방향에 관계없이 광원에 의해 방출되거나 표면에 떨어진 빛의 양의 측정치이다.

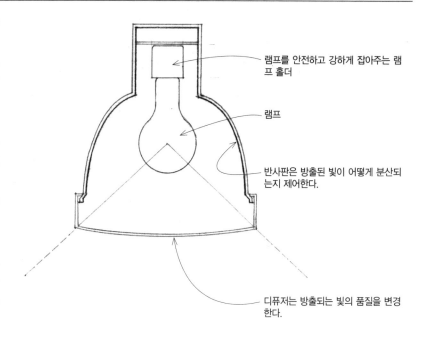

램프를 안전하고 강하게 잡아주는 램프 홀더

램프

반사판은 방출된 빛이 어떻게 분산되는지 제어한다.

디퓨저는 방출되는 빛의 품질을 변경한다.

다양한 광원의 연색지수(CRI)

CRI	광원
100	정오햇빛 : 평균 주광
93	500와트 백열
89	차가운 백색 디럭스 형광
78	따뜻한 백색 디럭스 형광
62	차가운 백색 형광
52	따뜻한 백색 형광

상관색온도(CCT)

켈빈 안의 CCT	광원
270	백열
3000	할로겐
2700 – 6500	형광
3000 – 4000	메탈 할라이드
2800 – 6000	LED
5500 – 7500	주광

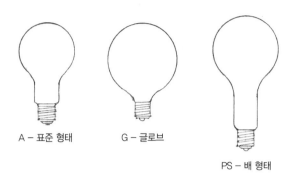

A – 표준 형태 G – 글로브 PS – 배 형태

C – 원뿔 형태

F – 불꽃 형태

백열 램프는 불이 켜질 때까지 유리 안에서 가열되는 금속 필라멘트로 구성된다. 백열 램프는 6에서 1,500와트까지 사용할 수 있고, 4에서 24.5루멘/와트까지 저효율비를 갖는다. 사용된 와트수의 약 12%만 빛의 생산으로 이용되고, 남은 양은 열로 방출된다. 백열 램프는 750에서 4,000시간의 비교적 짧은 수명을 갖는다. 그들의 에너지 비효율성 때문에, 백열 램프는 일부 나라에서는 규제되거나 단계별로 폐지되고 있다. 미국에서도 백열 램프의 사용은 에너지 규정을 충족시키는 데 어려움을 겪고 있다.

할로겐 또는 석영으로 알려진 텡스텐–할로겐 램프는 전구 안에 소량의 할로겐 가스로 밀폐된 백열 램프이다. 이들은 전체 생애동안 최대 밝기에 가깝게 유지한다. 5에서 1,000 와트로 이용가능하고, 이들은 와트당 10에서 22루멘을 생산한다.

표준 백열 램프가 표준 전압 회로에서 작동하는 동안, 텅스텐을 포함한 저전압 램프는 6과 75볼트 사이에서 작동한다. 그들의 디자인은 보다 정밀한 광선 제어, 집중 조명이 요구되는 곳에서 에너지를 절약하는 높은 효율과 1,000에서 6,000시간의 수명을 제공한다. 그들이 표준 백열 램프보다 효율적임에도 불구하고, 형광 램프보다는 여전히 비효율적이다.

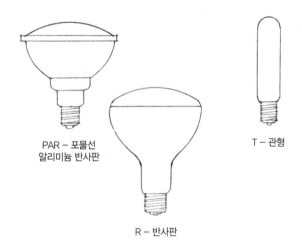

PAR – 포물선 알리미늄 반사판

T – 관형

R – 반사판

비교 램프 효율

램프 유형	루멘/와트
100–200W 백열(230V)	13 – 15
100–200–500W 텅스텐 할로겐(230V)	16 – 20
5–40–100W 백열(120V)	5 – 18
4.1W LED 나사형 받침(120V)	58 – 83
7W LED PAR20(120V)	28
T12 형광 튜브, 전기 안정기	60
9–32W 콤팩트 형광	46 – 75
T8 형광 튜브, 전기 안정기	80 – 100
나선 형광 튜브, 전기 안정기	114 – 124
메탈 할라이드 램프	65 – 115
고압력 나트륨 램프	85 – 150

방전 램프는 가스로 채워진 유리 안의 전극 사이에서 전기적 방전에 의해 빛을 생산한다. 일반적 유형은 형광 램프이다.

형광 램프는 저강도 방전등이고 관 속 밀폐된 수은 증기를 통과하는 전기적 아크arc의 생성에 의해 빛을 만든다. 이것은 전구 내벽에 코팅된 인광물질에 에너지를 주는 자외선을 생성하고, 이를 통해 시각적 발광을 하게 된다. 형광 램프는 수은을 포함하고 있기 때문에 순환을 위한 특별한 관리가 요구된다. 수은의 사용은 계속 줄어들고 있고, T5 램프는 수은 함량이 낮다.

형광 램프는 백열 램프보다 좀 더 효과적이고 오랜 수명 6,000~24,000시간 이상을 갖는다. 이들은 열 발생이 적고 다양한 유형과 와트량으로 사용할 수 있다. 일반적 길이는 6인치(152mm)에 4와트 T5에서 8피트(2438mm)에 125와트까지 범위이다. 형광 램프는 램프의 전류를 통제하는 안정기가 필요하다. 어떤 램프는 돌려서 끼워 넣을 수 있는 반면 어떤 램프는 핀으로 되어 있다.

형광 램프는 따뜻한 흰색, 차가운 흰색, 햇빛, 시원한 주광, 하늘 흰색을 포함하여 다양한 색상으로 사용할 수 있다. 근사치 CRT 비율은 50에서 95, 색온도는 2,700K에서 8,000K 범위이다. 조도 조절이 가능한 형광 램프도 사용 가능하다.

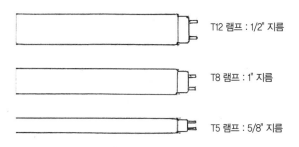

T12 램프 : 1/2" 지름

T8 램프 : 1" 지름

T5 램프 : 5/8" 지름

표준 T12 램프는 오늘날 오래된 것으로 간주, T8 램프로 교체된다.

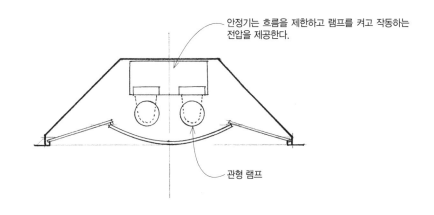

안정기는 흐름을 제한하고 램프를 켜고 작동하는 전압을 제공한다.

관형 램프

T8과 T5 램프

• 표준 T12보다 연색성이 좋다.
• T5는 T8 또는 T12보다 조명 효율이 좋다.
• T12보다 관지름이 작다.
• T5 램프는 T8보다 작지만, 거의 같은 양의 빛을 만들어 눈부심을 일으킨다.

콤팩트 형광 램프

• 5에서 80와트까지 사용 가능
• 높은 효율(일반적으로 와트당 60에서 72루멘)
• 양호한 연색성
• 매우 오랜 수명(6000에서 15000시간)
• 관형 또는 나선형
• 형광 램프의 직접 교체를 위한 여러 가지 붙박이 안정기와 나사형 받침이 있다.

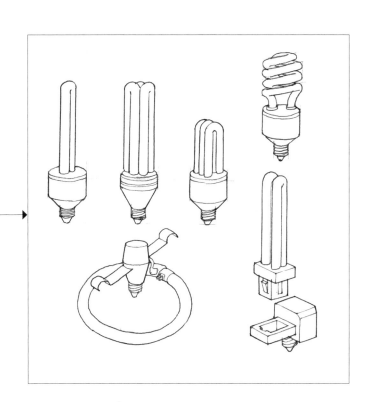

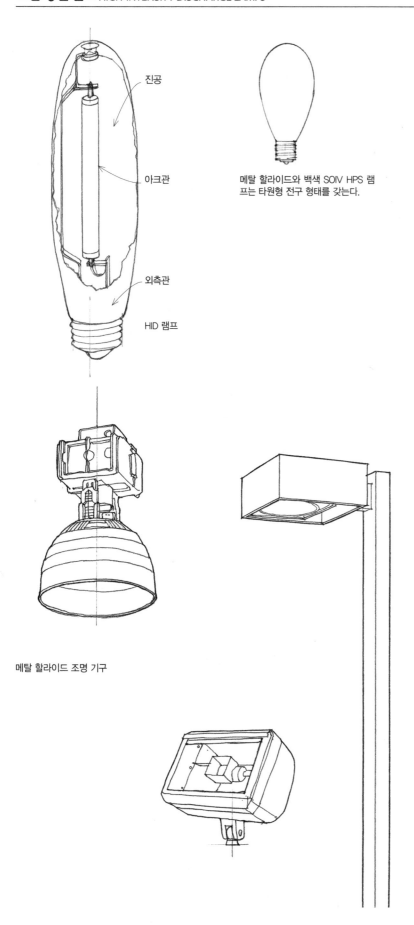

진공

아크관

외측관

HID 램프

메탈 할라이드와 백색 SOIV HPS 램프는 타원형 전구 형태를 갖는다.

메탈 할라이드 조명 기구

수은 증기, 고압 나트륨HPS, 메탈 할라이드 램프와 같은 **고밀도 방전**HID 램프는 고압 아래에서 가스와 증기를 통해 전류를 통과시킴으로써 빛을 생성한다. 이들 램프는 오랜 기대 수명을 가지며 비교적 적은 에너지로부터 많은 양의 빛을 만들어내기 위해 거의 에너지를 소비하지 않는다. 예열을 시키기 위해서는 몇 분이 소요된다. 대부분의 HID 램프는 주로 산업용, 상업용, 도로용, 보안등으로 사용된다. 이들은 일반적으로 평균 연색성이 낮다. .

메탈 할라이드 램프는 램프가 장시간 켜져 있는 높은 천장을 가진 공간에 사용된다. 점등 시간은 유형에 따라 다르지만 1에서 20분 정도 걸린다. 메탈 할라이드 램프는 우수한 색상, 효능, 램프 수명을 갖는다. 연색지수CRI, Coloring Rendering Index는 일반적으로 70에서 90 비율이고, 상관색온도CCT, Correlated Color Temperature는 2,500K에서 5,000K의 범위이다.

고압 나트륨 램프는 따뜻할 때 핑크빛 오렌지색을 만들어낸다. 백색 SON 램프는 백열등과 유사하게 2,700K와 85의 CRI의 색온도를 갖는 고압 나트륨HPS에 대한 변형이다. 백색 SON은 때때로 레스토랑 실내에서 사용된다. 하지만 다른 고압 나트륨 램프보다 구매 비용이 증가하고, 수명이 짧으며, 조명 효율은 감소된다.

수은 증기 램프는 주로 주차장 외부와 보안등에 사용된다. HID 램프 중에서 효율성이 가장 낮다.

광섬유 조명에서 광학 유리 또는 플라스틱 섬유는 코어 내부에서 지그재그 패턴으로 광선을 앞뒤로 반사하여 한쪽 끝에서 다른 쪽 끝으로 빛을 전송한다. 작은 지름의 섬유는 각각 투명외장에 의해 보호되고 다른 것들과 함께 결합하여 가변성 있는 묶음이 된다.

일반적 광섬유 조명의 시스템은 다음과 같다.

- 색상환을 가질 수 있는 광 프로젝터
- 텅스텐–할로겐 또는 메탈 할라이드 광원
- 광섬유 장치
- 광섬유 묶음과 설치

발광 다이오드LED는 열을 거의 방출하지 않고 높은 에너지 효율을 갖는다. LED는 일반적으로 10년의 정도의 매우 긴 수명을 가진다. 고성능 백색빛 LED는 조명으로 사용된다. 이것은 진동과 온도에 둔감하고, 충격에 강하고 수은을 포함하고 있지 않다. 작은 1/3인치(3mm) 램프는 색을 혼합할 수 있도록 큰 그룹으로 결합하고, 조명을 증가시킨다. LED는 직류전압으로 작동하고, 조명 기구 안에 교류로 변환된다.

LED는 주거와 상업 조명에 모두 사용된다. 집중 조명을 위해 디자인되고 넓게는 작업 조명으로 사용된다. LED 다운라이트, 계단 조명, 비상구 사인으로도 사용될 수 있다.

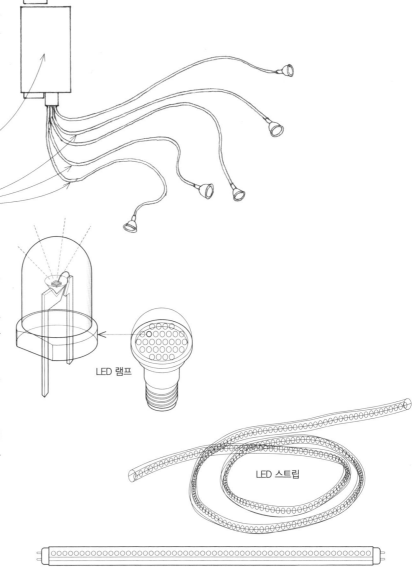

LED 램프

LED 스트립

LED 관

LED 계단 조명

LED 조명 기구

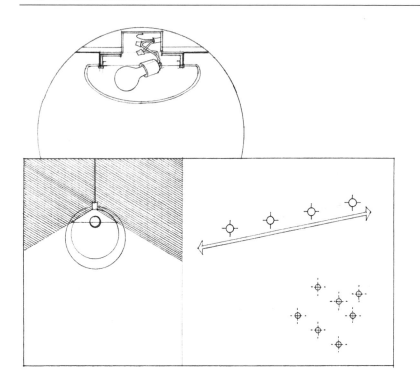

조명 기구는 에너지를 사용하기 편리한 조명으로 전환하는 건물의 전기 시스템의 중요한 부분이다. 주택 조립에서 조명 기구는 전기 연결 또는 전원 공급 장치, 램프가 요구된다.

우리는 조명 기구의 형상, 형태뿐만 아니라 조명 기구가 제공하는 조명의 형태도 고려해야 한다. 점광원point sources은 공간에서 가장 밝은 부분은 우리의 주의를 끌기 때문에 공간에 중심을 주게 된다. 영역 혹은 관심 있는 물체를 하이라이트시키는 데 사용할 수 있다. 다수의 점광원은 리듬과 연속을 전달하기 위해 배치할 수도 있다. 군을 이룬 작은 점광원은 반짝거리고 빛나는 효과를 제공할 수 있다.

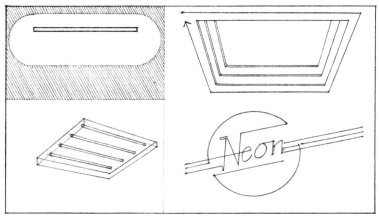

선광원linear sources은 방향을 알려주고, 면의 가장 자리를 강조하거나, 영역에 윤곽을 내기 위해 사용될 수 있다. 병렬의 선광원은 영역의 일반적 확산 조명에 효과적인 조명을 받는 평면을 만들 수 있다.

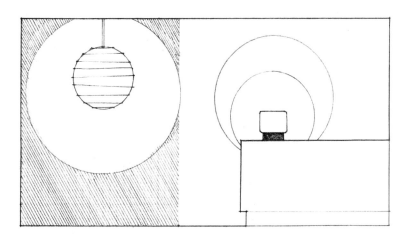

체적광원volumetric sources은 반투명한 재질의 사용에 의해 구형 또는 다른 3차원 형태로 확장된 점광원이다.

조명 기구는 지지, 위치, 보호, 전원 공급 장치에 연결 및 조명의 분배 등을 위해 필요한 부품 및 배선과 함께 한두 개의 전기램프로 이루어져 있다.

조명 기구는 직간접 조명을 제공할 수 있다. 분배의 형태는 조명 기구의 디자인뿐만 아니라 공간에서의 위치 방향에 따라 달라진다. 일부 광원은 장식의 중심적인 역할을 한다. 그 외의 조명 기구는 필요한 조명을 제공하지만 조명 기구 자체는 강조되지 않거나 가려진다.

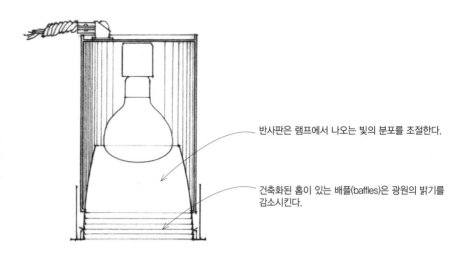

반사판은 램프에서 나오는 빛의 분포를 조절한다.

건축화된 홈이 있는 배플(baffles)은 광원의 밝기를 감소시킨다.

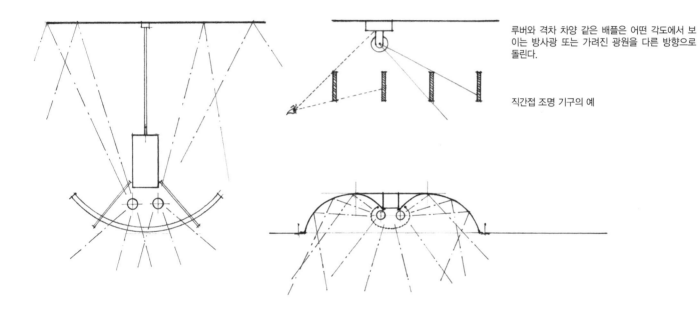

루버와 격차 차양 같은 배플은 어떤 각도에서 보이는 방사광 또는 가려진 광원을 다른 방향으로 돌린다.

직간접 조명 기구의 예

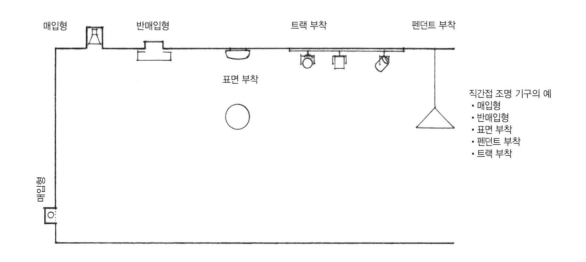

매입형   반매입형   트랙 부착   펜던트 부착

표면 부착

영입몸

직간접 조명 기구의 예
• 매입형
• 반매입형
• 표면 부착
• 펜던트 부착
• 트랙 부착

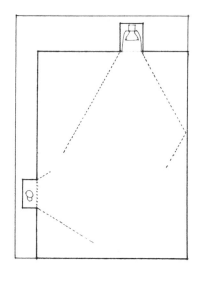

조명 기구는 천장이나 벽에 매입될 수 있다.

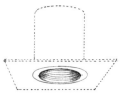

배플 다운라이트

조절 가능한 아이볼(eyeball)

핀홀 다운라이트

배플 워셔월

매입 조명 기구는 마감된 천장 위에 숨겨지고, 천장면의 구멍을 통해 빛을 비춘다. 이것은 천장의 편평한 면을 유지시켜 준다.

매입 조명 기구는 커다란 공간 안의 순환경로에 차분한 방식으로 조명을 제공하거나 특별한 영역에 증가된 빛을 제공한다. 하지만 공간 전체에 무분별하게 사용할 때, 천장에 단조롭게 같은 패턴을 만들어내며, 균일하지만 재미없는 조명을 만든다.

다운라이트는 커다란 공간에서 주변광을 제공하기 위해 또는 바닥 혹은 작업대 위에 중심조명을 제공하기 위해 다양한 배치가 사용된다. 매입된 다운라이트를 위한 램프와 장식품은 스타일이 있고, 이것은 디자이너가 다양한 효과를 만들 수 있도록 한다. 일부 매입 기구는 꺼질 때 밝은색의 천장에서 검은 구멍으로 나타난다.

벽에 너무 가깝게 위치된 다운라이트는 볼품없는 물결모양의 패턴을 만들 수 있다. 월워셔wallwasher는 균일화된 방법으로 광택 없는 수직면을 비추게 디자인된다. 개별 월워셔는 벽으로부터 벽 높이의 1/3 정도 거리가 떨어져야 하고, 서로 간에도 같은 거리를 유지하며 위치해야 한다.

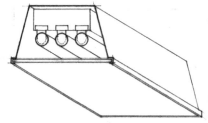

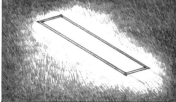

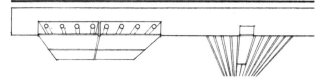

배플 매입 조명 기구는 매달린 천장 시스템의 일부로 형성된다.

기구의 일부분인 반사경 및 렌즈 프로젝트는 천장이나 벽
면을 넘어 돌출되는 반면, 건축화 조명 기구는 벽 또는 천
장 구조에 부분적으로 매입된다.

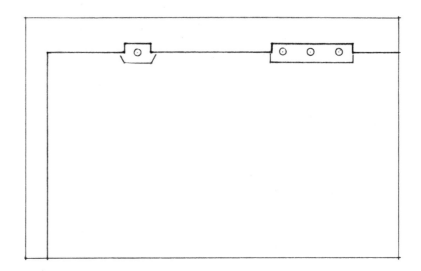

위에서 비추는 조명 기구 특히 램프가 노출되어 있거나
조명 기구가 천장의 어두운 영역에서 밝은 영역을 만든다
면 컴퓨터 스크린 위에 눈부심을 발생시킬 수 있다.

산광기diffuser는 약간의 보호 기능도 제공하지만, 빛을 천
장에서 반사시키고 빛을 아래로 향하게 하는 매달린 조명
기구의 눈부심을 최소화하는 역할을 한다.

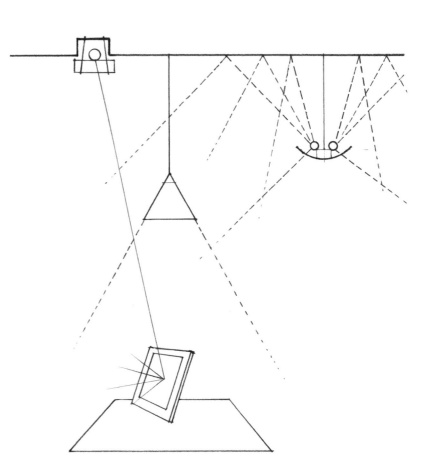

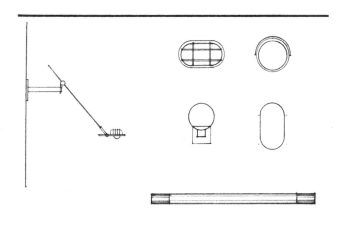

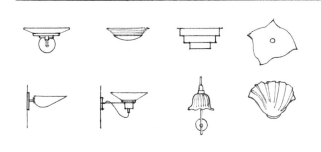

표면 부착surface-mounted 조명 기구는 마감된 천장 또는 벽 위에 부착되고 일반적으로 매입된 배선함에 연결한다. 직접 천장에 부착하는 조명 기구는 실 안의 사람과 가구 위에 위치하고 빛을 넓은 영역에 퍼지게 한다.

벽 부착wall-mounted 조명 기구는 장식적이고 공간의 분위기를 만들게 돕는다. 월스콘wall sconce은 그 자체적으로 은은한 빛을 만들기도 하고, 상하 또는 좌우로 빛을 비출 수 있다.

벽 부착 조명 기구는 조명이 작업 영역 위에 집중적으로 비출 때 작업 등으로 제공된다. 벽과 천장에 비출 때 이들은 공간의 일반적 조명에 추가된다. 수평 및 수직 위치는 창문이나 가구와 함께 신중히 조절되어야 한다.

코브cove, **밸런스**valance, **코니스**cornice 조명은 모두 건축 세부 사항이나 제조된 기구 안에서 간접적으로 공간을 조명하는 방법이다. 이들이 비추는 영역은 부드럽고 간접적으로 빛나며, 천장 세부 또는 벽 질감을 강조할 때 사용되기도 한다.

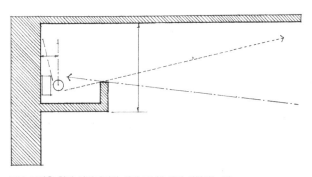

코브 조명은 천장 가장자리와 실내 코니스에서 상향하는 빛을 연출한다.

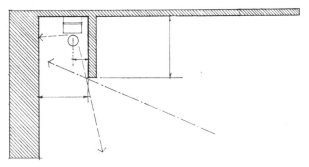

코니스 조명은 천장 가장자리의 실내 코니스에서 하향으로 빛을 비춘다.

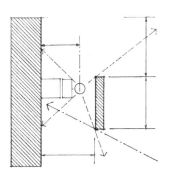

밸런스 조명은 수평보드나 밴드에 가려진 광원의 상하향으로 빛을 비춘다.

펜던트 부착 조명 기구는 매입되거나 캐노피에 의해 가려진 표면 부착 배선함에 설치되고, 줄, 체인, 코드로 천장 아래에 매달린다. 조명 기구는 빛을 상하 또는 각도를 조절하여 비출 수 있다.

상향등 또는 간접 조명 기구는 천장을 가볍게 비춘다. 또한 일부는 다운라이트를 제공하며 다음과 같이 위치한다.

- 천장에 매달린다.
- 높은 가구 위에 부착한다.
- 벽, 기둥 혹은 바닥 스탠드에 붙인다.

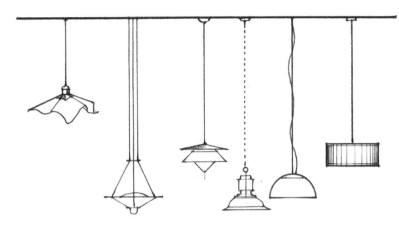

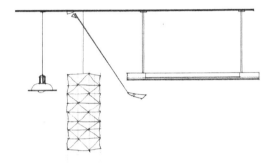

트랙 부착 조명 기구 Track-Mounted Fixtures

트랙 부착 조명 기구는 조절할 수 있는 스포트라이트 또는 매입된 투광 부착 조명, 표면 부착 조명, 전류가 통과하는 트랙에 부착된 펜던트로 구성된다. 조명 기구는 트랙을 따라 움직이고 여러 방향으로 빛을 비출 수 있도록 조절된다. 건물 에너지 법규는 트랙별 각 헤드가 별도의 조명 기구로 간주되는 것을 요구한다.

샹들리에는 조명보다 반짝임을 주고 공간의 중심점이 된다.

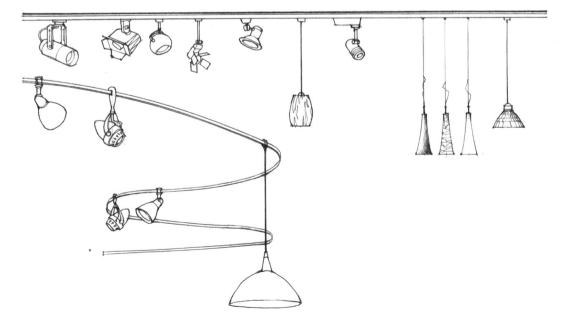

장식 조명은 공간에 악센트를 준다. 이들이 만드는 빛은 기구의 외관에 부차적일 수 있고, 반짝이는 표면은 눈길을 끈다. 이동식 조명 가구는 일반적으로 램프로 간주되고, 그들의 광원은 전구이다.

책상과 작업 램프는 주거와 작업 공간 양쪽에서 사용된다. 많은 램프들이 다양한 작업과 개인취향에 맞게 적절히 조절될 수 있다. 책상과 작업 조명은 주변광을 어둡게 하면서 필요한 곳에 집중 조명을 함으로써 에너지를 절약할 수 있다.

테이블 램프는 흔히 장식적이고 실용적인 기능의 둘 다를 제공한다. 이들은 일반 조명 또는 작업 조명을 제공하면서도 방 안 장식의 일부가 된다.

바닥 램프는 상하로 비추거나 옆으로 각도를 조절하여 비춘다. 테이블 램프처럼, 일반 조명 또는 작업 조명을 제공하면서도 장식의 일부가 된다.

이동식 램프는 장식적 디테일과 국부적 조명을 만들어서 건축적 공간에서 인간스케일을 맞추는 데 도움을 준다. 그들은 조절될 수 있어서 사용자가 환경을 쉽게 제어할 수 있게 해준다.

테이블 램프

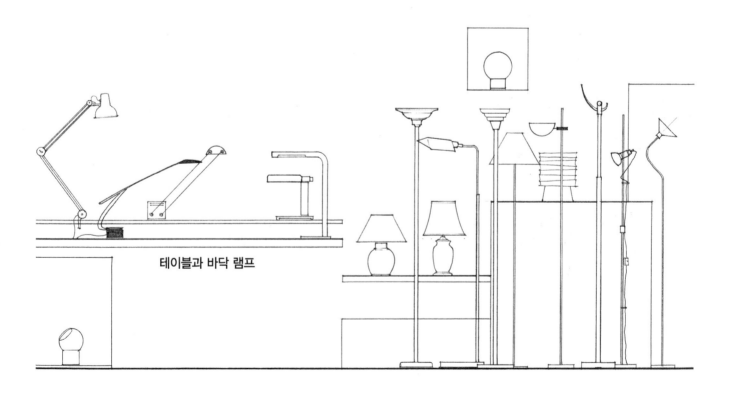

테이블과 바닥 램프

조명 기구와 조명 패턴의 배치는 공간의 건축적 특징 및 공간 사용 패턴과 조화를 이루어야 한다. 우리의 눈이 시야 안에서 가장 밝은 사물을 찾고 가장 강한 색조 대비를 찾기 때문에, 이러한 조화는 건축적 특징을 강조하고 공간의 기능을 지원한다.

조명 디자인의 시각적 구성 계획을 위해, 광원은 점, 선, 면, 볼륨의 형태를 갖게 고려되어야 한다. 만약 광원이 눈에서 보이지 않는다면, 빛이 방출되는 형태 그리고 생성된 표면 조명의 형상이 고려되어야 한다. 광원의 패턴이 규칙적이던 다양하던 간에, 조명 디자인은 그 구성에서 균형을 이루어야 하고, 적정한 리듬감을 제공하며, 중요한 것을 강조해야만 한다.

조명 디자인은 스파클 조명sparkle light뿐 아니라 **환경 조명** ambient lighting과 **집중 조명**focal lighting의 품질과 기능적 요소를 잘 다루어야 한다.

• 환경 조명은 사물과 사람을 강조하지 않고 편안하게 하는 일반적이고 그림자 없는 조명을 제공한다.
• 집중 조명은 직접적이고 깊이감을 생성하는 밝음의 대비를 제공한다. 예를 들면 작업 및 악센트 조명이 그렇다.
• 하이라이트, 반짝이는 장식조각, 크리스탈 샹들리에, 반짝이는 별과 같은 스파클 조명은 자극적이고 어지럽기도 하지만 즐겁기도 하다.

빛은 공간에 생명을 불어 넣으며 형태와 질감을 드러낸다.

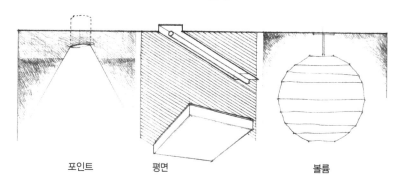

포인트   평면   볼륨

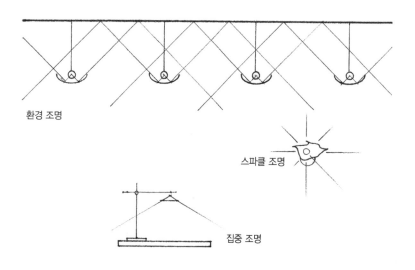

환경 조명

스파클 조명

집중 조명

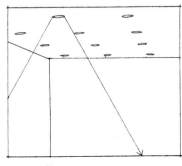

환경 점광원

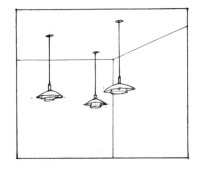

환경 조명 또는 일반 조명은 아주 균일하게 확산된 방식으로 방을 비춘다. 조명의 분산되는 특성은 작업 조명과 방을 둘러싸는 면 사이의 대비를 효과적으로 감소시킨다. 환경 조명은 부드러운 그림자를 만들고, 방의 구석을 펴서 확장하고, 안전한 움직임과 일반적 유지를 위한 편안한 정도의 조도를 제공한다.

환경 조명은 재구성되는 공간과 작업의 위치가 다양하고 넓은 영역에 적합하다. 환경 조명은 직접, 직/간접, 또는 간접 지점 혹은 선형 광원일 수도 있다.

환경 시스템에 작업 조명을 추가하면, 주변영역이 낮은 수준으로 조명이 되면서 작업 영역에 보다 높은 수준의 집중 조명이 제공된다. 작업–환경 조명은 에너지를 절약하고, 조명의 품질을 향상시키며, 사용자가 보다 쉽게 조절할 수 있다.

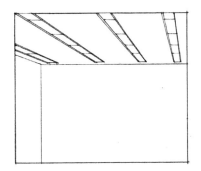

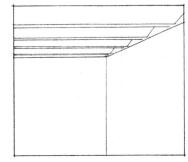

환경 선형 광원

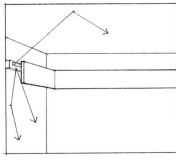

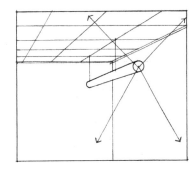

직/간접 선형 광원

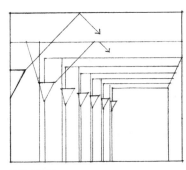

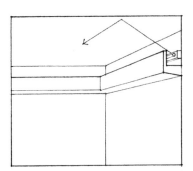

간접 점광원

간접 선형 광원

집중 조명은 작업 조명과 악센트 조명을 통해서 공간의 환경 조명 내에서 더 밝은 영역을 만든다.

작업 조명은 시각적 작업과 활동의 수행을 위한 공간의 특정 영역을 비춘다. 광원은 일반적으로 작업면 위나 옆에 가까이 위치해서, 전력량을 환경 조명보다 효율적으로 사용할 수 있다. 조명 기구는 일반적으로 직접 조명 형식이고, 밝기와 방향을 언제나 원하는 대로 조절할 수 있는 것이 바람직하다.

작업면과 주변 사이의 허용 불가능한 밝기 비율의 발생을 최소화하기 위해, 작업 조명은 환경 조명과 자주 결합한다. 사용되는 조명 기구의 유형에 따라서, 집중 조명도 공간의 일반조명에 기여할 수 있다.

집중 조명은 시각적 작업을 보다 쉽게 볼 수 있게 하는 것 외에도, 다양함과 재미를 만들고, 공간을 많은 영역으로 나누며, 가구 그룹핑을 포함하거나, 방의 사회적 특성을 강조할 수 있다.

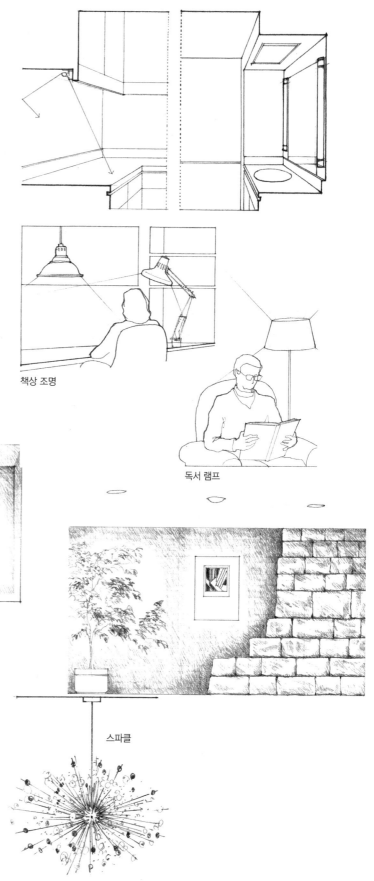

책상 조명

독서 램프

악센트 조명

스파클

악센트 조명

악센트 조명은 초점 또는 공간 안에 밝고 어두운 리드미컬한 패턴을 만드는 집중 조명의 형태이다. 악센트 조명은 작업과 활동을 비추는 단순한 기능 대신에 환경 조명의 단조로움을 완화시키는 데 이용되고, 실의 특징을 강조하거나, 예술품 또는 소중한 물품을 부각시키는 데 사용된다.

스파클

조명은 조명 기구 사물을 비추어 돋보임을 이끌어내거나, 자체의 광휘를 통해 반짝임을 만들어낸다. 작고 밀착된 집중 램프는 반사 표면에 움직이는 작은 빛을 반사한다. 샹들리에는 종종 환경 조명을 거의 생성하지 않는데, 이들은 모두 반짝거린다.

조명 기술은 컴퓨터 기술만큼 빠르게 발전하고 있다. 조명 디자인의 기본 원리는 바뀌지 않지만, 사용 가능한 도구들은 바뀐다. 에너지 보존은 조명 디자인의 주된 화두이고, 법규에 필요한 계산을 수행할 수 있는 사용 가능한 컴퓨터 소프트웨어가 있다. 오늘날 주된 도전은 품질을 희생하지 않고 조명 에너지의 사용을 최소화하는 것이다.

정량적 권고는 **밝기**luminance, **휘도**illumination level, 균일성, 눈부심을 포함해 조명 디자인 표준을 다룬다. 전통적으로 빛 표준은 얼마나 많은 **피트촉광**footcandles이 필요한지 결정하는 정량적 접근을 사용해왔다. 이들 표준은 정성적 문제를 반영하지 않으며, 지나치게 균일하고 에너지 효율이 낮은 조명을 초래할 수 있다.

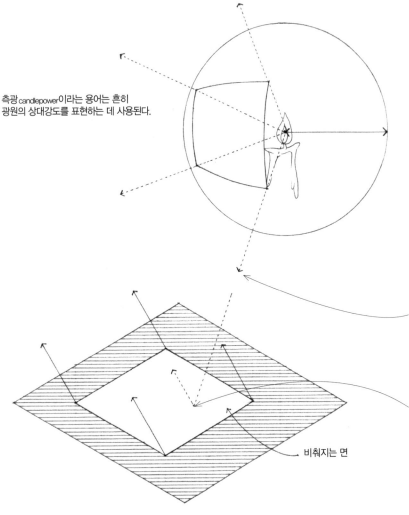

측광candlepower이라는 용어는 흔히 광원의 상대강도를 표현하는 데 사용된다.

비춰지는 면

조도illuminance는 표면 위의 입사광의 측정치이다. 이것은 평방피트당 루멘footcandles 또는 평방미터당 루멘lux으로 측정된다. 1피트촉광은 1루멘이 1평방피트의 면적에 고르게 퍼지는 것과 같은 조도의 단위이다. 빛의 측정은 루멘 방식, 포인트 바이 포인트 방식 또는 컴퓨터 프로그램으로 보다 정확하게 계산될 수 있다.

밝기는 다양한 빛 강도의 주관적 인식이다. 조도는 표면에서 반사되어 우리의 시각 시스템에 의해 해석된 빛 에너지의 총량이다. 조도의 해석은 기술적으로 매우 복잡할 수 있지만, 매우 직관적이다.

조명 디자이너는 다음과 같은 정성적 디자인 문제를 고려하며 새로운 접근을 시도하고 있다.

- 공간의 바람직한 모습
- 마감의 색상과 조도
- 주광의 통합
- 눈부심 조절
- 표면과 작업 면의 빛 분포
- 사람과 사물의 입체감 표현과 그림자
- 관심 지점에 집중
- 조명 제어 시스템

성공적 조명 디자인은 방의 표면을 비추는 조도의 양보다는 상대 조도의 균형에 의해 결정된다. 여하튼 조도의 측정은 램프와 조명 기구를 선택하고 조명 디자인을 평가하기 위해 사용된다. 측광 데이터는 다음과 같이 고려된다.

• 조도분포곡선LIDC, Luminous Intensity Distribution Curve은 광원의 중심에서 주어진 방향 안의 램프 또는 조명 기구에 의해 만들어지는 빛 패턴을 표현한다.

• 사용계수는 조명 기구의 효율을 나타낸다.

• 광손실계수LLF, light loss factor는 조명 기구의 표면에 축적된 오물과 온도의 영향을 받는 램프의 작동 수명 동안에 발생하는 발광 출력 감소를 반영한다.

직접-집중

0–10% 상향
90–100% 하향

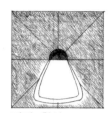

직접-확산

0–10% 상향
90–100% 하향

반직접

10–40% 상향
60–90% 하향

전반 확산

40–60% 상향
40–60% 하향

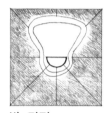

반-간접

60–90% 상향
10–40% 하향

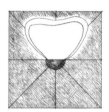

반직접

90–100% 상향
0–10% 하향

직접-간접

40–60% 상향
40–60% 하향

조명 기구는 램프에 의해 방출되는 빛을 분배하는 방식에 따라 분류된다. 여기서 보여지는 기본 유형은 수평면의 상하로 방출되는 빛의 백분율에 기초한다.

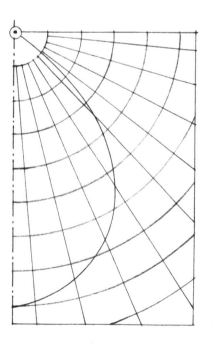

조명 기구의 조도분포곡선

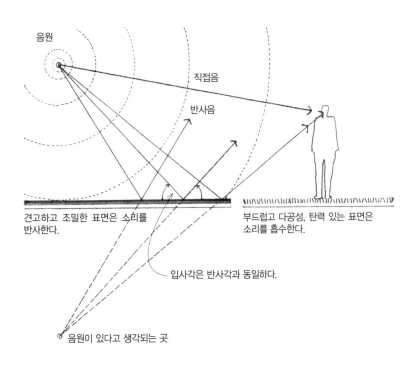

음원

직접음

반사음

견고하고 조밀한 표면은 소리를
반사한다.

부드럽고 다공성, 탄력 있는 표면은
소리를 흡수한다.

입사각은 반사각과 동일하다.

음원이 있다고 생각되는 곳

음향 원리

음향은 소리의 생성, 조절, 전달, 수신, 효과를 다룬다. 실내 디자인에서 우리는 실내 공간 안의 소리 조절에 관심을 가지고 있다. 특히 우리는 원하는 소리를 보존하고 향상시키며, 우리의 활동을 방해하는 소리는 줄이거나 제거한다.

소리는 공기나 다른 매체를 통해 에너지가 압력 파장으로 전달될 때 발생하는 것이다. 음의 파장은 경로에서 방해물을 만날 때까지 음원으로부터 둥글게 밖으로 나간다. 음의 파장은 사물에 부딪힐 때 흡수하거나 반사되며 혹은 두 가지가 통합된다.

실내에서 우리는 우선 음원으로부터 직접 소리를 듣고, 그런 다음 연속적 반사를 통해 소리를 듣는다. 반사 표면은 방 안에서 음원 경로를 통제하고 분배하는 것을 통해서 원하는 소리를 강화할 때 유용하다. 하지만 반사된 소리의 계속되는 존재는 울림, 떨림 혹은 잔향의 문제를 일으킨다.

울림은 큰 공간에서 표면이 충분히 큰 소리를 반사하고, 음원으로부터 구별할 수 있는 음의 파장을 뒤늦게 받아들일 때 일어난다. 보다 작은 실내에서, 평행한 반사 표면은 우리가 떨림이라 부르는 빠른 연속적인 울림의 원인이 된다.

잔향Reverberation은 음원이 멈춘 후에 소리의 다양한 반사에 의해서 공간에 잔존하는 소리를 일컫는다. 어떤 음악은 긴 잔향 시간으로 향상되지만, 연설은 그런 음향 환경에서는 혼란스러워질 수 있다. 실내면의 방향과 형태의 선택 또는 반사율의 조절, 흡수성 물질은 소리의 명료함을 만들 수 있다.

소리 레벨의 요건, 잔향 시간, 공명은 활동의 성격과 생성된 소리의 유형에 따라 다양하다. 음향 엔지니어는 공간을 위한 음향적 요구를 결정할 수 있다. 실내 디자이너는 반사재와 흡수재의 선택과 처리가 방의 음향적 특성에 어떻게 영향을 미치는지 알고 있어야 한다.

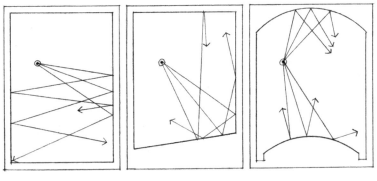

평행 반사하는 표면은 울림과
흔들림을 을으킬 수 있다.

경사진 표면은 소리를 확산할
수 있다.

오목한 표면은 소리를 모으고 볼
록한 표면은 소리를 확산한다.

데시벨dB은 겨우 인식 가능한 소리인 0에서부터 평균적 고통의 한계점인 약 130까지, 일정한 축척으로 소리의 상대적 압력이나 강도를 나타내는 단위이다. 데시벨 측정은 로그적 수치를 기초로 하기 때문에 두 음원의 데시벨 레벨은 수학적으로 더할 수 없다. 예를 들면, 60dB+60dB=63dB이지 120dB이 아니다.

등감음도곡선은 서로 다른 주파수의 소리가 청취자 그룹에 의해 똑같이 시끄러운 것으로 판단되는 음압 레벨을 나타내는 곡선이다.

손sone은 음의 뚜렷한 크기를 측정하는 단위이다.

소음

우리는 원하지 않고 성가시거나 혹은 불협화음의 소리를 소음이라고 말한다. 소음은 공간 밖에서 다음과 같은 방법으로 조정할 수 있다.

• 소음의 음원으로부터 격리한다.
• 시끄러운 영역을 조용한 영역에서 가능한 멀리 위치시킨다.
• 한 공간에서 다른 공간으로 소리의 전달을 줄인다.

소음 방지

소리는 건물 구조의 딱딱한 재료를 통하는 것은 물론 공기를 통해서도 전달될 수 있다. 구조체로 인한 소리는 조절하기 어렵기 때문에, 언제든지 가능할 때 음원에서 격리해야 한다. 전략은 보다 조용한 기계적 장비 사용, 건물 구조체로부터 장비의 진동을 격리할 수 있는 탄력적 마감재 및 유연한 연결재의 사용, 소음이 음원에서부터 공간으로 들어올 수 있는 덕트 및 파이프 연결을 따라 인접한 측면 경로를 제거하는 방법을 포함한다.

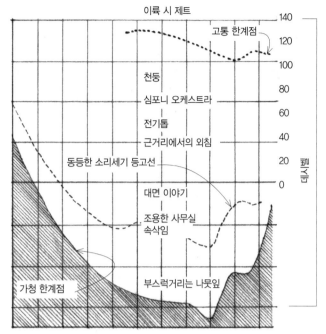

15Hz에서 16,000Hz까지의 가청 주파수

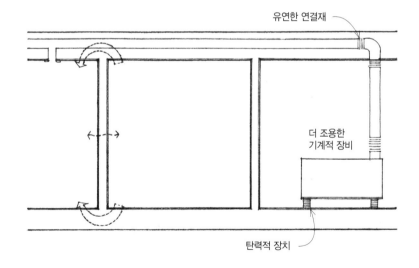

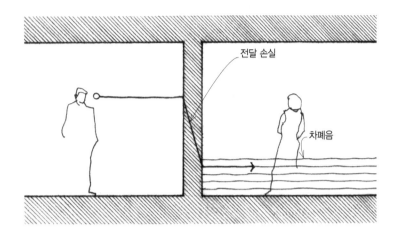

전달 손실

차폐음

소음 감소는 밀폐된 두 공간 사이의 소리 레벨에서 인식된 차이를 의미한다. 소음 감소는 다음에 따른다.

- 벽, 바닥, 천장 구조를 통한 전달손실
- 받는 공간의 흡수성 성질
- 차폐음과 배경음은 현장의 다른 소리를 들을 수 있는 가청한계점을 증가시킬 수 있다.

실내외 음원의 배경음과 주변음은 어느 환경에나 일반적으로 존재한다. 배경음은 듣는 사람에게 있어서 확실하게 구별되지는 않는다. 백색소음으로 불리는 배경음의 유형은 불필요한 소리를 없애거나 차폐를 위한 공간에 신중히 도입하기도 한다.

한 공간에서 다른 공간으로의 요구되는 소음 감소는 청취자가 수용할 수 있는 음원의 레벨과 음향침입 레벨에 따라 다르다.

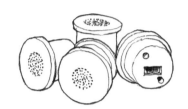

차폐음 장치

소리 레벨에 따른 활동 구역, 더 큰 소음으로부터 조용한 공간을 격리 혹은 차폐 또는 거리에 의한 분리.

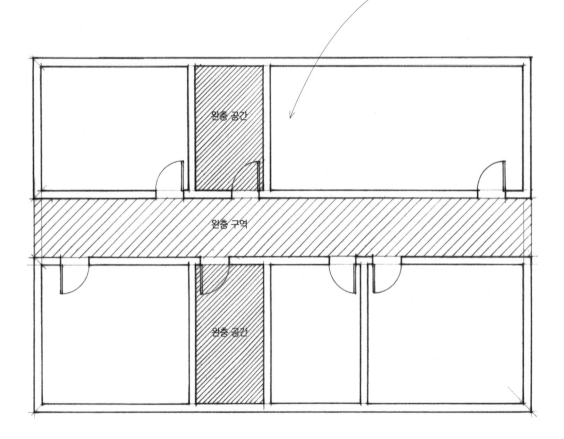

완충 공간

완충 구역

완충 공간

투과 손실TL, Transmission Loss은 공기음의 전달을 방지하는 건물의 재료와 조립식 구조체의 성능 측정치이다. 3가지 요소들은 조립식 구조체의 투과 손실 비율을 향상시킨다.

• 차폐 : 일반적으로, 더 무겁고, 더 조밀할수록 소리 전달에 더 강하게 저항한다.
• 층의 분리 : 조립식 구조체 안에 공기층을 도입하여 한 공간에서 다른 공간으로 소리가 투과 될 수 있는 경로를 방해한다.
• 흡음 : 흡음성이 뛰어난 재질은 실내의 소리를 소멸시킨다.

소리 투과 등급STC, Sound Transmission Class 비율은 수많은 주파수로부터 TL값을 결합한 단일 숫자이다. STC는 특정 방음상태에서의 칸막이 성능 추정을 제공한다. 더 높은 STC 등급은 재료 또는 구조체의 더 큰 차음성능이다. 열린 문은 10의 STC 등급을 갖는다. 일반 구조체는 30에서 60의 STC 등급을 갖는다. 특별한 구조체는 60 이상의 STC 등급이 요구된다.

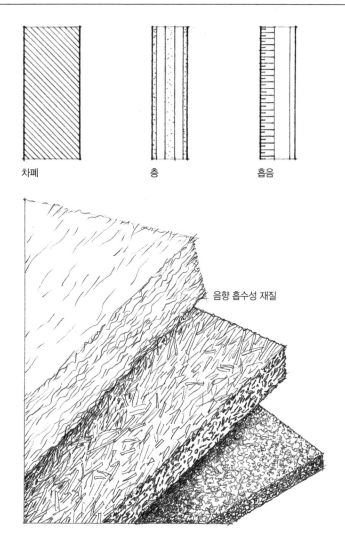

음향 흡수성 재질

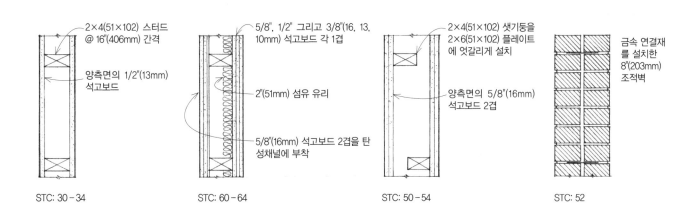

2×4(51×102) 스터드 @ 16"(406mm) 간격

양측면의 1/2"(13mm) 석고보드

STC: 30 – 34

5/8", 1/2" 그리고 3/8"(16, 13, 10mm) 석고보드 각 1겹

2"(51mm) 섬유 유리

5/8"(16mm) 석고보드 2겹을 탄성채널에 부착

STC: 60 – 64

2×4(51×102) 샛기둥을 2×6(51×102) 플레이트에 엇갈리게 설치

양측면의 5/8"(16mm) 석고보드 2겹

STC: 50 – 54

금속 연결재를 설치한 8"(203mm) 조적벽

STC: 52

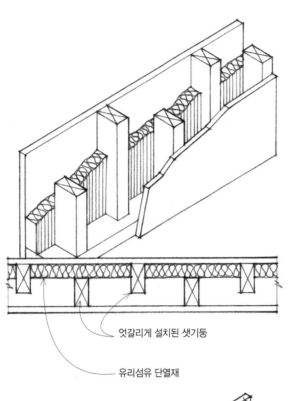

벽 또는 칸막이의 샛기둥을 엇갈리게 설치하여 지그재그 방식으로 분리된 두 줄의 샛기둥은 고체음을 전달하는 경로의 연속성을 깬다.

두 줄 샛기둥 사이에 유리섬유 천의 설치는 투과 손실을 높이게 된다.

엇갈리게 설치된 샛기둥

유리섬유 단열재

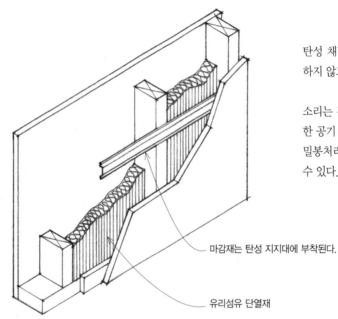

탄성 채널 위의 마감재 부착은 지지 구조물에 소음을 전달하지 않고 표면을 진동시킨다.

소리는 전기 문, 창문, 콘센트 주변의 작은 틈과 같은 완전한 공기 경로를 통하여 전달될 수 있다. 이러한 틈의 세밀한 밀봉처리는 공기 중 소음이 실내로 들어오는 것을 방지할 수 있다.

마감재는 탄성 지지대에 부착된다.

유리섬유 단열재

재료의 흡음 특성은 두께, 밀도, 다공성, 공기흐름의 저항에 따라 다르다. 섬유질 재료는 소리 에너지를 포함하면서 공기의 통과를 허용하기 때문에 유리섬유 또는 광물섬유의 속솜과 담요는 음향재료로 자주 사용된다.

음향처리 없이 만들어진 보통의 방은 소리의 파장이 벽, 천장, 바닥 표면에 부딪힌 다음 인접한 공간으로 소리의 일부를 전달한다. 표면은 적은 양의 소리를 흡수하지만, 대부분은 다시 방으로 반사시킨다.

흡수성 재료는 입사된 소리 에너지의 일부를 소멸시키고, 전달되는 소리의 일부를 감소시킬 수 있다. 이것은 사무실, 학교, 레스토랑 같이 분산된 소음원이 있는 공간에 도움이 된다.

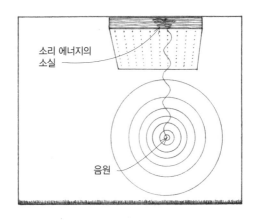

소리 에너지의 소실

음원

천장 평면으로부터 잔향의 감소는 방 안의 소리 조절을 위한 가장 효과적인 방법이다. 흡음 천장 타일은 소리 흡수에 있어 가장 탁월하다. 이들이 표면에 직접 붙은 것보다 매달린 천장 시스템에 부착되었을 때에 보다 많은 소리를 흡수한다. 목재섬유로 만든 흡음 뒷판과 흡음 천장 패널을 가진 천공금속 천장 패널은 역시 소음조절에 뛰어나다.

벽체와 바닥 처리는 또한 소리조절에 도움이 된다. 흡음 벽체 패널은 일반적으로 내화 등급이 있는 섬유 커버를 갖는다.

카펫은 소리를 흡수하는 유일한 바닥 마감재이다. 게다가, 가구 움직임의 소리와 발자국 소리를 완충하기 때문에 아래 공간에 충격 소음이 전달되는 것을 제한할 수 있다.

흡음 평균계수는 재료가 얼마나 효과적으로 소리를 흡수하는가를 측정한다. 더 낮은 등급은 더 많은 소리를 흡수한다.

흡음 평균SAA, Sound Absorption Average은 주파수 범위에서의 흡음 계수의 평균이다. 제조업체는 음향 제품에 SAA등급을 기재한다. 이와 유사한 오래된 소음 감소 계수NRC, Noise Reduction Coefficient 등급을 사용할 수도 있다.

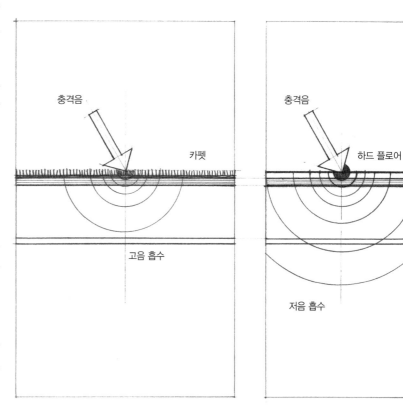

충격음

카펫

고음 흡수

충격음

하드 플로어

저음 흡수

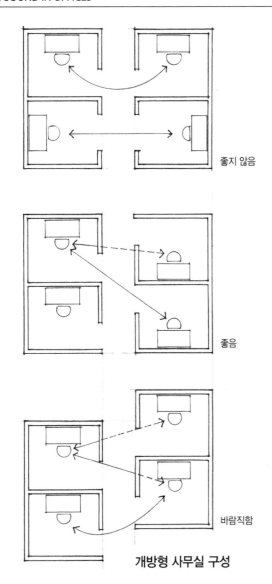

좋지 않음

좋음

바람직함

개방형 사무실 구성

실내 디자이너는 사무실에서 대화의 프라이버시를 제공해야 할 필요성에 종종 직면한다. 가구 배치의 신중한 위치 선정과 천장과 벽체의 처리의 결합은 소리가 퍼져나가는 것을 막는 데 도움이 된다.

사무실 워크스테이션과 큐비클에는 전체 높이의 칸막이가 없어, 소음이 문제가 될 수 있다. 사무실 큐비클은 흔히 소리의 일부를 흡수하는 음향 재질을 사용하지만, 큐비클의 개구부와 낮은 벽의 위를 통해 소리가 전해진다. 워크스테이션을 조심스럽게 배치하는 것으로 이러한 소리를 어느 정도 막을 수 있다.

사무실 안의 상당량의 소리는 천장에 반사된다. 매달린 음향 천장 타일은 불필요한 소리를 흡수한다. 열린 천장이 요구될 때는 소음 영역 위에 음향 구름 천장 또는 캐노피가 소리를 조절하는 것에 도움이 된다.

엿듣는 말의 침투는 그 명료성과 관계가 있다. 전기 소리-차폐 시스템electronic sound-masking systems은 엿듣는 말의 명료성을 줄이는 데 도움이 된다.

매달린 음향 천장 타일은 불필요한 소리를 흡수한다.

개방형 사무실 음향 시설

7

마감재 Finish Materials

마감재는 실내 공간을 형성하는 건축 시공에서 중요한 부분이고, 이들은 건설된 벽, 천장, 바닥에 덧붙이거나 또는 도장하여 추가될 수 있다. 어떠한 경우든 건축적 맥락을 염두에 두고 선택되어야 한다. 마감재는 가구 배치와 함께 실내 공간에서 원하는 분위기를 만들어내는 것에 있어서 중요한 역할을 한다.

마감재 Finish Materials

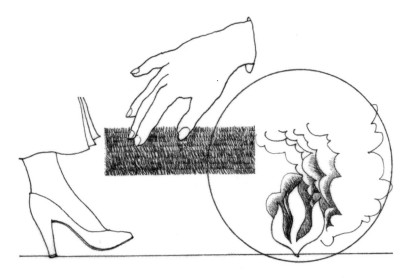

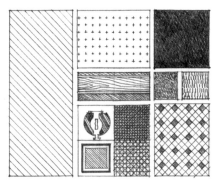

기능적 기준
- 안전, 건강, 편안함
- 예상되는 사용 내구성
- 청소, 유지, 수리의 용이성
- 필수 내화도
- 적절한 음향 특성

미적 기준
- 천연색, 인공색
- 질감
- 패턴

경제적 기준
- 매입과 설치의 초기비용
- 재료와 제품의 생명주기평가LCA, 원자재 사용 종료로부터의 회수와 환경과 건강에 미치는 영향을 포함

지속가능한 디자인 기준

- 새로운 재료의 최소화와 기존 재료의 재사용
- 재활용된 재료의 사용
- 신속하게 재생 가능하고 현지에서 인증된 지속 가능한 물질의 사용
- 지속가능한 프로세스를 사용한 제조업자가 만든 제품 사용
- 건설, 설치, 포장의 쓰레기 최소화
- 사용의 내구성과 유연성
- 가공 및 선적에 사용되는 내재된 에너지 절감

목재의 재활용

산림관리협회의 로고

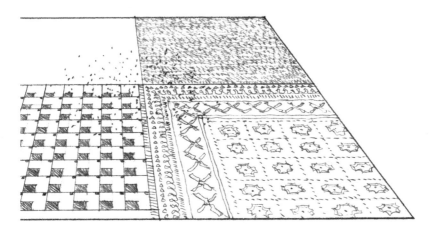

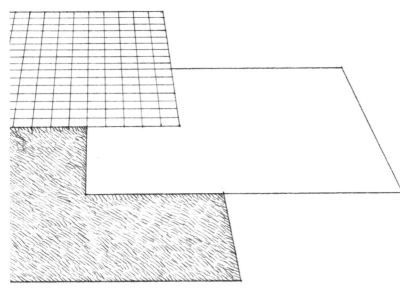

바닥마감은 바닥시공의 마지막 피복이다.

바닥재는 직접 마모되기 쉽고 방표면적의 대부분을 차지하기 때문에 기능적 기준과 미적 기준을 염두에 두고 선택하여야 한다.

- 내구성 : 물리적 마모, 변형, 긁힘에 대한 내성
- 유지관리의 용이성 : 오염, 습기, 기름, 얼룩에 대한 내성, 특히 작업장이나 통행이 많은 지역
- 발의 편안함 : 이 특질은 탄력성과 정도는 낮지만 따뜻함과 관련이 있다.
- 미끄럼 방지 : 딱딱하고 매끄러운 바닥재는 피하고, 습기가 끼기 쉬운 곳에는 더욱 그렇다.
- 충격음 : 탄력이 있는 바닥은 충격음을 흡수할 수 있다. 부드럽고 다공성의 바닥재는 충격음과 대기 소음을 감소시킨다.

바닥에 생기는 오염은 중간 명도의 중성적 색상, 오염과 표면 자국을 위장하는 패턴 또는 바닥의 오염보다 더 눈에 잘 띄는 중성적 색상과 질감을 가지는 재료로 인해 흐려질 수 있다.

바닥의 따뜻함은 실제이거나 겉모양만일 수 있다. 바닥 재료는 복사열에 의해 따뜻해질 수 있고 자체 열용량에 의해 혹은 바닥 단열에 의해 따뜻함을 유지할 수 있다. 바닥은 부드러운 질감, 중간부터 어두운 명도 혹은 따뜻한 색상을 갖는다면 따뜻하게 보인다. 물론 따뜻한 기후에서의 시원한 바닥 표면은 따뜻한 것보다 더 편안함을 줄 것이다.

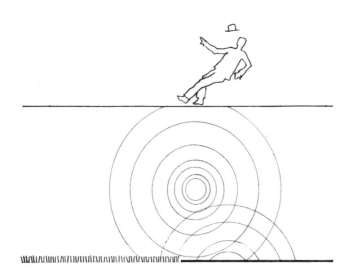

바닥은 색, 패턴, 질감을 통해 공간의 특성을 결정하는 데
실질적 역할을 한다.

밝은색의 바닥은 방의 실내 밝기 정도를 높이는 반면, 어두
운 바닥은 표면에 떨어지는 많은 빛을 흡수한다. 빛의 색은
윤기나는 바닥의 부드러움을 강조하고 공간이 넓어보이게
한다.

방의 벽과 천장의 표면과 달리, 바닥은 우리가 그 표면을 걸
을 때 직접적으로 질감과 밀도라는 촉각적 특징을 전한다.

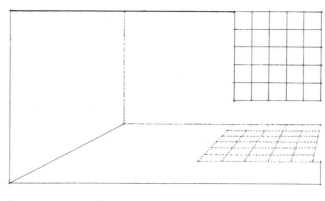

바닥 재질의 물리적 질감과 그것이 놓이는 방식은 시각적
패턴을 만드는 데 직접적으로 관계가 있다.

중성적이며 패턴이 없는 바닥은 방의 거주자와 가구들을 위
해 간소한 배경을 제공해주는 반면, 패턴을 이용해서 바닥
은 실내 공간의 지배적 요소가 될 수도 있다. 패턴은 영역을
정의하고, 움직임의 경로를 제시하거나 혹은 질감의 흥미를
제공하는 데 사용할 수 있다.

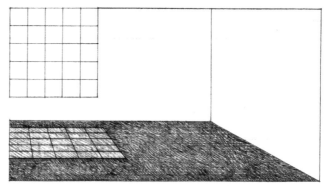

우리의 바닥 패턴의 인식은 원근법의 영향을 받는다. 따라
서 작은 크기의 패턴은 독립적 디자인 요소의 구성이라기보
다 섬세한 질감이나 혼합색처럼 보이기도 한다. 더욱이 바
닥 패턴에서 계속 이어지는 선형 요소들은 지배적이다. 방
향성이 있는 패턴들은 바닥의 수치에 있어서 크기를 과장하
거나 축소하면서 외관상 바닥의 비례에 영향을 줄 수 있다.

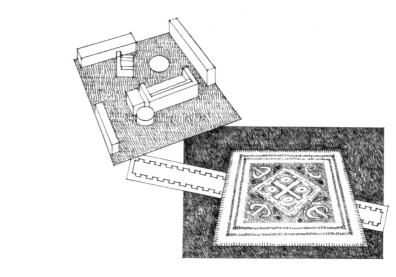

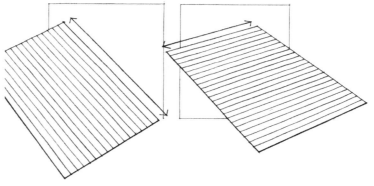

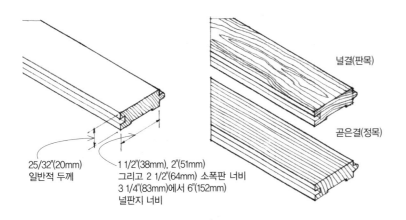

25/32"(20mm) 일반적 두께

1 1/2"(38mm), 2"(51mm) 그리고 2 1/2"(64mm) 소폭판 너비 3 1/4"(83mm)에서 6"(152mm) 널판지 너비

널결(판목)

곧은결(정목)

원목 바닥재

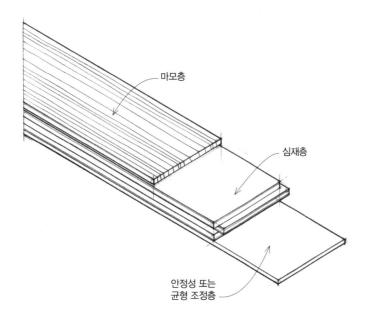

마모층

심재층

안정성 또는 균형 조정층

집성목 바닥재

바닥마감은 일반적으로 목재, 석재, 타일과 같은 경질바닥재, 리놀륨 혹은 코르크 같은 탄성 바닥재, 카펫과 깔개로 구성된 연질 바닥재로 구별된다. 경질 마감재 중에서 나무 바닥은 따뜻하고 자연스러운 외관과 편안함, 탄성, 내구성의 매력적인 요소로 인하여 선호되고 있다. 적절히 사용하면 유지관리가 쉽고, 만약 손상을 입었다고 해도 대체하거나 수선하기에 매우 쉽다.

내구성이 강하고 나뭇결이 고운 경질나무(오크나무, 단풍나무, 자작나무, 너도밤나무, 호두나무)와 연질나무(남부소나무, 미송, 웨스턴 라치, 솔송나무 등)는 나무 바닥재로 사용된다. 이들 중 오크, 남부소나무, 미송이 가장 일반적으로 쓰인다. 최상등급은 깨끗하거나 옹이, 줄무늬, 갈라진 금, 찢어진 결 같은 결함이 없거나 최소인 것이다.

바닥재로 사용되는 목재는 인증된 지속가능한 자원이어야 한다. 희귀종 또는 외래종은 피해야 한다.

바닥재로 사용되는 목재의 다른 유형은 대나무, 고재antique 혹은 재생된 바닥재를 포괄한다. 대나무는 과학적으로 풀과 같아서, 수확 후 빠르게 재성장할 수 있는 능력으로 인하여 지속가능한 재료로서의 명성을 얻고 있다. 철거 예정인 건물에서 회수한 고재와 재생된 바닥재는 독특한 개성과 그윽한 멋을 제공한다.

원목바닥은 좁은 판strips과 넓은 판planks으로 사용 가능하다. 바닥 판재는 폭이 6인치(152mm)에 달하는 판재로 사용할 수 있지만, 일반적으로 좁은 판 형태로 판매된다.

엔지니어드 경질 바닥재에는 아크릴을 스며들게 하거나, 우레탄이나 비닐로 밀봉한다. 집성목 바닥재는 목재 베니어를 포함하여 고압 합판을 내구성 있는 아크릴-우레탄 밀폐 패널로 조립한다. 대나무 또한 고압으로 집성하고 넓은 판planks으로 가공해 폴리우레탄에 담그고, 아크릴 폴리우레탄으로 도장한다. 대부분의 대나무 제품은 미국시장에 도달하기 위해서는 장거리 여행을 해야 한다.

목재 바닥재는 대부분 폴리우레탄, 바니쉬, 밀폐제로 마감되어 있다. 마감은 고광택부터 새틴까지 광범위하다. 이상적으로 마감은 목재의 자연미를 손상시키지 않으면서 목재의 내구성을 강화해야 하고 습기, 먼지, 오염의 내성을 갖게 해야 한다. 스테인은 나뭇결을 살리면서 나무의 고유색에 색을 더할 때 사용된다. 목재 바닥재는 왁스칠, 페인트칠, 스텐실을 할 수 있지만 페인트칠한 표면은 더 많은 유지보수가 필요하다.

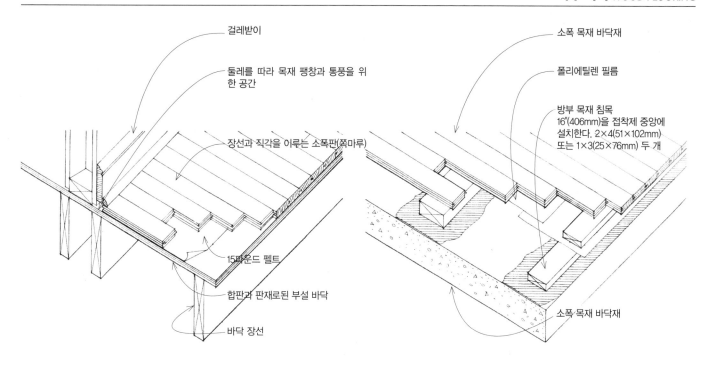

걸레받이

둘레를 따라 목재 팽창과 통풍을 위한 공간

장선과 직각을 이루는 소폭판(쪽마루)

15파운드 펠트

합판과 판재로된 부설 바닥

바닥 장선

하부 바닥과 장선 위의 목재 바닥

소폭 목재 바닥재

폴리에틸렌 필름

방부 목재 침목 16"(406mm)을 접착제 중앙에 설치한다. 2×4(51×102mm) 또는 1×3(25×76mm) 두 개

소폭 목재 바닥재

콘크리트 슬래브 위의 목재 바닥

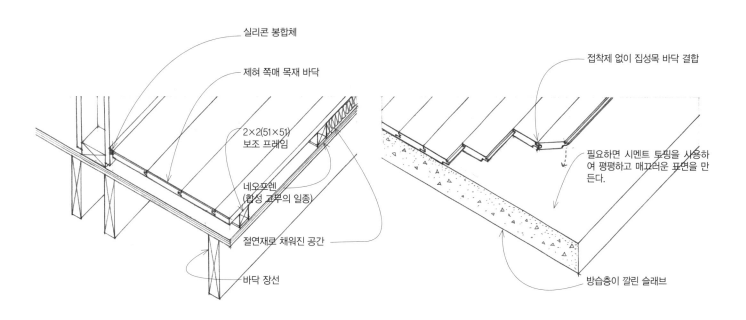

실리콘 봉합체

제혀 쪽매 목재 바닥

2×2(51×51) 보조 프레임

네오프렌 (합성 고무의 일종)

절연재로 채워진 공간

바닥 장선

띄운 목재 바닥 설치

접착제 없이 집성목 바닥 결합

필요하면 시멘트 토핑을 사용하여 평평하고 매끄러운 표면을 만든다.

방습층이 깔린 슬래브

접착제 없는 집성목 바닥 설치

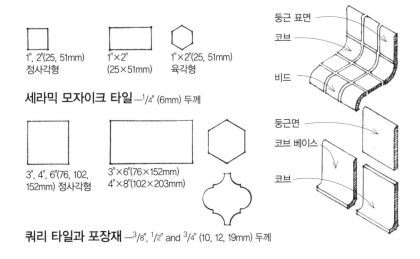

1", 2"(25, 51mm)
정사각형

1"×2"
(25×51mm)

1"×2"(25, 51mm)
육각형

세라믹 모자이크 타일—1/4" (6mm) 두께

3", 4", 6"(76, 102,
152mm) 정사각형

3"×6"(76×152mm)
4"×8"(102×203mm)

쿼리 타일과 포장재—3/8", 1/2" and 3/4" (10, 12, 19mm) 두께

둥근 표면
코브
비드
둥근면
코브 베이스
코브

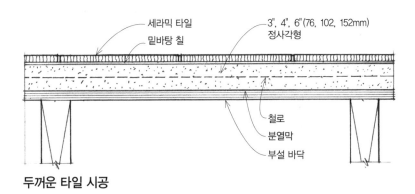

세라믹 타일
밑바탕 칠

3", 4", 6"(76, 102, 152mm)
정사각형

철로
분열막
부설 바닥

두꺼운 타일 시공

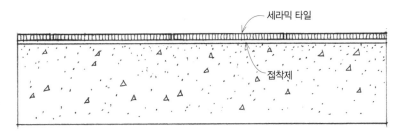

세라믹 타일

접착제

얇은 타일 시공

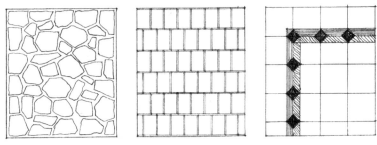

석재 바닥 패턴

타일과 석재 바닥재는 견고하고 내구성이 강하다. 그것들이 만들어진 각각의 조각과 패턴의 형상에 따라 다르지만, 이들 바닥재는 차갑고, 형식적인 모습을 보이거나 혹은 방 안에 편안한 느낌을 부여한다.

작고 규격화된 자연점토나 도자기의 세라믹 모자이크 타일은 광범위하게 바닥재로 사용된다. 자연점토형식은 유약을 칠하지 않은 흙색인 반면, 도자기는 밝은색이고 유리처럼 조밀하고 불침투성을 갖는다.

쿼리 타일quarry tile과 포장재는 보다 크게 규격화된 바닥재이다. 쿼리 타일은 열-경화시킨 점토에 유약을 칠하지 않은 것이다. 좀 더 큰 크기의 세라믹 타일은 다양한 패턴으로 사용할 수 있고, 몇몇의 인조석에서는 실용적으로 습도, 먼지, 오염에 강하다.

석재 타일 바닥재는 견고하고, 영구적이고 높은 내구성의 바닥면을 제공한다. 바닥재를 포함한 석재의 사용유형은 다음과 같다.

- 슬레이트 : 적갈색, 회색, 녹색, 파랑, 검정. 사각형이나 비정형 모양의 사용은 형식적이거나 비형식적으로 될 수 있다.
- 대리석 : 흰색, 분홍, 녹색, 갈색. 음영처리나 줄무늬가 있다. 높은 광택과 우아함을 보여준다.
- 화강암 : 200가지 이상의 색. 광택이 좋고 또한 연마되거나 열처리된다.

타일 설치는 얇은 조합thinset과 두꺼운 조합thickset이 있다. 얇은 조합 설치는 타일을 붙이기 위해 접착제를 사용한다. 두꺼운 조합 설치는 휨이나 처짐이 있는 바닥에 사용된다. 타일은 균열을 방지하는 데 도움이 되는 모르타르로 시공된다.

타일과 석재 바닥재는 그라우트로 시공된다. 그라우트는 다양한 색상이 사용 가능하며 바닥재와 혼합되거나 대비되게 선택할 수 있다.

콘크리트도 충분히 부드럽고 평평하다면 바닥 마감재로 사용될 수 있다. 기름과 얼룩에도 밀봉되어야 한다. 콘크리트는 도장, 스테인 할 수 있고 양생될 때 완벽하게 색이 입혀질 수 있다. 골재노출 마감은 질감적 흥미를 유발할 수 있다.

테라조는 대리석 조각에 의해 만들어지는 모자이크 패턴처럼 함께 골재노출 마감의 독특한 형태이다. 그것은 주입 혹은 프리캐스트 형태로 사용할 수 있다.

이음새 없고, 내구성의 액상적용 바닥재는 상업, 산업, 기관 설치에 사용된다. 바닥재는 콘크리트 또는 단단한 다른 기질substrates에 부어진다. 이음새 없는 석영 바닥재는 투명한 색 또는 컬러 에폭시 수지 안에 채색된 석영 골재로 구성된다.

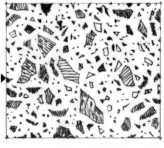

표준 테라조
주로 작은 석재 조각으로 구성된 연마된 마감재이다.

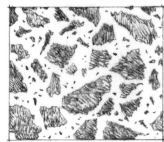

베네치아 테라조
주로 큰 석재 조각으로 구성되고 사이의 빈 곳은 더 작은 조각으로 채운다.

테라조 유형

씬셋 테라조
1/4"–1/2"(6–13mm)의 에폭시 테라조 토핑은 나무, 금속, 콘크리트, 부설 바닥 위에 놓인다.

일체식 테라조
1/2"(13mm) 두께의 시멘트 매트릭스 테라조 토핑은 콘크리트 슬래브와 같은 거친 마감에 깔린다.

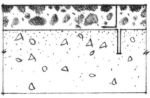

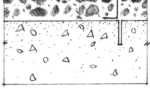

샌드 쿠션 테라조
1/2"(13mm), 5/8"(16mm) 또는 더 두꺼운 시멘트 매트릭스 테라조 토핑은 구조적 움직임이 예상될 때 균열을 제어하기 위해 절연막을 강화 모르타르 바닥 위에 시공한다.

접착식 테라조
1/2"(13mm) 두께의 시멘트 매트릭스 테라조 토핑과 모래 시멘트 바닥은 거칠게 마감된 콘크리트 슬래브에 부착된다.

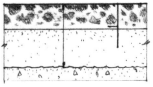

탄성 바닥재는 경제적이며, 고밀도, 비흡습성 표면을 갖고 있으며 상대적으로 내구성이 좋고, 유지관리가 용이하다. 탄성은 발의 편안함과 조용함을 제공하는 동시에 지속적인 압입자국에 견딜 수 있다. 편안함의 정도는 재료의 탄성뿐만이 아니라 사용된 뒷면의 유형과 받쳐주는 판재의 견고성에 따른다.

리놀륨과 비닐 시트는 너비 6피트(1,829mm)에서부터 15피트(4,572mm)의 두루마리이다. 이들은 공장이나 현장에서 패턴에 맞게 자를 수 있다. 탄성 바닥재는 타일로 사용되고, 일반적으로 12인치(304mm) 평방제곱이다. 시트 제품은 이음새 없는 바닥을 만드는 반면, 타일 제품은 바닥의 외곽선이 불규칙할 때 시공하기 쉽다. 개별적인 탄성 타일은 손상되었을 때 교체할 수 있다.

탄성 바닥재 유형은 성능과 지속가능성에 따라 다양하다.
• 고무타일, 비닐시트, 리놀륨, 코르크 제품은 최상의 탄성을 제공한다.
• 비닐과 리놀륨 시트와 타일은 얼룩과 기름에 저항하고, 담뱃불에 잘 탄다.
• 천연 리놀륨과 재생 가능한 재료로 만든 코르크는 휘발성 유기화학물VOC, volatic organic chemical 레벨이 낮다.
• 비닐 타일과 시트의 패턴은 색이 마모될 수 있는 반면 리놀륨과 비닐은 변하지 않는 색을 갖는다.
• 비교적 고가인 가죽 타일은 사용하고 시간이 지날수록 매력적인 고색을 띈다.

탄성 바닥재를 기반으로 하는 목재와 콘크리트는 기본재료의 고르지 않음을 방지하기 위해 깨끗하고, 편평하고 부드러워야 한다. 탄성 바닥재는 세라믹 타일 위에 놓이게 디자인되지 않는다. 리놀륨과 코르크 타일은 아래에 놓여서는 안 된다.

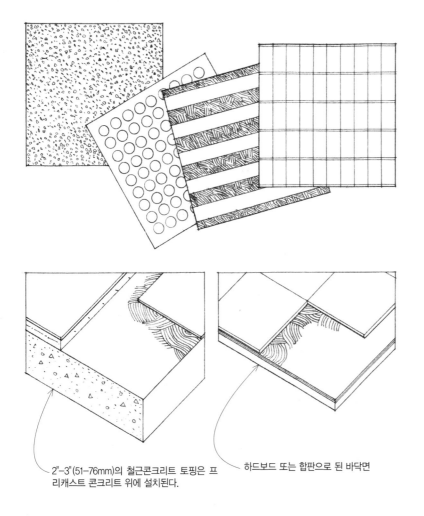

2"-3"(51-76mm)의 철근콘크리트 토핑은 프리캐스트 콘크리트 위에 설치된다.

하드보드 또는 합판으로 된 바닥면

연질 바닥 깔개에는 카펫과 러그의 두 개의 주요 범주가 있다. 깔개는 폭넓은 색상과 패턴을 가지고 시각적이고 질감적인 부드러움, 탄성 그리고 따스함을 바닥에 제공한다. 이러한 성격은 카펫 재료가 소리를 흡수하고, 충격음을 감소시키며, 걷기에 편안하고 안전한 표면을 만들어준다. 집합적으로 카펫은 경질의 바닥 깔개보다 시공이 쉽고 유지하기도 용이하다. 대부분 사용된 카펫은 매립이나 소각장에서 끝나지만, 카펫과 카펫 패드의 재활용 옵션은 개선되고 있다.

광폭 융단broadloom이라고 불리는 카펫은 대부분 12피트(3,658mm) 너비의 롤로 제작된다. 특별히 18피트(5,486mm) 너비 이상의 것도 있다. 폭이 좁은 제품으로 언급되고 대표적으로 주거용으로 사용되는 27~36인치(685.8~914.4mm)의 직조 카펫도 만들어진다.

광폭 카펫은 평방피트당으로 팔리고, 요구에 맞게 자르고 설치되는데, 접착테이프를 사용하여 쿠션 위에 설치하거나 접착제를 사용하여 아래로 붙인다. 카펫은 일반적으로 방바닥 전체를 덮으며 벽에서 벽까지 설치된다.

카펫은 보통 바닥에 고정되기 때문에 그 자리에서 청소해야 하고, 마모가 균등하게 할 수 없다. 이음새의 위치, 뒷면의 유형 및 이음에 사용된 기술은 광폭 카펫의 사용 수명에 실질적 영향을 줄 수 있다.

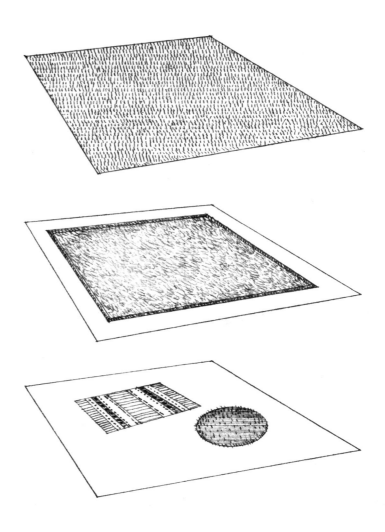

카펫 조각을 규격화한 카펫 타일은 벽에서 벽까지 이음새 없는 시공과 유사하게 깔 수도 있고 정교하거나 대담한 패턴으로 배치할 수도 있다. 이들 디자인은 주거와 상업 환경에 모두에 사용된다. 그들은 주로 엮어서 고정하는 터프팅 tufting 방식에 의해 구성되고, 일부는 융합 결합으로 만들기도 한다. 카펫 타일은 광폭 카펫에 비해 다음과 같은 장점이 있다.

• 재료의 낭비를 최소화하면서 특이한 형태의 윤곽대로 자를 수 있다.
• 마모와 손상이 있으면 개별적 교체가 가능하다.
• 쉽게 옮기거나 재사용할 수 있다.
• 상업적 공간의 시공에서 바닥 아래 설비에 접근하기 위해 타일을 제거할 수도 있다.

카펫 타일의 사각형 크기는 다양하게 사용 가능하다. 타일은 부설 바닥 위에 자유롭게 놓이도록 만들어지고, 둘레만 접착제로 제자리에 고정되거나, 전체가 완전히 접착되거나 혹은 감압 접착제로 고정된다. 상업용 등급의 카펫 타일은 타일의 수축과 팽창에 충분히 견디고 가장자리 올풀림을 방지할 수 있는 뒷면을 가지고 있다.

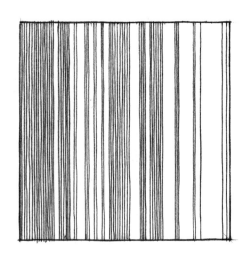

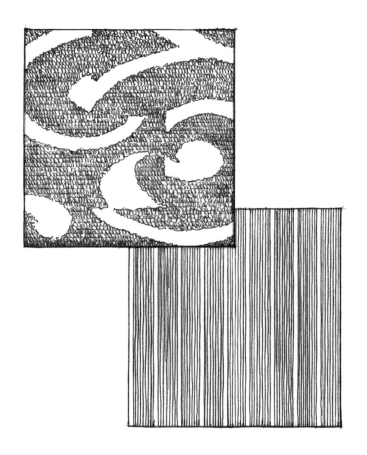

카펫의 성능은 여러 가지 요소들에 달려있는데 무엇보다 가장 중요한 것은 사용되는 섬유의 유형이다. 각 카펫 제조업자들은 내구성, 내오염성, 세탁능력, 색, 광택과 같은 특별한 특성을 향상시키기 위해 섬유의 혼용을 제시한다.

카펫 섬유

나일론은 강도와 마모 성능이 우수하고, 오염과 곰팡이에 대한 저항이 강하고 빨리 마른다. 원액 착색된 나일론은 햇빛과 화학약품에 의한 변색에 강하다. 작은 지름의 새로운 연질의 나일론이 주거용으로 사용하기에 바람직해지고 있다.

PET 폴리에스테르는 재활용 플라스틱 용기에서 만들어진 폴리에스테르의 내구성이 강한 형태이다. 오염, 마모, 얼룩, 변색에 강하다.

올레핀(폴리프로필렌)은 색이 빠지지 않으며, 마모, 오염 곰팡이에 강하다. 대부분 올레핀은 나일론의 탄력성과 압착저항이 부족하여, 실내/실외 카펫으로 사용하기 가장 좋다. 올레핀 섬유의 새로운 형태는 부드럽고, 오염에 강하고, 내구성이 강하게 가공된다.

양모는 우수한 탄력성과 보온성을 갖고 있고, 오염, 화염, 용해에 강하다. 양모는 색의 흡수 능력이 현저하다. 세탁과 유지관리가 용이하고 오랜 기간 외형유지가 가능하며, 시간이 흐를수록 우아해진다.

염색기술

원액염색은 원사가 압출성형되기 전에 인조 카펫 섬유재에 염색을 하여 구성한다. 이 기술은 어느 기술보다 색이 빠지지 않고 화학물질, 가스, 표백제, 햇빛에 강하다.

연속염색은 카펫의 열린 면에 염료를 바르거나 스팀 분사로 염색하는 방법이다. 이는 가장 저렴한 방법이지만 색이 잘 빠지고 일정하게 유지하기가 어렵다.

후염염색은 2차 배킹뒷천이 적용되기 전, 크고 얕은 염료통을 통해 1차 배킹뒷천이 있는 흰색 카펫으로 운영 구성된다.

무늬 염색 혹은 **접촉 염색**은 어떤 천이라도 거의 사용될 수 있다. 이 기술은 침투와 변색에 강한 제품을 만든다.

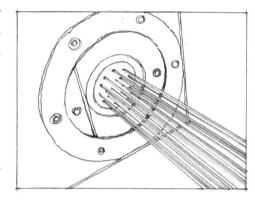

방적사는 점성이 있는 플라스틱 중합체가 차가운 공기 또는 액체를 밀어 넣어 냉각시키고 섬유를 형성하는 다중 구멍이 있는 장치이다.

나일론 섬유의 확대

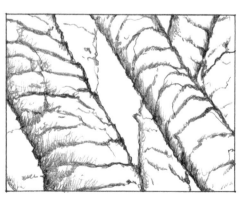

양모 섬유의 확대

터프티드 카펫

직조 카펫

퓨전 본디드 카펫

터프티드 카펫 Tufted Carpet

대부분 상업용 카펫은 원사의 엮음을 1차 배킹뒷천에 삽입하여 만든다. 2차 배킹뒷천은 쿠션 및 더 큰 치수 안정성을 높일 수 있다.

직조 카펫 WOVEN CARPET

직조기로 만들어진 직조 카펫은 엮는 것tufting보다 제조과정이 느리고, 더 비싸다. 100%의 양모 또는 80%의 양모에 20%의 나일론으로 만들어진 액스민스터axminster 카펫은 일반적으로 내구성과 내마모성이 가장 우수하다. 그것은 주로 접객용과 주거용으로 활용된다. 윌튼wilton 카펫은 가정에서 사용되는 장식 양모 카펫이다. 이 두 카펫은 모두 섬유의 뒷면을 통과하여 직조되고 2차 배킹뒷천은 필요 없다.

퓨전 본디드 카펫 FUSION-BONDED CARPET

퓨전 본디드 카펫은 각각 뒷면에 끼워져 있는 파일에 한 쌍으로 끝을 달고, 잘린 파일을 만들기 위해 부분으로 자른다. 그것은 공항터미널과 같이 통행량이 많은 곳에 사용된다.

카펫 쿠션 CARPET CUSHIONS

카펫 쿠션은 탄성이 강하고 충격 소음을 감소시키고 카펫의 수명을 현저히 연장시킨다. 이것은 대부분 주거용으로 사용된다. 하지만 몇몇 유형들은 너무 쉽게 압착되어 통행량이 많은 곳에는 견딜 수 없다.

색상 다음으로 질감은 카펫의 시각적 주요 특성이다. 카펫 질감을 다양하게 사용할 수 있는 것은 파일(카펫 털) 구성, 파일의 높이, 카펫이 잘린 방식의 결과에 따른다. 카펫 질감은 3가지 주된 그룹이 있다.

- **커트 파일**Cut pile은 모든 원사 루프가 잘려진 것이다. 이것은 터프티드, 우븐, 본디드 카펫의 구성으로 만들어질 수 있다.

- **루프** 또는 **언커트 파일**Loop or uncut pile은 커트 파일보다 관리하기 쉽고 유지관리가 쉽다. 루프 파일은 터프티드, 우븐, 니트knitted 기술에 의해 만들어진다. 이것은 내구성이 좋고 유지관리가 쉬우며, 바퀴달린 가구에 잘 견딘다.

- **커트 앤 언커트 파일**Cut-and-uncut pile은 커트 파일과 언커트 파일의 다양한 비율로 모든 루프 파일에 어느 정도의 부드러움을 더해준다.

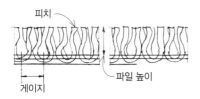

카펫 파일 용어

- **밀도**density는 카펫의 단위면적 무게에 의한 파일섬유의 총양의 측정이다. 일반적으로 밀도가 높을수록 좋은 품질이다.
- **피치**pitch는 직조 카펫 너비의 27인치(685mm) 안의 원사 끝단의 수를 나타낸다.
- **게이지**gauge는 인치의 단위로 표시된 터프팅 기계의 너비에 걸친 바늘 간격을 나타낸다.
- **표면 무게**face weight는 평방 야드당 온스 단위로 측정되는 원사 표면의 전체 무게이다.

벨벳 또는 플러시
부드럽고 정교하게 깎인 커트 파일은 통행 흔적을 보여준다.

트위스트 또는 프리즈
트위스트는 보다 무겁고 거친 질감을 만들기 위해 원사를 위치시킨다.

레벨 루프
같은 높이의 루프

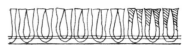

색소니
여러 겹의 원사는 매끄러움, 부드러운 외관을 주고, 발자국을 보여준다.

샤그
표면 질감은 길고 꼬인 원사로 만들어진다.

다층 높이 또는 패턴 루프
잘리지 않은 루프는 조각같은 패턴을 만든다.

커트 앤 루프
루프 파일과 커트 파일의 조합은 패턴을 만든다.

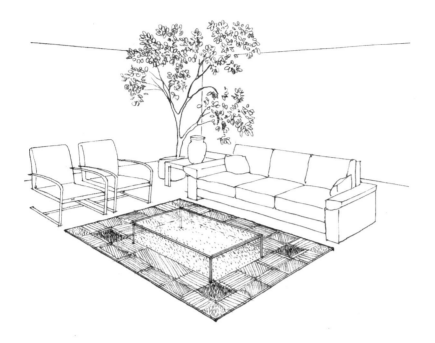

러그는 표준치수로 자르거나 제조되고, 마감된 가장자리가 있는 바닥 깔개이다. 러그는 방의 전체 바닥을 덮을 수 없기 때문에 다른 바닥 마감재 위에 단순히 올려놓는다.

방 크기의 러그는 방의 가장자리를 따라 바닥 마감재를 남긴 채 바닥의 대부분을 덮는다. 그들은 벽에서 벽까지의 카펫의 외관과 유사하지만 원할 경우 이동시킬 수 있고, 필요에 따라 청소를 위해 치울 수 있고, 심지어 균등한 마모를 위해 뒤집을 수 있다.

부분적 러그는 방바닥의 좀 더 작은 부분을 덮고 영역을 정의하고, 가구 그룹화를 통합하거나 경로를 지정할 수도 있다. 장식적 러그, 특히 수공예 제품은 가장 중요한 디자인 요소로 쓰이거나 방의 배치를 위한 중심 포인트를 제공할 수도 있다.

매듭, 고리, 꼬임, 또는 손으로 엮는 기술 등은 부분적 러그로 많이 사용되는 루프와 커트 원사의 다양한 형식을 만든다. 동양 러그는 손으로 묶어서 만든다.

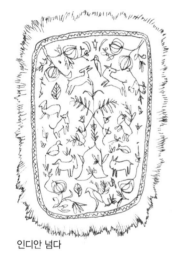

인디안 넘다

나바호 러그

아프가니스탄 보하라

차이니즈 벵골리

벽 마감은 벽의 내구성, 소리 흡수, 빛 반사, 외관을 증진시키는 데 사용된다. 일부 벽 마감은 벽의 재료 구조의 가장 중요한 부분이거나, 일부는 벽 프레임에 부착된 별도의 층이거나, 혹은 그 외의 것들은 벽 표면 위에 얇은 코팅이나 덮개이다. 벽재와 벽 마감재의 선택에 있어서 색, 질감, 패턴과 같은 미적 요소들 외에도 다음과 같은 기능적 경제적인 고려가 있어야 한다.

- 만약 응용 재료라면 어떤 종류의 지지대 또는 받침대가 필요한가?
- 어떤 유형의 마감, 코팅, 덮개가 벽에 적용될 것인가?
- 재료와 마감의 내구성 유지관리의 용이성은 어떠한가?
- 소리흡수, 빛 반사, 내화성은 어느 정도나 요구되는가?

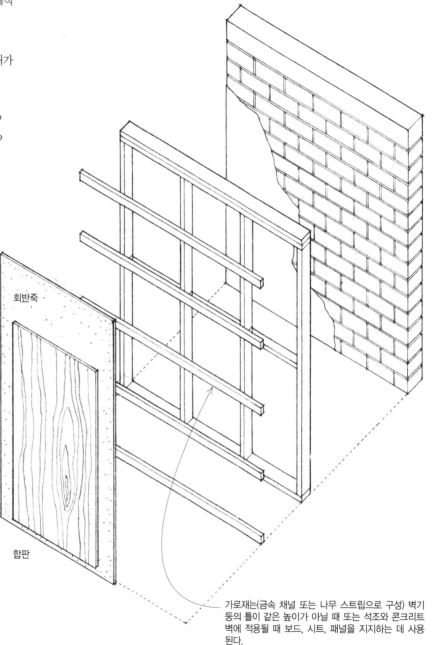

회반죽

합판

가로재는(금속 채널 또는 나무 스트립으로 구성) 벽기둥의 틀이 같은 높이가 아닐 때 또는 석조와 콘크리트 벽에 적용될 때 보드, 시트, 패널을 지지하는 데 사용된다.

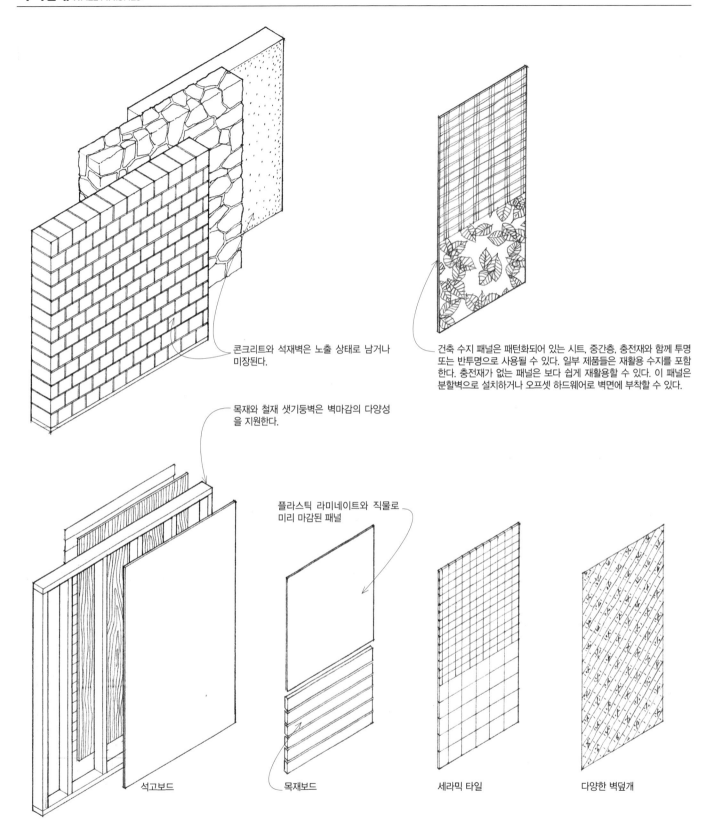

콘크리트와 석재벽은 노출 상태로 남거나 미장된다.

건축 수지 패널은 패턴화되어 있는 시트, 중간층, 충전재와 함께 투명 또는 반투명으로 사용될 수 있다. 일부 제품들은 재활용 수지를 포함한다. 충전재가 없는 패널은 보다 쉽게 재활용할 수 있다. 이 패널은 분할벽으로 설치하거나 오프셋 하드웨어로 벽면에 부착할 수 있다.

목재와 철재 샛기둥벽은 벽마감의 다양성을 지원한다.

플라스틱 라미네이트와 직물로 미리 마감된 패널

석고보드

목재보드

세라믹 타일

다양한 벽덮개

목재 벽 패널

목재 패널은 길고 좁은 나무 조각들로 둘러싸인 일련의 얇은 목재판으로 구성된다. 수직의 폭이 좁은 제재목strips을 선틀stiles이라고 부르고 수평의 폭이 좁은 제재목을 가로대rails라고 한다. 목재 패널은 단단한 목재, 합판, 플라스틱 얇은 판이 씌워진 목재 패널을 포함한다.

단단한 목재 보드는 내구성을 제공하고 질감을 만들어낸다. 벽의 패턴과 질감은 너비, 방향 그리고 이음의 세부뿐 아니라 보드의 간격에 따라 달라진다. 비드보드beadboard는 두 개의 얇은 제재목에 파인 나무의 혀와 홈tongue-and-groove으로 구성되어 있다. 이것은 천장이나 벽면의 징두리판벽으로 사용된다.

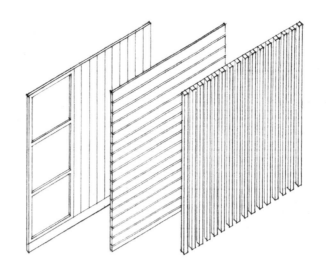

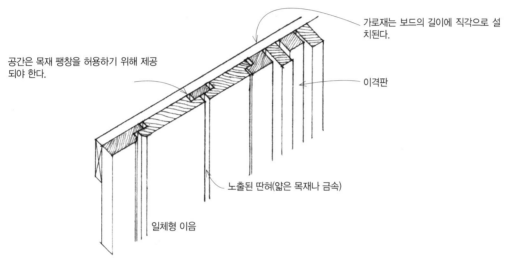

가로재는 보드의 길이에 직각으로 설치된다.

공간은 목재 팽창을 허용하기 위해 제공되어야 한다.

이격판

노출된 딴혀(얇은 목재나 금속)

일체형 이음

이음의 예

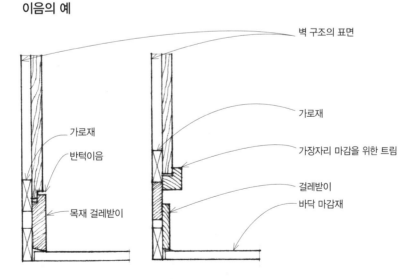

벽 구조의 표면

가로재

반턱이음

목재 걸레받이

가로재

가장자리 마감을 위한 트림

걸레받이

바닥 마감재

목재 보드 걸레받이 상세도   천장 상세도도 이와 유사하다.

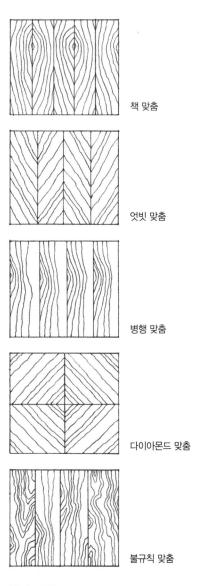

책 맞춤

엇빗 맞춤

병행 맞춤

다이아몬드 맞춤

불규칙 맞춤

합판 맞춤

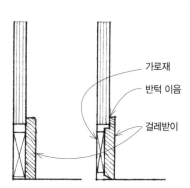

가로재

반턱 이음

걸레받이

합판 걸레받이 상세도

합판

합판은 열과 압력으로 이웃한 판이 서로 직각을 이루게 얇은 판 베니어를 붙여 제작한 나무 패널 제품이다. 합판 심재는 파티클 보드, MDF, 베니어 심재, 재목 심재로 만들 수 있다. 일부 합판제품은 포름알데히드를 포함하고 있다. 패널은 일반적으로 4×8피트(1219×2438mm), 1/4인치에서 3/4인치(6mm에서 9mm) 두께를 갖는다.

나무 패널 제품은 장식용 합판/덧씌움 혹은 목재 베니어판과 서로 마주하고 있다. 목재 베니어에는 경재와 연재의 두 가지 유형이 있는데, 경재는 벽 마감재로 사용된다. 베니어 절삭은 정목 슬라이싱quater slicing, 추정목 절삭rift cutting, 회전삭rotary cutting을 포함한 다양한 방식이 있다. 이렇게 얇게 썰어진 목재들은 책 맞춤, 엇빗 맞춤, 병행 맞춤, 다이아몬드 맞춤, 불규칙 맞춤과 같은 패턴들로 배열된다.

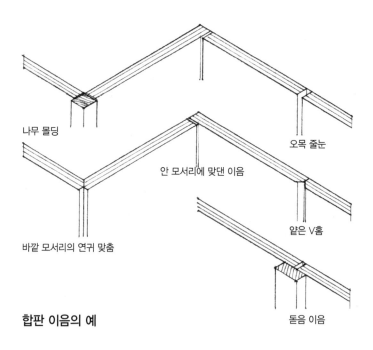

나무 몰딩

안 모서리에 맞댄 이음

바깥 모서리의 연귀 맞춤

오목 줄눈

얕은 V홈

돋음 이음

합판 이음의 예

합판 패널의 노출된 가장자리는 단단한 폭이 좁은 제재목(strip)으로 마감하거나 트림 몰딩으로 가려야 한다.

플라스터는 석고 또는 석회, 물, 모래 그리고 가끔 다른 섬유로 구성되고, 벽과 천장의 표면에 반죽 형태로 발라져서 경화되고 건조된다. 석고 플라스터는 내구성이 좋고 비교적 경량이며 내화성 재료로 습기나 젖는 곳이 아니면 어느 벽이나 천장에 사용될 수 있다. 베니어와 얇게 바르는 플라스터는 보통 블루보드라고 불리는 베니어 석고 판재 바탕에 얇은 바름skim coat으로 마감한 레드믹스 석고이다.

플라스터는 사용된 바탕의 종류와 강도에 따라 두 번이나 세 번 겹쳐 바른다. 두 겹 필라스터two-coat plaster는 밑바름을 한 후에 정벌 바르기를 한다. 세 겹 바르기 필라스터 three-coat plaster는 초벌 바르기, 재벌 바르기 그리고 정벌 바르기 순으로 한다.

- 초벌 바르기는 세 겹 바르기 중 첫 번째 순서이다. 이것은 라스lath를 견고히 붙이고, 두 번째 또는 정벌 바르기의 접착력을 좋게 한다.
- 재벌 바르기는 거칠게 마감되고 플라스터의 레벨을 조정한다. 두 번째 바르나 밑 바르기 모두 석고라스나 조적 위에 발라진다.
- 정벌 바르기는 표면을 마감하고 장식을 위한 기반을 제공한다.
- 플라스터 마감의 전체 두께는 1/2인치에서 3/4인치 (12mm에서 19mm)이다.

플라스터 표면의 마지막 모습은 질감과 마감에 따라 달라진다. 일반적으로 부드러움과 단단한 마감을 위해 흙손으로 바른다. 플라스터는 하나 또는 그 이상의 주요색을 가지고 있고, 단일 색 또는 페인트와 유약의 다중층으로 도장될 수 있다. 부드러운 마감에는 섬유나 벽지를 사용할 수 있다.

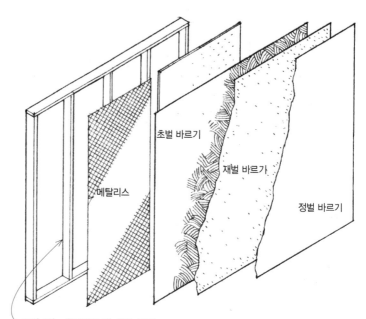

초벌 바르기
재벌 바르가
정벌 바르기
메탈리스

조적 또는 콘크리트 벽 위에 목재나 메탈로 샛기둥 프레임을 세운다.

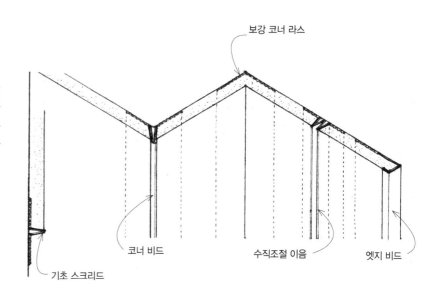

보강 코너 라스
코너 비드
수직조절 이음
엣지 비드
기초 스크리드

금속 부품들은 플라스터 표면의 코너와 가장자리를 보호하고 마감하기 위해 필요하다.

종종 건식벽체 또는 플라스터 보드라고 불리는 석고보드는 종이나 다른 재료로 덮여 있는 석고코어로 구성되어 있다. 이것은 페인트칠 되거나, 혹은 세라믹 타일, 신축성 있는 벽 덮개로 마감된다.

석고보드의 일반적 유형은 다음과 같다.

- 실내벽과 천장에 사용되는 일반적인 석고보드
- 높은 습도조건에서는 세라믹 타일을 받쳐주기 위해서 사용되는 내습성 석고보드
- 내화구조에 사용되는 내화성 석고보드Type X

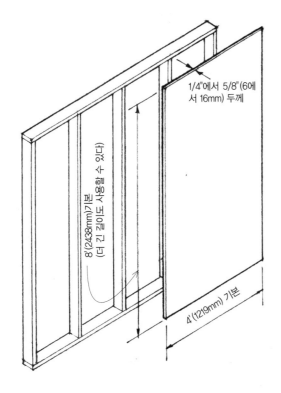

1/4"에서 5/8"(6에서 16mm) 두께

8'(2438mm)가 기본 (더 긴 길이도 사용할 수 있다)

4'(1219mm) 기본

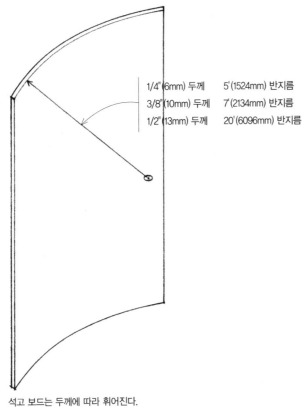

1/4"(6mm) 두께   5'(1524mm) 반지름
3/8"(10mm) 두께   7'(2134mm) 반지름
1/2"(13mm) 두께   20'(6096mm) 반지름

석고 보드는 두께에 따라 휘어진다.

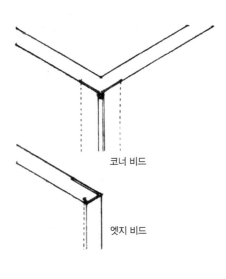

코너 비드

엣지 비드

메탈 트림 형태는 석고 보드 표면의 가장자리와 코너를 보호하고 마감하는 데 필요하다.

세라믹 벽타일

세라믹 벽타일은 내화점토의 규격화된 단위로 되어 있는 또 다른 세라믹 재료들이다. 이들은 실내벽에 영구성, 내구성, 방수성 있는 표면을 제공한다. 그리고 광범위한 색상 및 외피 디자인을 통해 빛나거나 또는 광택 없이 사용할 수 있다.

특수타일에는 유리 타일, 수공예 타일, 주문타일, 특수크기, 장식 조각 등이 있다. 벽타일의 그라우트에는 다양한 색상을 사용할 수 있다. 색 타일과 대비되는 착색된 그라우트의 사용은 피하는 것이 좋다.

세라믹 타일은 건식방법과 습식방법으로 시공될 수 있다.
• 얇은 설치 방법thinset process에서 세라믹 타일은 드라이셋 모르타르, 라텍스 포틀랜드 시멘트 모르타르, 에폭시 모르타르, 고유 접착제의 얇은 층을 사용하여 석고 플라스터, 석고 보드, 혹은 합판의 지속적이고 안정적인 뒷면에 붙인다.
• 두꺼운 설치 방법thickset process에서 세라믹 타일은 포틀랜드 시멘트 모르타르의 바탕 위에 놓인다. 마감작업에서 평편한 평면과 정확한 경사를 위해서는 1/2인치에서 3/4인치(13mm에서 19mm) 바탕이 필요하다. 적절한 뒷면은 콘크리트, 조적, 합판, 석고 플라스터, 석고보드 위의 메탈라스를 포함하고, 메탈라스는 샛기둥 프레임 위에 놓인다.

유리 타일은 벽, 바닥, 작업대, 실내외에 모두 사용될 수 있다. 평편한 면과 규칙적인 치수를 갖도록 제작된 유리타일은 정교한 타일, 수작업으로 가공된 타일보다 설치하기 쉽다. 색이 입혀지게 제작된 유리 타일은 라텍스 첨가제와 라텍스가 첨가된 그라우트로 희고 얇게 접착되어 설치된다.

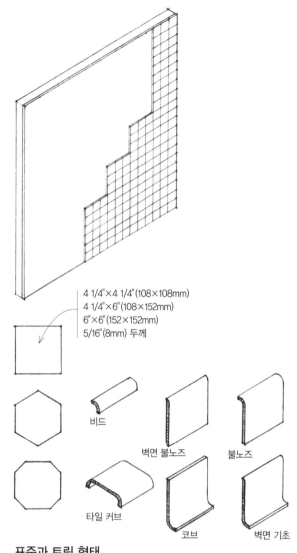

4 1/4"×4 1/4"(108×108mm)
4 1/4"×6"(108×152mm)
6"×6"(152×152mm)
5/16"(8mm) 두께

비드

벽면 불노즈   불노즈

타일 커브

코브   벽면 기초

표준과 트림 형태

유리 타일

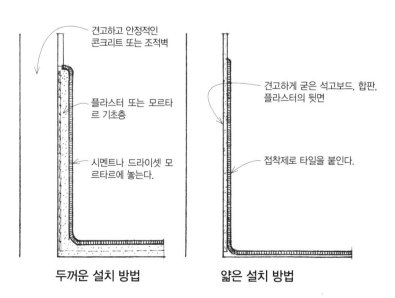

견고하고 안정적인 콘크리트 또는 조적벽

플라스터 또는 모르타르 기초층

시멘트나 드라이셋 모르타르에 놓는다.

견고하게 굳은 석고보드, 합판, 플라스터의 뒷면

접착제로 타일을 붙인다.

두꺼운 설치 방법   얇은 설치 방법

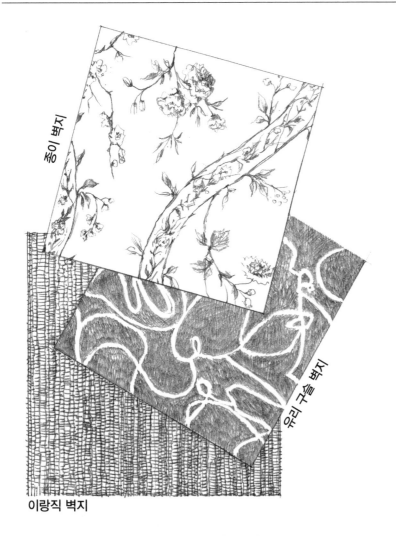

종이 벽지

유리 구슬 벽지

이랑직 벽지

사진 벽지

부드러운 플라스터와 석고보드 표면은 페인트를 칠하는 것 뿐만 아니라, 다양한 색, 패턴, 디자인을 이용하여 유연성을 가지고 다양하게 벽을 마감할 수 있다. 성능에 기초하여 여섯 가지의 벽 마감 유형으로 나눌 수 있다.

Ⅰ. 단 하나의 장식 : 테스트되지 않은 벽지와 기타 주거용 벽 커버

Ⅱ. 중간 사용성의 장식 : 테스트되었지만 주로 주거용으로 사용

Ⅲ. 높은 사용성의 장식 : 주거용을 위해 테스트됨

Ⅳ. 유형Ⅰ 상업적 사용성 : 많은 소비자를 위해 테스트되고 호텔방과 개인 사무실 같은 경미한 상업적 용도에 사용

Ⅴ. 유형Ⅱ 상업적 사용성 : 보다 높은 기준으로 테스트되고 부엌, 복도, 교실 같은 공동구역에 적합

Ⅵ. 유형Ⅲ 상업적 사용성 : 가장 높은 기준으로 테스트되고 많은 통행이 일어나는 복도에 사용

벽지는 앞면과 뒷면을 갖는다. 오염, 마모, 변색될 수도 있으므로 일반적으로 상업적 디자인에서는 사용되지 않으며, 내화 테스트를 하지 않는다.

천 또는 종이에 배접한 비닐 벽지는 사용성과 내구성을 갖게 디자인되고, 내화 테스트를 거친다. 이들은 청소가 쉬우며 오염과 마모에 강하다. 하지만 그들의 생산, 사용, 폐기에 환경 문제가 일어나고 있으며, 대안물의 사용이 증가하고 있다.

양모, 린넨, 면, 삼베, 모시 같은 천들은 앞면으로 접착제가 새나오는 것을 방지하고 치수의 안정성을 향상시키기 위해 뒷면 코팅이 필요하다. 그것들은 오염에 강하게 처리되어야 하며, 난연처리가 요구된다.

코르크 오크 나무의 재생가능 껍질에서 얻은 코르크는 내구성과 탄력성 모두 우수하다. 이것은 왁스와 폴리우레탄 마감을 할 수 있고 음향과 열 등급이 우수하지만 습도에서는 문제를 일으킨다.

도장

도장은 용제에 고체 안료를 넣어 혼합한 것이고 일반적으로
얇게 불투명 코팅으로 바른다.
도장은 발라지는 면을 꾸며주고, 보호하고, 수정할 수 있다.
프라이머는 이어지는 코팅의 접착력을 향상시킨다. 또한 기
본색을 제공하고, 방습제와 방청제의 역할도 한다.

라텍스 도장은 가장 일반적으로 사용되는 실내 도장의 유형
이다. 이것은 수성용이고, 빨리 건조되고, 흡수성이 좋으며
물로 청소하기가 쉽다. 알키드 도장은 변성 오일 폴리에스
테르를 용제로 사용하는 엷은 솔벤트 수지를 만든다. 이러
한 도장의 사용은 미국의 일부지역에서는 환경적인 문제로
제한된다.

도장광택

도장의 광택은 안료의 입자 크기와 안료와 액체의 비율에
따라 달라진다. 다른 제조업체들이 광택수준에 따라서 다양
한 이름을 사용하지만, 기본 범주는 무광flat, 반광semigloss,
유광gloss으로 나뉜다.

• 무광flat 도장은 천장에 사용되고, 벽에서는 접촉이 있는
  아랫부분에 사용된다. 낮은 광택은 작은 표면의 결함을
  가려준다. 이들은 부드럽게 씻을 수 있지만 문지를 수는
  없다.
• 반광semigloss 도장은 부엌, 화장실 같이 접촉이 빈번한
  구역에 사용된다. 이것은 견고하고, 물청소가 가능하며
  문지를 수 있다. 그리고 약간의 광택이 있다.
• 유광gloss 도장은 높은 광택을 갖으며 문, 트림, 캐비닛에
  사용하기에는 내구성이 가장 뛰어나다. 물청소와 문지름
  이 가능한 표면은 결함을 보일 것이다.

스테인

스테인은 목재 표면에 색칠하거나 스며들게 하기 위해 바르
는 반투명 또는 투명한 염료이다. 그들은 일반적으로 보호
마감을 제공하지 않는다.

= 안료는 코팅제에 색과 불투명성을 주기
위해 용제에 섞인 미세하게 분쇄된 불용
성 물질이다.

+ 용액은 안료가 표면에 도포되기 전에 분
산되어 농도, 접착력, 광택, 내구성을 조절
하는 액체이다.

바인더는 건조과정에서 안료입자를 응
집성입자로 결합시키는 비휘발성 도료
용제이다.

솔벤트는 브러쉬, 롤러, 스프레이 사용
시 요구되는 농도를 보강하는 휘발성
도료용액 중 하나이다.

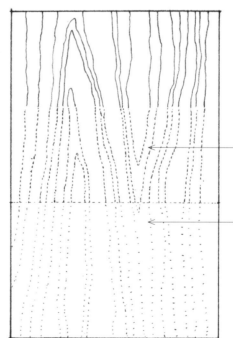

침투성 스테인은 표면 위에 얇은 막을
형성하며 목재 표면에 스며든다.

안료성 또는 불투명 스테인은 목재 표면
의 재질이나 나뭇결을 불투명하게 하는
염료를 포함한 오일스테인이다.

빛의 반사율

도장된 표면의 빛의 반사율은 그것의 색과 광택의 레벨에 따라 다르다. 광택 도장에서의 더 작고, 적은 입자보다 무광 도장에 있어서 비교적 많고 커다란 크기의 염료입자는 빛의 파장을 산란시킨다. 이미 언급한 바와 같이 어두운색은 밝은 색보다 빛을 흡수한다. 게다가, 어두운색 페인트에서 안료의 양이 많을수록 반사율이 낮아진다.

주광이 최대한 들어올 수 있도록, 천장과 벽에 높은 반사율의 도장이 칠해져야 한다. 높은 빛 반사율은 전기조명에 사용되는 에너지 사용의 절약을 돕는다.

장식적 도장 마감재

모조 마감재 Faux finishes는 예를 들어 나뭇결과 대리석의 자연재료를 기술적으로 모방하는 것을 이야기하지만, 이 용어는 종종 장식적 도장 마감을 이야기할 때도 자주 사용된다. 이들은 일반적으로 도장과 플라스터의 층으로 만들어진다. 특수도장 마감재 또한 도장과 플라스터를 사용하지만 기존의 재료를 모방하기보다는 독창적 마감을 만들기를 추구한다.

장식적 도장 마감재의 많은 유형은 다음과 같다.

트롱프 뢰유: 자화상, 헤릿 도우, ca, 1650.

- 투명도장층은 복잡한 색상의 표면을 만들기 위한 다중 층에 바를 수 있다.
- 색 유약은 누더기 천 또는 스펀지로 깨진 패턴을 만들거나, 도구로 끌거나 수성 컬러로 칠할 수 있다.
- **트롱프 뢰유**trompe l'oeil는 프랑스어로 "눈을 속이다"로, 3차원 건축적 사물의 착시를 일으키기 위해 원근법과 그림자를 사용한다.
- 스텐실은 반복되는 패턴을 폭넓고 크게 사용할 수 있다.
- 흠집 내는 기법distressing techniques은 도장된 표면에 세월과 닮은 느낌의 외관을 갖게 한다.

지붕의 아랫부분 또는 지붕 구조 위는 노출될 수도 있고 천장으로서 기능을 한다. 하지만 일반적으로 분리된 천장재는 지지 구조에 부착되거나 매달린다. 천장 재료의 범위는 윗부분의 구조에 달기에 너무 무거운 재료를 제외하면 벽면 재료와 유사하다.

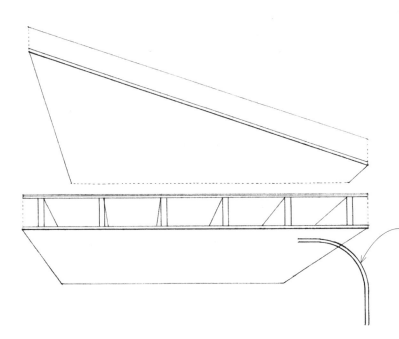

플라스터와 석고보드
플라스터와 석고보드는 부드럽고, 질감이 있고 도장된 연속된 천장 표면을 만든다.

플라스터는 또한 휘어진 코브를 이용해서 천장과 벽면을 합칠 수 있다.

플라스터와 석고보드는 모두 천장틀 또는 바닥틀로부터 걸거나 붙이기 위한 나무와 철재 보강틀이 필요하다.

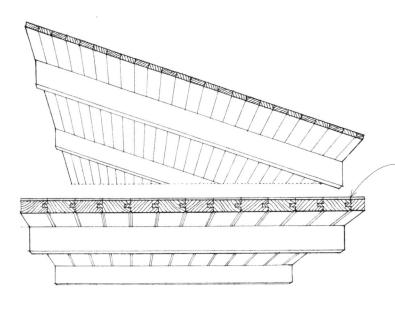

목재
목재 데크와 널빤지는 바닥이나 지붕의 구조적 플랫폼을 형성하는 빔 사이의 간격을 둘 수 있다.

나무 널빤지는 일반적으로 5½인치(133mm)너비이고 V형태의 제혀쪽매tongue-and-groove를 갖는다. 채널 홈, 줄무늬, 기타 기계적 패턴도 사용 가능하다.

노출 나무 천장 시스템을 사용하면, 가려지는 천장 공간이 없다.

가구용 직물은 사용목적의 마모에 견딜 수 있는 것을 선택해야 한다. 상업용 등급의 직물은 마모, 직사광선, 내화정도의 라벨이 붙어 있다. 가구용 직물은 다음과 같다.

면　　　식물섬유는 낮은 신축성과 복원력을 갖는다. 쉽게 타고 주름이 잘 간다. 주로 주거용에 사용된다.

린넨　　아마 식물의 줄기에서 파생됐다. 너무 딱딱하여 부서지는 경향이 있고 쉽게 구겨진다. 상업용과 주거용으로 사용된다.

모시　　매우 강하고, 광택이 있는 천연섬유이다. 딱딱하고, 잘 부서지고, 탄력성이 없다. 상업용과 주거용으로 사용하기 위해 린넨, 면과 혼방된다.

실크　　누에나방에서 생산된다. 천연섬유 중 가장 강하고, 용매제에 강하나 직사광선에 변색된다. 일반적으로 주거용에만 사용된다.

레이온　목재 펄프로 제작된다. 비스코스 레이온 Viscose rayon은 다른 섬유와 혼합하고 염색도 잘된다. 상업용과 주거용으로 사용된다.

아크릴　모조 실크와 양모이다. 염색을 잘 받아들이고 보풀이 잘 난다.

비닐　　가죽 또는 스웨이드suede와 유사하다. 내구성이 좋고 세척이 쉽다. 지속가능한 재질은 아니다. 주거용과 상업용으로 사용된다.

폴리에스테르　구겨지지 않으며, 마모에 강하며, 치수가 일정하고 주름이 잘 가지 않는다. 상업용으로 사용된다.

특수 섬유　탄성 섬유(스판덱스)는 잡아 늘린 후 원래의 형태로 돌아온다. 상업용으로 사용된다. 크립톤Crypton은 높은 내구성을 갖고 오염과 습기에 견디기 위해 면, 린넨, 실크, 양모, 아크릴, 레이온, 폴리에스테르처럼 다양한 직물을 처리하는 공정이다.

금속 다리에 이탈리안 턴을 덮은 의자, 1950년경

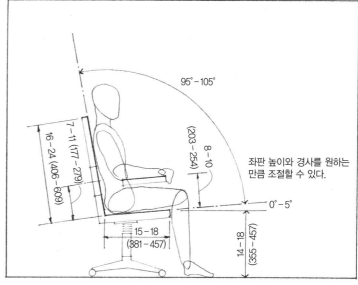

사무용 의자　　모든 치수는 미터법에 해당하는 밀리미터와 함께 인치로 표시한다(괄호 안에 나타냄).

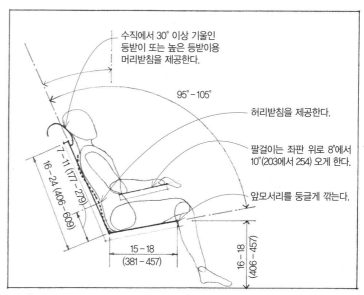

안락 의자

의자

안락의자　휴식, 대화, 독서를 목적으로 한다. 완전히 천으로 덮여 있으며, 목재, 플라스틱, 금속, 혼합 재료로 만들어진다.

등받이 의자　일반적으로 안락의자보다 작고 가볍고, 학습과 식사를 위한 직립형 등받이가 있다.

라운지 체어　비스듬히 기댄 자세로 쉬기 위한 의자로 조절이 가능하다. 앉고 일어서기 쉬워야 하고 너무 낮거나 너무 부드럽지 않으며, 적당한 등받이가 제공되어야 한다.

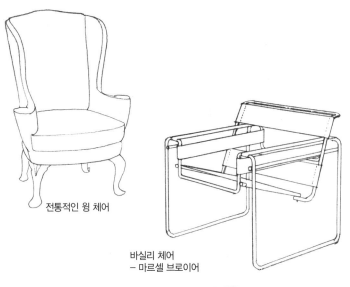

전통적인 윙 체어

바실리 체어
– 마르셀 브로이어

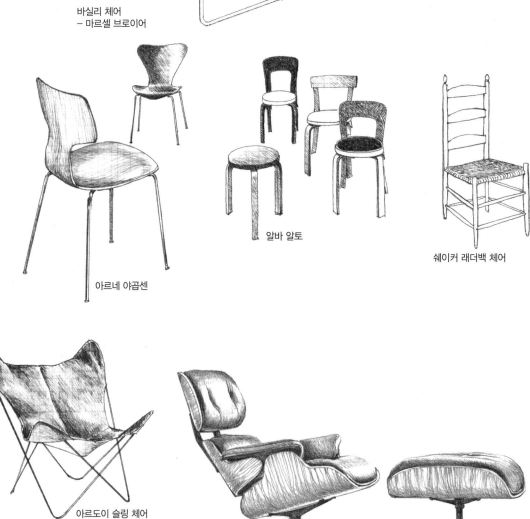

알바 알토

쉐이커 래더백 체어

아르네 야곱센

아르도이 슬링 체어

임스 라운지 체어

소파	두 명 이상이 앉기 위해 디자인된 의자이다. 일반적으로 천을 씌우며, 곡면이거나 직선이거나 각이 져 있다. 팔걸이는 있기도 하고 없기도 하다.
러브시트	오직 두 사람만이 앉을 수 있는 작은 소파이다.
섹셔널	다양한 구성으로 사용될 수 있게 각각의 부분으로 나누어진 소파이다.
슬리퍼	침대로 변형될 수 있는 소파이다.

트와일라잇 슬리퍼 소파
– 플레이밍 버스크, 소프트라인

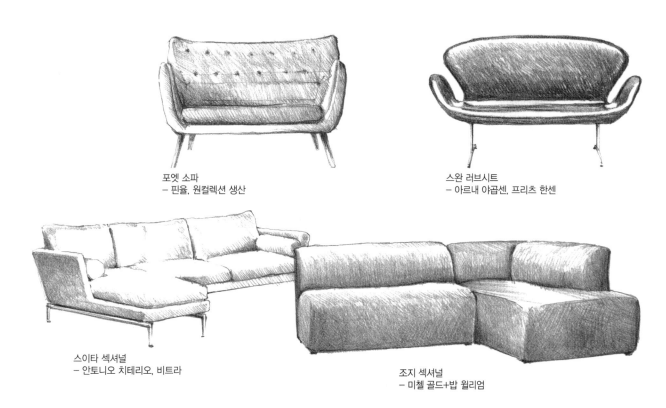

포엣 소파
– 핀율, 원컬렉션 생산

스완 러브시트
– 아르내 야곱센, 프리츠 한센

스이타 섹셔널
– 안토니오 치테리오, 비트라

조지 섹셔널
– 미첼 골드+밥 윌리엄

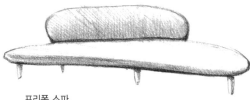

프리폼 소파
– 이사무 노구치, 비트라 생산

쁘띠 모델르 소파
– 르 꼬르뷔제, 피에르 잔느레, 샤를로뜨 페리앙, 까시나 생산

임스 사무용 의자
– 허만 밀러

에르곤 3 의자
– 허만 밀러

아르네 야곱센

바 스툴

레스토랑 의자

상업용 의자는 작업하는 동안 스트레스 없이 작업자가 일할 수 있게 내구성 있게 만들어야 한다. 의자는 단지 회사와 기업 안에서의 사용자의 지위를 기준으로 선택되지 않고, 개인별 사용자의 신체크기에 적합하고, 계획된 활동 유형을 적절히 지지할 수 있게 선택해야 한다.

책상 의자	유연성과 이동성이 있게 디자인된다. 회전조인트 기술, 회전바퀴, 팔걸이
중역용 의자	흔히 지위의 상징으로 디자인된다. 사용자가 책상에서 등을 뒤로 기댈 수 있다. 회전조인트 기술. 컴퓨터 사용에는 적절하지 않다.
등받이 의자	사무실 방문자가 단기간 사용을 목적으로 한다. 일반적으로 크기가 작고 팔걸이가 없다.
쌓고 접을 수 있는 의자	사람이 많이 모이는 곳 또는 보조의자로 사용된다. 경량이고 규격화되어 있으며 흔히 스틸, 알루미늄, 플라스틱으로 만들어진다. 팔걸이를 사용할 수 있고 좌판과 등받이에 완충재를 넣을 수도 있다. 일부는 옆으로 줄지어 사용하기 위한 연결 장치를 갖고 있다.
레스토랑 의자	내구성 있게 만들어야만 한다. 안락함의 정도는 서비스 유형의 목적에 맞게 선택된다. 팔걸이가 있는 의자는 테이블 상판 높이에 맞게 조절되어야 한다. 의자 크기는 앉는 패턴에 영향을 준다.
스툴	외관은 물론 움직임이 편하고 안정성을 위해 선택되어야 한다.

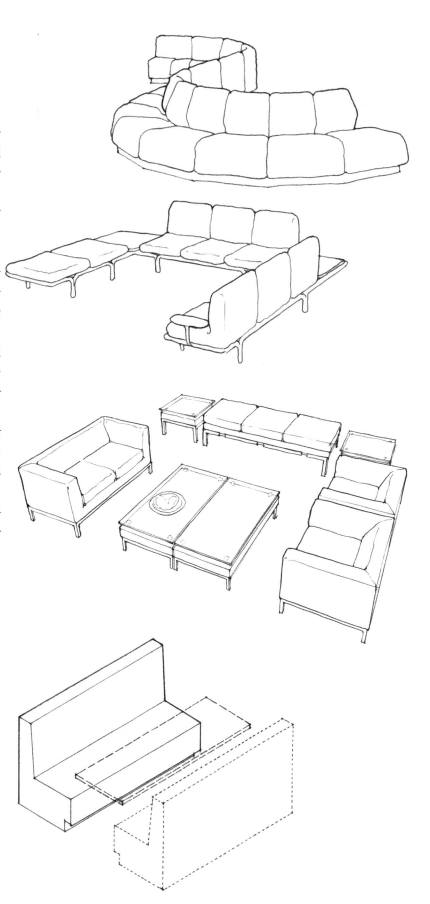

| 소파 | 로비, 넓은 개인 사무실, 대기실에서 대화하는 사람을 위해 L자형 또는 U자형으로 배열된다. 일반적으로 낯선 사람끼리는 의자의 중앙을 비우고 반대편 끝에 앉는다. |

소파 로비, 넓은 개인 사무실, 대기실에서 대화하는 사람을 위해 L자형 또는 U자형으로 배열된다. 일반적으로 낯선 사람끼리는 의자의 중앙을 비우고 반대편 끝에 앉는다.

러브시트 잠깐의 낮잠 위해 사용될 수 있도록 보다 작은 개인 사무실에서 유용하다.

모듈러 또는 섹셔널 의자
팔걸이 없이, 오른쪽 혹은 왼쪽 팔걸이 중 하나만, 또는 코너 가구로 사용할 수 있다. 모듈러 의자는 개별 좌판이 부착된 연속된 기준판을 가진 의자를 말하기도 한다.

칸막이 의자 일반적으로 두 명에서 네 명을 위해 디자인된다. 큰 칸막이 의자와 U자형 또는 원형 구성은 중앙 좌석으로의 접근이 어려운 문제가 있다. 일반적으로 천을 씌운다.

뱅킷 반대편에 의자를 두고 다수의 테이블에 면한 의자로 길고 천이 씌어져 있고, 테이블은 뱅킷의 길이에 따라 움직일 수 있고 다양한 크기의 군으로 무리 지을 수 있다.

붙박이 의자 강당이나 강의 홀에서 사용된다. 착석은 물론 흡음도 제공한다. 화재 안전을 위한 재료와 배치의 요구사항이 있다.

테이블은 기본적으로 표면이 평편하고 수평하며, 바닥에서 지지되며, 식사, 작업, 저장, 진열을 위해 사용된다. 테이블은 다음과 같은 속성을 갖고 있다.

- 사용하는 품목을 지탱하기 위한 힘과 안정성
- 사용 목적에 맞는 정확한 크기, 형태, 바닥으로부터의 높이
- 내구성 있는 재료로 구성

테이블 상판은 나무, 유리, 플라스틱, 석재, 금속, 타일, 콘크리트로 이루어질 수 있다. 마감 표면은 내구성과 마모에 강해야 한다. 표면의 색상과 질감은 시각적 업무를 위해 적절한 빛의 반사율을 갖추어야 한다.

테이블 상판은 다리, 가대, 두꺼운 받침, 캐비닛으로 지지될 수 있다. 테이블 상판을 벽면 수납장에서 붙여 밖이나 아래로 열리게 할 수 있고, 접히는 다리와 받침대로 지지할 수 있다. 테이블 받침은 알맞은 지지와 안정성을 제공하기 위해 상판의 규모, 크기와 관계가 있다.

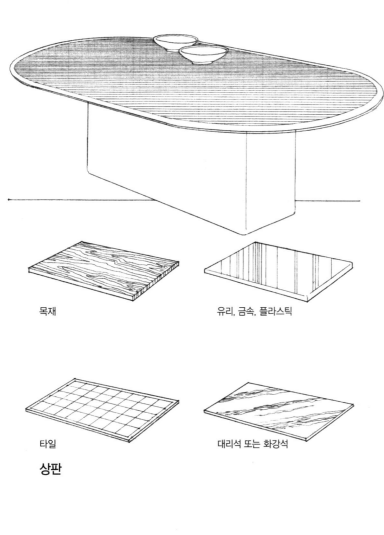

목재

유리, 금속, 플라스틱

타일

대리석 또는 화강석

상판

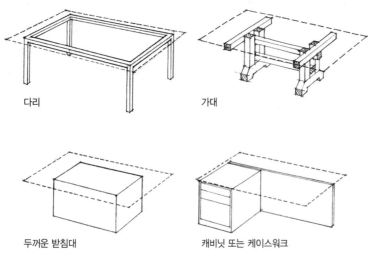

다리

가대

두꺼운 받침대

캐비닛 또는 케이스워크

테이블 받침

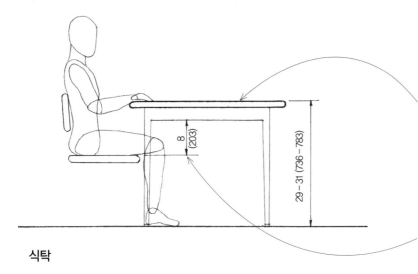

식탁 주변의 각각의 사람을 위해 최소 24"(609mm)는 제공되어야 한다.

테이블의 형태는 방의 형태와 조화로워야 한다.

표면 마감은 테이블 셋팅을 위해 매력적인 바탕을 제공해야 한다.

많은 사람과 적은 사람 모두를 수용하는 가변성을 위해 테이블은 요구에 따라 확장되어야 한다.

테이블 받침은 사용자의 무릎과 다리를 위해 공간을 줄여서는 안 된다.

식탁

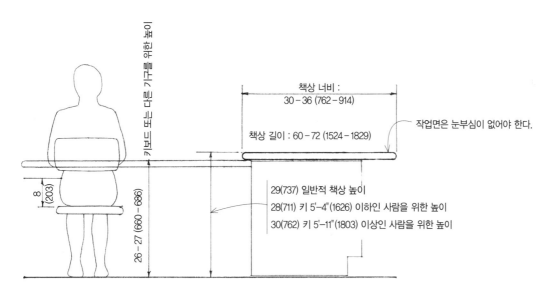

작업면은 눈부심이 없어야 한다.

29(737) 일반적 책상 높이
28(711) 키 5'-4"(1626) 이하인 사람을 위한 높이
30(762) 키 5'-11"(1803) 이상인 사람을 위한 높이

책상과 작업대 표면

특별한 표시가 없는 한 치수들은 인치로 표현하였으며, 괄호 안에 밀리미터로 같은 값을 표시하였다.

식탁　　유형, 좌석수로 선택되고 확장을 위한 선택적 수준, 방에 맞춘다. 맞춤형과 공장생산 디자인 모두 사용 가능하다.

임시 테이블　커피 테이블은 소파 앞에 책, 잡지, 음료를 놓을 수 있게 디자인된다. 소파 옆 작은 테이블 end table은 램프와 기타 장식품을 위한 평면을 제공한다. 기타 작은 테이블은 장식품을 올려 놓거나 방의 장식의 균형을 잡는 데 도움을 준다.

와이어 기반 테이블 – 찰스 앤드 레이 임스, 허만 밀러

다리 확장 테이블
– 매튜 힐튼, DWR

어댑터블 테이블 – TAF 건축가, 무토

사리넨 다이닝 테이블
– 에로 사리넨, 크놀

플래트너 다이닝 테이블
– 워렌 플래트너, 크놀

캠프파이어 테이블
– 토멕 아처

교토 테이블
– 프란츠 반 데어 헤이덴, 버드맨 퍼니처

유리 상반과 스틸 기반
– 미스 반 데어 로에

레스토랑 테이블

내구성, 유형, 좌석의 수 그리고 공간에 맞게 선택된다. 중앙 기둥 받침 상판은 주문품이거나 재고품일 수 있다. 사각형 '듀스' 두 개의 테이블은 좀 더 큰 파티를 위해 연결하기도 하고, 원형 테이블은 흔히 큰 단체를 위해 사용되며, 정사각형 테이블은 대각선 방향으로 놓인다.

회의 테이블 커다란 단일 테이블과 많은 의자, 또는 회의나 세미나를 위해 재구성할 수 있는 작은 테이블로 구성된다. 수용력, 가변성, 외관에 의해 선택된다.

중역회의실 테이블

커다란 테이블은 품격과 스타일을 위해 만들어진다. 붙박이형 데이터 통신 장비를 갖고 있다.

호텔 게스트 룸 테이블과 책상

스타일은 주거용과 유사하지만 상업적으로 사용이 가능한 내구성을 가지고 있다.

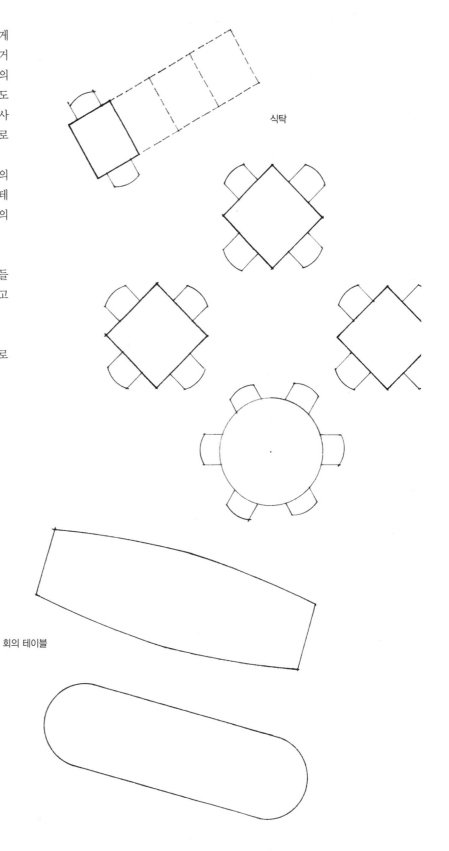

식탁

회의 테이블

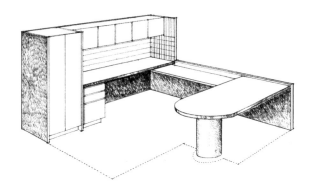

디자이너는 흔히 수납은 물론, 책상, 의자, 컴퓨터 관련 장비로 구성된 개인적 작업 영역을 작업공간이라고 부른다. 책상과 인접한 수평면을 작업대라고 부른다.

사무환경은 계속 바뀌지만 많은 사람들은 여전히 칸막이 기반cubicle-based의 작업공간에서 일한다. 이들 시스템은 여전히 제작되고 또한 재사용할 수 있어서, 경제적이고 지속가능한 장점을 가지고 있다.

업무에 집중할 필요가 있는 개인을 위하여, 개인 사무실 및 기타 음향 보호 공간은 여전히 필수적이다. 오늘날 이러한 공간은 사용자의 지위가 아니라 업무에 할당되는 경향이 있다.

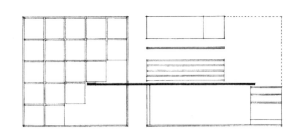

하지만 홈 오피스의 증가와 휴대용 컴퓨터와 무선통신의 발달은 이동하기 쉽고 사용 가변성이 있는 사무용 가구의 시장을 만들어내고 있다. 이제 의자와 작업대는 다양한 스케줄로 오고가는 여러 명의 직원을 위해 디자인되었다. 가구 배치는 작은 모둠 작업과 미팅을 위해 그룹지을 수 있고, 그 다음에 개인 작업을 위해 분산된다. 이러한 매우 개방된 작업 공간은 음향적 사생활 문제에 대해 민감하므로, 주의 깊게 계획해야 한다.

책상은 기능과 스타일이 다양하다. 전통적 책상은 책상지주에 서랍과 수납을 결합한다. 또한 책상은 수납 기능이 있는 받침대 위에 작업대를 올리거나, 지주 없이 서 있는 간단한 테이블로 구성될 수도 있다. 이 기본 작업공간은 사용자의 뒤나 옆으로 작업대를 추가하여 확장될 수 있다.

책상의 선택에 있어서 사용자의 지위와 스타일의 문제뿐만 아니라 어떻게 사용될 것인가도 고려되어야 한다. 책상의 크기와 형태는 수납과 컴퓨터와 주변기기를 포함한 장치의 요구에 적절히 대응해야 한다.

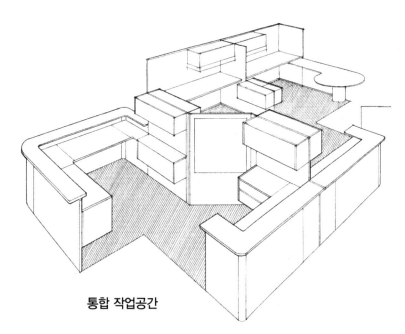

통합 작업공간

개인 사무실은 방 안에 작업공간이 있는 반면, 개방형 사무실 환경은 규격화된 작업대와 여러 개의 작업장을 통합하기 위한 수납 장치를 활용함으로써 생산력과 사용자 소통을 증진한다.

오늘날 개방형 사무실 환경은 칸막이에 수용되는 것보다 독립적인 경향이 많다. 장치는 보다 가벼워지고, 배선의 필요성이 감소되며, 벽이 꼭 있어야 하는 것은 아니다. 짧은 패널의 이용은 거의 시각적으로 청각적으로 분리해주지 않는다.

사무실 작업자는 그들이 소유하는 물건이 거의 없음을 알게 될 것이다.
작업대는 가깝게 촘촘히 배열될 수 있다. 이것은 소통과 협력을 증가시킬 수 있지만, 일부 작업자에게는 스트레스와 큰 문제를 일으킬 수도 있다. 이와 같은 가까운 영역에서의 작업이 생산력과 작업자의 만족감을 증가시키는지 감소시키는지는 개인적인 기본선호도, 작업장에서 보내는 전체시간, 나머지 공간에서 다른 옵션이 제공되는가에 달려 있다.

과거에는 상업용 사무실 가구시장은 소기업이 접근하기에는 대규모이고 고가였다. 오늘날 디자인된 많은 가구들은 홈 오피스에서 잘 사용될 수 있고, 제조업체들은 새로운 시장에 사용 가능한 사무용 가구를 만들기 시작하고 있다.

기존의 책상과 진열장

어바크 인바이어먼트, 허만 밀러

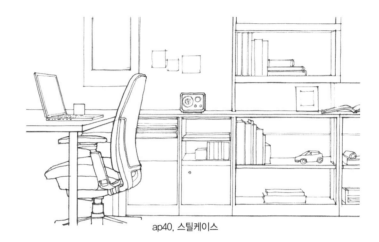

ap40, 스틸케이스

개인 작업공간

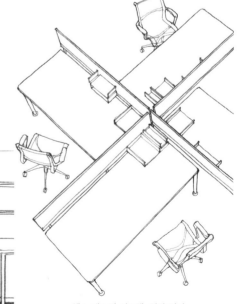

센스 데스킹 시스템, 허만 밀러

캔버스 오피스 랜드 스케이프, 허만 밀러

단체 작업공간

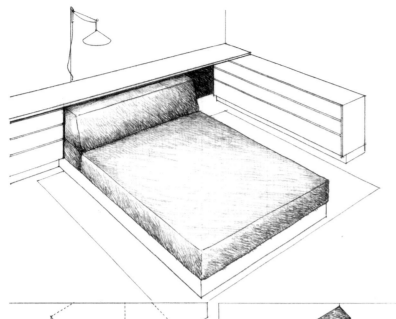

침대는 매트리스 또는 매트리스 세트 그리고 받침대 또는 지지프레임의 두 가지 기본 요소로 구성된다. 매트리스의 형태는 다양하고, 각각 사용자의 체형과 무게에 대응하고 지원하기 위한 자체 고유의 방식으로 만들어진다. 그러므로 매트리스의 선택은 개인적 판단과 선택이 요구된다.

실내 디자이너는 침대 프레임, 머리판, 발판, 캐노피, 관련 테이블, 수납가구, 조명, 전기제어장치의 기본적 선택에 관여한다. 디자이너는 침대 시트, 커버 그리고 다른 방의 가구 배치도 결정한다.

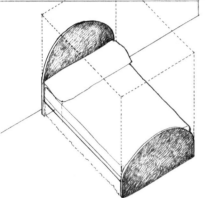

머리판, 발판, 캐노피는 침대에 의해 점유되는 공간의 크기를 결정한다.

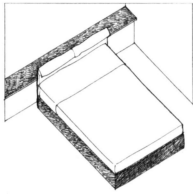

침대는 평편한 받침대에 놓일 수 있고 침대 구성의 수평성을 강조한다.

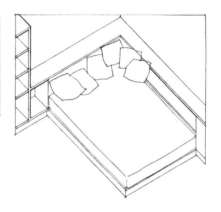

침대는 모서리나 벽감alcove에 만들어져 바닥 면적을 줄일 수 있지만, 만들기가 어렵다.

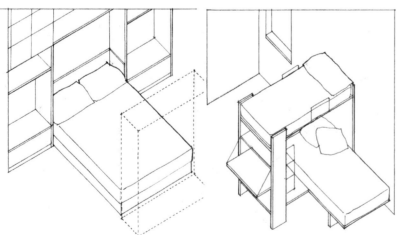

침대는 침대의 머리 또는 발 혹은 양쪽 모두에 벽 수납 시스템을 결합할 수 있다.

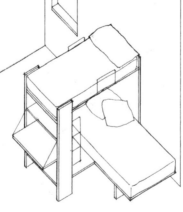

2단 침대는 잠자는 면을 쌓기 위해 수직공간을 활용한다. 수납과 책상 또한 이 시스템에 통합할 수 있다.

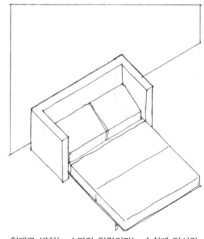

침대로 변하는 소파와 안락의자는 손쉽게 단시간에 수면 준비를 제공한다.

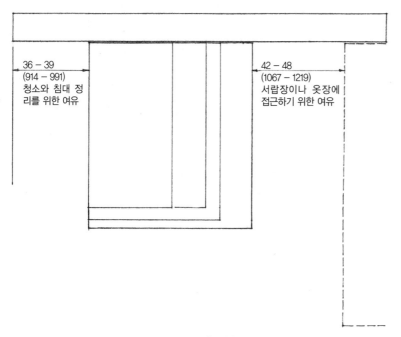

36 – 39
(914 – 991)
청소와 침대 정
리를 위한 여유

42 – 48
(1067 – 1219)
서랍장이나 옷장에
접근하기 위한 여유

특별한 표시가 없는 한 치수들은 인치로 표현하였으며,
괄호 안에 밀리미터로 같은 값을 표시하였다.

침대에서의 독서를 위해, 머리판은 등과 머리를 편하게 지
지해야 한다. 독서에 집중할 수 있는 조절 가능한 독서등이
제공되어야 한다.

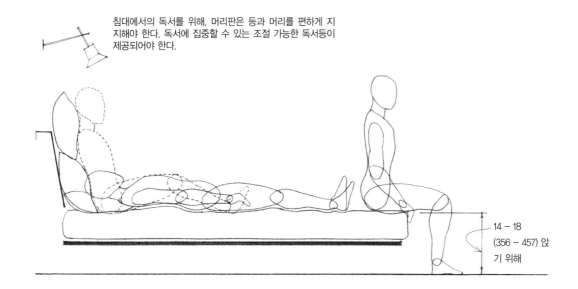

14 – 18
(356 – 457) 앉
기 위해

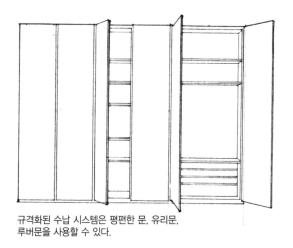

규격화된 수납 시스템은 평편한 문, 유리문,
루버문을 사용할 수 있다.

침실에서의 가구의 유형과 그 수는 방의 크기, 계획 방식,
사용자의 요구에 따른다. 분리된 워크인 크로젯walk-in closet
또는 드레싱 룸dressing room이 있는 침실은 수납을 위한 가
구가 거의 필요하지 않다. 아이들 침실은 놀이 영역과 공부
영역을 겸해야 하고, 손님방은 홈 오피스, 재봉실, 수납실
로의 선택적 사용이 가능해야 한다. 침실은 배선을 위해서
특별한 시설이 필요한 비디오와 오디오 장치 또는 컴퓨터
장치도 포함한다.

붙박이 수납장은 방의 윤곽을 깨끗하게 유지하고 어수선함
을 피할 수 있게 한다. 개별 가구는 침대의 크기와 규모의
균형을 유지할 수 있게 하고, 스타일, 디테일, 유용성을 추
가한다.

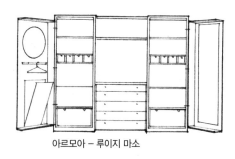

아르모아 – 루이지 마소

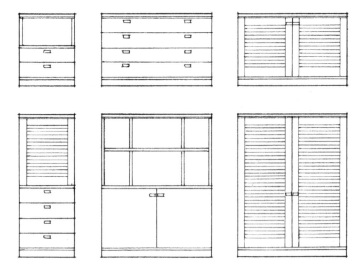

규격화된 서랍장과 찬장 세트는 단독으로 또는 위로 쌓아서 또는
옆으로 나란히 놓고 사용할 수 있다.

아르모아armoires는 바닥에 서랍이 있고 전면에 문이 달린 독립형 옷장이다.

침대 커버와 옷의 수납을 위한 장chest은 상부가 열리는 간단한 나무상자에서부터 아래에 서랍이 달린 보다 정교한 가구까지 다양하다.

앤티크 스타일의 코트 찬장court cupboards과 프레스 찬장press cupboards은 상부와 하부 모두에 서랍이나 문이 있다.

에스크리트와escritoires와 하이보이highboy로 불리는 세크러터리스secretaries는 필기하는 면을 만들기 위해 아래로 당겨 열 수 있는 기울어진 책상판slanting fronts을 갖고 있으며, 하단에 서랍이 있다. 이들은 상부에 책장 또는 장식장을 갖고 있다.

화장대dressing table는 화장과 치장을 하는 동안 거울에 앉는 사용자를 위해 디자인되었다. 드레서dresser는 작은 의류용품을 넣을 수 있으며 흔히 거울을 갖고 있다.

나이트테이블night table과 나이트스탠드nightstands는 침대 옆에서 사용하기 위해 만들어졌다.

프랑스풍 옷장

미국식 블록 – 프론트 수납장

영국식 드레싱 테이블

초기 미국식 드레서

영국식 너바나 캡틴장

중국식 장

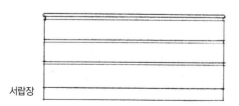

서랍장

BCS3 – 서랍장 침실용 탁자
– 조지 넬슨, 허만 밀러

알맞게 제공되고 적절하게 디자인된 수납장은 실내 공간계획, 특히 공간이 작거나 정돈된 공간에서 필요한 곳에 중요한 관심사항이다. 수납 요구사항을 결정하기 위해 다음을 분석해야 한다.

- 접근성 : 수납이 필요한 곳은 어디인가?
- 편의성 : 제공해야 하는 수납의 형태는 무엇인가? 수납해야 하는 품목의 형태와 크기는 무엇인가? 자주 사용하는 것은 무엇인가?
- 가시성 : 보여주어야 할 품목인가 가려야 할 품목인가?

수납은 필요로 하는 곳에 분배되어야 한다. 우리가 앉거나 서거나 무릎 꿇고 있는 동안 얼마나 멀리 손이 닿을 수 있는지, 수납 영역에 접근할 수 있는 수단을 강구해야 한다. 자주 사용하는 품목의 수납공간은 쉽게 접근할 수 있어야 하는 반면 사용이 적거나 계절 품목은 감춰져야 한다.

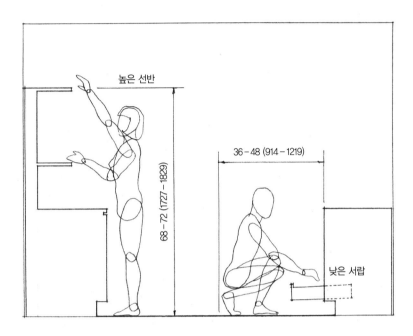

높은 선반
68 – 72 (1727 – 1829)
36 – 48 (914 – 1219)
낮은 서랍

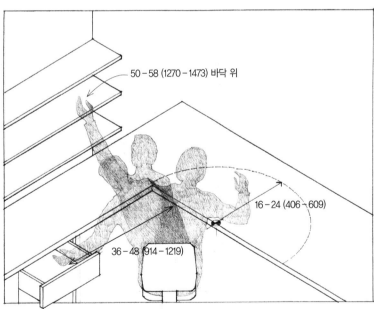

50 – 58 (1270 – 1473) 바닥 위
16 – 24 (406 – 609)
36 – 48 (914 – 1219)

치수 기준   특별한 표시가 없는 한 치수들은 인치로 표현하였으며, 괄호 안에 밀리미터로 같은 값을 표시하였다.

사용된 수납장의 크기, 비례, 유형은 수납된 품목의 양, 사용빈도, 요구되는 가시성의 정도에 따른다. 수납장 구성의 기본적 유형은 선반, 서랍, 캐비닛이다. 이들은 천장에 매달린 것, 벽에 걸린 것, 가구처럼 간단히 바닥 위에 놓인 것이 있다. 수납 유닛은 벽두께 안에 만들 수 있고, 벽감niche을 채우거나, 그 외에 계단 아래처럼 사용하지 않는 공간을 이용할 수 있다.

수납장의 형태

얕은 선반은 품목이 항상 눈에 들어오기 때문에 가장 많이 사용되는 수납장이다. 깊은 수납공간에서는 적게 사용되는 아이템은 뒤쪽에 놓이게 되고, 반면 자주 사용하는 품목은 앞쪽으로 옮기게 된다. '캐비닛cabinets'이라는 용어는 일반적으로 선반과 서랍을 수용하기 위해 만든 케이스워크casework를 말한다. 서랍은 평평하게 놓여 있는 물건이나 서랍칸 안에 넣을 수 있는 품목에 적합하다.

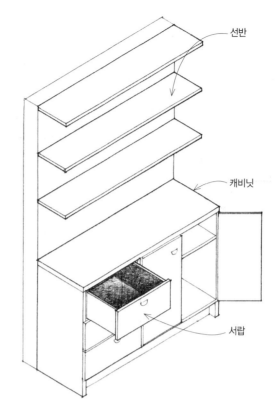

선반

캐비닛

서랍

기본 유형의 수납장

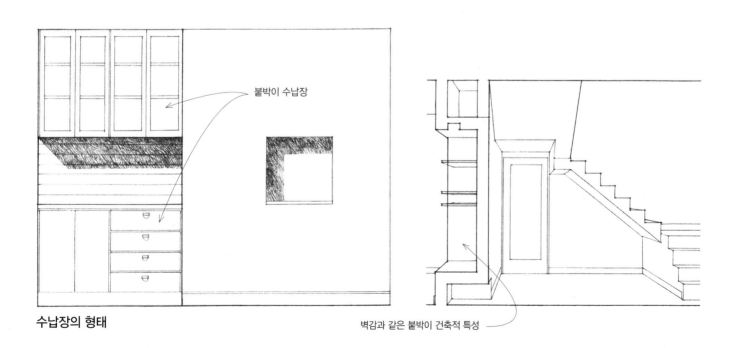

붙박이 수납장

수납장의 형태

벽감과 같은 붙박이 건축적 특성

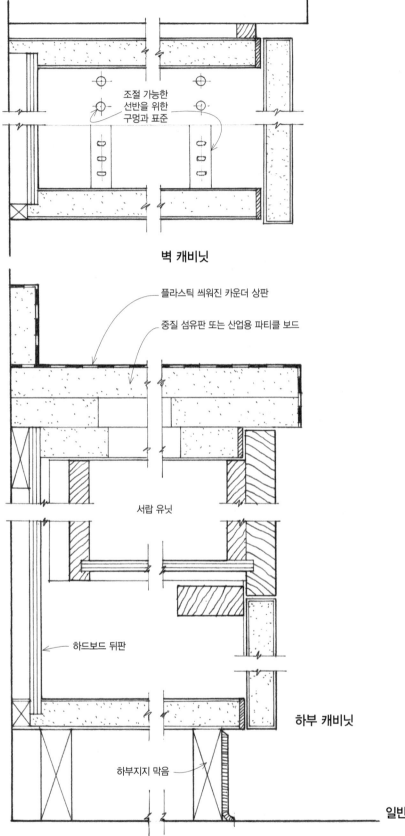

조절 가능한
선반을 위한
구멍과 표준

벽 캐비닛

플라스틱 씌워진 카운더 상판

중질 섬유판 또는 산업용 파티클 보드

서랍 유닛

하드보드 뒤판

하부 캐비닛

하부지지 막음

일반적 수납장 단면

주거에서 붙박이 수납장과 수납가구들은 일반적으로 부엌, 저장실, 욕실에 있지만 다른 공간으로도 확장될 수 있다. 표준크기의 밑받침과 벽 캐비닛은 대부분 집의 부엌 배치에 맞는다.

상업적 건물에서, 사무실, 학교, 연구기관, 도서관, 소매점 및 기타 기관에서의 다양한 요구는 공장 제작된 캐비닛과 주문제작 가구로 폭넓고 다채롭게 충족된다.

- 사무실은 수납과 전시를 위한 크레덴자credenza와 책장으로 특색을 이룬다.
- 프런트는 기업의 이미지 구상을 위해 주문 제작된다.
- 소매점 전시 진열장은 표준 가구를 조합한 공장 제작이거나 혹은 주문 디자인이다.
- 식음료 카운터 및 서버라인은 접근성 요구를 충족시킬 뿐만 아니라 장비와 흐름을 수용해야 한다.
- 병원 간호실과 병실 수납가구는 장비를 수용해야 한다.

작업대는 주거용과 상업용 모두 사용된다. 주거용 작업대는 일반적으로 부엌과 욕실에 만들지만, 세탁실, 저장실, 홈오피스에도 존재한다. 상업용 작업대는 더 빈번한 사용 대상이 될 수 있고, 음식이 준비되는 곳에서 재료들은 반드시 건강 수칙health codes을 충족시켜야 한다.

지속가능한 옵션들은 기존의 작업대 재료의 재사용과 재활용 재료의 사용을 포함한다. 작업대 재료는 다음을 포함한다.

- 플라스틱 적층판 : 방수, 내오염성, 청소가 용이하다. 내열성이 없다. 이음은 손상될 수 있고, 긁힌 것은 고칠 수 없다. 검은 모서리는 절단되어야 한다.
- 화강암 : 내구성이 있고, 물과 열에 강하다.
- 슬레이트 : 물과 열에 강하다. 내오염성, 향균성.
- 비눗돌 : 물, 열, 오염에 강하다. 쾌적한 느낌. 두 달에 한 번 오일 트리트먼트가 필요하다.
- 대리석 : 와인에 착색되고, 바탕도료가 필요하다. 열에 강하다.
- 딱딱한 표면 : 물과 얼룩에 강하다. 빛, 오염, 긁힘, 눌은 자국을 완화할 수 있다. 물자국이 있을 수 있다. 모든 싱크대에 사용할 수 있다.
- 에폭시 수지 : 내구성이 있고, 도장된 표면 혹은 다른 표면 위에 붓는다.
- 강화 합성 스톤 : 마모, 오염, 충격에 강하다. 수지의 느낌과 외관.
- 콘크리트 : 내구성이 있고, 거친 표면은 고색의 오래된 느낌을 갖는다. 오염과 균열이 생길 수 있다. 실러가 권장된다.
- 타일, 세라믹 : 열과 오염에 강하고 내구성이 있다. 그라우트는 유지보수가 요구된다.
- 목재 : 물은 표면을 손상시킬 수 있다. 매달 미네랄 오일의 도포가 요구된다. 가벼운 손상은 가릴 수 있다.
- 종이 합성 : 수지 처리가 된 종이를 만들고, 그 다음 누르고 구워서 단단한 시트를 만든다. 위생적이고, 긁힘과 열에 강하다.
- 아연 : 따뜻한 금속재 외관을 갖고 있고, 유지보수가 쉽다. 다양한 마감이 사용 가능하다.

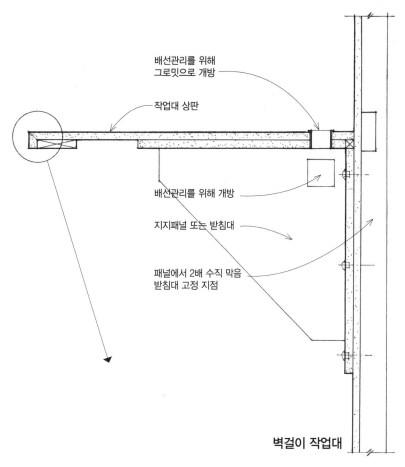

배선관리를 위해
그로밋으로 개방

작업대 상판

배선관리를 위해 개방

지지패널 또는 받침대

패널에서 2배 수직 막음
받침대 고정 지점

벽걸이 작업대

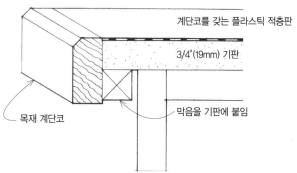

계단코를 갖는 플라스틱 적층판

3/4"(19mm) 기판

목재 계단코

막음을 기판에 붙임

작업대 상판 계단코

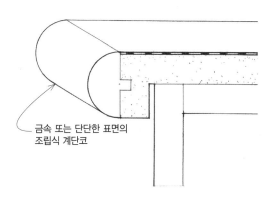

금속 또는 단단한 표면의
조립식 계단코

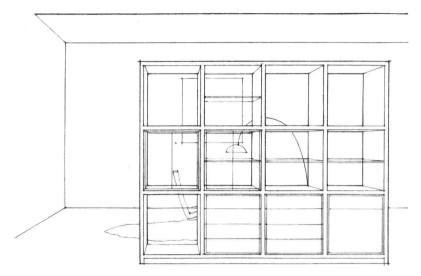

벽 수납 시스템은 규격화된 선반, 서랍, 캐비닛 유닛으로 형성되고, 자체 지탱하는 조립 형태를 위해 다양한 방식으로 결합할 수 있다. 유닛은 열린 전면을 갖거나, 혹은 막혀 있거나, 유리, 루버로 된 문으로 맞춰질 수 있다. 일부 시스템은 그 구성에 디스플레이 조명을 결합한다.

벽 시스템은 독립적으로 방을 분할하는 데 효과적이다.

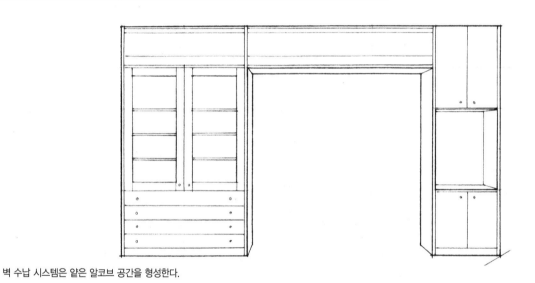

벽 수납 시스템은 얕은 알코브 공간을 형성한다.

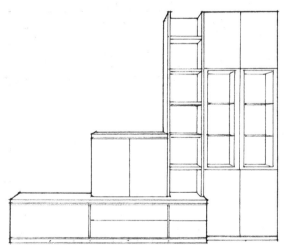

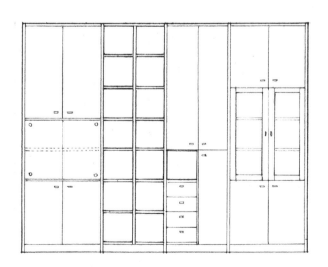

벽 수납 시스템은 독립적 조립체가 되거나 벽의 오목한 벽감에 위치한다.

사무실

후면 수납장 유닛 또는 크레덴자credenzas는 서류를 보관하고, 장비를 지원하며, 진행 중인 작업을 전시하기 위해 디자인되었다. 이들은 박스 서랍, 서류 서랍, 문 달린 선반, 집기를 뺄 수 있는 선반, 바bar 유닛에 의해 책상 위의 어지러운 것을 제거한다.

서류 시스템은 고객서류의 정리, 공간 유용성, 완성된 품질을 위해 선택되어야 한다. 수직 서류장은 2~5개의 서랍을 갖고, 일반적으로 15 또는 18인치(381 또는 457mm) 너비, 18~29인치(457~736mm) 깊이를 갖는다.

측면 서류장은 2~5개 서랍의 높이를 갖고 일반적으로 30, 36 또는 42인치(762, 914 또는 1067mm) 너비 그리고 15 또는 18인치(381mm 또는 457mm) 깊이를 갖는다.

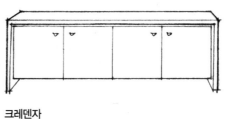

크레덴자
29"(736mm) 높이
18"–20"(457–508mm) 깊이

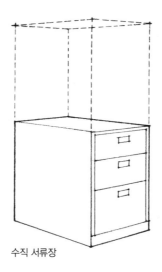

수직 서류장

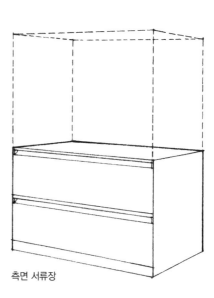

측면 서류장

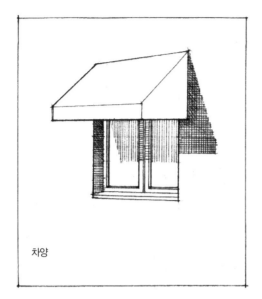

차양

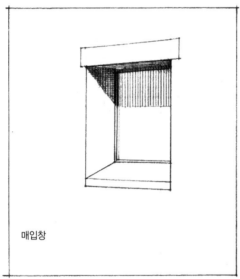

매입창

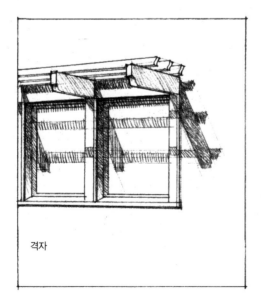

격자

창문 처리의 넓은 범주에는 빛을 조절하고, 경치를 보고, 공기, 열기, 냉기의 통하게 하는 장치를 포함하고 있다. 일부 창문 처리는 겨울에 열기의 손실과 여름에 열의 축적을 줄일 수 있다. 하지만 창문 처리는 공기 누출이나 침투를 줄이는 데는 효과적이지 않다. 이것은 창문 주위에 틈새 메우기 caulking와 틈마개weatherstripping가 요구된다.

외부 창문 처리
외부 처리는 보통 빌딩 건축의 중요한 요소로 디자인된다. 만약 기존 건물에 부가되는 것이라면, 그런 변화는 기존 건축 스타일을 존중해야 한다.

차양   방수재 그리고 곰팡이 및 변색 방지 합성섬유로 만들고, 그림자를 제공하기 위해 틀에 걸쳐진다. 어떤 것은 접어 넣을 수 있다.

내민창과 매입창
     태양과 비로부터 보호하기 위해 제공된다. 만약 올바른 방향으로 위치한다면 내민창은 겨울에 창을 통하여 햇빛을 받을 수 있을 것이다.

격자   열린 뼈대 구조는 빛을 거르고 덩굴 식물을 위한 지지를 제공해서, 여름에 그늘을 만들도록 한다.

실내 창문 처리
     실내 창문 장치는 빛을 조절하고, 통풍과 조망을 제공하는 방법에 따라 달라지고, 창문의 형태와 외관을 바꾼다. 이것은 소리흡수, 에너지 절약, 화재 안전 강화에 역할을 한다. 창문 처리는 개폐방법에 따라 다르며, 이들은 창문 작동을 방해하거나 하드웨어 접근을 제한할 수 없다.

덧문

- 일반적으로 목재의 단단한 패널에 마치 축소된 문처럼 개폐할 수 있도록 한다.
- 패널은 일반적으로 빛을 거르고 조망을 조절하기 위해 조정 가능한 루버를 갖고 있다.
- 덧문은 청결함, 정확함, 정리된 외관을 제공한다.
- 닫혔을 때, 덧문은 둘러싸는 느낌을 준다.
- 루버 덧문은 태양열을 차단하는 반면 여름철 그늘을 만들고, 환기를 시키고, 자연광을 받아들이는 데 최고의 역할을 한다. 하지만 겨울철 열손실을 차단하는 데는 효과가 작다.

블라인드

- 수평 블라인드는 목재와 금속의 길고 좁은 널로 구성된다.
- 간격이 있고 조절 가능한 널은 빛 조절과 공기 흐름의 조절을 제공한다.
- 블라인드는 청소가 어렵다.
- 얇은 수평 블라인드는 청소문제를 해결하기 위해 창문의 단열유리 패널 사이에 끼워진다.
- 수직 블라인드는 상단과 하단에 피벗을 갖는 불투명 또는 반투명 섬유의 널을 갖고 있다.
- 유아와 어린이가 사용하는 공간에는 줄이 없는 블라인드를 사용한다. 수동과 자동 조절이 가능하다.
- 블라인드는 겨울철 열손실보다 여름철 열발생을 줄이는 데 보다 효과적이다.

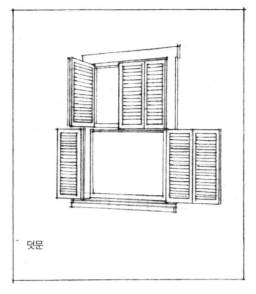

덧문

수평 블라인드

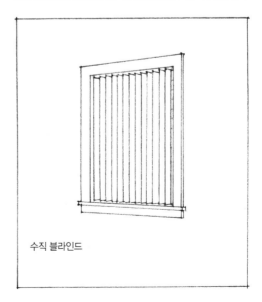

수직 블라인드

섬유 창문 처리는 실내 공간의 윤곽을 부드럽게 하고 시각적 자극과 섬세함을 더한다. 이들은 프라이버시 요구와 빛의 양의 변화, 소리흡수를 조절하고 단열을 제공한다. 얇은 섬유는 빛을 부드럽게 분산시키고, 조망을 걸러주며, 낮 동안에 프라이버시를 제공한다. 아세테이트, 폴리에스테르, 나일론, 아크릴을 포함한 합성 드레퍼리drapery 섬유는 태양과 불에 보다 강하다.

드레퍼리

- 드레퍼리는 완전 불투명, 부분적 불투명, 반투명으로 만들어진 섬유 패널이고, 이들은 일반적으로 막대에 걸어 주름을 잡으며, 창문 양면 또는 한 면으로 민다.
- 주름 드레퍼리 유형은 핀치pinch, 배럴barrel, 박스box, 펜슬플리트pencil pleat를 포함한다.
- 드레퍼리는 빈 공간 없이 수직으로 걸리거나, 뒤로 묶이거나, 부풀려질 수도 있다. 꽃줄 장식은 두 지점에 매달린 장식용 천이다.
- 드레퍼리는 창문 양쪽에 막히고 중앙부에서 겹치면서, 또한 바닥 또는 창턱까지 내려오면서 창문 가까이 매달릴 때, 열교환과 대류를 줄여준다.
- 드레퍼리 색과 성긴 조직과 촘촘한 조직의 천사용 또한 열취득과 손실의 원인이 되기도 한다.

커튼

- 커튼은 드레퍼리보다 덜 형식적이다. 이들은 고정식 또는 수동식이다. 상부는 고리looped, 장식 주름shirred, 물결 모양scalloped, 주름pleated으로 될 수 있다.
- 커튼은 창문그룹을 통합하기 위해 창문틀 안쪽과 틀 바깥쪽에 달 수 있다.
- 장식 주름shirred 커튼 또는 새시sash 커튼은 창문 새시를 가로질러 봉에 모인다. 그리고 수직 아래로 매달거나 하부에 다른 봉으로 고정한다.
- 카페 커튼은 층으로 나누어 만들어지며, 창 전체를 덮거나 바닥 절반만 덮는다.

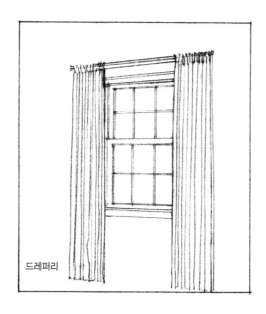

드레퍼리

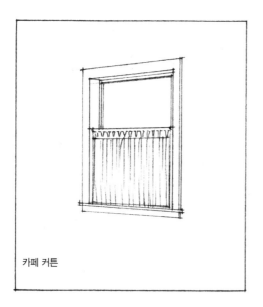

카페 커튼

쉐이드

- 쉐이드는 옆으로는 벽에 인접하며 유리에 가까이 붙이면 열손실과 열취득에 가장 효과적으로 작동한다.
- 쉐이드는 반투명하거나, 불투명하거나, 혹은 암막 천으로 만들어진다. 비닐, 섬유유리 메쉬, 대나무, 목재 판 쉐이드를 사용할 수 있다.
- 쉐이드는 일반적으로 창문의 일부 또는 전부를 덮기 위해 위에서 아래쪽으로 잡아당길 수 있으며, 반대로 아래에서 위로 덮는 방식도 가능하다. 수동 및 자동제어, 채광창 붙임이 가능하다.
- 롤러 쉐이드는 한 줄의 유연한 재질에 부속되는 스프링 기계장치를 갖는다.
- 반투명, 투명, 불투명의 주름 잡힌 쉐이드는 조밀한 아코디언 모양으로 접힌다.
- 셀룰러cellular 혹은 허니콤honeycomb 블라인드는 공기의 단열층이 있는 2~3개 층의 폴리에스테르의 접합으로 만들어진다. 이들은 제한된 단열을 제공하고 반투명의 정도가 다양하고 조밀하게 쌓을 수 있다.
- 로만 쉐이드는 끈을 당겨 올리면 수평주름을 끌어 올릴 수 있고, 끈을 놓아주면 평평하게 매달린다.
- 오스트리안 쉐이드는 얇은 천으로 만들어지며, 끈에 의해 수직적으로 합쳐져 부드러운 수평의 물결모양을 만든다.
- 풍선balloon, 퍼프pouf, 구름cloud 쉐이드는 수직 끈을 당겼을 때 풍선처럼 부푼 형태이다.
- 듀얼dual 쉐이드는 한 면은 반사가 높은 흰색 면을, 다른 한 면은 열을 흡수하는 어두운 면을 갖는다. 반사면이 더운 쪽을 향하게 하여, 계절에 따라 뒤집어 사용할 수 있다.
- 퀼트 롤러quilted roller 쉐이드와 일부 로만 쉐이드 유형은 섬유 충전재층이 특징이고, 단열층과 기밀층 모두를 제공하기 위해 가장자리를 붙인다.

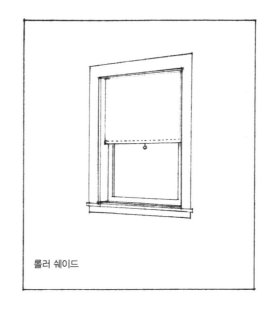

롤러 쉐이드

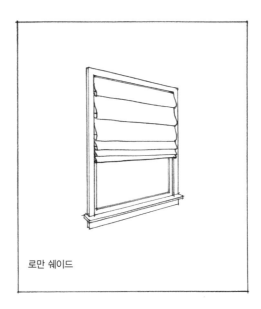

로만 쉐이드

실내 디자인에서 장식품은 미적 풍부함과 꾸밈이 있는 공간을 제공하는 물품들이다. 이들 물품은 눈에는 시각적 즐거움과, 손에는 촉각적 흥미, 또는 마음에는 자극을 제공하기도 한다. 궁극적으로 장식품은 개별적이든 전체적이든 거주의 필연적 흔적이다.

장식품은 건축적 실내를 인간 척도와 연관시키며, 인간 신체 주변의 개인적, 사회적, 공공적 구역을 구별하도록 돕는다. 이것은 공간 사용의 목적과 그곳 사용자의 성격을 확인해준다.

장식품은 공간 디자인 콘셉트를 받쳐주고 리듬, 균형, 질감, 패턴, 색상 같은 디자인 원리를 강화시키기 위해 선택되어야 한다. 이들은 초점으로 디자인 요소 혹은 기능을 함께 묶을 수 있다.

실내 구성에 시각적 촉각적 풍부함을 더하는 장식품은 실용적 혹은 장식적일 수 있다.

실용적인 장식품
실용적인 장식품은 다음과 같이 유용한 물품을 포함한다.

- 책상 상판 매트, 명함 홀더, 종이 클립 홀더, 서류 상자 같은 사무실에서 사용하는 장식품은 종종 세트로 판다.
- 레스토랑을 위한 테이블 상판 장식품은 콘셉트와 서비스 유형을 지원한다.
- 게스트룸 장식품은 호텔 콘셉트와 서비스 수준을 표현한다.
- 주거용 요리, 부엌, 욕실 장식품은 종종 기능과 전시, 둘 다를 위해 사용된다.

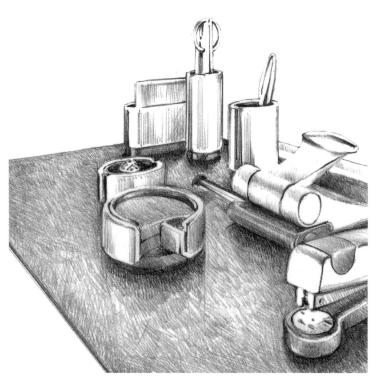

장식적 악세사리

장식적 악세사리는 목적이 반드시 실용적일 필요가 없이 눈과 손 또는 지성을 즐겁게 한다. 장식적 장식품과 예술품은 프로젝트 예산에 포함되어야 하고, 전시와 조명을 위해서 준비가 되어야 한다. 장식적 장식품은 다음과 같다.

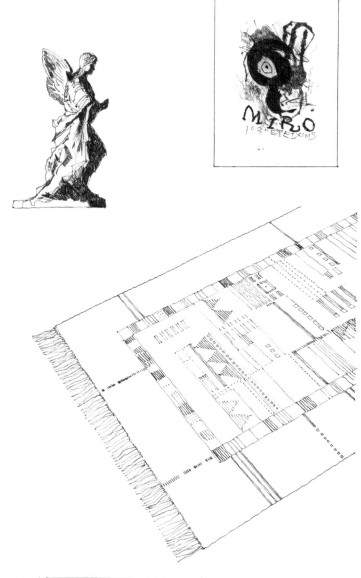

예술품   예술품의 선택과 위치는 강한 디자인 요소를 강조하거나 공간의 비례에 대한 지각을 바꿀 수 있다. 예술품은 의뢰자의 수집품에서 선택될 수도, 수집 시작을 위해 요구되거나, 또는 주어진 프로젝트를 위해 특별히 위임될 수 있다. 예술 컨설턴트는 디자이너와 의뢰자가 가구를 찾고 습득하는 것을 돕는다. 디자이너는 회화, 인쇄물, 사진뿐 아니라 도자기, 아트 유리, 금속품, 직물 같은 공예품과 조각을 포함할 수 있다.

수집품   오브젝트 수집은 대부분 항상 개인적 의미를 갖는다. 수집은 자주 형태, 색상, 질감, 패턴의 반복을 위한 기회를 만든다. 개인적 수집품은 중심요소로서 두드러져 보이게 할 수 있다.

거주   우리가 집안에서 무엇을 전시하기로 선택하는 것은 우리가 어떻게 살고 무엇을 가치 있게 생각하는가를 표현한다. 디자이너는 의뢰인이 소유물을 편집하고, 선택하고, 효과적으로 보여주는 것을 도와줄 수 있다. 독자성이 표현된 장식품은 맞추기 위해서 미리 선택된 생산품보다 더 흥미롭다.

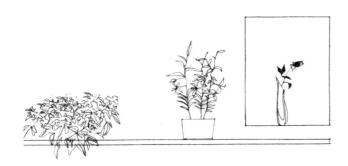

자연의 시각적 표시인 식물과 꽃은 실내 공간에 삶과 성장의 표현을 가져온다. 식물은 공기질을 정화하고 습도를 높인다. 하지만 식물은 곤충, 해충, 곰팡이의 은신처이다. 식물은 크기, 형태, 색뿐만 아니라 식물이 요구하는 빛과 유지 관리를 고려하여 신중히 골라야 한다. 일부 기업에서는 선택, 위치, 유지, 일정에 따라 식물을 교체하기 위해 회사를 고용한다.

인공 식물과 보존 가공된 식물은 해충 관리의 어려움 또는 빛의 부족으로 살아 있는 식물 사용이 제한된 공간에서 살아 있는 식물처럼 보이고 식물에 대용된다. 인공 및 보존 가공된 식물의 사용은 그들의 품질을 향상과 함께 계속해서 확장되고 있다.

인공 식물은 실제 또는 복합 목재가지와 줄기에 차례로 부착되는 플라스틱 잎자루에 폴리에스테르 섬유 잎으로 구성된다. 나뭇잎은 실제 사진에 양각으로 새긴 것이다.

보존 가공된 식물은 대부분 야자식물인데, 실제 잎을 씌우고 인공 줄기에 갈라진 잎을 붙인다. 갈라진 잎은 부드럽고, 녹색으로 유지되고 화재에도 안전하게 처리된다.

이들은 물을 줄 필요는 없지만 인공 식물과 꽃꽂이는 잘 부러지고 먼지가 쌓이므로 살아 있는 식물처럼 관리가 필요하다. 퇴색되기 시작할 때 바꾸어야만 한다.

9

부록 Appendix

미국녹색건축위원회 U.S. Green Building Council

미국녹색건축위원회USGBC는 국가 비영리조직으로 1993년에 설립되어서, 합의성의 원리 위에 자발적이고 다양한 회원제에 의해서 운영되고 있다. 미국녹색건축위원회는 회원들의 아이디어를 조직의 전체에 통합하면서 회원들과 같이 운영한다. 미국녹색건축위원회의 합의는 녹색건축을 추진하고, 보다 경제적 활성화와 환경적 건전성을 육성하는 데 함께 노력하는 것이다. 미국녹색건축위원회는 이데올로기적 차이를 메우기 위해 건설 산업 분야와 협력하여 이것을 달성하고, 이를 통해서 건설 산업 전체에 이익을 제공하는 것이다.

미국친환경건축물인증제도 LEED Rating System

미국녹색건축위원회는 미국친환경건축물인증제도 LEED, Leadership in Energy and Environmental Design 시스템을 설립하였다. 2000년에 시작된 미국친환경건축물인증제도인 LEED는 지속가능한 디자인 프로젝트에 대한 일관적인 평가 기준을 확립하는 자발적인 점수 기반의 평가 시스템이다. 미국친환경건축물인증제도는 지속가능한 디자인을 통합하는 데 도움을 주는 도구를 제공하고, 건축주와 디자인 팀이 건물 디자인에 있어서 대체적으로 건강하고 효과적인 이득을 얻을 수 있도록 도와준다. 미국녹색건축위원회는 받아들여진 에너지와 환경 원칙에 기반을 두고 있으며, 알려진 효과적인 관행과 새로운 개념 사이에서 균형을 유지한다.

2009년 미국친환경건축물인증제도의 평가 시스템은 개별적인 단위와 전제조건으로 구성되어 있는 단위 범주로 구성되어 있고, 이러한 단위들을 합하면 참여자가 미국친환경건축물인증제도에서 정의한 4단계 인증 중 하나로 결정되도록 되어 있다. 최신의 정보에 관해서는 미국녹색건축위원회의 친환경건축인증제도의 단위를 확인하기 바란다.

상업 실내 디자인을 위한 미국친환경건축물인증제도 LEED for Commercial Interiors

다양한 형태의 프로젝트를 위해서 몇몇 다른 미국친환경건축물인증제도가 있다. 상업 실내 디자인을 위한 미국친환경건축물인증제도는 기존 및 새로운 건물의 실내 디자인을 평가하기 위해서 개발되었다. 그것은 다른 버전의 것과 같은 단위 범주로 구성되어 있지만, 요구사항은 실내 디자인 프로젝트의 작업 형식의 범위를 반영할 수 있도록 맞춰져 있다.

대지 단위와 몇몇 물과 에너지 단위는 기본 건물의 지속가능한 건물 특성의 선택과 연관되어 있는 반면에 대부분의 재료와 실내 환경 품질 관련 단위는 실내 디자인 장치의 지속가능한 특성과 관련이 있다. 모든 전제조건은 미국친환경건축물인증제도의 평가가 될 수 있어야 한다.

혁신 단위는 다른 미국친환경건축물인증제도의 요구사항을 넘어서는 프로젝트에서 사용이 가능하며, 또한 다른 단위 영역에서 평가가 되지 않는 혁신적인 전략이 사용된 경우에 사용 가능하다. 혁신 단위는 프로젝트 팀이 다른 미국친환경건축물인증제도 단위의 예외적인 성능, 예를 들면 50%의 물소비 감소, 혹은 미국친환경건축물인증제도에서 언급하지 않은 특수한 분야의 혁신적인 전략 예를 들면 지속가능한 교육프로그램에 대해서 추가적인 점수를 받을 수 있는 기회를 제공한다. 혁신 단위에서는 무한한 가능성이 있다.

지역 우선사항 단위는 2009년에 소개되었으며, 이는 미국의 각 지역에 있어서 지역의 에너지, 환경 그리고 보건 우선사항에 의해서 좀 더 평가를 받는 단위가 무엇인지를 결정한다.

Overview of LEED-CI, Version 2009

Sustainable Sites SS		Points
Credit 1	Site Selection (3 points maximum)	3
	Select a LEED-certified building or locate the	
	tenant space in a building with the following:	
Option 1A	Brownfield Redevelopment	1/2
Option 1B	Stormwater Management: Rate and Quantity	1/2
Option 1C	Stormwater Management: Treatment	1/2
Option 1D	Heat Island Reduction: Non- Roof	1/2
Option 1E	Heat Island Reduction: Roof	1/2
Option 1F	Light Pollution Reduction	1/2
Option 1G	Water Efficient Irrigation: Reduce by 50%	1/2
Option 1H	Water Efficient Irrigation:	
	No Potable Water Use or Irrigation	1/2
Option 1I	Innovative Wastewater Treatment Technologies	1/2
Option 1J	Water Use Reduction: 20% Reduction	1/2
Option 1K	Onsite Renewable Energy	1/2 to 1
Option 1L	Other Quantifiable Environmental Performance	1/2 to 3
Credit 2	Development Density and Community Connectivity	1
Credit 3.1	Alternative Transportation: Public Transportation Access	1
Credit 3.2	Alternative Transportation:	
	Bicycle Storage & Changing Rooms	1
Credit 3.3	Alternative Transportation: Parking Availability	1
Possible SS Points		7

Water Efficiency WE		Points
Credit 1.1	Water Use Reduction—20% Reduction	1
Credit 1.2	Water Use Reduction—30% Reduction	1
Possible WE Points		2

Energy and Atmosphere EA		Points
Prerequisite 1	Fundamental Commissioning	None
Prerequisite 2	Minimum Energy Performance	None
Prerequisite 3	CFC Reduction in HVAC & R Equipment	None
Credit 1.1	Optimize Energy Performance: Lighting Power	3
Credit 1.2	Optimize Energy Performance: Lighting Controls	1
Credit 1.3	Optimize Energy Performance: HVAC	2
Credit 1.4	Optimize Energy Performance: Equipment & Appliances	2
Credit 2	Enhanced Commissioning	1
Credit 3	Energy Use, Measurement & Payment Accountability	2
Credit 4	Green Power	1
Possible EA Points		12

Materials and Resources MR		Points
Prerequisite 1	Storage & Collection of Recyclables	None
Credit 1.1	Tenant Space, Long Term Commitment	1
Credit 1.2	Building Reuse, Maintain 40% of Interior Non- Structural Components	1
Credit 1.3	Building Reuse, Maintain 60% of Interior Non- Structural Components	1
Credit 2.1	Construction Waste Management, Divert 50% from Landfill	1
Credit 2.2	Construction Waste Management, Divert 75% from Landfill	1
Credit 3.1	Resource Reuse, 5%	1
Credit 3.2	Resource Reuse, 10%	1
Credit 3.3	Resource Reuse, 30% of Furniture & Furnishings	1
Credit 4.1	Recycled Content, 10% post- consumer + 1/2 pre- consumer	1
Credit 4.2	Recycled Content, 20% post- consumer + 1/2 pre- consumer	1
Credit 5.1	Regional Materials, 20% Manufactured Locally	1
Credit 5.2	Regional Materials, 10% Extracted & Manufactured Locally	1
Credit 6	Rapidly Renewable Materials	1
Credit 7	Certified Wood	1
Possible MR Points		14

Indoor Environmental Quality EQ		Points
Prerequisite 1	Minimum IAQ Performance	None
Prerequisite 2	Environmental Tobacco Smoke ETS Control	None
Credit 1	Outdoor Air Delivery Monitoring	1
Credit 2	Increased Ventilation	1
Credit 3.1	Construction IAQ Management Plan, During Construction	1
Credit 3.2	Construction IAQ Management Plan, Before Occupancy	1
Credit 4.1	Low- Emitting Materials, Adhesives & Sealants	1
Credit 4.2	Low- Emitting Materials, Paints & Coatings	1
Credit 4.3	Low- Emitting Materials, Carpet Systems	1
Credit 4.4	Low- Emitting Materials, Composite Wood & Laminate Adhesives	1
Credit 4.5	Low- Emitting Materials, Systems Furniture & Seating	1
Credit 5	Indoor Chemical & Pollutant Source Control	1
Credit 6.1	Controllability of Systems, Lighting	1
Credit 6.2	Controllability of Systems, Temperature and Verification	1
Credit 7.1	Thermal Comfort, Compliance	1
Credit 7.2	Thermal Comfort, Monitoring	1
Credit 8.1	Daylight & Views, Daylight 75% of Spaces	1
Credit 8.2	Daylight & Views, Daylight 90% of Spaces	1
Credit 8.3	Daylight & Views, Views for 90% of Seated Spaces	1
Possible EQ Points		17

Innovation and Design Process ID		**Points**
Credit 1.1	Innovation in Design 1	1
Credit 1.2	Innovation in Design 2	1
Credit 1.3	Innovation in Design 3	1
Credit 1.4	Innovation in Design 4	1
Credit 2	LEED Accredited Professional 1	1
Possible ID Points		5

Summary for LEED–CI 2.0

For LEED–CI 2.0, there are 52 possible base points plus 5 points for Innovation in Design, a total of 57 points available. Certification levels for LEED–CI are as follows:

- Certified: 21–26 points
- Silver: 27–31 points
- Gold: 32–41 points
- Platinum: 42 or more points

LEED FOR HOMES • VERSION 2008

| 5.2 | Greatly Reduced Distribution Losses | 2 |
| 5.3 | Minimal Distribution Losses Or EA 5.2 | 3 |

6. Space Heating and Cooling System

6.1	Good HVAC Design and Installation	Prerequisite
6.2	High-Efficiency HVAC	2
6.3	Very High-Efficiency HVAC Or EA 6.2	4

7. Water Heating

7.1	Efficient Hot Water Distribution	2
7.2	Pipe Insulation	1
7.3	Efficient Domestic Hot Water Equipment	3

8. Lighting

8.1	ENERGY STAR Lights	Prerequisite
8.2	Improved Lighting	2
8.3	Advanced Lighting Package Or EA 8.2	3

9. Appliances

| 9.1 | High-Efficiency Appliances | 2 |
| 9.2 | Water-Efficient Clothes Washer | 1 |

10. Renewable Energy Renewable Energy System   10

11. Residential Refrigerant Management

| 11.1 | Refrigerant Charge Test | Prerequisite |
| 11.2 | Appropriate HVAC Refrigerants | 1 |

Subtotal for EA Category   38

Materials and Resources MR   **Points**

Minimum of 2 EA Points Required

1. Material-Efficient Framing

1.1	Framing Order Waste Factor Limit	Prerequisite
1.2	Detailed Framing Documents Or MR 1.5	1
1.3	Detailed Cut List and Lumber Order Or MR 1.5	1
1.4	Framing Efficiencies Or MR 1.5	3
1.5	Off-site Fabrication	4

2. Environmentally Preferable Products

| 2.1 | FSC Certified Tropical Wood | Prerequisite |
| 2.2 | Environmentally Preferable Products | 8 |

3. Waste Management

| 3.1 | Construction Waste Management Planning | Prerequisite |
| 3.2 | Construction Waste Reduction | 3 |

Subtotal for MR Category   16

Indoor Environmental Quality EQ   **Points**

Minimum of 2 EA Points Required

1. ENERGY STAR with Indoor Air Package   13

2. Combustion Venting

| 2.1 | Basic Combustion Venting Measures Or EQ 1 | Prerequisite |
| 2.2 | Enhanced Combustion Venting Measures Or EQ 1 | 2 |

3. Moisture Control Moisture Load Control Or EQ 1   1

4. Outdoor Air Ventilation

4.1	Basic Outdoor Air Ventilation Or EQ 1	Prerequisite
4.2	Enhanced Outdoor Air Ventilation	2
4.3	Third-Party Performance Testing Or EQ 1	1

5. Local Exhaust

5.1	Basic Local Exhaust Or EQ 1	Prerequisite
5.2	Enhanced Local Exhaust	1
5.3	Third-Party Performance Testing	1

6. Distribution of Space Heating and Cooling

6.1	Room-by-Room Load Calculations Or EQ 1	Prerequisite
6.2	Return Air Flow / Room-by-Room Controls Or EQ 1	1
6.3	Third-Party Performance Test / Multiple Zones Or EQ 1	3

7. Air Filtering

7.1	Good Filters Or EQ 1	Prerequisite
7.2	Better Filters	1
7.3	Best Filters Or EQ 7.2	2

8. Contaminant Control

8.1	Indoor Contaminant Control during Construction Or EQ1	1
8.2	Indoor Contaminant Control	2
8.3	Preoccupancy Flush Or EQ 1	1

9. Radon Protection

| 9.1 | Radon-Resistant Construction in High-Risk Areas Or EQ1 | Prerequisite |
| 9.2 | Radon-Resistant Construction in Moderate-Risk Areas Or EQ1 | 1 |

10. Garage Pollutant Protection

10.1	No HVAC in Garage Or EQ1	Prerequisite
10.2	Minimize Pollutants from Garage Or EQ1	2
10.3	Exhaust Fans in Garage Or EQ1	1
10.4	Detached Garage or No Garage Or EQ1, 10.2, 10.3	3

Subtotal for EQ Category   21

Awareness and Education AE   **Points**

No Minimum Points Required

1. Education of the Homeowner or Tenant

| 1.1 | Basic Operations Training | Prerequisite |
| 1.2 | Enhanced Training | 1 |

2. Education of Building Manager   1

Subtotal for AE Category   3

Summary for LEED for Homes, Version 2008

For LEED for Homes, Version 2008, there are 136 available points.

Certification levels for LEED for Homes are as follows:

- Certified: 45–59 points
- Silver: 60–74 points
- Gold: 75–89 points
- Platinum: 90–136 points

용어사전 Glossary

accessibility(접근성) 장애를 가진 사람이나 특별한 도움이 필요한 사람들이 안전함과 존엄성을 가지고 그것을 사용할 수 있는 물리적인 환경 디자인을 설명하는 요소의 특성

active solar-heating system(능동적 태양열 난방 시스템) 태양열을 수집하고, 저장하고, 분배함에 있어서 기계적인 수단을 사용하는 난방 시스템

alternating current(AC)(교류) 일정한 간격을 두고 정기적으로 역방향으로 반복되는 전류

ambient lighting(환경 조명) 모든 방향에서 방향성이 없고, 그림자가 없는 빛을 제공하도록 디자인된 조명

Americans with Disabilities Act(ADA)(미국장애인법) 공공 및 개인의 시설물에 있어서 접근성에 대한 디자인 및 시공을 언급한 연방 시민 권리에 대한 법

ampere(암페어) 전기회로에 있어서 에너지의 흐름과 전류의 실질적인 양을 재는 단위

axonometric projection(축측투영법) 평행 투시도에서 모든 선이 세 개의 주요 축과 스케일에 맞게 평행하게 그려지지만, 대각선과 곡선은 왜곡됨

balance(균형) 디자인 혹은 구성에 있어서 부분 혹은 요소의 보기 좋거나 조화롭게 정돈된 상태 혹은 비례

bariatric(비만학) 비만 처치에 관련 및 특화된 것

beam(보) 공간에 걸치는 하중을 지지 요소로 전달 혹은 전환시키도록 디자인된 강체 구조 부재

brightness(밝기) 관찰자가 얼마나 많은 빛에너지가 표면에서 반사되는 가를 구별할 수 있는 감각

building envelope(건물 외피) 외부 환경으로부터 실내 공간을 보호하고 감싸주는 외부벽, 창문, 문, 지붕 등으로 구성된 건물의 껍질

building information modeling(BIM)(건축정보모델링) 공통된 지식정보의 역할을 하는 건축물의 물리적 및 기능적인 성격의 전자적 표현

chroma(채도) 인식된 색의 채도에 상응하는 회색으로부터의 같은 밝기 및 명도에 해당되는 색의 정도

clerestory(고측창) 주광이 들어오도록 하는 창문과 함께, 인접한 지붕 위로 올라가는 실내 디자인의 한 부분

coefficient of absorption(흡수 계수) 재료에 흡수되는 특정음 에너지의 퍼센트, 백으로 나눈다.

coffer(격자) 지붕, 처마 안쪽 혹은 아치형 지붕 안에서 사각형 혹은 팔각형의 들어간 부분

color rendering index(CRI)(연색평가지수) 비슷한 색온도의 기준 광원과 비교할 때 색을 정확하게 평가하기 위한 조명의 정도를 측정하는 방법

column(기둥) 축을 따라서 그 끝에서 주로 하중을 지지하도록 디자인된 견고하고 상대적으로 가느다란 구조 부재

complementary hues(보색) 색상환에서 직접적으로 반대에 해당되는 색상

computer-aided design(CAD)(캐드) 디자인과 디자인 도면작업 과정에 있어서 컴퓨터 기술을 사용하는 것

contract furnishings(계약 가구) 가구, 설치물 그리고 설비 계약에 의한 상업적 사무실 공간을 위한 가구의 구입

cornice(처마장식) 벽을 덧씌우거나 혹은 수평적으로 나누는 계속되는 몰딩

cove(코브) 1 벽과 지붕 평면 사이에 실내의 각도를 없애는 지붕의 모서리에서 오목한 표면. 2 오목한 몰딩 혹은 마무리

dado(다도) 1 연결부의 다른 부재를 받기 위해서 사각으로 파낸 홈. 2 받침대의 아래와 머리 부분 사이의 부분. 3 위쪽 부분과 다르게 취급될 때의 실내벽의 아래쪽 부분

decibel(데시벨) 거의 인지할 수 없는 소리인 0에서부터 고통을 느끼는 평균의 수치인 130까지 등분 눈금으로 소리의 상대압력 및 강도를 표현한 단위

direct current(DC)(직류) 단지 하나의 방향으로만 흐르는 전기 흐름

ductile(연성) 길게 선으로 늘어지거나 얇게 펴지는 성질

efficacy(효율) 와트에 대한 루멘으로 광원의 효율을 측정하는 단위

elastomers(탄성중합체) 늘어난 다음에 원래의 모양으로 돌아가는 섬유질의 능력

embodied energy(내재에너지) 원재료의 채취에서부터 생산에서 운반을 거쳐 사용에까지 이르는, 특별한 재료와 관련된 전체 에너지 소비량

emphasis(강조) 대조, 특이함 혹은 대위법을 이용하여 구성에 있어서 하나의 재료에 강조를 주거나 두드러짐을 주는 방법

ergonomics(인체공학) 디자인에 관련된 사람요소의 활용

evidence-based design(증거 기반의 디자인) 믿을 만한 연구에 기반을 둔 결정에 의해서 좀 더 나은 디자인을 만드는 디자인 방법론

faux finishes(모조 마감) 나뭇결 무늬 칠하기와 대리석모양과 같은 자연재료를 모방하는 다양한 형태의 기술들로 종종 장식적인 마감칠을 일컬을 때 사용

fenestration(천공) 건물에 있어서 창문의 디자인과 배치

Fibonacci series(피보나치 수열) 전체 수의 진행이 앞 두 수의 합이 다음의 수로 이루어진 수열

figure-ground(도형-배경) 형태 혹은 형상의 외곽선 혹은 외부 표면 전경과 도형에 대해서 시각적으로 들어간 부분배경

floor plan(평면도) 건물 혹은 건물의 한 부분에서 윗부분이 제거된 수평적 절단 후의 단면을 도면으로 표현한 것

focal lighting(초점 조명) 직접적이고 깊이감을 만들어내는 밝기에 있어서 대조를 만드는 조명

footcandle(피트촉광) 1피트의 거리에서 촛불에 의해서 생성되는 빛으로 만들어지는 조명의 단위, 평방피트당 1루멘 입사와 동등

form(형태) 그것의 물질과 재료로부터 구별되는 어떤 것의 형태와 구조

foundation(기초) 지반에 고정되고, 위의 건물의 요소와 공간을 떠받치는, 건물의 아랫부분을 형성하는 하부구조

furniture, furnishings, and equipment(FF&E)(가구, 설치물, 설비) 계약에 의해서 사무소 가구 구입을 위한 상업 디자인에 사용되는 용어

furring(퍼링) 라스나 마감 재료의 바탕을 제공하기 위해 혹은 시공을 구성하는 과정에서 공기층을 더하기 위해 벽에 부착하는 나무띠나 금속 채널

gable(박공) 위로 올라간 지붕 끝의 벽이 삼각형으로 닫힌 부분

galvanic corrosion(전기 부식) 전류를 통과시키는 액체를 통한 서로 다른 금속 사이의 전류의 흐름에 의한 금속의 부식

girder(도리) 길이를 따라서 독립된 지점에서 집중된 하중을 받도록 디자인된 커다란 주요한 보

glazing(유리 끼우기) 창문, 문 혹은 거울 등의 프레임에 유리의 판이나 혹은 다른 투명의 재료를 고정하는 것

golden section(황금 섹션) 작은 것과 큰 부분의 비례가 큰 부분과 전체에 대한 비례와 같은 비례를 갖는 전체에 있어서 서로 다른 부분 사이의 비례

harmony(조화) 구성에 있어서 요소나 부분의 만남이 일치하거나 보기 좋음

header(헤더) 1 장선, 벽의 간주, 서까래의 끝에서 하중을 평행한 장선, 벽의 간주, 서까래로 변환하도록 지지하는 프레임 부재. 2 벽에 있어서 그 끝이 표면에 평행하고 수평하게 놓인 조적 단위

high-intensity discharge(HID) lamp(고휘도방전램프) 봉해진 유리 안에 금속증기를 통해 전기를 방전하여 빛을 생성하는 램프

hue(색상) 빨강 혹은 노랑과 같이, 우리가 색을 인식하고 표현하는 속성

illuminance(조도) 피트촉광 혹은 룩스로 계산되는 표면에 부딪히는 빛의 양

infiltration(침투) 건물 외피의 창문, 문, 혹은 다른 개구부의 주변에 틈새를 통해서 실내 공간으로 들어오는 외부 공기의 흐름

interior elevation(실내 입면) 건물의 어떤 의미 있는 실내벽의 직각투영

joists(장선) 바닥, 지붕, 혹은 평지붕을 받치는 작고 평행한 연속된 보

laminated glass(합판 유리) 두 개 혹은 그 이상의 유리판이 서로 달라붙어 있어서, 유리가 깨지더라도 조각이 남아 있는 것

lamp(램프) 1 빛을 생성하는 기구, 조명 기구 안에 있는 전구 혹은 튜브. 2 테이블 램프 혹은 바닥 램프와 같이 조명기구에 끼워 넣는 것의 일반적 이름

lateral force(횡력) 구조에 있어서 수평하게 작용하는 힘

lath(라스) 회반죽을 위한 하부구조를 제공하는 나무 혹은 금속의 띠가 프레임에 붙은 것

lavatory(세면대) 얼굴이나 손을 씻기 위해서 흐르는 물이 있는 그릇 혹은 대야

line(선) 길이라는 개념적인 하나의 차원만을 가지는 기하학적인 요소. 보이기 위해서 어떤 두께를 갖는 가는 선분의 길이가 시각적으로 조정

lintel(상인방) 개구부 위의 벽을 지지하고, 개구부 주변의 압축응력을 주변 벽의 단면으로 흐르게 하는 아치 혹은 짧은 보

load-bearing wall(내력벽) 벽이나 지붕으로부터 부여된 하중을 지지하는 것이 가능한 벽

lumen(루멘) 방향성에 상관없이 광원으로부터 방출되는 혹은 표면에 떨어지는 빛의 양을 재는 측정 단위

luminance(**휘도**) 광원 혹은 조명된 표면의 밝기를 측정하는 단위

motif(**주제**) 디자인에 있어서 특징적이고 무엇인가를 생각나게 하는 형태, 형상 혹은 색

multiview drawings(**다시점 도면**) 평면, 입면, 단면을 포함하는 물체 혹은 구조의 직각투영과 관련되는 일체

natural ventilation(**자연 환기**) 기계적인 방법보다 공기의 자연스러운 움직임을 통해서 신선한 공기를 공급하는 것

oblique projection(**사투영**) 화면에 대해서 90°가 아닌 다른 각도의 평행한 선분을 만들어서 주요한 하나의 입면을 화면에 평행하게 그리면서 3차원의 물체를 표현하는 것

off-gassing(**외가스처리**) 주변 공기로 화학물을 증발시키는 것

orthographic projection(**직각투영**) 평행투영이 화면에서 직각으로 만나는 투영방식으로 화면에 대해서 평행한 어떤 요소든 크기, 형상, 구성에 있어서 사실적임

paraline drawing(**평행선 도면**) 평행한 선분이 각각에 대해서 만나지 않고 평행하며, 그래서 직선원근법을 만들 수 있음

partition(**파티션**) 분할된 공간으로 건물의 방과 부분을 나눈 비내력 실내벽

passive solar-heating system(**수동 태양열 난방 시스템**) 팬이나 펌프를 최소한으로 사용하면서 태양열 에너지를 수집, 저장, 분배하는 데 있어서 건물의 디자인과 열의 자연스러운 흐름을 이용하는 난방 시스템

pattern(**패턴**) 디자인 주제의 반복에 기반을 둔 표면의 장식적인 디자인 혹은 장식

perspective drawing(**투시도**) 눈에 보이는 듯이 2차원의 화면에 3차원 물체와 공간적인 관계를 표현한 도면

photometric(**광도계**) 빛의 특성의 측정 단위, 특히 광도

photovoltaic(**PV**) 광전지의 태양열 판넬에서 빛에 노출되었을 때 전류를 생성하는 것과 같은 태양열 에너지를 전기적 에너지로 전환시킬 수 있는 고체상태의 장치와 관련된 기술

pigment(**안료**) 곱게 갈아진 불용성의 재료로 액체에 들어가서 코팅에 색상과 불투명을 만드는 것

pilaster(**벽기둥**) 벽으로부터의 얇게 사각으로 돌출되며, 건축적으로는 기둥으로 취급됨

plane(**평면**) 하나의 선분에 내재된 방향이 아닌 다른 방향으로 움직이면서 생성하는 표면. 평면은 보이기 위해서 어떤 두께를 갖던 간에 폭

과 길이가 지배적

plenum(**플리넘**) 특히 공기조화된 공기를 분배하고 되돌리기 위해서 사용되는 매달린 천장과 바닥 구조 사이의 공간, 혹은 액세스 플로어의 하부 공간

point(**점**) 공간에서 위치를 표시하기 위한 차원이 없는 기하학적인 요소. 개념적으로 길이, 폭, 깊이를 갖지 않으며 일반적으로 점으로 설명됨

potable water(**음용수**) 사람이 마시기에 적합한 물

proportion(**비례**) 전체에 대한 한 부분 혹은 물건과 물건 사이의 관계

rabbet(**은촉 이음**) 부재의 모서리를 따라서 채널, 홈, 혹은 V자형의 홈을 가져서 서로가 잘 들어맞게 만든 것

reveal(**리빌**) 두 개의 평면이 만나는 곳에서 시각적으로 구별이 되고, 그들에 의해서 그림자 선분을 만들어서 모서리부분을 만들어내는 연속적으로 들어간 부분

reverberation(**반향**) 음원에서 소리가 멈춘 후에도 여러 번의 반사에 의해서 공간에 있어서 소리가 지속되는 것

rhythm(**리듬**) 패턴화된 반복이나 형상 요소의 대체 혹은 같거나 수정된 형상에 의한 주제에 의해서 특성화된 움직임

riser(**챌판**) 1 계단의 단에 있어서 수직적인 면. 2 다용도 시스템에 있어서 수직적인 파이프, 도관 혹은 덕트

safety glazing(**안전 유리**) 강화유리, 합판유리와 같은 소비자상품안전위원회의 시험 요구사항을 만족시키는 유리

saturation(**채도**) 색조의 순수성 혹은 선명함, 색상의 강도

scale(**척도**) 특정 비례화된 크기, 넓이 혹은 정도이며, 대부분 어떤 알려진 기준 혹은 인식된 정수

section(**단면**) 수직한 평면으로 절단하였을 때 그 내부의 구조를 보여주는 물체나 구조체의 직각투영

seismic(**지진의**) 지진 혹은 지구의 진동에 의해서 유발되는 혹은 관계되는

shade(**그늘**) 검은색을 추가함으로써 생성되는 색상의 상대적인 검은 정도

shape(**형상**) 보통 닫힌 영역이나 매스에 있어서 강조와 함께 형태와 형상의 외곽선이나 표면의 구성

shear wall(**전단벽**) 횡하중을 지반 기초에 전달하는 얇고, 깊은 캔틸레버 보 역할을 하는 수직 가로막

shed roof(경사지붕) 하나의 경사를 갖는 지붕

skim coat(스킴 코트) 회반죽의 얇고 마감 바름

slab(슬래브) 철근콘크리트와 같은 수평적이고, 단단하고, 대부분 한 덩어리의 판

soffit(소핏) 아치, 복, 처마돌림띠, 혹은 계단실과 같은 건축적 요소의 아랫부분

sone(손) 소리의 명백한 크기를 재는 단위

sound transmission class(STC)(차음등급) 공중의 소리의 전달을 방지함에 있어서 건물 재료 및 구성의 조합 성능의 한 자리 숫자 평가

stop(스톱) 문의 닫힘에 대응하여 문틀에서 돌출된 부분

structure(구조) 1 작용하중을 지지하고 지반에 전달하도록 전체가 작동하게 디자인되고 구축된 요소들의 안정적인 조합. 2 전체의 일반적인 속성에 의해서 지배되는 복잡한 시스템의 요소와 부분의 조직

substrate(기질) 다른 재료의 기본 혹은 바탕으로 작용하거나 기저를 이루는 재료

superstructure(상부구조) 바닥과 지붕 구조를 받치는 기둥, 보, 내력벽으로 구성된 건물의 구조 프레임

sustainable design(지속가능한 디자인) 자원, 에너지, 물, 재료에 대해서 보존과 재사용을 통해 환경에 대한 부정적인 사회, 경제, 생태적인 영향을 줄이는 빌딩에 대한 전체적인 접근

tempered glass(강화유리) 열적 변화와 충격에 대해서 저항하도록 재가열되고 냉각된 열처리된 유리. 작은 사각조각으로 부서짐

texture(질감) 색상이나 형태와는 다른 표면의 시각적이고 촉각적인 성격. 표면의 상대적인 매끄러움 혹은 거칠기를 표현하는 데 가장 많이 사용됨

tint(엷은 빛깔) 색조의 정상적 값에 하얀색을 첨가하여 생성하는 색조의 엷은 색

tone(농담) 밝은 색상에서 어두운 색상 사이의 색상의 중간 값

transmission loss(TL)(전송손실) 건물재료 혹은 구성의 공기 중의 소리의 전송을 막는 성능의 측정

tread(디딤판) 발이 놓이는 장소로, 계단에서 단위 수평적인 위쪽 면

trompe l'oeil(트롱프뢰유) 3차원 물체의 환영을 만들어내기 위해서 투시도와 그림자를 사용하는 도면이나 그림

valance(밸런스) 1 빛을 감추기 위해서 사용하는 수평한 판이나 띠. 2 창문의 위쪽을 가로지르며 설치된 커튼의 짧고 장식적인 부분

value(명도) 인지된 색상에서의 밝기에 따라 색상이 빛을 반사하는 것으로 보이는 정도

vault(둥근 천장) 막힌 공간 위로 천장이나 지붕을 형성하는 아치 구조

veiling reflection(베일 반사) 상세를 보기 위해서 필요로 하는 대비를 감소시키는 작업 표면의 반사눈부심

veneer(베니어) 1 합판을 형성하기 위해서 나무의 판이 서로 마주하게 하거나 다른 베니어 더미에 접착하는 것, 2 뒤에 붙이기 위한 벽돌, 돌, 콘크리트, 혹은 타일의 비구조적인 면

visitability(방문 가능성) 움직임이 완벽하지 않은 사람들이 기꺼이 살 수 있고 방문할 수 있는 대부분의 새로운 집을 건설하고자 하는 운동

vitreous(유리 같은) 투명도, 딱딱함, 깨지기 쉬움, 광택, 혹은 불침투성의 유리와 닮은 것

volatile organic compound(VOC)(휘발성유기화합물) 쉽게 증발하는 탄화수소 화합물. 몇몇 휘발성 유기화합물은 방의 온도에서 가스 상태

volt(전압) 전기충전이 다른 회로의 양끝 사이에 대응하여 도체를 흐르는 잠재적 전기 에너지를 재는 단위

volume(볼륨) 입방체 단위로 재는 3차원 물체와 공간을 차지하는 양의 정도

water closet(변기) 분리가능한 도자기의 용기로 구성된 장치로서 시트와 뚜껑을 여닫을 수 있으며 물 내림장치가 있고 변기라고 불림

watt(와트) 전류가 흐를 수 있도록 요구되는 힘을 재는 단위

winder(와인더) 원형, 나선형, 돌아가는 계단에서 사용되는 쐐기 모양의 디딤판

wire glass(와이어글라스) 파열이나 과열의 경우에 산산이 부서지는 것을 막기 위해서 유리판 사이의 중앙에 철망이 들어가 있는 평평하거나 혹은 패턴이 있는 유리

참고문헌

Allen, Edward, and David Swoboda. *How Buildings Work.*
3rd ed. New York: Oxford University Press, 2005.

Allen, Phyllis Sloan, and Lynn M. Jones. *Beginnings of
Interior Environment.* 10th ed. Upper Saddle River,
NJ: Prentice Hall, 2008.

Bevlin, Marjorie Elliott. *Design Through Discovery:
The Elements and Principles.* 6th ed. New York:
Wadsworth Publishing, 1993.

Binggeli, Corky. *Building Systems for Interior
Designers.* 2nd ed. Hoboken, NJ: John Wiley & Sons,
2010.

Binggeli, Corky. *Interior Designer: A Survey.* Hoboken,
NJ: John Wiley & Sons, 2007.

Binggeli, Corky, and Patricia Greichen. *Interior Graphic
Standards.* 2nd ed. Hoboken, NJ: John Wiley &
Sons, 2011.

Binggeli, Corky. *Materials for Interior Environments.*
Hoboken, NJ: John Wiley & Sons, 2008.

Birren, Faber. *Principles of Color: A Review of Past
Traditions and Modern Theories of Color Harmony.*
Revised ed. Atglen, PA: Schiffer Publishing, Ltd.,
2007.

Ching, Francis D. K. *Architectural Graphics.* 5th ed.
Hoboken, NJ: John Wiley & Sons, 2009.

Ching, Francis D. K. *Building Construction Illustrated.*
4th ed. Hoboken, NJ: John Wiley & Sons, 2008.

Ching, Francis D. K. *A Visual Dictionary of Architecture.*
2nd ed. Hoboken, NJ: John Wiley & Sons, 2012.

Hall, Edward T. *The Hidden Dimension.* Reissued ed. New
York: Anchor, 1990.

Karlen, Mark. *Space Planning Basics.* 3rd ed. Hoboken,
NJ: John Wiley & Sons, 2009.

Pile, John F. *Interior Design.* 4th ed. Upper Saddle River,
NJ: Prentice Hall Press, 2007.

Piotrowski, Christine M., and Elizabeth A. Rogers.
Designing Commercial Interiors. 2nd ed. Hoboken,
NJ: John Wiley & Sons, 2007.

Tilley, Alvin R., and Dreyfuss Associates. *Measure of Man
and Woman: Human Factors in Design.* Revised ed.
Hoboken, NJ: John Wiley & Sons, 2001.

저자 소개

FRANCIS D.K. CHING

워싱턴대학교 건축학부 명예교수이며 건축 그래픽을 포함하여 건축과 디자인에 관한 수많은 베스트셀러들을 집필했다.

주요 저작으로는 『디자인 드로잉Design Drawing』, 『건축그래픽 Architectural Graphics』, 『건축의 형태 공간 규범Architecture: Form, Space, and Order』, 『건축의 세계사A Global History of Architecture』, 『빌딩 건축 일러스트Building Construction Illustrated』, 『빌딩 코드 일러스트Building codes Illustrated』 등이 있다.

CORKY BINGGELI

웬트워스 공과대, 보스턴 건축대학에서 교편을 잡았으며 보스턴에 있는 Corky Binggeli Interior Design의 대표로 있다. ASIDAmerican Society of Interior Designers 교수 멤버이며, ASID 뉴잉글랜드 회장을 역임하였다.

주요 저작으로는 『상업적 인테리어 그래픽 표준 분야 가이드Graphic Standards Field Guide to Commercial Interiors』, 『실내 환경 재료Materials for Interior Environments』, 『인테리어 디자이너를 위한 건물 시스템Building Systems for Interior Designers』, 『인테리어 그래픽 스탠다드 Interior Graphic Standards Second Edition, 2nd』 등이 있다.

역자 소개

김민정

한양대학교에서 프랭크 로이드 라이트 건축의 프뢰벨 시스템 적용에 관한 연구로 석사학위를, 일본 동경대학교 건축학과에서 한국 개항기에 있어서 궁전건축의 서양화과정에 관한 연구로 박사학위를 취득하였다. 현재 관동대학교 겸임교수로 재직하고 있으며, 대한건축학회와 디자인 관련 학회 등에서 활동 중이다. 근대건축사, 근대건축보존론, 개항기의 건축디자인 변천 등이 주요 관심분야이다.

류재호

한양대학교에서 일본의 메타볼리즘 및 영국의 아키그램 건축운동에 관한 연구로 석사학위를, 일본 동경공업대학교에서 가상현실 내에서의 공간인식에 대한 연구로 박사학위를 취득하였다. 현재 서울과학기술대학교 건축학부 교수로 재직하고 있으며 대한건축학회 및 다수의 건축 및 디자인 관련 학회에서 활동 중이다. 현대 건축이론, 디지털 디자인, 컴퓨터응용설계 등이 주요 관심분야이다.

실내 디자인 일러스트레이티드

초판인쇄 2018년 7월 30일
초판발행 2018년 8월 6일

저   자 | Francis D.K. Ching, Corky Binggeli
역   자 | 김민정, 류재호
펴 낸 이 | 김성배
펴 낸 곳 | 도서출판 씨아이알

책임편집 | 박영지, 최장미
디 자 인 | 김나리
제작책임 | 김문갑

등록번호 | 제2-3285호
등 록 일 | 2001년 3월 19일
주   소 | (04626) 서울특별시 중구 필동로8길 43(예장동 1-151)
전화번호 | 02-2275-8603(대표) **팩스번호** | 02-2265-9394
홈페이지 | www.circom.co.kr

ISBN 979-11-5610-391-2 (93610)
정가 28,000원